Medien – Kultur – Kommunikation

Herausgegeben von
A. Hepp, Bremen
F. Krotz, Bremen
W. Vogelgesang, Trier

Kulturen sind heute nicht mehr jenseits von Medien vorstellbar: Ob wir an unsere eigene Kultur oder ‚fremde' Kulturen denken, diese sind umfassend mit Prozessen der Medienkommunikation verschränkt. Doch welchem Wandel sind Kulturen damit ausgesetzt? In welcher Beziehung stehen verschiedene Medien wie Film, Fernsehen, das Internet oder die Mobilkommunikation zu unterschiedlichen kulturellen Formen? Wie verändert sich Alltag unter dem Einfluss einer zunehmend globalisierten Medienkommunikation? Welche Medienkompetenzen sind notwendig, um sich in Gesellschaften zurecht zu finden, die von Medien durchdrungen sind? Es sind solche auf medialen und kulturellen Wandel und damit verbundene Herausforderungen und Konflikte bezogene Fragen, mit denen sich die Bände der Reihe „Medien – Kultur – Kommunikation" auseinandersetzen. Dieses Themenfeld überschreitet dabei die Grenzen verschiedener sozial- und kulturwissenschaftlicher Disziplinen wie der Kommunikations- und Medienwissenschaft, der Soziologie, der Politikwissenschaft, der Anthropologie und der Sprach- und Literaturwissenschaften. Die verschiedenen Bände der Reihe zielen darauf, aus gehend von unterschiedlichen theoretischen und empirischen Zugängen, das komplexe Interdependenzverhältnis von Medien, Kultur und Kommunikation in einer breiten sozialwissenschaftlichen Perspektive zu fassen. Dabei soll die Reihe sowohl aktuelle Forschungen als auch Überblicksdarstellungen in diesem Bereich zugänglich machen.

Herausgegeben von
Prof. Dr. Andreas Hepp
Universität Bremen

Dr. Waldemar Vogelgesang
Universität Trier

Prof. Dr. Friedrich Krotz
Universität Bremen

Bernadette Kneidinger

Geopolitische Identitätskonstruktionen in der Netzwerkgesellschaft

Mediale Vermittlung und Wirkung regionaler, nationaler und transnationaler Identitätskonzepte

Bernadette Kneidinger
Wien, Österreich

ISBN 978-3-531-19252-9   ISBN 978-3-531-19253-6 (eBook)
DOI 10.1007/978-3-531-19253-6

Die Deutsche Nationalbibliothek verzeichnet diese Publikation in der Deutschen Nationalbibliografie; detaillierte bibliografische Daten sind im Internet über http://dnb.d-nb.de abrufbar.

Springer VS
© Springer Fachmedien Wiesbaden 2013
Das Werk einschließlich aller seiner Teile ist urheberrechtlich geschützt. Jede Verwertung, die nicht ausdrücklich vom Urheberrechtsgesetz zugelassen ist, bedarf der vorherigen Zustimmung des Verlags. Das gilt insbesondere für Vervielfältigungen, Bearbeitungen, Übersetzungen, Mikroverfilmungen und die Einspeicherung und Verarbeitung in elektronischen Systemen.

Die Wiedergabe von Gebrauchsnamen, Handelsnamen, Warenbezeichnungen usw. in diesem Werk berechtigt auch ohne besondere Kennzeichnung nicht zu der Annahme, dass solche Namen im Sinne der Warenzeichen- und Markenschutz-Gesetzgebung als frei zu betrachten wären und daher von jedermann benutzt werden dürften.

Gedruckt auf säurefreiem und chlorfrei gebleichtem Papier

Springer VS ist eine Marke von Springer DE. Springer DE ist Teil der Fachverlagsgruppe Springer Science+Business Media.
www.springer-vs.de

Danksagung

Das vorliegende Buch beruht auf der überarbeiteten und gekürzten Fassung der Dissertation, die während meiner Zeit als wissenschaftliche Mitarbeiterin am Institut für Publizistik- und Kommunikationswissenschaft an der Universität Wien zwischen 2008 und 2011 erarbeite wurde. Im Zentrum dieses Buches steht die Frage nach der Bedeutung von regionalen und nationalen Wurzeln in einer global vernetzten Welt. Genau diese ortsbezogenen Bezugspunkte haben auch eine wichtige Grundlage in der Konzeption dieser Arbeit dargestellt. Unabhängig von der geographischen Distanz haben eine Reihe von Personen aus der Nähe aber auch aus der Ferne wichtige Unterstützung für die Realisierung dieses Projektes geleistet und sollen daher in der Folge kurz genannt werden: Besonderer Dank gilt meinem Doktorvater Univ.-Prof. Dr. Hannes Haas, der nicht nur die fachliche Betreuung dieser Arbeit übernommen hat, sondern mir auch auf meinem beruflichen universitären Wege stets unterstützend und motivierend zur Seite gestanden ist. Bedanken möchte ich mich auch bei emer. Univ-Prof. Dr. Wolfgang Langenbucher, der – nach wie vor hoch aktiv im Ruhestand – die Zweitbegutachtung der Dissertation übernommen und dabei wichtige Anregungen für diese Publikation gegeben hat.

Einen großen Beitrag zum Gelingen dieser Arbeit haben auch mein Bruder Fritz sowie meine Freunde und Kollegen am Institut für Publizistik- und Kommunikationswissenschaft, allen voran Manuela, Selma und Florian, geleistet, die jederzeit für anregende methodische, inhaltliche und nicht zuletzt forschungspragmatische Diskussionen bereit standen. Nicht zu vergessen sind auch eine ganze Reihe von Kollegen aus dem In- und Ausland, die im Rahmen von Konferenzen und Workshops dank ihrer Diskussionsbeiträge und Fragen eine stark reflektierte Auseinandersetzung mit der Thematik dieser Arbeit ermöglicht haben.

Ganz besonderer Dank gilt meinen Eltern, die mir ausgehend von meinem Heimat-Bundesland Oberösterreich stets großen emotionalen Rückhalt gegeben und sich für meine wissenschaftlichen Vorhaben begeistert haben.

Bedanken möchte ich mich zudem bei der Fachgruppe „Soziologie der Medienkommunikation" der DGPuK, den Herausgebern der Reihe „Medien – Kultur – Kommunikation" und dem VS Verlag für die Auszeichnung der Arbeit mit dem Dissertationspreis „Medien – Kultur – Kommunikation", die mit diesem Preis die Bedeutung wissenschaftlicher Untersuchungen von geopolitischen Identitätskonzepten in der Netzwerkgesellschaft unterstreichen.

Bamberg, Januar 2013　　　　　　　　　　　　　　　　Bernadette Kneidinger

Inhalt

Tabellen- und Abbildungsverzeichnis 10
Einleitung 13

Teil I: Theoretische Konzepte zu geopolitischer Identitätskonstruktion 17
1. **Informationsgesellschaft 2.0: Ist die Welt tatsächlich ein globales Dorf?** 19
2. **Der Mensch als „Homo Sociologicus"** 26
3. **Das Konzept der Nation** 33
4. **Allgemeine Identitätskonzepte** 37
   - 4.1. Soziale Identität 37
   - 4.2. Individuelle vs. kollektive Identitäten 40
   - 4.3. Medienidentitäten 44
5. **Nationale Identität** 47
   - 5.1. Nationalbewusstsein 50
   - 5.2. Nationenbilder 53
   - 5.3. Multiple Nationalitäten 57
   - 5.4. Ausdrucksformen nationaler Identität 58
   - 5.5. Medien und nationale Identität 68
6. **Formen von nationaler Identität** 77
   - 6.1. Nationalismus 80
   - 6.2. Patriotismus 81
   - 6.3. Nationaler Stolz vs. Nationale Scham 83
   - 6.4. Wie wird nationale Identität gemessen? 85
7. **Regionale Identität.** 88
   - 7.1. Operationalisierung der regionalen Identität 90
   - 7.2. Medien und regionale Identität 91
8. **Transnationale Identität** 92
   - 8.1. Globalisierung, Weltgesellschaft und Kosmopoliten 95
   - 8.2. Globalisierung und Mediatisierung 100
9. **Nationale Identität und Migration** 102
   - 9.1. Probleme der Eingliederung von „Fremden" 102
   - 9.2. Soziale Stereotype und Vorurteile gegenüber Fremdgruppen 104

	9.3.	Nationale Identität und Xenophobie 107
	9.4.	Medien und Xenophobie 111
10.	**Nationale Identität Österreichs** **113**
	10.1.	Nationalstolz – Österreich, Europas nationalstolze Nation ... 115
	10.2.	Geopolitische Verortung der Österreicher 118
	10.3.	Nationalismus und Patriotismus in Österreich 121
	10.4.	Nationale Symbole Österreichs 122
	10.5.	Fremd- und Selbstbild Österreichs 124

TEIL II: EMPIRIE **129**
1. **Das Forschungsprojekt** **131**
2. **Geopolitische Identitätskonstruktion in Tageszeitungen** **136**
   2.1. Beschreibung der Datengrundlage 136
   2.2. Analyse-Methode und Forschungsfragen 138
   2.3. Formale Analyse der Artikel 139
   2.4. Geopolitische Verortung der Artikel 140
   2.5. Beurteilung und Charakterisierung Österreichs 143
   2.6. Transnationale Berichterstattung 150
   2.7. Geopolitische Verwurzelung der Berichterstattung 153
   2.8. Symbolen zur geopolitischen Identitätskonstruktion 161
   2.9. Patriotismus – Nationalismus – Nationalstolz 167
   2.10. Multikulturalismus und Xenophobie 170
   2.11. Europäische bzw. kosmopolitische Tendenzen 172
   2.12. Patriotismus – Nationalismus – Nationalstolz im
          Zeitungsvergleich 173
   2.13. Zwischenfazit: Geopolitische Identitätskonstruktion in
          Tageszeitungen 177
3. **Geopolitische Identitätskonstruktion in „Facebook"** **185**
   3.1. Die Auswahlgesamtheit 186
   3.2. Analyse-Methode und Forschungsfragen 189
   3.3. Stellenwert geopolitischer Verortung mit Österreich-Bezug . 192
   3.4. Die Selbstbeschreibung der Facebook-Angebote 199
   3.5. Visualisierung der regionalen bzw. nationalen Identität 200
   3.6. Dialektverwendung in Gruppen und Fanseiten 203
   3.7. Ergebnisse inhaltliche Thematisierung regionaler und
          nationaler Identität in Diskussionsforen 204
   3.8. Regionale, nationale und transnationale Identifikations-
          figuren und Symbole 207
   3.9. Patriotismus – Nationalismus – Nationalstolz 209

3.10.	Migranten – Teil oder Störfaktor der österreichischen Gesellschaft?	212
3.11.	Zwischenfazit: Geopolitische Identitätskonstruktion in Facebook	215

4. Vergleichende Analyse Teil 1: Geopolitische Identitätskonstruktion in Tageszeitungen und Facebook. ... 220

4.1.	Die Unterschiede	221
4.2.	Die Parallelen	229
4.3.	Zusammenfassung intermedialer Vergleich	230

5. Online-Befragung ... 232

5.1.	Die Datengrundlage	232
5.2.	Die Forschungsfragen	233
5.3.	Soziodemographie	234
5.4.	Mediennutzung	237
5.5.	Geopolitische Identitätskonstruktion in Social Network Sites	245
5.6.	Auslandserfahrungen	258
5.7.	Geopolitische Identifikationsebenen	262
5.8.	Nationale Identität	267
5.9.	Charakterisierung Österreichs	273
5.10.	Mediennutzung von Facebook-Nutzer und –Verweigerer	277
5.11.	Geopolitische Identitätskonzepte von Facebook-Nutzern vs. Nicht-Nutzern	282
5.12.	Mediennutzung und nationale Identität	284
5.13.	Mediennutzertypologien und geopolitische Identitätskonzepte	287
5.14.	Zwischenfazit: Mediennutzung und geopolitische Identität	298
5.15.	Multiple Einflussfaktoren auf nationale Identitätskonzepte	299

6. Medienbilder vs. Rezipienteneinstellung ... 309

7. Schlusswort – Verortung in der globalisierten Netzwelt ... 316

Literatur ... 320

Anhang ... 338

A.	Regressionstabelle	338
B.	Facebook Gruppen und Fanseiten mit Österreich-Bezug	339
C.	Kategoriensystem Tageszeitungen	345
D.	Kategoriensystem Facebook	350
E.	Fragebogen	353

Tabellen- und Abbildungsverzeichnis

Tabelle 1: Nationale Identität auf Mikro- und Makroebene 48
Tabelle 2: Forschungsfragen und methodisches Vorgehen 133
Tabelle 3: Verteilung der analysierten Artikel.................................... 137
Tabelle 4: Globalbewertung Österreichs 143
Tabelle 5: Bewertungen Österreichs im Zeitungsvergleich.................. 144
Tabelle 6: Charakterisierungen Österreichs...................................... 146
Tabelle 7: Selbstbewertung und Bewertung anderer Nationen............ 152
Tabelle 8: geopolitische Verwurzelung der Artikel............................. 154
Tabelle 9: Kombinationen geopolitischer Identifikationsebenen........... 155
Tabelle 10: Prozentuale Verteilung der geopolitischen Identifikationsmuster . 156
Tabelle 11: Geopolitische Verwurzelung im Zeitungsvergleich............. 159
Tabelle 12: Verwendung regionaler, nationaler und globaler Symbole... 163
Tabelle 13: Verwendung regionaler Symbole im Zeitungsvergleich...... 164
Tabelle 14: Verwendung nationaler Symbole im Zeitungsvergleich...... 165
Tabelle 15: Verwendung globaler Symbole im Zeitungsvergleich......... 166
Tabelle 16: Patriotismus, Nationalismus, Nationalstolz, Xenophobie und
 EU-Einstellung im Zeitungsvergleich................................ 174
Tabelle 17: Nationale Identitätskonzepte im Ressortvergleich............. 177
Tabelle 18: Facebook Gruppen mit Österreich- oder Bundesländer-Bezug 187
Tabelle 19: Facebook Fanseiten mit Österreich- oder Bundesländer-Bezug 188
Tabelle 20: Verbreitung von nationenbezogenen Facebook Angebote... 195
Tabelle 21: Nationenvergleich – Facebook Gruppen regional vs. national 197
Tabelle 22: Nationenvergleich – Facebook Fanseiten regional vs. national 198
Tabelle 23: Einsatz von Symbolen in den Diskussionsforen 224
Tabelle 24: Einsatz von Symbolen in den Tageszeitungen................... 224
Tabelle 25: Nationale Identitätskonzepte in den Diskussionsforen 225
Tabelle 26: geopolitische Identifikationsebenen in Zeitungen und Facebook .. 228
Tabelle 27: Herkunft der Befragten 236
Tabelle 28: Wohnort der Befragten 236
Tabelle 29: Mediennutzungsdauer... 238
Tabelle 30: Ranking der TV-Sender-Nutzung 239
Tabelle 31: TV-Genre Vorlieben der Befragten 240
Tabelle 32: Nutzungsvorlieben bei Tageszeitungen 243

Tabelle 33: Tageszeitungsnutzung im Bundesländervergleich 245
Tabelle 34: Altersverteilung Facebook Nutzer vs. Nicht-Nutzer 247
Tabelle 35: Veröffentlichung persönlicher Daten in Facebook 248
Tabelle 36: persönliche Angaben bei der Vorstellung 249
Tabelle 37: Verteilung aller Gruppenmitglieder auf Bundesländer 251
Tabelle 38: Mitgliedschaft in Bundesländer-Gruppierungen in Abhängigkeit vom persönlichen Bezug 253
Tabelle 39: Einschätzungen zur Österreich-Darstellung in Facebook Angeboten 255
Tabelle 40: Bewertung der eigenen Dialektverwendung in Facebook 256
Tabelle 41: Eigenverwendung Dialekt in Abhängigkeit vom Herkunfts-Bundesland 257
Tabelle 42: Bewertung der Dialektverwendung im Bundesländervergleich 258
Tabelle 43: durchschnittliche Anzahl an Auslandsreisen pro Jahr 259
Tabelle 44: Anzahl Österreich-Urlaube in den vergangenen 3 Jahren 260
Tabelle 45: geopolitische Identifikationsebenen der Befragten 262
Tabelle 46: Geopolitische Identifikationsebenen in Abhängigkeit vom Migrationsstatus 263
Tabelle 47: geopolitische Identifikationsebenen im Geschlechtervergleich 264
Tabelle 48: geopolitische Identifikationsebenen im Bundesländervergleich 266
Tabelle 49: Korrelationen der geopolitischen Identifikationsebenen 267
Tabelle 50: Nationale Identitätskonzepte 268
Tabelle 51: Nationale Identitätskonzepte im Geschlechtervergleich 269
Tabelle 52: Nationale Identitätskonzepte im Bundesländervergleich 270
Tabelle 53: Korrelationen geopolitische Identifikationsebenen und nationale Identitätskonzepte 272
Tabelle 54: Mediennutzungsdauer Facebook Nutzer vs. Nicht-Nutzer 278
Tabelle 55: Gesamt-Mediennutzungszeit Facebook Nutzer vs. Nicht-Nutzer .. 279
Tabelle 56: TV-Sender Nutzung Facebook Nutzer vs. Nicht-Nutzer 281
Tabelle 57: nationale Identitätskonzeption Facebook Nutzer vs. Nicht-Nutzer mit Alterseffekt 283
Tabelle 58: nationale Identitätskonzeption Gruppenmitglieder vs. Nicht-Mitglieder 284
Tabelle 59: geopolitische Identifikationsebene Gruppenmitglieder vs. Nicht-Mitglieder 285
Tabelle 60: Mediennutzertypologie 289
Tabelle 61: Mediennutzer-Typologie im Geschlechtervergleich 289
Tabelle 62: Typologie geopolitischer Identitätskonzepte 292
Tabelle 63: Typologie geopolitischer Identitätskonzepte im Bildungsvergleich 293

Tabelle 64: Typologie geopolitischer Identitätskonzepte in Abhängigkeit vom Mediennutzer-Typ 294
Tabelle 65: Mediennutzertypologie in Abhängigkeit vom geopolitischen Identitätstyp 295
Tabelle 66: Einflussfaktoren auf Patriotismus, Nationalismus und Xenophobie 303
Tabelle 67: Geopolitische Verortung Zeitung – Facebook – Befragung 312
Tabelle 68: Nationale Identitätskonzeption Zeitung – Facebook – Befragung. 313
Tabelle 69: Symboleinsatz Zeitung – Facebook – Befragung 315

Abbildung 1: Charakterprofil Österreichs 148
Abbildung 2: Charakterprofil Österreich: Zeitungsspezifischer Vergleich 149
Abbildung 3: Spontan-Assoziationen mit Österreich 274
Abbildung 4: Charakterprofil Österreichs bei den Befragten 276
Abbildung 5: Korrespondenzanalyse Mediennutzertypen und geopolitische Identitätstypen 297
Abbildung 6: Charakterprofil Österreich Zeitung vs. subjektive Einschätzung 310

Einleitung

„Global village" (McLuhan/Fiore 1967, McLuhan 1968, McLuhan/Powers 1989), „Netzwerkgesellschaft" (Castells 1996) und „networked individualism" (Wellman 2001a, 2001b) sind Begriffe, mit denen versucht wird, Trends innerhalb der Kommunikationsgesellschaft des 21. Jahrhunderts möglichst plakativ zu beschreiben. Die zwei Entwicklungen, die dabei eine zentrale Rolle einnehmen, sind einerseits das Konzept der Globalisierung, andererseits die Mediatisierung, wobei beide Konzepte eng miteinander verbunden sind. Im Zusammenhang mit der Globalisierung wird diskutiert, inwiefern es tatsächlich zu einer zunehmenden Entgrenzung traditioneller Bezugssysteme wie Nationen oder Regionen kommt und stattdessen verstärkt transnationale Identifikationsebenen an Bedeutung gewinnen. Möglich werde dies durch eine allgegenwärtige Mediatisierung des Alltags (vgl. u.a. Krotz 1998), mittels derer Kommunikation unabhängig von Ort und Zeit sowie jeglicher Form traditioneller Grenzziehungen stattfinden kann. Als mediale Repräsentationen dieser „Netzwerkgesellschaft" (Castells 1996) können die momentan boomenden sozialen Netzwerke im Internet, wie etwa die vieldiskutierte Social Network Site Facebook, aber auch andere computerbasierte Interaktionstools gesehen werden. Diese virtuellen sozialen Netzwerke existieren tatsächlich primär mit der Intention Menschen rund um die Welt zumindest auf computervermitteltem Wege miteinander zu verbinden, geographische Distanzen zu überbrücken und auf diese Weise eine weltumspannende (virtuelle) Gemeinschaft zu realisieren. Diese Intention einer Globalisierung interpersonaler Kommunikation wird auch im Mission Statement von Facebook sehr klar auf den Punkt gebracht: „Facebook's mission is to give people the power to share and make the world more open and connected." (Facebook 2011)

Bei all diesen technischen und gesellschaftlichen Entwicklungen stellt sich schließlich die Frage, wie sich diese Tendenzen auf traditionelle soziale und politische Verortungen des Menschen auswirken. Welchen Stellenwert haben geopolitische Identitätskonzepte wie regionale oder nationale Identitäten in einer derartigen „Netzwerkgesellschaft"? Werden sie in den weltumspannenden Netzwerken zunehmend überflüssig oder aber kommt es zu einer Art „Wiederentdeckung" nationaler und/oder regionaler Verwurzelung gerade auf Grund derartiger globaler Vernetzungsinitiativen? Exakt diese Fragestellungen werden im gesamten Verlauf dieser Dissertation im Zentrum stehen. Dabei wird einerseits untersucht werden, auf welche Weise traditionelle Massenmedien, wie die Tageszeitungen, in ihrer alltäglichen Berichterstattung regionale, nationale und transnationale Identitäten zum Ausdruck bringen und damit aktualisieren. Andererseits wird auch die stärker subjektive Thematisierung regionaler, nationaler und transnationaler Identitäten innerhalb der momentan Mitglieder-stärksten Social Network Site, Facebook, untersucht. Diese inhaltsanalytischen Auswertungen sollen einen Hinweis darauf geben, welche Bilder, Einstellungen und Charakterisierungen von einer Region oder Nation vermittelt werden. Im Rahmen einer Befragung wird zudem unterschieden zwischen aktiven Nutzern von Facebook und Nicht-Nutzern, um auf diese Weise überprüfen zu können, ob Personen, die sich bewusst diesen globalen sozialen Online Netzwerken zuwenden, andere geopolitische Identitätskonzepte vertreten, als jene, die sich bewusst oder auch unbewusst gegen eine Nutzung derartiger Onlineangebote entscheiden.

Ein zentrales Ziel dieser Dissertation wird die Zusammenführung der Ergebnisse aus den inhaltsanalytischen Untersuchungen mit jenen der Befragung sein, um auf diese Weise zu zeigen, inwiefern einerseits die journalistisch vermittelten geopolitischen Identitätsentwürfe, sowie andererseits die in der Social Network Site stärker subjektiv gestalteten regionalen, nationalen und transnationalen Identitätskonzepte mit den individuellen Einstellungen und geopolitischen Verortungen der befragten Österreicher übereinstimmen. Dies soll Aufschluss darüber geben, inwiefern sich sowohl auf inhaltlicher als auch auf der Einstellungs-Seite die oben genannten vielzitierten Begriffe des „global village" sowie der „Netzwerkgesellschaft" tatsächlich in der österreichischen Gesellschaft realisiert haben und was dies konkret für die regionalen und nationalen Identitäten in Österreich bedeutet.

Die Untersuchung wird sich dabei ganz bewusst auf eine österreichische Perspektive konzentrieren und versuchen ein detailliertes Nationenbild Österreichs zu erfassen. Ebenso beschränkt sich die im zweiten Schritt durchgeführte Online-Befragung auf österreichische Staatsbürger, um auch auf der individuellen Rezipientenseite ein (Einstellungs-)Bild Österreichs zu ermitteln. Diese Beschränkung auf österreichische Mediennutzer sowie österreichische Medienangebote wird bewusst vorgenommen, da nur auf diese Weise eine wirkliche detaillierte Untersuchung unterschiedlichster geopolitischer Identitätskonzepte innerhalb einer Nation möglich ist. Jeder Einbezug anderer Nationen würde die Ergebnisse gezwungenermaßen auf eine stärker abstrakte Ebene verlagern, da nicht mehr auf nationale Besonderheiten im Detail eingegangen werden kann. Dennoch soll die Untersuchungsanlage dieser Arbeit ein Exempel darstellen, auf welche Weise geopolitische Identitätskonstruktionen sowohl auf Ebene der traditionellen Massenmedien, als auch auf Ebene der Medienrezipienten erhoben und vor allem verglichen werden können.

Wie der Aufbau der Arbeit zeigt, soll eine gezielte Verbindung von Theorie sowie Forschungsstand (Teil I) mit den eigenen Ergebnissen der empirischen Untersuchungen (Teil II) erreicht werden. Zu Beginn dieser Arbeit wird zunächst im theoretischen Teil I wird in Kapitel 1 der Frage nachgegangen, inwiefern in der modernen Kommunikationsgesellschaft des 21. Jahrhunderts Formen eines „globalen Dorfes" realisiert werden (können) und welche Pro- und Kontra-Argumente dafür sowohl aus rein theoretischer Perspektive als auch aus Sicht des konkreten Forschungsstandes vorhanden sind. Dabei werden die beiden zentralen Thesen, nämlich einerseits das postulierte „Zusammenwachsen" der Welt im Sinn eines globalen Dorfes, das regionale und nationale Grenzziehungen obsolet erscheinen lässt, und andererseits die in vielen Forschungsbereichen, und v.a. in den Sozialwissenschaften, Wiederentdeckung des Ortes als zentrale Bezugs- und Erklärungsgröße für soziale Phänomene, ausführlich diskutiert. In Kapitel 2. wird schließlich auf das Phänomen des „homo sociologicus" eingegangen und gezeigt, wie sich das traditionelle Gemeinschaftsmodell im Laufe der Zeit und unter Einfluss technologischer Entwicklungen weiterentwickelt hat. Kapitel 3. führt schließlich in die Thematik der Nation ein und zeigt auf, welche definitorischen Schwierigkeiten damit verbunden sein können. In Kapitel 4. erfolgt die Einführung in den Bereich sozialer Identitätskonstruktionen, bevor konkret auf die Besonderheit der nationalen Identität (Kapitel 5.) eingegangen wird. In diesem sehr ausführlichen Kapitel wird gezeigt, in welcher Form sich nationale Identität ausdrücken kann, welche Faktoren dabei eine wichtige Rolle spielen und besonders auch die Bedeutung der Medien für nationale Identitätskonstruktionen hervorgehoben. Kapitel 6. dient schließlich der Diskussion unterschiedlicher Formen nationaler Identität, v.a. dem Vergleich von Patriotismus und Nationalismus. Kapitel 7. und Kapitel 8. gehen auf die Besonderheiten regionaler bzw. europäischer/globaler Identitätskonzepte im Vergleich zur nationalen Identität ein. Kapitel 9. beschäftigt sich schließlich mit dem Zusammenhang des zunehmenden Multikulturalismus mit den geopolitischen Identitätskonzepten, bevor in Kapitel 10. gezielt der Forschungsstand zu regionalen, nationalen und auch transnationalen Identitäten in Österreich dargestellt wird.

Der daran anschließende empirische Teil II beginnt mit einer detaillierten Darstellung des Forschungsprojektes inklusive der zentralen Fragestellungen sowie der verwendeten Methoden. Die Darstellung der Ergebnisse erfolgt in drei großen Blöcken, wobei in Kapitel 2. mit den Ergebnissen der inhaltsanalytischen Untersuchung der Tageszeitungen begonnen wird. Kapitel 3. ist parallel dazu aufgebaut, stellt jedoch die Analyseergebnisse zu den Facebook Gruppen und Fanseiten dar. Kapitel 4. bildet schließlich den ersten vergleichenden Teil dieser Arbeit, indem die inhaltsanalytischen Ergebnisse der Zeitungsuntersuchung mit jenen der Facebook Angebote in Bezug gesetzt werden und auf Unterschiede bzw. Parallelen untersucht werden. Mit Kapitel 5. schließt sich der dritte empirische Teil, die Ergebnisse der Online-Befragung, an. Kapital 6. stellt schließlich den analytischen Höhepunkt der Arbeit dar, indem die inhaltsanalytischen Ergebnisse mit den Befragungsdaten zusammengeführt werden und dabei überprüft wird, inwiefern die veröffentliche Meinung bzw. geopolitische Identitätskonstruktion in Tageszeitungen und Facebook Gruppen bzw. Fanseiten mit den individuellen geopolitischen Identitätskonzepten und Einschätzungen der Befragten zu Österreich übereinstimmen. Zum Abschluss der Arbeit wird noch einmal die Frage nach der Verortung in der globalisierten Welt aufgegriffen und ausgehend von der in Kapitel 1. diskutierten Metapher des „globalen Dorfes" gezeigt, inwiefern dieses in unterschiedlichen technologischen und v.a. gesellschaftlichen Bereichen als Realität oder nach wie vor als Zukunftsvision gesehen werden kann.

In dieser Arbeit wird aus Gründen der kompakteren Formulierung und leichteren Lesbarkeit die maskuline Form verwendet, womit jedoch Männer und Frauen gleichermaßen angesprochen sind. Spielt die geschlechtspezifische Differenzierung eine zentrale Rolle bei der Ergebnisinterpretation, so wird dies an den relevanten Stellen jeweils explizit angeführt.

Teil I: Theoretische Konzepte zu geopolitischer Identitätskonstruktion

1. Informationsgesellschaft 2.0: Ist die Welt tatsächlich ein globales Dorf?

Der Ausspruch der Welt als „globales Dorf" („global village") von McLuhan (McLuhan/Fiore 1967, McLuhan 1968, McLuhan/Powers 1989) ist gerade im Zeitalter einer zunehmenden weltweiten Vernetzung mittels Computertechnologie und Internet zu einem vielzitierten Ausspruch geworden. Die Frage, die sich jedoch in Hinblick auf die geopolitische Verortung der Menschen stellt, ist, inwiefern sich diese globale Vernetzung auch in einer globalen Identität der Nutzer widerspiegelt. Weisen tatsächlich die (Viel-)Nutzer der globalen Computernetzwerke bzw. im Besonderen der momentan mitgliederstärksten Social Network Site Facebook eine verstärkt global ausgerichtete geopolitische Orientierung auf, oder kommt es vielleicht sogar im Gegenteil zu einer Wiederentdeckung der individuellen regionalen oder nationalen Wurzeln bei diesen Nutzern? Die dritte Möglichkeit, die auch durchaus Relevanz hat, besteht darin, dass sich keinerlei Unterschiede zwischen Personen, die regelmäßig in globalen Online Netzwerken interagieren, und jenen, die derartige computervermittelte Kontaktformen kaum oder gar nicht nutzen, feststellen lassen.

Paul Levinson (1999) führt in seinem Buch „Digital McLuhan" die Überlegungen von McLuhan weiter und interpretiert seine zentralen Thesen vom „global village" und von „the medium is the message" weiter in Richtung moderner Kommunikationstechnologien und der zunehmenden Vernetzung der Welt. So meint er, dass das „global village" keineswegs durch die globale Vernetzung von Fernsehsendern erreicht wurde:

> "Further, the television audience, even when truly globally seated, was unlike a village in that its members could not converse with one another, unless they happened to be seated in the same physical room – the global village at the time McLuhan coined the metaphor was thus in reality a village of voyeurs, and thus not a village in its important interactive sense at all." (Levinson 1999: 28)

Levinson weist damit eindeutig auf die nach wie vor hohe Bedeutung der geographischen Verortung hin, und dass es eben nicht ausreicht, ein globales Publikum mit den gleichen Inhalten zu versorgen, um ein „global village" zu realisieren, sondern dass dazu der Aspekt der Interaktion fehlt. Diese Interaktion wird erst durch die Computertechnologie und v.a. durch Social Network Sites möglich.

Lingenberg sieht wie auch andere Autoren aus diesem Grund die Globalisierung mittlerweile nicht mehr mit dem Begriff des „global village" von McLuhan (1967) abgebildet, sondern vielmehr in Form von Netzwerken, mittels Konnektivität und Fluss (Lingenberg 2010: 150, Appadurai 1998, Castells 1996; Giddens 1995, Tomlinson 1999, Wellman/Leighton 1979). In Anlehnung an zahlreiche Studien von Wellman wird zudem der Übergang von Kommunikation, die zunächst noch auf sogenannte „little boxes" konzentriert bleibt, wie es sie noch vor dem flächendeckenden Aufkommen von Telefonleitungen gab, in Richtung des zweiten Typs einer "glocalisation" der Interaktionen, die durch Telefon, Auto und Flugzeug die Kommunikation zwischen Haushalten relativ unabhängig von der Entfernung ermöglichte und eine Form der "place-to-place"-Interaktion darstellte, da hier nur jeweils ein Haushalt gezielt kontaktiert werden konnte, aber nicht eine bestimmte Person. Bis schlussendlich mit Phase 3 durch das Aufkommen von Mobiltelefonen und Internet das Zeitalter der „networked individuals" aufkam, bei dem nun schließlich eine gezielte Interaktion von „person-to-person" möglich wurden, relativ unabhängig von geographischen Grenzen und Distanzen. (Wellman/Tindall 1993; Chua et al. 2009: 4)

Neben diesen Stimmen, die den Bedeutungsverlust traditioneller geographischer Verortungen zum Ausdruck bringen, gibt es aber auch Untersuchungen, die sehr wohl Veränderungen geographischer Räume hin zu zunehmend neuen virtuellen Lokalitäten postulieren. So beschäftigt sich etwa auch Jones (1995) mit den Parallelen und Unterschieden zwischen computervermittelter Kommunikation und klassischer Offline-Interaktion und widerspricht mit seinen Ergebnissen der Meinung von Levinson, dass die geographische Verortung nach wie vor von hoher Bedeutung sei. Jones kommt vielmehr zu dem Schluss, dass sich durch das Internet und die computerbasierte Kommunikation die Bedeutung von geographischem und physischem Raum bereits verändert hat: „Computer-mediated communication will, it is said, lead us toward a new community: global, local, and everything in between." (Jones 1995: 13)

Zudem definiert Jones computervermittelte Kommunikation als "sozial produzierter Raum" (Jones 1995: 17). Laut Jones werde somit die klassische geographische Verortung in der realen Welt zumindest teilweise durch eine Verortung in der virtuellen Welt ersetzt. Jones (1995: 14) bezieht sich in diesem Zusammenhang auf Sojas Konzept der „postmodern geographies" (1989).

Auch Winter (2010) sieht im Internet die Chance für eine globalisierte bzw. transnationale Kommunikation realisiert. Winter weist darauf hin, dass das Internet oder computervermittelte Kommunikation im Allgemeinen Globalisierungsprozesse fördere und intensiviere, weil es die weltweite Vernetzung vielfältiger Lebensbereiche realisieren würde. „So entstehen durch die Verschmelzung von fortgeschrittenen Kontrolltechnologien und elektronisch basierten Informationssystemen deterritorialisierte Märkte, die nicht an nationale Grenzen gebunden sind." (Winter 2010: 23)

So würden durch das Internet neue Formen entstehen, wie Menschen miteinander in Kontakt treten und kommunizieren können, wodurch auch neue Formen der Mobilisierung möglich werden: „Sie kommunizieren miteinander, teilen Wissen und Kultur, in Interaktionen aktualisieren und schaffen sie (neue) Bedeutungen, die sie im Netz verbreiten." (Winter 2010: 10)

Aus diesem Grund geht Winter unter anderem auch der Frage nach, inwiefern auf diese Weise transnationale Öffentlichkeit entstehen kann, die nicht mehr an traditionelle territorialstaatliche Grenzen gebunden ist. Das Internet stelle eine nicht an nationale oder staatliche Grenzen gebundene „diskursive Arena" dar, die technisch gesehen für viele relativ leicht zugänglich ist und unabhängig von den Massenmedien genutzt werden kann (Winter 2010: 16ff). Winter sieht somit auch für die Internetnutzer das von Beck entwickelte Konzept des „verwurzelten Kosmopolitismus" (Beck 2004: 27) bestätigt, da die Nutzer zwar immer im direkten geographischen Kontext eingebunden bleiben, aber dennoch in globalen virtuellen Öffentlichkeiten aktiv sind. (Winter 2010: 58)

Es zeigt sich somit deutlich, dass die Forschungsergebnisse momentan noch sehr widersprüchlich dazu ausfallen, inwiefern es durch die zunehmende telekommunikative Vernetzung der Welt zu einem Bedeutungsverlust oder einem Bedeutungsgewinn traditioneller geopolitischer Verortung kommt. Die Beantwortung dieser Fragestellung ist daher von besonders hoher Schwierigkeit, da dazu langjährige vergleichende (idealerweise Panel-)Untersuchungen von Nöten wären, um tatsächlich Veränderungen der geopolitischen Identitätskonzepte entlang der Zeitachse unter Berücksichtigung der Medienentwicklung feststellen zu können. Im Rahmen dieser Untersuchung wird daher ein anderer Ansatz gewählt, um sich der Fragestellung zumindest nähern zu können, indem nämlich Nutzer und Nicht-Nutzer einer Social Network Site, die im Moment eines der klassischen Beispiele der technologisch ermöglichten weltweiten kommunikativen Vernetzung darstellt, in Hinblick auf ihre geopolitischen Verortungen und Identitätskonzepte befragt werden. Auf diese Weise sollen Hinweise darüber gewonnen werden, inwiefern Personen, die sich derartigen globalen Vernetzungsmedien zuwenden, andere regionale, nationale oder transnationale Identitätskonzepte aufweisen, als Personen, die derartige Angebote bewusst oder unbewusst nicht nutzen. Es stehen dabei keine kausalen Wirkungsstrukturen im Mittelpunkt, sondern vielmehr wechselseitige Zusammenhänge zwischen Mediennutzungsverhalten und der individuellen geopolitischen Identität der Rezipienten.

Die widersprüchlichen Ergebnisse zur Frage der Bedeutung des Ortes in einer global vernetzten Welt zeigen sich auch in sehr gegensätzlichen sozialwissenschaftlichen Zugängen: Mit der Entwicklung der modernen Kommunikationsgesellschaft und der Weiterentwicklung moderner Kommunikationstechnologien haben sich zwei grundsätzliche, auf den ersten Blick gegensätzliche Entwicklungen gezeigt, die häufig unter dem Terminus „spatial turn" (vgl. u.a. Bachmann-Medick 2006, Döring/Thielmann 2008) diskutiert werden: Einerseits führte die Verbreitung mobiler Kommunikationstechnologien dazu, dass sowohl die medial vermittelte interpersonale Kommunikation als auch der Konsum elektronischer Medien inklusive der Anwendungen im Internet mittlerweile von nahezu jedem Ort aus möglich sind. Vor allem die rasante Verbreitung von Laptops, Netbooks, Tabloid-PC und nicht zuletzt von Smartphones stellt diesen technologischen Wandel in Richtung allgegenwärtiger mobiler All-in-One-Kommunikation dar. Dies führt zu dem Phänomen, das Wellman (2002) als die Entstehung von „person-to-person communities" beschreibt. Er drückt damit die gesellschaftlich-technologische Veränderung von traditionellen face-to-face Interaktionen, die stark regional limitiert waren, hin zu „place-to-place" Interaktionen, die zwar dank moderner Transport und Kommunikationsmittel auch weitere Distanzen überbrücken konnten, aber dennoch immer eine gewisse Verbindung mit den dahinterstehenden Haushalten aufwiesen (Festnetztelefonie, Hausbesuche bei Freunden, Bekannten), bis schließlich im Rahmen der „person-to-person" Interaktionen tatsächlich einzelne Individuen vollkommen unabhängig vom jeweiligen Aufenthaltsort jederzeit miteinander kommunizieren können (Wellman/Tindall 1993; Chua et al. 2009: 4). In Anlehnung an die Befunde von Kayahara (2006) weisen Chua et al. (2009: 1) darauf hin, dass „a shift in perception from spatially-defined communities to relationally-defined communities" vor sich gegangen ist, d.h. dass die räumliche Verortung der sozialen Kontakte zugunsten der konkreter Beziehungsstrukturen an Bedeutung verloren habe. Dabei führen Chua et al. (2009: 2) weiter aus, dass diese „personal communities" nichts Neues seien, sondern sie schon immer bestanden hätten, aber sich in ihrer Erscheinungsform deutlich verändert hätten. Früher waren diese persönlichen Gemeinschaften stark geographisch verankert, heute sind sie stark geographisch dispers, weniger eng verknüpft und stärker spezialisiert (Wellman 1979). Diese Entwicklung bedeutet aber laut Chua et al. (2009: 2) keineswegs ein Verschwinden der Gemeinschaft, da die Menschen nach wie vor und sogar in noch stärkerem Ausmaß als davor in Interaktion mit ihren Bezugspersonen stehen.

Nicht zuletzt schien mit der weltweiten Verbreitung von Computernetzwerken, allen voran dem Internet, das von McLuhan prophezeite „global village"

(McLuhan/Powers 1989), in dem alle Menschen zusammenrücken und geographische Distanzen an Bedeutung verlieren, realisiert zu sein. Es kam zu einer „verkehrs- und kommunikationstechnischen Beschleunigung" (Götze 2004: 288-297). Nicht umsonst wurde in diesem Zusammenhang auch von einer „Raumschrumpfung", ausgedrückt durch das Zusammenrücken vormals geographisch distanzierter Räume, gesprochen oder aber von einem vollkommenen „Verschwinden des Raumes" (Virilio 1996: 185f, Schmidt 1998: 75). Unterstützt wird dieser technologisch beobachtbare Trend durch die zunehmende Orientierung in Richtung globalisierter Weltgesellschaft, im Rahmen derer die Fokussierung auf lokale und regionale Bezugspunkte als rückständig erlebt wird (Gotthard 2008: 26).

Mit einer zweiten, und der technologischen Entwicklung auf den ersten Blick entgegengesetzten, Entwicklung, kam es jedoch auch zu einer Wiederentdeckung des Ortes (Schlögel 2005, Pieper 1987). Joachimsthaler (2008: 30) sieht die Gründe dafür ebenfalls zum Teil in der Globalisierung und dem Fortschritt der Kommunikationstechnologien begründet. Als eine Art Gegenbewegung kam es laut Pott (2002) von der Basis ausgehend zu einer Stärkung der Regionen sowie von lokalen Kulturen und Traditionen. Während somit einerseits ein globales Zusammenwachsen und Vereinheitlichen nach wie vor vorangetrieben wird, erweisen sich vor allem regionale Identitäten durchaus als beständig, selbst in einer fortgeschritten, globalisierten Welt. Aus diesem Grund verliere der Ort gemäß dieser Sichtweisen (vgl. Schlögel 2005, Pieper 1987, Pott 2002, Joachimsthaler 2008) keineswegs an Bedeutung, sondern vielmehr stelle sich die Frage, inwiefern sich seine Rolle im Zusammenspiel von Globalisierung und Regionalisierung verändert (hat).

Interessant sind dazu auch Baumans Überlegungen zur Auswirkung der Globalisierung auf den Raum. Er kommt zu dem Schluss, dass der Raum gleichzeitig an Wichtigkeit verlor und an Bedeutung gewann.

> „Während die Erfahrung, irgendwohin zu gehören, aufgrund der Flexibilisierung der Wirtschaft kaum noch gemacht wird, wächst im Gegenzug, wie Richard Sennett (1999: 15) darlegt, das Bedürfnis, sich ‚an bestimmte geographische Orte, seien es Nationen, Städte oder andere Lokalitäten' zu binden." (Bauman 2009: 135)

Auf diese veränderte Konzeption des Raumes weist auch Joachimsthaler hin, indem er unter Bezugnahme auf Löw (2001) zeigt, dass der Raum keine „homogene in sich geschlossene Größe" mehr ist und dass er auch nicht mehr als „selbstverständliche Grundlage schutzbedürftigen Sich-Beheimatet-Fühlen-Wollens" gesehen werden kann, sondern „als Lebenswelt vielfach verzerrt, zersplittert und zerrissen (Löw 2001)" ist (Joachimsthaler 2008: 32).

Wichtig ist dabei auch die Raum-Definition von Bachmann-Medick (2006):

> „Raum meint soziale Produktion von Raum als einem vielschichtigen und oft widersprüchlichen gesellschaftlichen Prozess, eine spezifische Verortung kultureller Praktiken, eine Dynamik sozialer Beziehungen, die auf die Veränderbarkeit von Raum hindeuten." (Bachmann-Medick 2006: 289)

Diese Definition weist deutlich auf eine konstruktivistische Sichtweise hin, nämlich dass ein Ort stets von den Menschen selbst konstruiert wird und erst durch sie entsteht und zu dem wird, was er eigentlich ist. Auf diese Weise zeigt sich, dass Orte durchaus ungebunden von geographischen Bezügen existieren können, was etwa für die Betrachtung des Internet als „neuen Ort" von großer Bedeutung ist. Auch in Hinblick auf die Vorstellung von Nation muss diese Einstufung von Raum als soziale Produktion bzw. Konstruktion bedacht werden. So ist es etwa für den Einzelnen selbst in einer kleinen Nation wie Österreich nicht möglich das Land in seiner Gesamtheit zu überblicken. Dennoch wird mit der Vorstellung der „Nation Österreich" versucht, auch eine Vorstellung des geographischen Raums Österreich zu vermitteln, der für die Einwohner als Referenzpunkt gelten soll (vgl. Joachimsthaler 2008: 36). Ähnliche Versuche gibt es im Rahmen der Europäischen Union, mittels Konstruktion einer kollektiven Vorstellung der geographisch-politischen Einheit Europa auch zu einem räumlichen Bezugspunkt für die Einwohner zu machen, obwohl aufgrund der großen geographischen Ausmaße der europäischen Länder eine einheitliche Verortung individueller Identitätskonzeptionen auf einer europäischer Ebene nur schwer denkbar ist. Mittels kultureller Konstruktion wird dieses geographisch unüberschaubare Gebiet Europa jedoch durchaus als Identifikationsebene auch für den Einzelnen fassbar gemacht. Der Raum Europa wird mit Sinn aufgeladen, der weit über die rein geographischen Aspekte hinausgeht (Joachimsthaler 2008: 39). Diese Aufladung des Raumes mit Sinn wird als „Semiosphäre" (Lotmann 1990) bezeichnet, bei der Raum zu einem „Zeichen- und Bedeutungsträger" (Joachimsthaler 2008: 41) wird. Dieses Konzept der Semiosphäre ist für die Untersuchung des Verhältnisses von Nationalstaaten und ihren Regionen ebenfalls von Wichtigkeit:

> „Semiosphäre formt ihre Wahrnehmung und hat für jeden Sinneseindruck gleich die richtige (nationale) Interpretation bereit. Deshalb sind die Nationalstaaten Sinnräume, die sich über die kleineren Regionen gelegt haben." (Joachimsthaler 2008: 41)

Warum kann es aber in einem hochmodernen Zeitalter mit allgegenwärtiger mobiler Kommunikation gleichzeitig zu einem globalen Zusammenwachsen und einer Wiederentdeckung des regionalen und nationalen Raumes kommen? Genau dieser Frage geht auch Gotthard (2008) nach und versucht Ausblicke darauf zu geben, wohin „uns der ‚spatial turn' führen wird" (Gotthard 2008:27). Er formuliert dazu Vergleiche, wie Identitätskonstruktionen vor dem Zeitalter der Globalisierung vorgenommen wurden, und wie sie heute geschehen können. Zentraler Bezugspunkt für die Identitätskonstrukte wird dabei der Raum bzw. die geopolitischen Bezugspunkte, wie sie etwa in Form des Ortes, der Stadt, der Region aber auch in einem größerem Umfeld, etwa die Nation, sein können. Eine zentrale Frage, die sich dabei für Gotthard im Vergleich der vor-globalisierten Gesellschaft mit der heutigen Gesellschaft ergibt, liegt darin, inwiefern sich neben den Kommunikationsmöglichkeiten auch die geopolitischen Bezugspunkte ausgeweitet haben, d.h. inwiefern heute auch stärker transnationale bzw. supranationale Identitätspunkte zum Einsatz kommen (Gotthard 2008: 27).

Hepp (2003a) vertritt dabei die These, dass Identitäten im Zeitalter der Globalisierung und Mediatisierung verstärkt in einem Spannungsverhältnis zwischen Lokalem und Translokalem zu sehen sind:

> „So ist die Artikulation von Identität zuerst einmal ein lokaler Vorgang. Das Lokale ist der Bereich, in dem einzelne Menschen ihre jeweils spezifischen Identitäten von Tag zu Tag artikulieren. Hierfür sind die im Lokalen vorherrschenden Alltagsdiskurse eine zentrale Ressource. Neben solchen lokalen Aspekten ist Identität aber andererseits von translokalen Aspekten geprägt – d.h. von über das Lokale hinausgehenden, insbesondere medial vermittelten Sinnhorizonten. Vorstellungen von Region, Nation aber beispielsweise auch Ethnie sind in erheblichen Teilen nur als medial vermittelte Repräsentationen und Diskurse zugänglich." (Hepp 2003a: 97)

Hepps Fazit lautet daher schließlich auch, dass sich Identitäten in Zeiten der Globalisierung von Medienkommunikation nicht im „Virtuellen" auflösen, sondern stets an das Lokale rückgebunden bleiben. (Hepp 2003a: 114f)

2. Der Mensch als „homo sociologicus"

Der Mensch als „homo sociologicus" – Diese Definition von Dahrendorf (1959) bringt die hohe Bedeutung von sozialer Gemeinschaft für die menschliche Existenz so deutlich auf den Punkt wie wohl keine zuvor. Der Mensch ist ein soziales Wesen und benötigt daher eine gewisse gesellschaftliche Einbettung, um sein Leben erfolgreich bestreiten zu können. Wie diese gesellschaftliche Einbettung konkret aussieht, kann jedoch durchaus stark variieren. Eine der wohl bekanntesten Unterscheidungen zweier sozialer Vergemeinschaftungsformen stammt von Ferdinand Tönnies (1887), der zwischen Gemeinschaft auf der einen Seite, als die traditionelle Vergemeinschaftungsform, die schon allein von Geburt und Abstammung her vorbedingt ist, und der Gesellschaft auf der anderen Seite, die stärker auf konkrete Ziele ausgerichtet ist und nicht natürlich vorgegeben ist.

Neben dieser klassischen Differenzierung von Gemeinschaft und Gesellschaft von Tönnies beschäftigt sich auch Zygmunt Bauman (2009) sehr ausführlich mit der Frage, welchen Stellenwert Gemeinschaften im 21. Jahrhundert haben. Er beginnt sein Werk, ähnlich wie Tönnies, mit einer Differenzierung von Gemeinschaft und Gesellschaft und streicht dabei folgende Besonderheit der Gemeinschaft hervor:

> „Verständnis muss nicht erst gesucht, geschweige denn mühsam konstruiert oder erkämpft werden: Dieses Verständnis ‚ist da', steht fix und fertig zur Verfügung – man versteht sich ‚ohne Worte' und muss niemals fragen: ‚Worauf willst du eigentlich hinaus?'. Das Verständnis, auf dem Gemeinschaft beruht, geht allen Streitigkeiten und Abmachungen voraus. Es ist nicht das Ergebnis, sondern der Beginn des Zusammenlebens." (Bauman 2009: 16)

Wichtig für die Existenz einer Gemeinschaft ist dabei laut Bauman vor allem die Selbstverständlichkeit, dass man zu dieser Gemeinschaft zugehörig ist. Eine Gemeinschaft muss laut ihm nicht definiert werden, sie existiert schlicht und einfach. Wichtige Merkmale für Gemeinschaften sind zudem immer auch die Abgrenzung nach außen und eine gewisse Autarkie.

In Anlehnung an Redfields Konzept der „kleinen Gemeinschaften" (Redfield 1971: 4ff) weist auch Bauman darauf hin, dass die Einigkeit, die Redfield seinen kleinen Gemeinschaften unterstellt, primär auf einer „Blockade der

Kommunikationskanäle zum Rest der bewohnten Welt" (Bauman 2009:20) beruht. Nur auf diese Weise könne die von Tönnies postulierte Homogenität einer Gemeinschaft erhalten bleiben. Wird jedoch die Kommunikation nach außen immer stärker, so löst sich auch rasch diese Gleichheit innerhalb der Gemeinschaft auf. Genau dieser Aspekt der verstärkten „Außenkommunikation" von Gemeinschaften erscheint im Zeitalter weltweiter Kommunikationsnetze besonders relevant. Bedeuten also genau diese Erleichterung weltweiter Kommunikation und die wachsende Mobilität eine Gefahr für Gemeinschaften?

Diese Problematik erwähnt Bauman ebenfalls sehr explizit, sieht jedoch noch eine zusätzliche Gefahr für den Begriff der Gemeinschaft: Durch die inflationäre Verwendung des Begriffs sieht Bauman Gemeinschaft nahezu vor dem Ende. In eine ähnliche Kerbe schlug bereits 1995 Eric Hobsbawm, indem er darauf hinwies: „Gemeinschaft (wurde) noch nie (…) derart wahllos und sinnlos gebraucht wie in den Jahrzehnten, in denen Gemeinschaften im soziologischen Sinn im realen Leben kaum noch zu finden waren." (Hobsbawm 1995: 532)

Die Gründe für das „Verschwinden von Gemeinschaft" sind vielfältig. Bauman nennt dazu unter anderem das Fehlen von „eng verknüpfte(n) Biographien und Erwartung einer langfristigen regelmäßigen und intensiven Interaktion" (Bauman 2009: 61). Er greift damit ein Argument auf, dass bereits 1965 von Maurice R. Stein folgendermaßen beschrieben wurde:

> „Gemeinschaftliche Bindungen werden zunehmend entbehrlich (…) Mit der sukzessiven Schwächung nationaler, regionaler, kommunaler, nachbarschaftlicher und familiärer Bindungen und schließlich der Bindung an ein kohärentes Selbstbild verringert sich das Ausmaß persönlicher Loyalitäten." (Stein 1965: 329)

Als weiteren Grund für die sinkende Bedeutung von Gemeinschaften thematisiert Bauman auch den Trend zur zunehmenden Mobilität von Menschen als Arbeitskräfte bzw. zu Bildungszwecken. Er zitiert dazu eine Studie des „Institute of Advanced Study in Culture" der Universität von Virginia, bei der ein leitender Angestellter zu Protokoll gab, dass er sich selbst als „Weltbürger" sehe, und der amerikanische Pass lediglich ein Zufall sei. Für diese Menschen, die die meiste Zeit ihres alltäglichen Lebens rund um den Globus unterwegs sind, verlieren offensichtlich geopolitische Grenzen, wie etwa Staatsgrenzen, zunehmend an Bedeutung, da sich diese Personen in Umgebungen aufhalten (Hotels, Restaurants, Lokale), die sich weltweit immer ähnlicher werden. (Bauman 2009: 68f)

Als zentralen Problemauslöser für den Bedeutungsverlust von Nationalstaaten als einende Dimension sieht Bauman die Globalisierung. Sie bedeutet für ihn, „dass sich das Netz von Abhängigkeiten allmählich über den gesamten Globus zieht – ein Prozess, der nicht von einer ähnlichen Ausweitung tragfähiger politischer Institutionen oder dem Aufkommen einer genuin globalen Kultur begleitet wird." (Bauman 2009: 119) Durch die Globalisierung würde schließlich der Staat seinen Status als „höchster und womöglich einziger Sitz souveräner Macht" (Bauman 2009: 120) verlieren. Dadurch verliere auch das Gefühl der nationalen Zusammengehörigkeit an Glaubwürdigkeit.

Neben diesen eher düsteren Szenarien im Zusammenhang mit dem „Untergang" der Gemeinschaft, sieht aber etwa Jock Young mit dem Zusammenbruch der Gemeinschaft gleichzeitig die Beginnstunde der Identität (vgl. Young 1999: 164) gekommen. Auch Bauman sieht diese unmittelbare Verbindung zwischen Gemeinschaft und Identität: „Identität wächst auf dem Grab der Gemeinschaft; sie gedeiht nur, weil sie die Auferstehung der Toten verspricht." (Bauman 2009: 23)

Zudem definiert er Identität als „ein Surrogat für Gemeinschaft" bzw. „unsere angeblich ‚natürliche' Heimat" (Bauman 2009: 23). In der modernen Gesellschaft würde es laut Bauman „natürliche Heimat" nicht mehr geben, aber sie kann noch individuell als ein „Zufluchtsort der Sicherheit und des Vertrauens" imaginiert und herbeigesehnt werden (Bauman 2009: 23). Auch hier lässt sich somit wieder eindeutig eine konstruktivistische Perspektive auf das „Heimat"-Konzept erkennen.

Wichtig erscheinen auch Baumans Ausführungen zu sogenannten „Anlaß-Gemeinschaften", die Individuen zusammenführen, die ähnliche Ängste und Unsicherheiten erleben, und auf diese Weise das Gefühl der Einsamkeit verdrängen können (Bauman 2009: 24). Diese „Anlaß-Gemeinschaften" können sich einerseits rund um eine gewisse Idolperson bilden[1], aber auch durch andere Phänomene ausgelöst werden, wie etwa Panik auslösende Bedrohungen oder „Feinde der Gesellschaft". Aber auch singuläre Ereignisse wie etwa Fußballspiele, Ausstellungen oder alltägliche gemeinsam erlebte Probleme können solche „ästhetischen Gemeinschaften" entstehen lassen. (Bauman 2009: 87ff)

Bauman sieht die Globalisierung jedoch nicht ausschließlich negativ für die Vergemeinschaftung, sondern weist durchaus auch auf mögliche positive Impulse für die Bindung an regionale oder nationale Einheiten hin: So würde etwa durch die wachsende Unsicherheit nicht nur das Bedürfnis wieder steigen, sich einer abstrakten Gesellschaft zuzuordnen, sondern auch die Zugehörigkeit zu einem konkreten Ort wieder an Bedeutung gewinnen. Aus diesem Grund würden Menschen überhaupt erst auch Bindungen und Loyalitäten entwickeln (Bauman 2009: 136). Außerdem würde durch die wachsende Verbreitung globaler Inhalte und Identitätsangebote laut Jeffrey Weeks, das Bedürfnis nach „Identitätsgeschichten" wieder wachsen. In diesen Geschichten würde es darum gehen, sich selbst zu erzählen, wo wir herkommen, wer wir heute sind und wohin wir gehen.

---

[1] Weitere Ausführungen zur Bedeutung von Idolen und Identifkationsfiguren siehe Kapitel 5.4.

Nur mit diesen Geschichten könne das Gefühl der Sicherheit wiederhergestellt und sinnvolle Interaktionen mit anderen durchgeführt werden. (Weeks 2000) Die Bedeutung der Zugehörigkeit zu einer Gemeinschaft geht somit nicht verloren, im Gegenteil. Gemeinschaft wird vielmehr zur „sicheren Umgebung" (Bauman 2009: 139). Hitzler spricht sogar von einer „Sehnsucht nach Vergemeinschaftung" (Hitzler 2004: 82). Michel Maffesoli (1995, 2007) sieht eine „Rückkehr der Stämme" gekommen und Keller spricht von sogenannten „neotribes", die eine „kultisch fokussierte" und nicht auf Zweckrationalismus beruhende Vergemeinschaftungsform darstellen (Keller 2008).

In der heutigen Zeit ist sehr häufig die Rede von der Gesellschaft, beispielsweise als Schlagworte wie Informations- oder Netzwerkgesellschaft (Castells 1996). Dies zeigt sehr deutlich, dass heutzutage sozialer Zusammenschluss häufig mit sehr konkreten Zielen verbunden und dementsprechend arbeitsteilig organisiert ist. Barry Wellman (1999) prägte schließlich den Begriff der „Netzwerkgemeinschaft" („network community"), mit denen er einige grundlegende Veränderungen traditioneller Gemeinschaftskonzepte zum Ausdruck bringt. Wellman führt dazu eine Liste von Gründen an, die zu Wandlungserscheinungen der traditionellen Gemeinschaft geführt haben:

1. Bedeutungsgewinn von nationalstaatlichen Aktivitäten
2. Zunehmende Globalisierung mit allen damit verbundenen wirtschaftlichen und sozialen Folgen
3. Die Entwicklung bürokratischer Strukturen für die Produktion und Reproduktion
4. Die wachsende Größe von Städten und die damit verbundene größere Diversität der Bevölkerung bzw. der Organisation insgesamt
5. Die hohe soziale Dichte, die die Komplexität von Organisation und Verteilung erhöht
6. Die Vielfalt an Personen, die innerhalb der Städte leben und die durch immer mehr Mobilität ausgezeichnet sind
7. Die Verbreitung eines weitläufigen Netzwerkes von billigen und effizienten Transport- und Kommunikationstechnologien, die die Kontaktpflege und – erhaltung auch über weite Distanzen ermöglicht. (Wellman 1999: 6)

Eine zentrale These von Wellman besteht darin, dass Gemeinschaften sich zunehmend aus der Nachbarschaftsebene in eine breitere Netzwerksebene verlagert haben (Wellman 1979). Beschleunigt wurde diese Entwicklung durch technologische Neuerungen, wie die Verbreitung von Mobiltelefonen und Internet, wodurch laut Wellman eine Form des „networked individualism" (Wellman 2001a, 2001b) erst möglich wurde.

> „As well as contemporary communities being fragmentary, sparsely knit and loosely bounded, they are rarely local groupings of neighbors and kin. The residents of developed societies usually know few neighbors, and most members of their personal communities do not live in the same neighborhood (Wellman 1990, 1992). People easily maintain far-flung ties by telecommunications (with telephones recently being joined by faxes, electronic mails, and the Web) and transportation (based on cars, expressways, and airplanes)." (Wellman 1999: 26f)

Castells vertritt die Sichtweise, dass das Internet und die Mobilkommunikation als eine „angemessene materielle Stütze für die Verbreitung des vernetzten Individualismus als vorherrschende Form der Soziabilität" fungieren würden, oder anders formuliert: „Die neuen technologischen Entwicklungen scheinen die Wahrscheinlichkeit zu erhöhen, dass der vernetzte Individualismus zur vorherrschenden Form der Soziabilität wird" (Castells 2005: 144f).

Auf diese Weise wird die Gemeinschaft auch von der geographischen Nähe der Mitglieder losgelöst und ist zunehmend auf geteilten Interessen konstruiert und weniger auf räumlichen Nahverhältnissen (vgl. Wellman/Gulia 1999: 333).

Wichtig ist an dieser Stelle der Hinweis von Hepp et al. (2006: 17), der den zu beobachtenden Wandel von Medien und Kommunikation immer einhergehen sieht mit einem allgemeinen Wandel von Gesellschaften und Kulturen. Auch Winter hebt hervor, dass die neuen technischen Möglichkeiten sich auch in veränderten gesellschaftlichen Beziehungsmustern widerspiegeln können:

> „Die neu entstehende Person-zu-Person Konnektivität hat, da bin ich mit ihm einer Meinung, eine neue Qualität von Information und Mobilität zur Folge: Die Bedeutung persönlichen Netzwerkens sowie persönlicher Netzwerke wird weiterhin immer wichtiger. Die zunehmende Virtualität des Netzwerkes verändert die Beziehung zur realen Welt und damit zu anderen Menschen. Die Extensivierung von Person-zu-Person-Konnektivität transformiert bestehende Strukturen und Lebensweisen auf der ganzen Welt." (Winter 2006: 81)

Ein vieldiskutiertes Thema im Zusammenhang der veränderten Bedeutung traditioneller Gemeinschaftskonzepte ist auch die Frage nach den Besonderheiten sogenannter „virtueller Gemeinschaften" oder „Online Gemeinschaften". Virtuelle Gemeinschaften sind nach Fernbach/Thompson (1995: 8) „Social relationships forged in cyberspace through repeated contact within a specific boundary or place that is symbolically delineated by topic of interest".

Eine Besonderheit der virtuellen Gemeinschaften besteht somit darin, dass sie unabhängig von räumlichen Nahverhältnissen entstehen und bestehen können und meist eine starke thematische Fokussierung aufweisen. So beschrieben bereits 1968 Licklider und Taylor Online Gemeinschaften folgendermaßen:

> „What will on-line interactive communities be like? In most fields they will consist of geographically separated members, sometimes grouped in small clusters and sometimes

working individually. They will be communities not of common location, but of common interest. In each geographical sector, the total number of users (...) will be large enough to support extensive general- purpose information processing and storage facilities (...) life will be happier for the on-line individual because the people with whom one interacts most strongly will be selected more by commonality of interests and goals than by accidents of proximity." (Licklider/Taylor 1968: 30f, zit. in Jones 1995: 22f)

Zahlreiche Studien gingen mittlerweile der Frage nach, inwiefern sich Online Gemeinschaften von jenen der „real-life" Gemeinschaften unterscheiden bzw. inwiefern es Überlappungspunkte gibt. Dabei zeigt sich sehr klar, dass das Internet zu einem integralen Bestandteil der Gemeinschaften wird und dass die Online-Gemeinschaften meist zu einem großen Teil mit den in der realen Welt existierenden Gemeinschaften übereinstimmen (Veenhof, Wellman, Quell, Hogan 2008; Quan-Haase/Wellman 2008, Chua et al. 2009: 5; Utz 2000: 189).

Einen großen Unterschied zwischen traditionellen Gemeinschaften und Gemeinschaften, die sich in der virtuellen Umgebung ergeben, nennen Wellman/Gulia unter anderem die starke Themenfokussierung der Online Gruppen. Innerhalb virtueller Gruppen stehe der Informationsaustausch zu sehr konkreten Themen im Mittelpunkt, was bei traditionellen Gemeinschaften nicht in dieser Form der Fall ist. (Wellman/Gulia 1999: 336f). Aber nicht nur der reine Informationstransfer sei wichtig innerhalb der virtuellen Gemeinschaften, sondern durchaus auch soziale Unterstützung, indem sich etwa Gleichgesinnte oder Betroffene von ähnlichen Ereignissen in den computervermittelten Gemeinschaften zusammenschließen und ihre Erfahrungen austauschen können, was wiederum als gegenseitige Unterstützung erlebt wird (Wellman/Gulia 1999: 337).

Winter weist darauf hin, dass die Gemeinschaften, die sich online bilden, bestehende Gemeinschaften durchaus ergänzen und erweitern können (Winter 2010: 75). Siedschlag et al. (2002: 24) erklären dies vor allem dadurch, dass durch „wiederholtes kommunikatives Handeln im Internet (...) sich soziale Muster bilden, dass geteilte Erwartungen und Vorstellungen von Gemeinsamkeit entstehen" und diese „kollektiven Erwartungsstrukturen (...) neue (und neuartige) soziale Gebilde entstehen" lassen. Komito (1998) sieht in den virtuellen Formationen „zeitweilige Vereinigungen von Personen" („temporary aggregation of individuals"), indem er auf die instabilen, lockeren Bindungen innerhalb dieser Gruppen hinweist, die Leichtigkeit eine Gruppe wieder zu verlassen oder aber gleichzeitig mehreren Gruppen angehören zu können. (Winter 2010: 75)

Michel Maffesolis (1988) brachte das Konzept des „Neostammes" auf, von dem wiederum der Begriff des „electronic tribes" abgeleitet wurde.

Abgesehen von dieser Diskussion um die positiven oder negativen Auswirkungen derartiger Online Gemeinschaften stellt sich gerade im Zusammenhang mit dem Thema dieser Arbeit, der geopolitischen Identitätskonstruktion, die Frage, wie sich derartige von Raum und Zeit losgelöste Vergemeinschaftungsformen auf regionale, nationale oder auch transnationale Identitäten auswirken können. Wellmann (1999) spricht etwa von einer kosmopolitischen Identität, die Mitglieder von virtuellen Gemeinschaften entwickeln würden. Aufgrund dieser kosmopolitischen Orientierung verliere die eigene Herkunft an Bedeutung und es komme zu einer Tendenz der Partizipation an multiplen Teilnetzen. Diese Sichtweise vertritt auch Winter (2010: 106), der jedoch auch eine regionale Ebene darin vertreten sieht und hervorhebt, dass das Internet „als globales Kommunikationsnetz sowohl Globalität als auch Lokalität in sich vereint" und dadurch das Konzept des „verwurzelten Kosmopolitismus" (Beck 2004) realisieren könne.

Castells (1996) prophezeit hingegen eine Rückbesinnung auf kollektivistische Werte, was im Widerspruch zu Wellman (1999) steht, der einen Trend zur Individualisierung und Spezialisierung von Netzwerken sieht. Auch Utz (2000) ging der Frage nach unterschiedlichen geopolitischen Verortungen von Mitgliedern sogenannter MUDs (multi-user-dungeons[2]) und den Nicht-Nutzern derartiger virtueller Angebote nach. Dabei zeigte sich, dass wesentlich mehr Nutzer von virtuellen Gemeinschaften sich selbst als Weltbürger sehen als dies bei den Nicht-Nutzern der Fall ist, was für Wellmans These (1999) der Bildung einer kosmopolitischen Identität spricht. Dies bestätigt sich auch dadurch, dass die Region für die Nutzer von virtuellen Gemeinschaften eine deutlich geringere Bedeutung hat als für Nicht-Nutzer, was ebenfalls für die kosmopolitische Orientierung spricht (vgl. Utz 2000: 202). Utz kommt daher zu dem Schluss, dass die Nutzer von MUDs deutlich mehr Wert auf individualistische Werte legen und sich ihre virtuellen Gemeinschaften bewusst nach den eigenen Interessen aussuchen, nicht nach räumlicher Nähe, weshalb auch die Region an Bedeutung verloren habe. Die eigene Region werde austauschbar erlebt, weil die Teilnahme an den virtuellen Gemeinschaften grundsätzlich von jedem Ort der Welt möglich ist, d.h. ortsunabhängig erfolgt (vgl. Utz 2000: 204). Im Rahmen dieser Arbeit wird zu überprüfen sein, inwiefern sich diese Ergebnisse aus den Online-Spiel-Gemeinschaften, die meist zwischen ursprünglichen einander unbekannten Personen entstehen, auch auf für die „virtuellen" Gemeinschaften in Social Network Sites, innerhalb derer sich die Interaktion oft auf Kontakte mit bereits aus dem „real-life" bekannten Personen konzentriert, übertragbar sind.

---

[2] Virtuelle Gemeinschaften, die sich im Rahmen eines Online-Spiels ergeben.

3. Das Konzept der Nation

> „Ein Mensch braucht eine Nationalität, so wie er eine Nase und zwei Ohren haben muss; das Fehlen eines dieser Attribute ist zwar nicht unvorstellbar und mag von Zeit zu Zeit vorkommen, aber nur als Ereignis eines Unglücks: Es ist selbst eine Art Unglück." (Gellner 1991: 15f)

Ernest Gellner drückt mit diesem Zitat die Notwendigkeit der Nationalität für einen Menschen sehr plakativ aus und gehört damit in die Gruppe der Autoren, welche nationale Identität auch im Zeitalter von Globalisierung und Internationalisierung für unabkömmlich betrachten.

Nach den eingangs eher allgemein gehaltenen Ausführungen zu menschlichen Kollektiven in Form von (virtuellen) Gemeinschaften und Gesellschaften, soll nun in einem weiteren Schritt gezielt auf das Konzept der Nation und den damit verbundenen Identitätskonzepten eingegangen werden.

Erscheint der Begriff „Nation" auf den ersten Blick sehr eindeutig und einfach definierbar, so erweist er sich bei einem näheren Blick in die Literatur bald als sehr vielfältig und bis zu einem gewissen Teil auch beliebig festlegbar. Ausgehend vom lateinischen Ursprung bedeutet Nation so viel wie „geboren" (natus – nascor) (Kecmanovic 1996: 7) oder auch „Abstammung" oder „Geburtsort", bzw. im übertragenen Sinne auch „Volksstamm" (Jansen/Borggräfe 2007: 10)

Jansen/Borggräfe (2007) unterscheiden vier theoretische Hauptströme, wie Nation bzw. Nationalität definiert werden:

1. **Die subjektivistische Definition:** Nationen werden dabei als „große Kollektive, die auf einem grundlegenden Konsens ihrer Mitglieder beruhen" gesehen. Die Nation basiere „auf der inneren und freiwillig geäußerten Überzeugung ihrer Mitglieder, dass sie zusammengehören." (Jansen/Borggräfe 2007: 11) Als eine besondere Variante im Zusammenhang mit diesem Ansatz führen Jansen/Borggräfe (2007: 12) die „Personalautonomie" an, die der österreichische Sozialdemokrat Karl Renner als Ausweg aus der „Nationalitätenfrage" vorschlug. Gemäß dieser Idee konnte jeder Bürger sich selbst einer Nationalität zuordnen, unabhängig vom aktuellen Wohnort bzw. dem Ort der Geburt.

2. **Die objektivistische bzw. substanzialistische Definition**: Dieser Definitionsansatz sieht objektive Kriterien zur Definition einer Nation vor und jeder Mensch soll nur exakt einer Nation zuordenbar sein. (Jansen/Borggräfe 2007: 13)
3. **Die dekonstruktivistische Definition**: Dieser Ansatz wurde vor allem durch die Arbeiten von Anderson, Gellner, Hobsbawm und Lepsius geprägt und geht davon aus, dass Nationen nichts natürlich Gegebenes sind, sondern vielmehr rein „vorgestellte Gemeinschaften" („imagined communities"), d.h. „kulturell definierte Vorstellungen, die eine Vielzahl von Menschen aufgrund angeblich gemeinsamer Eigenschaften als eine Einheit bestimmen" (Jansen/Borggräfe 2007: 14). Somit hat sich auch die Blickrichtung insofern verändert, dass die Nation nicht mehr als etwas von oben Vorgegebenes erlebt wird, sondern vielmehr von den Bürgern selbst gemeinsam konstruiert wird.
4. Als vierten Ansatz führen Jansen/Borggräfe (2007: 15), die Definition von Anthony D. Smith an, der eine Position zwischen den moderneren dekonstruktivistischen Ansätzen und den älteren objektivistischen Ansätzen wählt und an der Annahme eines „ethnischen Ursprungs" der Nationen festhält.

Dieser Arbeit wird in der Folge das dekonstruktivistische Verständnis von Nation zu Grunde gelegt werden, indem unter anderem gezeigt werden soll, wie einerseits Journalisten[3], andererseits die Mediennutzer und damit die Bürger selbst „ihre" Nation „konstruieren".

Diese Aspekte der dekonstruktivistischen Sichtweise von Nationen zeigen sich auch in anderen Differenzierungen von Definitionsversuchen der Nation. So unterscheidet etwa Ernest Gellner (1991) zwischen einer kulturellen und einer voluntaristischen Definition von Nation:

1. **Kulturelle Definition**: „Zwei Menschen gehören derselben Nation an, wenn sie – und *nur* wenn sie – dieselbe Kultur teilen, wobei *Kultur* ihrerseits ein System von Gedanken und Zeichen und Assoziationen und Verhaltens- und Kommunikationsweisen bedeutet." (Gellner 1991: 16)
2. **Voluntaristische Definition**: „Zwei Menschen gehören derselben Nation an, wenn und nur wenn sie einander als Angehörige derselben Nation *anerkennen*. Mit anderen Worten: *Der Mensch macht die Nation*; Nationen sind die Artefakte menschlicher Überzeugungen, Loyalitäten und Solida-

---

[3] Vgl. auch die konstruktivistischen Ansätze im Bereich der Journalismusforschung. Ein guter Überblick dazu findet sich bei Haas (1999: 85-92).

ritätsbeziehungen. (...) Zur Nation werden sie durch ihre wechselseitige Anerkennung und nicht durch die anderen gemeinsamen Attribute, worin sie auch liegen mögen, die diese Kategorie von Nicht-Mitgliedern unterscheiden." (Gellner 1991: 16)

Auch Reiterer bringt in seinem Buch über das Nationalbewusstsein in Österreich eine dekonstruktivistische Perspektive zum Ausdruck, wobei dabei verstärkt eine politische Sichtweise mitschwingt, wenn er Nation als „politische Willensgemeinschaft auf der Grundlage eines abgrenzbaren sozialen und wirtschaftlichen Systems, die politisch nach staatlicher Souveränität oder zumindest Autonomie strebt beziehungsweise trachtet, diese aufrechtzuerhalten" (Reiterer 1988: 3) definiert.

Der wohl bekanntesten Theoretiker zu einer dekonstruktivistischen Definition der Nation ist Benedict Anderson, der auch den Begriff der Nation als „vorgestellte politische Gemeinschaft" („imagined community") (vgl. auch Hall 1994: 201) geprägt hat. Diese „vorgestellte Gemeinschaft" sei zudem „begrenzt und souverän". „Vorgestellt" ist eine Nation deswegen, weil sich selbst in kleinen nationalen Gefügen nie alle Mitglieder tatsächlich durch Face-to-Face-Kontakte kennen bzw. sich im Alltag begegnen können. Trotzdem hat jeder eine gewisse Vorstellung von Zusammengehörigkeit, trotz dieser herrschenden Unkenntnisse seiner nationalen Mitbürger. „Begrenzt" ist die Nation, weil auch die größten Nationen innerhalb bestimmter Grenzen existieren, die sie von anderen Nationen abgrenzen. Nicht umsonst weist Anderson darauf hin, dass sich „keine Nation (...) mit der Menschheit gleich" setzt (Anderson 2005: 16).

Auch Thomas Scheff (1994) geht von Andersons Konzept der „imagined community" aus und fragt sich, wie es dazu kommt, dass sich Menschen teilweise Personen näher fühlen, die sie nicht kennen, als jenen, die sie persönlich kennen. Scheff erklärt sich dies aus einem Unterschied zwischen Vernarrtheit (infatuation) und Liebe (love). Vernarrtheit scheidet eine genaue Kenntnis der geliebten Person aus, sie basiert stattdessen auf Idealisierung. Liebe verlangt jedoch genaue Kenntnis des anderen, der wiederum geliebt wird für die guten UND schlechten Eigenschaften. Liebe zur Nation unterscheidet sich in diesem Punkt nicht von der Liebe zu einer Person. Vernarrtheit sieht Scheff immer als ein Signal für pathologische Beziehungen und emotionale Ausdrücke. Es zeigt eine Art der Entfremdung, indem Teile des Selbst für das geliebte Objekt aufgegeben werden, außerdem wird auch Scham unterdrückt (Scheff 1994: 280). Wie sich derartige „positive" und „negative" Formen von nationalen Zugehörigkeitsgefühlen ausdrücken können, wird an späterer Stelle noch näher erläutert.

Ein wichtiger Faktor ist laut Anderson auch, dass die Nation eine Gemeinschaft darstellt, im Sinne eines „kameradschaftlichen Verbunds von Gleichen"

(Anderson 2005: 17). Dieser Definitionsaspekt der „Gleichheit" scheint jedoch fragwürdig zu sein, wenn man überlegt, wie der Faktor der Gleichheit in multikulturellen Nationen festgelegt wird, worauf ebenfalls in der Folge noch näher eingegangen werden muss.

Aufgrund all dieser hier angeführten Definitionsschwierigkeiten des Konzepts der „Nation" bzw. „nationaler Zugehörigkeit", gibt es zahlreiche Versuche, objektive Kriterien für deren eindeutige Bestimmung zu finden. Häufig werden Merkmale wie Sprache, gemeinsames Territorium, gemeinsame Geschichte, die durch Siege und Niederlagen geprägt ist (vgl. Poole 1999: 16f; Kecmanovic 1996: 4) sowie kulturelle Eigenarten für diese Definitionsversuche herangezogen (vgl. Hobsbawm 2005: 15f, Smith 1991: 14). Reiterer sieht vor allem in den gemeinsam geteilten Grundwerten einen wichtigen Faktor, damit ein Gemeinschafts- und Zusammengehörigkeitsgefühl überhaupt entstehen kann (Reiterer 1988: 3). Auf die vielfältigen Aspekte, die eine Nation ausmachen, weist auch Pole hin, der Nation als ein spezifisches kulturelles Objekt sieht, das in und durch die Sprache besteht, durch die öffentlichen Symbole, die wir wahrnehmen, durch die Geschichte und Literatur, die in der Schule gelehrt werden, die Musik, die wir hören, das Geld, das wir verwenden, die sportlichen Aktivitäten, die wir genießen, und nicht zuletzt durch die Nachrichten im Fernsehen. (Poole 1999: 14)

Neben diesen Versuchen objektive Kriterien für die Existenz einer Nation zu definieren, gibt es aber auch Ansätze, die die Existenz bzw. Zugehörigkeit zu einer Nation weniger von objektiv erfassbaren Kriterien abhängen macht, als vielmehr die Existenz einer Nation von dem Bewusstsein über die Existenz dieser Nation bzw. das Zugehörigkeitsgefühl der Bürger einer Nation (vgl. Poole 1999: 14). In Anlehnung an derartige Konzeptionen von Nation definiert etwa Liam Greenfeld nationale Identität als „an identity which derives from membership in a people, the fundamental characteristic of which is that it is defined as a nation" (Greenfeld 1992: 7). Hobsbawm wendet gegen derartige subjektive Definitionen aber ein, dass eine derartige Definition, die eine Nation durch das Bewusstsein ihrer Mitglieder, die ihr angehören, festsetzt, tautologisch sei und nur a posteriori angeben kann, was eine Nation ausmacht (vgl. Hobsbawm 2005: 18).

Hobsbawm nennt als Alternative drei Kriterien, die in der Praxis entscheiden sollen, ob ein Volk eindeutig als Nation klassifiziert werden kann: 1) Die historische Verbindung zum gegenwärtigen Staat oder zu einem Staat, der eine längere und nicht weit zurückliegende Vergangenheit hatte, 2) Existenz einer alteingesessenen Elite, die sich im Besitz einer geschriebenen nationalen Literatur- und Amtssprache befand, und 3) Fähigkeit zur Eroberung. (Hobsbawm 2005: 50f)

4. Allgemeine Identitätskonzepte

4.1 Soziale Identität

Bevor unterschiedliche geopolitische Identitätskonzepten in ihrer Vielfalt differenziert werden können, gilt es zunächst das Konzept der sozialen Identität zu klären, welche die übergeordnete Identitätsform zur regionalen, nationalen oder auch transnationalen Identität darstellt. Was charakterisiert also das Konzept der sozialen Identität?

Max Haller beschreibt Identität als „die sozial konstruierte Definition eines Individuums" die immer an die „jeweils gegebenen kulturellen Muster und Interaktionsregeln" anknüpft (Haller 1996: 39). Thomas Scheff (1994: 277) bezeichnet das Bedürfnis der Zugehörigkeit und die dazu gehörigen starken Emotionen wie Scham oder Stolz als eines der mächtigsten Bedürfnisse der menschlichen Welt. Richard Jenkins führt als Minimaldefinition von sozialer Identität an, dass sie sich auf den Weg bezieht, wie sich Individuen und Kollektive in ihren sozialen Beziehungen von anderen Individuen und Kollektiven unterscheiden (Jenkins 1996: 4). Bornewasser et al. (2000) definieren soziale Identität von einer soziologischen Sicht als „geteilte Wissensbestände, als eine Art Orientierungswissen (…), das es dem einzelnen Individuum ermöglicht, sich innerhalb des sozialen Systems zurechtzufinden, seine Rolle einzunehmen, seine Beiträge zu leisten und Ansprüche zu formulieren." (Bornewasser et al. 2000: 67f)

Auch im Zusammenhang mit der „social theory" wurde Identität immer wieder diskutiert. So weist etwa Anthony Giddens auf die veränderte Natur von Identität in modernen Gesellschaften hin (Giddens 1991). In dieser modernen Gesellschaft werde die Identitätskonstruktion zu einem ewigen Projekt des Menschen. Jedes Individuum müsse sich selbst-reflexiv verhalten und ständig Entscheidungen darüber treffen, was gemacht werden soll und wer es sein soll. Somit geht auch Giddens von einem durchwegs fluiden und verformbaren Identitätskonzept aus (vgl. Buckingham 2008: 9), was als eines der zentralen Charakteristika jeder Form sozialer Identität gesehen werden kann. Dies gilt sowohl für die individuelle als auch für die soziale Identitätskonzeption eines Menschen und erscheint daher gerade im Hinblick auf eine Untersuchung von geopolitischen Identitätskonzepten von Social Network Site Nutzern vs. Nicht-Nutzern von hoher Relevanz.

Soziale Identität hat zudem immer etwas mit einer gewissen Abgrenzung von anderen (Individuen oder Gruppen) zu tun. Über Gleichheit und Unterschied wird die Zugehörigkeit zu einer sozialen Identität festgelegt (vgl. Bornemann/Wakenhut 1999: 47). Diese Bedeutung von Ähnlichkeit und Verschiedenheiten weisen außerdem auf den wichtigen Faktor des sozialen Vergleichs hin, der für die Einordnung der eigenen Person in eine Gruppe oder Gesellschaft notwendig ist. Gleichzeitig beeinflusst aber die eigene Identität die Wahrnehmung und Einschätzung anderer Personen. Man muss somit von einem sich gegenseitig beeinflussenden Prozess ausgehen. Aus diesem Grund betonen auch Simon und Mummendey den „relationalen Charakter" der Wahrnehmung von Ähnlichkeit und Verschiedenheit. (vgl. Simon/Mummendey 1997: 12)

In diesem Punkt zeigt sich bereits der Zusammenhang zur nationalen Identität, die eine Sonderform der sozialen Identität darstellt.

> „Social identity is our understanding of who we are and of who other people are, and reciprocally, other people's understanding of themselves and of others (which include us). Social identity is, therefore, no more essential than meaning; it too is the product of agreement and disagreement, it too is negotiable." (Jenkins 1996: 5)

Haller (1996: 40f) führt sechs Punkte an, die eine identitätsbezogene Sozialtheorie auszeichnet:

1. **Identität als Gesamtheit von Ordnungs- und Bezugspunkten**, welche die Orientierung und das Handeln eines Individuums bestimmen: Das Bild, das ein Mensch von sich, seinen Mitmenschen und seiner Umwelt hat, bestimmt sein Handeln und Denken.
2. **Identitätserfahrung „durch die Brille des anderen"**: Menschen erleben sich einerseits durch die selbst erlebte „persönliche Identität" und andererseits auch immer ausgehend von ihrer „sozialen Identität", im Sinne des Selbstbildes, das sie durch die Brille von anderen sehen und sie in ihren verschiedenen sozialen Rollen zeigt (vgl. Meads Konzept des „Me" and „I", Mead 1968)
3. Identität enthält neben kognitiven auch **bewertende und emotionale Elemente**: Diese Emotionen (z.B. Stolz, Scham) lösen unmittelbare körperliche Empfindungen, Gefühle und Reaktionen aus.
4. **Identität ist nichts Starres** und abhängig von der Situation und dem jeweiligen Kontext unterschiedlich stark ausgeprägt.

5. **Möglichkeit zu mehrfachen (multiplen) Identitäten**: Abhängig vom Kontext werden unterschiedliche Identitäten in unterschiedlichem Grad aktiviert[4].
6. **Identitäten** weisen nicht nur Individuen auf, sondern **auch soziale Gruppen, Organisationen und globale Einheiten (Staaten, Nationen)**. Auch hier entstehen die Identitäten immer in Interaktion mit anderen Einheiten.

Als Grundthese der Theorie sozialer Identität wird angeführt, dass „Menschen danach streben, ein möglichst positives Selbstbild von sich selber zu entwickeln" (Haller 1996: 41, vgl. auch: Bornewasser et al 2000: 58). Brown (2002) führt dazu mehrere Wege an, wie die jeweilige Eigengruppe gegenüber einer Fremdgruppe positiv dargestellt werden kann, sogar dann, wenn die Eigengruppe der Fremdgruppe eigentlich unterlegen ist:

Variante 1: Vergleiche werden auf untergeordnete Gruppen beschränkt. So fällt das Ergebnis des Vergleichs für die Eigengruppe immer positiver aus.
Variante 2: Die Hauptkategorie des Vergleichs wird umgangen, d.h. die Kategorie, in der die eigene Gruppe vermutlich unterlegen ist. Es wird entweder eine neue Kategorie erfunden oder der Stellenwert der bestehenden herabgesetzt. (Bsp.: Punks und Hippies in ihrer Ablehnung der Werte der dominanten Gesellschaft)
Variante 3: Die Überlegenheit der dominanten Gruppe wird direkt angegriffen, indem ein Wandel der Wirtschaft und Gesellschaft gefordert wird (z.B. feministische Gruppen, Schwarze in den Vereinigten Staaten) (Brown 2002: 567).

Wichtig für die Ausbildung sozialer Identität ist somit immer die Identifikation mit einer Gruppe („ingroup"), die von einer „Fremdgruppe" („outgroup") unterschieden wird. Bornewasser et al. (2000: 72) definieren die Ingroup-Identifikation oder das „group commitment" „als das Ausmaß (…), in dem Personen sich an die Gruppe gebunden fühlen beziehungsweise sich mitgliedschaftsbedingt an der Gruppe orientieren und sich für diese einsetzen" (Bornewasser et al. 2000: 72). Branscombe et al. (1999) haben zudem gezeigt, dass die Stärke der Gruppenidentifikation entscheidet, wie auf Bedrohungen der sozialen Identität reagiert wird. Fühlt sich eine Person sehr stark mit einer sozialen Gruppe verbunden und wird diese bedroht, so fühlen sich diese auch stärker davon

---

[4] Vgl. Rollentheorie, derzufolge der Mensch in Abhängigkeit von der jeweiligen sozialen Situation unterschiedliche „Rollen" einnimmt (vlg. u.a. Tönnies 1887, Dahrendorf 1959, Goffman 1969).

bedroht und starten sofort Verteidigungsreaktionen, indem etwa der innere Zusammenhalt der Gruppe und gleichzeitig die Abgrenzung nach außen gestärkt wird. Umgekehrt, im Falle einer schwachen Identifikation mit der Gruppe, wird die Bedrohung von Einzelnen weniger intensiv wahrgenommen und kann unter Umständen sogar dazu führen, dass sich die Person vollständig von der Gruppe lossagt und damit auch die Bedrohung verschwindet (Cohrs 2005: 5f).

4.2. Individuelle vs. kollektive Identitäten

In der Literatur wird immer wieder die Frage gestellt, inwiefern es sich bei der individuellen und der kollektiven Identität um ähnliche oder aber um grundsätzlich verschiedene Konzepte handelt. Gemäß der Theorie sozialer Identität von Henry Tajfel und John C. Turner (1986) ist die Entwicklung individueller Identität immer nur vor dem Hintergrund der sozialen Umwelt möglich. Umgekehrt sind kollektive Identitäten immer nur unter Rückbezug auf die Individuen, die sie vertreten möglich (vgl. Jenkins 1996: 19, Buckingham 2008: 6).

So betont auch Lützler (2001), dass individuelle Identitäten nie von den kollektiven Identitäten absorbiert werden. Zudem ist die Summe aller individuellen Identitäten immer anders als die kollektiven Identitäten an sich, da letztere durch Deklarationen, Manifeste und Programme mehr oder weniger abstrakt definiert sind. Auch der Prozess, in dem sie produziert, reproduziert und verändert werden, läuft bei beiden Konzepten analog ab, beide sind zudem „intrinsically social". (Jenkins 1996:19)

Interessant ist dabei, dass die unterschiedliche Selbst- und Fremdwahrnehmung abhängig davon ist, ob man sich als Individuum oder aber als Mitglied einer Gruppe sieht: Erfolgt die Selbst- und Fremdwahrnehmung vor dem Hintergrund einer Gruppenzugehörigkeit, so treten die Komplexität und Einzigartigkeit des einzelnen Individuums in den Hintergrund, während gleichzeitig die Unterschiede zwischen den Gruppen sowie die Gemeinsamkeiten innerhalb der Gruppen in den Vordergrund treten. Simon und Mummendey sprechen daher auch von zwei „Selbst-Interpretationsvarianten": „zum einen die Selbst-Interpretation als Gruppenmitglied (die kognitive Einreihung in eine soziale Gruppe) und zum anderen die Selbst-Interpretation als einzigartiges Individuum". (vgl. Simon/Mummendey 1997: 16) Buckingham schlussfolgert daher:

> „As such, identity is a fluid, contingent matter – it is something we accomplish practically through our ongoing interactions and negotiations with other people. In this respect, it might be more appropriate to talk about identification rather than identity." (Buckingham 2008: 6)

Den größten Unterschied zwischen individueller und kollektiver Identität sieht Jenkins darin, dass die individuelle Identität stärker auf Unterschiede zielt, die kollektive hingegen stärker auf Ähnlichkeiten (Jenkins 1996: 19f). Jenkins geht bei seiner theoretischen Konzeption vor allem auf die Werke von Mead (1968), Goffman (1969) und Barth (1969) ein. Die grundlegende Vorannahme lautet bei Jenkins, dass Identität die notwendige Grundlage für soziales Leben ist und umgekehrt. Individuelle Identität ist ohne Einbindung in die soziale Welt anderer Menschen immer bedeutungslos. Individuen sind zwar einzigartig und unterschiedlich, aber ihr Selbst ist immer sozial konstruiert, d.h. steht immer im Bezug zu anderen Menschen. Genau genommen entsteht die individuelle Identität einerseits durch die Selbstwahrnehmung sowie die internale Selbstkonzeption, andererseits aber immer auch durch die externale Definition von anderen, die man in die Selbstdefinition mit aufnimmt. In diesem Punkt merkt man den starken Einfluss von Mead (1968), der ebenfalls zwischen dem I (dem eigentlichen Selbst) und dem „ME" (den internalisierten Attributen des signifikanten Anderen) unterschied.

> „This offers a template for the basic model which informs my whole argument, of the internal-external dialectic of identification as the process whereby all identities – individual and collective – are constituted." (Jenkins 1996: 20)

Goffman (1969) unterscheidet in diesem Zusammenhang zwischen dem „Selfimage" und dem „Public Image", d.h. jenem Bild, das wir sind und jenem Bild, das von uns gesehen werden soll. Interessant ist auch Goffmans (1967), „labeling perspective", die ein Modell für die Platzierung der internal-external Dialektik von individueller Identifikation in den sozialen Kontext darstellt. Dieses Modell lenkt die Aufmerksamkeit vor allem auf die externale Identifikation in der Konstituierung von individuellen Identitäten. Der prozessuale Charakter von Identität wird damit unterstrichen. Es reicht dabei nicht, dass von außen jemandem ein gewisses „Label" gegeben ist, und es reicht auch nicht, dass sich jemand selbst dieses Label zuschreibt, vielmehr ist dazu ein mehrstufiger Prozess des Labelings notwendig, indem das Label für das Individuum Konsequenz hat, einerseits durch die Reaktionen anderer auf das Label, andererseits auch durch die Einbettung des Labels in das Selbst-Konzept. (vgl. Jenkins 1996: 79)

Gleichheit („inclusion") und Einschluss gehen dabei immer einher mit Andersheit und Ausschluss („exclusion"). Wenn also Kriterien definiert werden, die darüber entscheiden, ob jemand zu einer Gruppe gehört, dann werden gleichzeitig Kriterien definiert, die darüber entscheiden, wer nicht dazu gehört. Grundsätzlich kann also gesagt werden, dass jeder Aspekt, den „wir" gemeinsam haben, einen Unterschied zu den „anderen" darstellt.

"Similarity and difference are always functions of a point of view: our similarity is their difference and vice versa. Similarity and difference reflect each other across a shared boundary. At the boundary we discover what we are in what we are not." (Jenkins 1996: 81)

Wichtig sind in diesem Zusammenhang Kategorisierungen, die die Einordnung von Individuen erleichtern und die Illusion ermöglichen, zu wissen, was uns bei anderen Menschen erwartet. Somit geht also die „group identification" und die „social categorisation" mehr oder weniger Hand in Hand. (vgl. Jenkins 1996: 83)

Wichtig sind im Zusammenhang von kollektiven Identitätskonstruktionen auch immer gesellschaftliche Wandlungsprozesse, welche etwa in den „postmodernen Identitätskonzeptionen" von Antony Giddens (1994), Ulrich Beck und Elisabeth Beck-Gernsheim (1994) oder Heiner Keupp (1999) diskutiert werden. Westliche Gesellschaften durchleben seit einigen Jahrzehnten tiefgreifende Wandlungsprozesse wie etwa erhöhte Mobilitätsraten, eine Dynamisierung von Berufsbildern und dem Arbeitsmarkt insgesamt, veränderte Bildungssituation, neu formierte Geschlechterverhältnisse, Familienstrukturen und eine allgemeine Tendenz zur Enttraditionalisierung (Bonfadelli 2008: 26). Derartig veränderte gesellschaftliche Rahmenbedingungen können zu Unsicherheit führen, die wiederum der Suche nach neuen Stützen der Identität wachsende Bedeutung zukommen lässt. War früher die Religion noch ein wichtiges Identifikationsinstrument, so spielt diese heute keine so große Rolle mehr. Auch die Rasse erscheint in Hinblick auf politische Korrektheit als keine geeignete Stütze der Identität. Was sich jedoch anbietet, ist der Staat bzw. die Nation als soziales Identifikationsmerkmal. (vgl. Reiterer 2004: 78) Die Frage, die sich nun jedoch in einer Welt der zunehmenden Globalisierung stellt ist, inwiefern Staat und Nation auch in einer Welt, in der nationalstaatliche Grenzen zunehmend an Bedeutung verlieren, weiterhin als wichtige soziale Identifikationsmerkmale fungieren können.

All diese Ausführungen machen bereits sehr deutlich, dass die Messung von Identität ein sehr komplexes Unterfangen ist und eine derartig große Vielfalt an Facetten und Einflussfaktoren berücksichtigt werden muss, dass eine Analyse zu Identitäten zwangsläufig immer nur gewisse Ausschnitte, nie jedoch Identität in ihrer allumfassenden Gesamtheit, erfassen kann. Nicht zu unrecht konstatierte de Levita, dass der Begriff Identität „so viele Bedeutungen (...) wie es Theorien gibt, die ihn verwenden" (de Levita 1971: 9) habe. So stellt sich bei der Verwendung dieser Begrifflichkeit unter anderem die Frage, ob man Identität aus der Sicht des Kollektivs oder aber aus der Sicht des Individuums behandeln möchte. Ist Identität etwas nur subjektiv Fassbares oder kann sie auch objektiv untersucht werden? Es gilt daher im Rahmen einer empirischen aber auch theoretischen Analyse von Identitätskonzepten offen zu legen, welche Annäherung an den Identitätsbegriff gewählt wird. Eines der Ziele des theoretischen Teils dieser Arbeit ist es daher, unterschiedliche Identitätsfacetten und -ansätze aufzuzeigen und diese für eine Analyse von geopolitischen Identitätskonzepten nutzbar zu machen. In den inhaltsanalytischen Untersuchungen im Rahmen dieser Arbeit wird der Fokus weniger auf individuelle Identitätskonzepte einzelner Personen, als vielmehr auf einen aggregierten Ausdruck sozialer bzw. kollektiver Identität gelegt. Dies ermöglicht auch die Identitätsanalyse innerhalb der Social Network Site, indem hier bewusst auf die Konstruktion und Thematisierung innerhalb von Gruppierungen eingangen wird und nicht Profile von Einzelpersonen die Basis der Untersuchung darstellen. Bei der Online-Befragung wird schließlich nach den individuellen Identitätskonzepten gefragt. Die Ergebnisse dazu werden jedoch anschließend ebenfalls auf aggregierter Ebene weiterbehandelt, da es weniger das Ziel ist, Aussagen über einzelne Personen zu treffen, als vielmehr gewisse Zusammenhänge und mögliche Wirkungsstrukturen in der Gesamtheit der befragten Personen zu erkennen.

Eine strenge Trennung der personalen/individuellen und der sozialen/kollektiven Identität wird somit bei der Untersuchung bewusst vermieden, da die Auffassung vertreten wird, dass sowohl Aspekte der individuellen Identität die kollektive Identität beeinflussen bzw. in diese übergehen, als auch umgekehrt (vgl. u.a. Breakwell 2004: 28): Persönliche Erfahrungen, Sichtweisen, Einstellungen beeinflussen die individuelle Wahrnehmung und Zuordnung zu einer kollektiven Identität. Umgekehrt beeinflusst die kollektive Identität die persönliche Einschätzung individueller Erfahrungen, Sichtweisen und Einstellungen.

Eine strikte Trennung scheint daher wenig zielführend für das Forschungsinteresse dieser Arbeit. Identität wird zudem in einem engen Zusammenhang mit dem Zugehörigkeitsgefühl, d.h. mit dem Aspekt der Identifikation und selbstständigen Zuordnung einer Person zu einer Gruppe bzw. einer geopolitischen Einheit gesehen. Im Zentrum steht die Frage, wie sich Bürger innerhalb einer Region, Nation oder auch transnationalen Ebene selbst verorten und welche Identitätsfacetten mit dieser Verortung verbunden sind. Gleichzeitig wird untersucht, welche Angebote kollektiver Identität den Menschen in Printmedien bzw. im Social Network als „Vorlage" angeboten werden. Eine Analyse derartiger (oft medial vermittelter) Identitätsvorlagen bzw. -konstruktionen ist besonders in Hinblick auf die hohe Fluidität auch kollektiver Identitäten in der modernen Gesellschaft von besonderer Relevanz. Daher soll in der Folge kurz auf die Bedeutung derartiger „Medienidentitäten" eingegangen werden.

4.3. Medienidentitäten

Wie sich aus den oben genanten Ausführungen ablesen lässt, wird Identität durchwegs als etwas Konstruiertes und Wandelbares gesehen. Ausgehend von einer konstruktivistischen Sichtweise muss Identität „entworfen" bzw. entwickelt werden und ist dabei niemals als etwas Stabiles anzusehen, sondern verändert sich in Abhängigkeit von unterschiedlichsten äußeren und inneren Einflüssen einer Person aber auch eines Kollektivs (vgl. Assmann/Friese 1998: 73-104). Eine wichtige Rolle für diese Konstruktion von Identitäten spielen die Medien.
    Medien schaffen Identitätsräume (Klaus et al. 2004:11). Sie unterstützen ein Kollektiv dabei, neben den jeweils individuellen Persönlichkeitskonzepten auch gemeinschaftlich geteilte Identitätskonzepte zu entwerfen und auf diese Weise zu einer kollektiven Identität zu gelangen. Erst durch die Medien wird die „imagined community" von Anderson überhaupt möglich. Aber nicht nur das, Medien bestimmen durch die Art und Weise ihrer Berichterstattung auch mit, wie die jeweiligen geopolitischen Räume konkret konstruiert werden (vgl. Said 2003, Steininger 2010). Hipfl (2004: 16) weist etwa darauf hin, die Medien mit ihren Berichten immer auch gewisse Vorstellungen von Räumen und Menschen transportieren, die schlussendlich eine Form der imaginären Geografie bilden. Hepp et al. (2003: 18) heben die zentrale Funktion von Medienidentitäten folgendermaßen hervor:

> „Erstens untermauern sie nochmals die These, dass Medien und Identität in der heutigen Zeit kaum voneinander zu trennen sind. Deswegen sind gegenwärtige Identitäten – ob den Betreffenden bewusst oder unbewusst – Medienidentitäten. Viele der Muster, Strukturen, Diskurse und Themen, die unsere Identität formen und prägen, haben wir letztlich nur über die Medien internalisiert."

Hepp et al. weisen an dieser Stelle auch darauf hin, dass die Beziehung zwischen Medien und Identität sehr komplex und durchaus widersprüchlich ist, dass aus diesem Grund auch noch keine geschlossene Theorie dazu vorliegt und daher eine weiterführend wissenschaftliche Auseinandersetzung mit der Thematik von hoher Aktualität ist (vgl. Hepp et al. 2003:18).
    Wichtig ist weiters der Hinweis, dass die medial vermittelten Bilder die Identätskonstruktion der Rezipienten nicht in einem einfachen Stimulus-Response-Prinzips beeinflussen (vgl. Hepp 2003: 98), sondern dass sich sogenannte „Zwischenräume" eröffnen, innerhalb derer die Mediennutzer ausgehend von der „imaginären Geografie" der Medien unter Einbezug persönlicher Erfahrung, Einstellungen und einer Vielzahl externer Einflussfaktoren zwar durchaus medial mitbedingte, aber individuell aktualisierte Identitätskonzepte entwickeln können (vgl. Hipfl 2004, Klaus/Drueke 2010: 125). Die „Medienidentitäten"

fungieren dabei oft als Vorbilder, an denen sich die Individuuen orientieren und ihre eigenen (individuellen aber auch kollektiven) Identitätskonzepte damit vergleichen können. Aus diesen medialen Identitätsangeboten können die Individuen bzw. die Gruppen zudem gewisse Aspekte „herausgreifen" und für die eigene Identität verwenden. Medien dienen dabei als „Erfahrungsraum" und „Orientierungsquelle" für die Identitätskonstruktion (vgl. Bonfadelli 2008: 27). Friedrich Krotz (2003: 41) fasst die vielfältige Bedeutung der Medien für die Ausbildung individueller oder kollektiver Identitäten mittels dreier Punkte zusammen: 1.) Medien bieten mit ihren Inhalten notwendige „Attribute" (z.b. Lebensstile, Assessoires) zur Identitätskonstruktion, 2.) Medien ermöglichen (parasoziale) Beziehungen zu „Medienfiguren", die als Vorbilder für die eigene Identitätskonstruktion dienen können, 3.) Medien und hier vor allem das Internet ermöglichen zudem eine Plattform zur aktiven „Selbstpräsentation" und in der Folge die Erprobung neuer Identitätsaspekte (vgl. auch Bonfadelli 2003: 27).

Hepp geht der Frage nach, inwiefern Medienidentitäten als rein kollektive oder auch individuelle geprägte Identitäten zu verstehen sind und kommt dabei zu dem Schluss, dass Medienidentitäten nicht als homogene kollektive Identitäten gesehen werden können, sondern immer auch die Person an sich, mit all ihren individuellen Einstellungen, Erfahrungen und Medienkontakten, eine zentrale Rolle für die Ausbildung von Medienidentitäten hat. Hepp spricht daher von einem „Dreieck der Auseinandersetzung mit Medienidentität". „Die Eckpunkte in diesem Dreieck wären dann die Identifikationen einer Person mit bestimmten Identitätsressourcen, die (vorgestellten) Gemeinschaften, denen sie sich zugehörigen fühlt, und die (medienvermittelten) Diskurse und Repräsentationen." (Hepp 2003a: 95f)

All diese unterschiedlichsten Formen und Anwendungsweisen von Medienidentitäten werden im empirischen Teil noch eine zentrale Rolle einnehmen, indem einerseits überprüft wird, welche „Attribute" oder „Vorbilder" bzgl. geopolitischer Identitätsentwürfe in Tageszeitungen aber auch im Internet präsent sind und andererseits auch, in welcher Form die „Selbstpräsentation" derartiger Identitätsmuster im Social Network beobachtet werden kann. Nicht umsonst weist auch Krotz darauf hin, dass die Medien nicht nur als Vermittler von Identitätsinhalten von Bedeutung sind, sondern auch als Plattform für Selbstdarstellungen bzw. als Teil der individuellen Identitätskonstruktion:

„Die Medien nehmen in diesem Fall nicht so sehr durch ihre Inhalte Einfluss, sondern eher dadurch, dass sie die Art der Kommunikation und die darin habituell angelegten Sichtweisen der Welt verändern, weil sie auf die Art der Selbstdarstellung und auf die Art der Zuschreibung Einfluss haben: Vermutlich sind dementsprechend Selbstdarstellungen im Internet und Zuschreibungen dort nicht nur thematisch anders als in der ‚realen' oder

der durch Massenmedien geprägten Welt, sondern unterscheiden sich strukturell in ihrer Art davon." (Krotz 2003: 42)

Auch Winter hebt daher in Bezug auf Ang (1999: 331) hervor, dass es nicht nur darum gehen soll, herauszufinden, wie sich Kommunikation und Medien auf geopolitische Identitäten auswirken, sondern dass die Identitätskonzepte selbst in den Mittelpunkt gestellt werden sollten und zu fragen sei, wie sie analysiert werden könnte und welche Bedeutung kommunikative Praktiken für ihre Konstitution haben" (Winter 2003: 61).

5. Nationale Identität

Inwiefern entspricht aber nun das Konzept der nationalen Identitäten jenem von individueller bzw. kollektiver Identität?
Grundsätzlich enthält nationale Identität von beiden Identitätskonzepten gewisse Aspekte. Kecmanovic weist darauf hin, dass nationale Identität nur bedingt mit anderen Formen von kollektiver Identität gleichgesetzt werden kann, weil sie auf eine Mitgliedschaft von Menschen hinweist, die als Nation definiert sind (Kecmanovic 1996: 7). Schildberg (2010: 53) bezeichnet nationale Identität wiederum sogar als „Prototyp" der kollektiven Identität. Bornemann und Wakenhut betrachten regionale und nationale Identität als eine Person-System-Beziehung und definieren sie als „vielfältig geartete, kognitiv, evaluativ und affektiv geprägte Beziehung von Personen zu sozialen Systemen, Merkmalen dieser Systeme, ihrer Repräsentanten oder ihren Leitideen, wie sie allgemein durch zeitaufwendige Sozialisationsprozesse geschaffen wird" (Bornemann/Wakenhut 1999: 41f). Systeme müssen dabei attraktiv sein, um Personen zu gewinnen, denn die Personen bewerten die Leistungen in Bezug auf die eigenen Bedürfnisse, Vorstellungen und Erwartungen (Bornemann/Wakenhut 1999: 42).

Haller (siehe Tabelle 1) unterscheidet zudem zwischen Ausprägungen nationaler Identität auf der Makroebene (Gesellschaft insgesamt) und der Mikroebene (Individuen) und konstruiert daraus die unten angeführte Matrix (Haller 1999: 269)

Wichtig scheint zudem der „aktive Charakter" von nationaler Identität, als Nationen im Sinne von Gemeinschaften, die Dinge zusammen tun, Entscheidungen treffen, Ergebnisse erreichen (vgl. Poole 1999: 32). Auch eine Reihe anderer Autoren (De Cillia 1999: 153f, Hobsbawm 2005: 22, Staub 1997) weisen darauf hin, dass der Stellenwert der nationalen Identität im Zeitverlauf und bedingt durch äußere Faktoren variieren kann. So kann es etwa sein, dass eine Person, die durch die persönliche Identität keine positive Einschätzung von sich selbst hat, verstärkt nach einer positiven Selbstdefinition durch die Identifikation mit einer Gruppe bzw. der Nation sucht. Dabei neigen Menschen in schwierigen Situationen dazu, die positiven Eigenschaften der Gruppe zu überhöhen bzw. andere Gruppen abzuwerten, um dadurch wieder ein positives Selbstbild der eigenen Gruppe zu erreichen. (vgl. Staub 1997: 217)

Tabelle 1: Nationale Identität auf Mikro- und Makroebene

	Kognitive Komponente	Komponente gemeinsamer Aktion und Erfahrung	Emotional-affektive Komponente
Makro-Ebene	Offizielle Ideen, Selbstbilder und Ziele die Nation betreffend. Wahrgenommene wirtschaftliche, politische und kulturelle Interessen der Nation	Offizielle Politiken und andere Aktionen die die Bildung, Erhaltung und Stärkung der Nation betreffen	Offizielle Symbole der Nation (Nationalfeiertage, Waffen und Flaggen, Gedenktage, etc.)
Mikro-Ebene	Bilder und Erwartungen von individuellen Mitgliedern einer Nation in Bezug auf ihre politische Gemeinschaft	Nationenbezogene Erfahrungen von individuellen Mitgliedern eines Nationalstaates	Emotionale Bindung von individuellen Mitgliedern an die Nation

Quelle: Haller 1999: 269

Haller sieht genau diesen Prozess eines „Revivals" von regionalen, ethnischen und nationalen Identitäten als ein Nebenprodukt der Modernisierung. Durch die bessere Bildungssituation komme es auch zu einem Anwachsen an Intellektuellen, einer Wiederentdeckung traditioneller Sprachen, Bräuche und Kulturen. Zudem steigt die kritische Reflexion auch im politischen Bereich und es kommt zu einer wachsenden Konkurrenz zwischen Nationalstaaten, Regionen und Städten für industrielle Investitionen von multinationalen Konzernen (Haller 1999: 264f). Haller sieht dabei im Nationalstaat nach wie vor einen der wichtigsten Akteure auf der Ebene regionaler, staatlicher oder internationaler politischer Belange (Haller 1999: 265). Auch Calhoun (2007) gehört in die Gruppe der Autoren, welche die Notwendigkeit einer nationalen Identität auch im Zeitalter von Globalisierung und Internationalisierung eindeutig gegeben sieht. Allein schon der Titel des Buches „Nations matter" bringt seine Sichtweise klar zum Ausdruck.

> „Globalization challenges nation-states and intensifies flows across their borders, but it doesn´t automatically make them matter less. Because nations matter in varied ways for different actors, it is important to think carefully about how they are produced and reproduced, how they work and how they can be changed." (Calhoun 2007: 9)

Auch Pöggeler (1995: 17) führt eine Reihe von Gründen an, warum nationale Identität auch und gerade heutzutage von großer Relevanz ist:

1. Durch politische Umwälzungen begannen und beginnen einige Nationen erst das Wiederfinden bzw. den Neuaufbau ihrer nationalen Identität (z.B. Estland, Lettland, Tschechien, Slowakei, usw.)

2. Gerade durch die wachsende Zahl an Migranten in vielen Ländern, wird auch die Frage der nationalen Identität ein Thema. Es entstehen multiethnische, multikulturelle, multipolitische Staaten. Auf diese Weise kommt es zu neuen Formen nationaler Identität, wobei multinationale Staaten andere Typen nationaler Identitäten aufweisen als mononationale Staaten. Als Beispiel dafür führt Pöggeler Amerika als „melting pot" an. (Pöggeler 1995: 16)
3. Durch den Verlust traditioneller politischer Identitäten wird die Suche nach einer neuen Form der Identität, die stärker auf Werten, Tugenden und Ideen der eigenen Nation beruht, gefördert.

Andererseits können moderne Entwicklungen nationale Identität auch schwächen, was laut Reykowski durch drei Bedingungen geschehen kann:

- Isolierung von einzelnen Gemeinschaften: Wenn Gruppen relativ isoliert in der Nation leben, und somit vom großen Ganzen mehr oder weniger abgeschnitten sind, so fällt auch die Identifikation mit der Nation als Ganzes sehr gering aus.
- Ausweitung der Grenzen eines Landes: Wenn die nationalen Grenzen immer weiter ausgedehnt werden und an Bedeutung verlieren bzw. als Hindernis bei geschäftlichen Beziehungen gesehen werden, dann verliert auch die Bindung an die Nation an Stärke. Vor allem Menschen, die aus beruflichen Gründen häufige Kontakte mit Menschen außerhalb der eigenen Nation pflegen, erleben immer mehr Ähnlichkeiten auch zu diesen Personen, was die nationale Identifikation schwächt. (vgl. auch Pöggeler 1995: 19)
- Sinkende Bedeutung sozialer Identität: Während in Gesellschaften, die kollektive Prinzipien pflegen, die Bindung an die Nation gefördert wird, wird sie in Gesellschaften, in denen individuelle Werte stärker zählen, geschwächt. Diese individuell orientierten Menschen schließen sich eher Themen- und Anlass-orientierten Gruppen an, je nachdem welche Aufgabe gerade zu erfüllen ist, als dass sie sich eng an die Nation binden. Daraus schließt Reykowski, dass in stark individualisierten Gesellschaften patriotische Gefühle eher schwach ausgeprägt sind. (Reykowski 1997: 117f)

Aber auch die zunehmende Verbreitung von bi-nationalen Identität von Migranten, die zwar versuchen möglichst rasch die Staatsbürgerschaft der Aufnahmenation zu erhalten, aber gleichzeitig auch die nationale Identität ihres Herkunftslandes (zumindest im privaten Bereich) kultivieren, kann einerseits nationale Identität gefährden, andererseits aber auch die Entwicklung in Richtung transnationaler bzw. Weltidentität fördern (vgl. Pöggeler 1995: 19). Als weiteren „nationengefährdenden" Aspekt führt Pöggeler das Faktum an, dass viele einzelne nationale Identitäten heutzutage zunehmend überlappen, d.h. dass sie teilweise kongruent sind, was vor allem in den sogenannten Euregions der Fall ist (etwa zwischen Deutschland, Frankreich und Schweiz, oder Belgien, Niederlande und Deutschland) (Pöggeler 1995: 19). Derartige Veränderungen und Bedeutungsverschiebungen nationaler Identität konnte auch Davidov in einer komparativen Untersuchung von 22 Ländern auf Grundlage der Daten des International Social Survey Programm (ISSP) von 1995 und 2003 belegen (Davidov 2010).

5.1. Nationalbewusstsein

Wichtig für die Etablierung einer politischen Nation ist immer das „Nationalbewusstsein" der Bevölkerung, durch das sich Personen unterschiedlichster regionaler, ethnischer, religiöser und sozialer Hintergründe miteinander verbunden fühlen können oder wie Bornemann und Wakenhut (1999: 48) es ausdrücken, das „Wissen um die Eigenart der Nation und um die Bedeutung der Zugehörigkeit". Das Nationalbewusstsein motiviere laut Dann „zu gemeinsamen Aktionen und schafft zwischen ihnen (den Mitgliedern einer Nation/ Anm. B.K.) ein Wir-Bewusstsein sowie emotionale Bindungen." (Dann 1996: 14)

Was aber macht eigentlich die nationale Identität aus? Was entscheidet, ob wir uns als Österreicher, Engländer oder Amerikaner sehen? Diese Fragestellungen haben auch im 21. Jahrhundert nichts ihrer Bedeutung verloren, im Gegenteil. Jansen/Borggräfe (2007: 191) weisen darauf hin, dass Nation und Nationalismus gerade auch im 21. Jahrhundert ein vielbeachtetes und vieluntersuchtes Thema in der Wissenschaft bleibt. Die Nationalismusforschung habe sich seit den 1990er Jahren ständig weiter ausdifferenziert, was Jansen/Borggräfe anhand diverser Publikationen und Journalveröffentlichungen illustrieren (Jansen/ Borggräfe 2007: 192) (z.B.: „Canadian Review of Studies of Nationalism", „Nations and Nationalism", „National Identities", „Ethnic and Racial Studies" sowie „Global Review of Ethnopolitics").

Heyder und Schmidt definieren nationale Identität über die Identifikation mit der Gruppe: „Nationale Identität bezieht sich demnach auf den Aspekt der Identifikation mit einer Gruppe, hier mit einer Nation. Sie drückt zunächst die Stärke des Zugehörigkeitsgefühls zur Nation aus, so wie es individuell wahrgenommen wird. Die Emotionen, die der einzelne mit der Nation als Ganzes verbindet bzw. mit einzelnen Aspekten, wie der Geschichte, der Kultur, der Wirtschaft, gehören zur Bewertung der Nation." (Heyder/ Schmidt 2002: 72f)

Pöggeler weist darauf hin, dass „nationale Identität" („national identity") ein relativ neuer Ausdruck ist und große Ähnlichkeiten mit dem früher verwendeten Begriff des „Nationalcharakters" („national character") aufweist. Den Grund für die Einführung dieses neuen Begriffs sieht Pöggeler darin, dass sich politisch orientierte Bürger mit der Nation selbst identifizieren wollen, in der sie leben und dass damit auch gewisse Werte und Aufgaben sowie die Mentalität und die Notwendigkeit der Nation verbunden sind (Pöggeler 1995: 15). Pöggeler unterscheidet zudem Teile der nationalen Identität, wie etwa das „Nationalbewusstsein" („national consciousness"), das er als den intellektuellen Teil nationaler Identität definiert. Ein weiterer Teilaspekt nationaler Identität ist das „Nationalgefühl" („national feeling"), das vor allem die Bindung an eine nationale Gemeinschaft ausdrückt. Dabei ist diese Bindung jedoch nicht irrational und vorbehaltlos, sondern kann durchaus auch eine kritische Position gegenüber der eigenen Nation einnehmen. (Pöggeler 1995: 15)

Haller leitet ausgehend von der Theorie sozialer Identität folgende fünf Kennzeichen „nationaler Identität" ab:

1. „Nationale Identität ist eine bewusste, intellektuell-geistig, wertend und emotional-affektiv begründete Bejahung der Zugehörigkeit zu einem politischen Gemeinwesen." (Haller 1996: 42) Interessant ist dabei der Zusatz, dass die nationale Identität laut Haller kein Ersatz für traditionellere Bindungsformen an kleinräumige, verwandtschaftliche Beziehungen ist, sondern lediglich eine andere Form der Identität darstellt.
2. Da der Staat in modernen Gesellschaften sämtliche gesellschaftliche Bereiche durchdringt, wird auch die nationale Identität zu einem sehr bedeutenden Teilaspekt von sozialer Identität.
3. Fühlen die Angehörigen ihre Nation bedroht, so kann dies zur größten Bereitschaft zum „Zusammenstehen" im Kampf gegen den gemeinsamen Feind führen. Genau dieses „Bedrohungsszenario" wird von Politikern aber oft auch bewusst herbeigeführt, um Popularität zu gewinnen (vgl. auch Reykowski 1997: 116)
4. Nationale Identität äußert sich vor allem dann, wenn Kontakt zu Fremden entsteht bzw. man zu diesen Stellung nehmen muss, wie etwa beim Kontakt mit Ausländern in der eigenen Nation oder aber bei Reisen ins Ausland.
5. Nationale Identität verliert auch im Zeitalter der Globalisierung nicht an Bedeutung und wird nicht durch übergreifendere Identitäten ersetzt. Die Zunahme weltweiter Verflechtungen kann sogar viel besser bewältigt werden, wenn nationale Identität ergänzt bzw. erweitert wird durch zusätzliche Loyalitäten. (Haller 1996: 42f)

Wichtig ist in diesem Zusammenhang der Hinweis von Dann, dass eine „nationale Identität" weder absolut noch exklusiv ist, sondern dass sie neben den anderen sozialen Identitäten steht, in denen der einzelne Mensch lebt (Dann 1996: 15). So kann es etwa sein, dass innerhalb einer Nation eine Vielzahl unterschiedlicher Kulturen ausgelebt werden, wie es im Falle von multikulturellen Gesellschaften (siehe Kapitel 9.) der Fall ist, worauf an späterer Stelle noch näher eingegangen wird.

Smith et al. (2005) haben gezeigt, dass es einen signifikanten Zusammenhang zwischen nationaler Identifikation und dem Grad an Positivität von nationalen Autostereotypen gibt. Personen, die sich sehr stark mit der eigenen Nation identifizieren, zeigen auch ein größeres deskriptives Bias zugunsten der eigenen nationalen Gruppen im Intergruppenvergleich und berichten ein allgemein positiveres Bild als Personen mit geringer nationaler Identität. (Smith et al. 2005)

Aber nicht nur Vergleiche mit anderen Gruppen können die Selbstwahrnehmung beeinflussen, sondern auch die Aufforderung einen zeitlichen Vergleich vorzunehmen und zum Beispiel die aktuelle Situation eines Landes mit der Situation in der Vergangenheit des gleichen Landes zu vergleichen. Dabei liegt die Vermutung zugrunde, dass die gegenwärtige Situation im Vergleich zur Vergangenheit besser eingeschätzt wird, da diese Situation dem Befragten jeweils näher ist (vgl. Nigbur/Cinnirella 2007: 677f). Es zeigte sich, dass vor allem die Spezifität des Vergleichs eine große Bedeutung für die Bewertung hatte. Spezifischere Vergleiche waren mit einer positiveren Bewertung der eigenen Nation verbunden. Dies gilt sowohl für den Vergleich mit einer spezifischen Nation als auch zeitlich gesehen mit einem spezifischen Zeitraum in der Vergangenheit (vgl. Nigbur/Cinnirella 2007: S. 680). Wobei jedoch u.a. Billig (1995) nachweisen konnten, dass vor allem jene Personen, die sich sehr stark mit einer Nation identifizieren, die Vergangenheit besonders positiv empfinden, während jene, die sich nur schwach identifizieren, auch die Vergangenheit kritischer betrachten.

Diesen Einfluss des jeweiligen Vergleichsrahmens bestätigen auch Untersuchungen von Mummendey und Klink (2001), die der Frage nachgingen, welche Auswirkungen der jeweilige Vergleichsgegenstand für die nationale Identifikation bzw. die Abwertung von Out-Groups hat.[5] Studien weisen in Hinblick auf die

---

[5] Dazu wurden in einem experimentellen Design drei Gruppen gebildet, wobei eine Gruppe angehalten wurde, ihre Zuwendung zur eigenen Nation in Vergleich zu anderen Nationen (inter-group Vergleich) auszudrücken, eine andere sollte einen temporalen Vergleich der eigenen Nation (Vergangenheit – Gegenwart) vornehmen und einer dritten Gruppe wurden keine Angaben zu einem Vergleich vorgegeben. Es zeigt sich, dass der Intergruppen-Vergleich einen negativen Zusammenhang zwischen einer positiven Evaluierung der Eigengruppe und einer Abwertung der Fremdgruppe enthält. Diese Intergruppen-Vergleich sind eng mit dem Konzept des Nationalismus verbunden, bei dem auch die eigene Nation immer mit einer anderen verglichen wird und die eigene Nation dabei immer als übergeordnet dargestellt wird. Der temporale Vergleich oder die vollkommene Abwesenheit eines

nationale Identitätskonzeption auch interessante Altersunterschiede nach: Während sich die ältere Generation laut der Untersuchung von Reiterer (2004) vor allem mit der nationalen Ebene identifiziert, spielen bei den bis zu 30-Jährigen lokale oder kleinregionale Bezugssysteme eine wichtige Rolle, das eigene Wohlbehagen in der jeweils konkreten Umgebung ist wichtiger als nationale Bezüge. Bei der älteren Bevölkerung zeigt sich eine starke nationale Bindung, die jedoch nicht mit dem klassischen „Nationalstolz" gleichgesetzt werden kann, da sich viele Ältere gerade von diesem „Nationalstolz" distanzieren. Die ältere Bevölkerung fühlt sich jedoch in Österreich sehr wohl, gut aufgehoben und möchte nirgends anderswo lieber leben als in diesem Land. Die Zugehörigkeit zur österreichischen Nation verleiht diesen Personen ein Gefühl der Sicherheit. Durch Geschehnisse wie den EU-Beitritt bzw. die fortschreitende Globalisierung kommt es aber zu einer wachsenden Unübersichtlichkeit, was die Bedeutung einer klaren nationalen Identität an Bedeutung gewinnen lässt (Reiterer 2004: 76f). Reiterer fasst dies folgendermaßen zusammen: „Was wir jedoch bei Jüngeren feststellen können, ist ein Verlust der Systeme mittlerer Reichweite über den Verlust einer bedeutsamen nationalen Orientierung." (Reiterer 2004: 76) Die Frage, die sich in diesem Zusammenhang stellt, ist vor allem, inwiefern dieser Bedeutungsverlust der nationalen Identifikation bei Jugendlichen durch die Identifikation mit anderen geopolitischen Identifikationsebene ersetzt wird, etwa durch eine verstärkte Entwicklung einer transnationalen oder globalen Identität oder ob dieser Bedeutungsverlust generell eine sinkende Notwendigkeit geopolitischer Verortung von jungen Menschen zum Ausdruck bringt. Diese Fragestellung gilt es auch im Rahmen dieser Arbeit zu untersuchen.

5.2. Nationenbilder

Nationenbilder, oft auch Nationenimages genannt, sind wie alle Images stets von einer gewissen Subjektivität und von einer starken Vereinfachung komplexer Eigenschaften und Zusammenhänge gekennzeichnet. Images sind laut Bergler „schematisierte Vorstellungen (...) von hohem Prägnanzniveau, die der emotionalen und pseudorationalen Bewältigung von solchen Situationen, personalen und apersonalen Gegebenheiten dienen, die dem Individuum nicht in Form einer (...) objektiven Überschaubarkeit zugänglich sind." (Bergler 1963:108)

Vergleichsobjekts entspricht eher dem Konzept des Patriotismus, der eine positive Selbstwahrnehmung ohne Referenz zu anderen Nationen erreicht, sondern dafür eher einen temporalen bzw. einen selbstreferentiellen Vergleich anstellt. (vgl. Mummendey/Klink 2001: 169)

Gerade Nationenimages weisen daher eine sehr hohe zeitliche Stabilität auf und sind nicht einmal durch negative Ereignisse kurzfristig zu ändern (Schweiger 1988: 24). Zudem spielen eine Reihe von Faktoren bei der nationalen Identitätsbildung bzw. dem Erkennen nationaler Zugehörigkeit eine wichtige Rolle, die oftmals aber auch gewisse klischeehafte Züge annehmen. Reiterer (2004: 68ff) führt dazu folgende Faktoren an, die auch im Rahmen der empirischen Erhebungen Berücksichtigung finden werden:

1. **Das Kontakterlebnis**: Reisen sind dabei ein ganz wichtiger Aspekt, wobei sich jedoch zeigt, dass diese Kontakte oft nur eine sehr oberflächliche Wahrnehmung anderer Kulturen erlauben bzw. häufig nicht die tatsächliche Alltagswelt der fremden Kultur erlebt wird.
2. **Kommunikationsstile**: Es scheint national gestützte Kommunikationsstile zu geben, die nach außen als „Nationalcharakter" wahrgenommen werden. Als Beispiele dafür nennt Reiterer etwa unterschiedliche Verhaltensweisen bzw. Formeln zur Begrüßung. (Reiterer 2004: 68)
3. **Visualisierung und Sprache**: Die erste Wahrnehmung anderer Personen ist meist auf Äußerlichkeiten bezogen, wodurch etwa Haut- und Haarfarbe oder auch die Kleidung sehr schnell zur Einordnung einzelner Menschen zu gewissen Rassen oder Kulturen herangezogen werden. Auffällig wird eine andere Kultur klarerweise auch über die Sprache. (vgl. Reiterer 2004: 69)

In einer engen Verbindung mit nationalen Images stehen auch nationale Stereotype, die Schweiger als eine Art Brücke zwischen Einstellung und Image definiert (Schweiger 1988: 25).

Woher aber kommen die nationalen Stereotype eigentlich? Studien haben gezeigt, dass viele davon aus der Literatur des 17. und 18. Jahrhunderts entstammen, im Rahmen derer die Literaten für den Alltagsgebrauch den einzelnen Nationen bestimmte typische Eigenschaften in ihren Werken zuschrieben. Diese literarischen Ansätze wurden schließlich später für den Aufbau nationaler Stereotype verwendet, die gerade bei feindschaftlichen Verhältnissen sehr schnell ausgebaut und von Generation zu Generation weitergegeben wurden. (vgl. Reiterer 2004: 43)

Inwiefern sich nationale Stereotype auf den Umgang mit anderen Nationen bzw. mit Angehörigen anderer Nationen innerhalb der eigenen Gesellschaft auswirken, wird an späterer Stelle im Kapitel 9. noch genauer dargelegt.

Grundsätzlich sollte bei Länder- bzw. Nationenimages unterschieden werden zwischen Heterostereotypen, d.h. Stereotypen von Gemeinschaften, denen wir nicht angehören, und Autostereotypen, d.h. Stereotypen von Gruppen und

Nationen, denen wir selbst angehören. Dies entspricht der Unterscheidung von Fremd- und Selbstbild. Teilweise zeigen sich dabei große Unterschiede zwischen der Selbstwahrnehmung und der Wahrnehmung durch andere Nationen[6] (vgl. Schweiger 1988: 26f).

Ein wichtiger Punkt ist zudem die Unterscheidung zwischen dem Nationen-Image der öffentlichen Meinung und dem Nationen-Image in der Medienberichterstattung, d.h. dem Image der veröffentlichten Meinung. Schweiger (1988, 1992) führt dazu an, dass das Image der Medien oft subjektive Einstellungen der Journalisten widerspiegle und demnach nicht repräsentativ sei. Dies sieht Schweiger als eine Erklärung dafür an, dass das Bild der Medien oft deutlich von der Einstellung der Bevölkerung abweicht (Schweiger 1988: 30, 1992: 15). Gleichzeitig räumt er jedoch sehr wohl auch ein, dass „von der medialen Berichterstattung über einen Meinungsgegenstand langfristig auch Einflüsse auf das Image des Meinungsgegenstandes" ausgehen können (Schweiger 1988: 32). Genau dieser Zusammenhang zwischen der medialen Konstruktion des österreichischen Nationenimages und dem in der Bevölkerung verbreiteten Bild Österreichs soll im Rahmen dieser Arbeit untersucht werden. Schweiger (Schweiger 1988: 67) konstruiert folgendes Einflussmodell auf das Nationenimage, das auch im Auswertungsteil eine wichtige Rolle spielen wird:

Nationenimage → Wissen über das beurteilte Land → Bildung
→ Mediennutzung
→ Reiseerfahrung
→ Geographische Distanz zwischen befragtem Land und beurteiltem Land

---

[6] Sodhi und Bergius gingen bereits 1953 der Frage nach, welche Vorstellungen deutsche Menschen einer bestimmten sozialen Schicht von 14 europäischen und außereuropäischen Völkern haben: „von den Amerikaner, amerikanischen Negern, Chinesen, Deutschen, Engländern, Franzosen, Indern, Italienern, Juden, Polen, Russen, Spaniern, Tschechen und Türken" (Sodhi, Bergius 1953: 14). Sie erfassten somit die Fremdbilder, die Deutsche von einer Vielzahl an anderen Nationen haben. Ziel der Arbeit war es unter anderem herauszufinden, welche psychischen Faktoren bzw. welche Einstellungen zu aggressivem Verhalten gegenüber bestimmten Völkern führen. Wichtig bei der Untersuchung von Einstellungen gegenüber anderen Völkern sind immer auch die Geschichte der eigenen nationalen Gruppe und deren Beziehung zu anderen Gruppen in Vergangenheit und Gegenwart. Individuelle Erfahrungen mit den einzelnen Gruppen spielen vergleichsweise eine untergeordnete Rolle bei der Wahrnehmung anderer Völker (vgl. Sodhi/Bergius 1953: 15). In Amerika wurde im Rahmen mehrerer Untersuchungen mit dem Konzept des sozialen Abstandes zwischen verschiedenen Gruppen gearbeitet. Je geringer der Abstand ist, desto größer ist die Tendenz, dass es zu freundschaftlichen Beziehungen kommt; je größer der Abstand ist, desto eher kommt es zu feindlichen Einstellungen.

Geopolitische Identitäten sind jedoch nicht nur aus sozialer oder politischer Sicht relevant, sondern werden zunehmend auch von der Wirtschaft allen voran von der Werbewirtschaft als wichtig erkannt. Unter Schlagworten wie „Nation Branding" (Kurz 2008, Dinnie 2008, Anholt 2007), „Country Branding" (Montiel/Pena/Rodriguez 2008), „Place Branding" (Moilanen/Rainisto 2009) oder „Location Branding" (Conti/Montiel Alafont 2009) wird im Bereich des Marketing versucht, aus Regionen („Region Branding" oder „City Branding") und Nationen wirtschaftliche Marken zu entwickeln, die einerseits für den Tourismus wichtig sind, andererseits aber auch einen gewissen Ausstrahlungseffekt auf die Images von regionalen oder nationalen Produkten und Marken ausüben („Country of Origin"-Effekt). Auf diese kontinuierlich wachsende Beachtung dieser Nationen- bzw. Regionenmarken weisen auch Montiel/Pena/Rodriguez (2008: 427) hin, indem sie Zahlen der Association for Place Branding & Public Diplomacy (2007) zitieren, nach denen im Jahr 2004 gerade einmal 17 Google-Einträge zum Begriff „Country Branding" aufzufinden waren, 2007 jedoch bereits eine Trefferzahl von 1,5 Millionen zu diesem Begriff erreicht wurde. Als Erklärung für dieses rasante Wachstum an Beiträgen zum Thema „Country Branding" führen Montiel/Pena/Rodriguez wirtschaftliche, soziale und technologische Veränderungen an[7]. Auf technologischer Ebene ermöglichte vor allem die weite Verbreitung von Internettechnologien den transnationalen Austausch von Informationen, wodurch auch das Internet und vor allem das Web 2.0 zu einem wichtigen Tool des Place-Brandings geworden ist, weshalb Conti/Montiel Alafont auch vom „Place Branding 2.0" sprechen (Conti/Montiel Alafont 2009: 332). Die meisten noch so kleinen Ortschaften besitzen mittlerweile eigene Internet-Websites zur Informationsvermittlung aber auch Selbstdarstellung, mit der Verbreitung des Web 2.0 werden diese klassischen One-Way-Formen der Internetkommunikation noch durch den verstärkt interaktiven Charakter des Web 2.0 ergänzt. Bürger aber auch Besucher einer Nation, Region oder Stadt können somit aktiv an der (virtuellen) Imagegestaltung des jeweiligen Bezugsortes mitwirken. Besonders vielfältig sind diese Mitgestaltungsmöglichkeiten im Rahmen von Nationen- und Regionenangeboten in Social Networks (vgl. Conti/Montiel Alafont 2009: 339), was sich auch im empirischen Teil dieser Arbeit bestätigen wird.

---

[7] Beispiele für derartige ausschlaggebende Veränderungen sind etwa der Mauerfall in Deutschland oder das Ende des Kalten Krieges, ebenso wie der Aufstieg des Kapitalismus und die wachsende Verlagerung von Produktionsstätten nach Osteuropa oder Asien, wodurch eine „Verteidigung" der Regionen und Nationen begann (Montiel/Pena/Rodriguez 2008: 427f).

5.3. Multiple Nationalitäten

In der modernen Gesellschaft tritt auch immer wieder der Fall von multiplen Nationalitäten auf. Diese entstehen allein schon dadurch, dass zwischen Nationalitäten als legalem Status (Bürgerschaft, citizenship) und Nationalität als ethnokultureller Besonderheit unterschieden werden muss. Auf diese Weise kann es zu einem Konflikt der Nationalitäten innerhalb von ein und derselben Person kommen. Diese muss sich unter Umständen entscheiden zwischen Loyalität (zu einem Nationalstaat) oder aber Solidarität (zu ethnokulturellen Gruppen oder Anlässen). Je nach Situation wird dabei die eine oder die andere Nationalität von Bedeutung sein. Die beiden Identitätskonzepte bestehen aber in der Person grundsätzlich parallel und existieren im Alltag meist problemlos nebeneinander. (vgl. Kecmanovic 1996: 8f)

Schlenker-Fischer (2009) geht auf diesen Aspekt der wachsenden Multikulturalität moderner Gesellschaften ein und stellt die Frage, inwiefern ein Zusammenhang besteht zwischen „der Bindung an das eigene Land oder an die Nation als Ganzes einerseits und an eine bestimmte ethnische Gruppe andererseits" (Schlenker-Fischer 2009: 174). Sie geht damit auf die Diskussion ein, inwiefern es möglich ist, eine starke Bindung an die eigene Nation zu haben, sich gleichzeitig aber einer gewissen ethnischen Gruppe zugehörig zu fühlen, die eventuell nicht jener der Mehrheitsgesellschaft entspricht. Hobsbawm (2005: 19) kommt zu dem Schluss, dass zwar auf der politischen oder der administrativen Ebene eine Wahl für eine Nationalität getroffen werden müsse, dass es aber dennoch möglich sei, sich jeweils im privaten Umfeld einer bestimmten nationalen Identität zugehörig zu fühlen und gleichzeitig in der Öffentlichkeit einer anderen nationalen Zugehörigkeit politisch zugehörig zu sein[8].

Cinnirella (1997) konnte derartige Schwierigkeit der Kombination unterschiedlicher geopolitischer Identifikationsebenen in einer Untersuchung von Italienern und Engländern nachweisen: Es zeigte sich dabei, dass während Italiener eher dazu tendieren, ihre europäische Identität auf einem internationalen Abstraktionslevel anzusiedeln und daher keinerlei Schwierigkeiten mit der Kombination einer transnationalen Identität zu ihrer nationalen Identität haben, dies bei den Briten sehr wohl zu Konflikten führt, weil beide Identitätskonzepte auf ei-

---

[8] Hobsbawm führt dazu folgendes Beispiel an: „Dennoch ist es auch heute noch für jemanden, der z.B. in Slough lebt, durchaus möglich, sich je nach den Umständen als – sagen wir – britischer Staatsbürger zu fühlen oder (gegenüber anderen britischen Bürgern anderer Hautfarbe) als Inder oder (in Gesellschaft anderer Inder) als Gudschar oder (gegenüber Hindus und Muslimen) als Dschaina oder als Angehöriger einer bestimmten Kaste oder einer Sippe oder einer, der in den eigenen vier Wänden Hindi und nicht Gudscharati spricht usw. Und ebenso wenig ist es möglich, ‚Nationalität' auf eine einzige Dimension zu reduzieren, ob politisch, kulturell oder sonst wie." (Hobsbawm 2005: 19)

nem Level angesiedelt sind. Zudem zeigen die Italiener eine deutlich stärkere Identifikation mit Europa, während die Briten die beiden Identitäten als inkompatibel empfanden.

5.4. Ausdrucksformen nationaler Identität

Nationale Identität kann auf sehr unterschiedliche Weise ausgedrückt werden und tritt in Abhängigkeit vom jeweiligen Kontext teilweise durchaus differenziert zum Vorschein. Diese Vielfalt an Einflussbereichen bzw. Ausdrucksformen nationaler Identität soll mit den nachfolgenden Kapiteln zusammenfassend dargestellt werden.

Geschichte und nationale Identität
Da eine Nation immer etwas historisch Gewachsenes darstellt, spielt die (Entstehungs-)Geschichte eine zentrale Rolle dafür, wie nationale Identität entwickelt bzw. mit welchen Merkmalen und Charakterisierungen die Identität einer Nation oder auch einer Region in Verbindung gebracht wird. Poole (1999) sieht die Geschichte einer Nation vor allem durch Triumphe und Tragödien, Siege und Niederlagen geprägt (vgl. Kecmanovic 1996: 4). Oft seien diese Kämpfe mit dem Schutz des Heimatlandes verbunden oder aber auch im Kampf um Erhalt der nationalen Unabhängigkeit. Aus diesem Grund sieht Poole auch Denkmäler von gefallenen Soldaten als wichtige Symbole für die Nation an, indem sie an die gemeinsame Geschichte erinnern (Poole 1999: 16f). Hobsbawm weist jedoch darauf hin, dass mit dem Begriff der Geschichte im Zusammenhang mit nationaler Identität nicht eine exakte chronologische Darstellung des historischen Entwicklungsverlaufs einer Nation verbunden sein muss, sondern oftmals nur einzelne Teilaspekte dieses geschichtlichen Verlaufs für die Identitätskonstruktion herangezogen werden, während andere Teile wiederum vollkommen ausgelassen werden:

> „Nationen und Staaten verlangen nach Geschichte, freilich nicht von der Art, wie sie von modernen Historikern geschrieben wird, denn wie Ernest Renan schon vor über hundert Jahren feststellte, ist, das Vergessen oder gar Missverstehen von Geschichte ein wesentliches Element bei der Herausbildung einer Nation'". (Hobsbawm 2005: 7)

Sprache und nationale Identität
Kommunikation wird im gesellschaftlichen Zusammenleben als das zentrale Bindemittel zwischen Individuen erlebt, nicht umsonst werden Nationen häufig als „Kommunikationssysteme" (Bornemann/Wakenhut 1999: 45) bezeichnet und ist von einem „narrating the nation" (Bhabha 1990) die Rede. Nur durch eine

gemeinsam geteilte Sprache können auch gemeinsame Bedeutungen und Erinnerungen transportiert werden (Bornemann/Wakenhut 1999: 45). So wird die Nation laut Hall (1994) diskursiv konstruiert:

> „A national culture is a discourse, a way to construct meanings which influence and organize both our actions and our perceptions of ourselves. National cultures construct identities by creating meanings of 'the nation', with which we can identify; these are contained in stories that are told about the nation, in memories which link its present to its past and the perceptions of it that are constructed." (Hall 1994: 201)

Auch Hubert Knoblauch sieht in den posttraditionellen Gemeinschaften vor allem „Kommunikationsgemeinschaften" (Knoblauch 2008), da Kommunikation die Grundlage dafür bildet, dass die Gemeinschaftsmitglieder auf eine gemeinsame Wissensbasis (vgl. „imagined communities" von Anderson 2005) zurückgreifen können und die Handlungen innerhalb der Gemeinschaft strukturiert und organisiert werden können. In den posttraditionellen Gemeinschaften kommt daher der Kommunikation und damit auch im weiteren Sinne den Medien eine verstärkte Bedeutung zu, da aufgrund der größeren räumlichen Verstreutheit der Mitglieder und der nicht auf Abstammung beruhenden Vergemeinschaftung weniger geteiltes Allgemeinwissen vorhanden ist.

Dementsprechend stellt auch eine gemeinsame Sprache in vielen Definitionsansätzen zur Nation bzw. nationaler Zugehörigkeit eines, wenn nicht das entscheidende Merkmal dar. Dies geht in manchen Definitionsansätzen sogar so weit, dass Sprache und Nationalität gleichgesetzt werden. Diese Gleichsetzung muss jedoch als nicht unproblematisch empfunden werden, führt sie schließlich dazu, dass für mehrsprachige Personen Identifikationsschwierigkeiten auftreten können bzw. die Sprache automatisch eine nationale Zugehörigkeit festlegen würde.

Auch Hobsbawm (2005: 66) setzt sich mit der Frage nach der Bedeutung einer Nationalsprache für die Nation auseinander. Er kommt dabei zu dem Schluss, dass es eine gesprochene Nationalsprache für weitere Regionen nicht gegeben hat bzw. geben konnte. Es gab höchstens Verkehrssprachen, in der die Sprecher von Dialekten miteinander verkehren konnten, Sprachen, die also von einer großen Zahl von Menschen in einem Gebiet verstanden wurden. Er weist jedoch trotzdem auf die große Bedeutung der Sprache für die kulturelle Identifikation hin:

> „Das schließt keineswegs (...) eine kulturelle Identifikation des Volkes mit einer Sprache (oder einem offenkundig verwandten Komplex von Dialekten) aus, die einer Gesamtheit von Gemeinschaften eigentümlich sind und diese von ihren Nachbarn unterscheiden, wie im Fall der Madjarisch sprechenden Volksgruppen." (Hobsbawm 2005: 66)

Hobsbawm bezeichnet die Nationalsprachen aber auch als „Kunstprodukt" (Hobsbawm 2005: 68), da sie versuchen aus der Vielfalt an gesprochenen Sprachen eine Einheitssprache zu konstruieren. Die Bedeutung der „Muttersprache" für die nationale Zugehörigkeit (vgl. Hobsbawm 2005: 119; Kymlicka 1999: 23, Ahlzweig 1994) wird auch dadurch unterstrichen, dass bei Volkszählungen nicht nur die Nationalität sondern auch die sprachliche Nationalität gewählt werden muss.

Diese Bedeutung von Sprache für die Ausbildung unterschiedlicher Formen nationaler Identität bestätigt sich auch in einer Untersuchung von Pehrson, Vignoles und Brown (2009), die mittels Mehrebenenanalyse auf Basis von Daten des International Social Survey Programms (ISSP) 31 Nationen-Sample analysiert haben und dabei nachweisen konnten, dass vor allem in jenen Ländern, in denen die Bürger ihre nationale Zugehörigkeit über die Sprache definieren, nicht nur die nationale Identität stark ausgeprägt ist, sondern diese auch gleichzeitig in einem engen Zusammenhang mit der Abwertung von Fremdgruppen steht. Wagner et al. (2010: 10) unterzogen die von Pehrson/Vignoles/Brown (2009) verwendeten Daten einer näheren Untersuchung und zeigten dabei für Deutschland, dass die gemeinsame Sprache den höchsten Stellenwert für die Definition nationaler Zugehörigkeit aufweist.

Sprache sei jedoch nicht nur zur isolierten Identifikation mit einer einzigen Nation geeignet, sondern laut Beck/Grande (2004) auch für ein „Sowohl-als-Auch" offen, indem es ein Medium der Entgrenzung und der interkulturellen Kommunikation sein kann. Ein Mensch kann durchaus mehrere Sprachen sprechen und gehört damit auch mehreren Sprachgemeinschaften an. Sprache sei somit immer untrennbar mit der Identität verbunden. Beck/Grande sehen in der Sprache eine besonders wichtige Funktion, indem sie einerseits nationale Zugehörigkeit ausdrücken kann, andererseits in der Form von Mehrsprachigkeit auch zur Transnationalisierung beitragen kann: „Verschiedene Sprachen sprechen heißt, Wurzeln *und* Flügeln haben, in mehreren Kulturen zugleich beheimatet zu sein, sich selbst von außen betrachten zu können, dialogisch zu leben, aber auch Widersprüche ertragen zu müssen, mit einem Wort: sich in lustvoller *Polygamie der Sprachen* zu üben." (Beck/Grande 2004: 156)

In diese Kerbe schlagen auch Brantner/Langenbucher (2006: 410), die etwa die vielfach angeführte Erklärung, dass eine europäischen Identität nur aus dem Grund nicht existent sei, weil es nach wie vor keine einheitliche europäische Sprache gäbe, kritisch diskutieren und dazu die Frage aufstellen, inwiefern „eine Kommunikationsgesellschaft synonym mit einer Sprachgesellschaft" sein müsse. „Anders ausgedrückt: Es ist wichtig, *dass* die Europäer über nationale Grenzen hinweg miteinander kommunizieren, aber nicht, ob sie sich dabei der gleichen Sprache bedienen (können)." (Brantner/Langenbucher 2006: 410) Als Beispiele, dass geopolitische Identität nicht nur auf die Existenz einer einzigen gemeinsam gesprochenen Sprache zurückgehen muss, führen Brantner/Langenbucher schließlich mehrsprachige Nationen wie etwa Belgien oder die Schweiz an (Brantner/Langenbucher 2006: 410).

Wie auf sprachlichem Wege nationale Identität in Österreich konstruiert wird, untersuchen De Cillia et al. (1999: 153f) in einer diskursanalytischen Untersuchung von politischen Reden, Zeitungsartikeln, politischer Werbung, sowie qualitativer Interviews. Eine zentrale Ausgangsthese ist dabei, dass nationale Identitäten diskursiv sind, indem sie über Sprache und andere semiotische Systeme produziert, reproduziert, transformiert und zerstört werden.

De Cillia et al. (1999: 160ff) identifizieren dazu vier Strategien:

1. **Konstruktive Strategien**: Diese sollen in erster Linie dazu dienen, das „Wir"-Gefühl zu entwickeln, und die „Wir-Gruppe" zu definieren. Dies geschieht allein schon durch die Verwendung des Pronomens „wir" in Verbindung mit einer Bezeichnung für Österreich. Aber auch Ausdrücke wie „gemeinsam etwas machen", „kooperieren" und „zusammenhängen" treten häufig in diesem Kontext auf. Diese Strategien sollen helfen, dass sich die Menschen als Wir-Gruppe fühlen und gleichzeitig von anderen Gruppen distanzieren und abgrenzen.[9]
2. **Strategien zur Aufrechterhaltung und Rechtfertigung**: sollen vor allem dazu dienen, Unterstützung und Reproduktion der nationalen Identität zu erreichen und somit Kontinuität zu wahren. So wird etwa diskursiv das Thema der Migranten als Bedrohung der nationalen Identität dargestellt. Rechtfertigungs- und Legitimationsstrategien sind dabei spezifische Typen dieser Strategiengruppe, um etwa negative historische Geschehnisse die nationale Identität gefährden oder abwerten würden zu entschärfen.
3. **Transformationsstrategien**: dienen dazu, relativ stabile Aspekte der nationalen Identität in andere zu verwandeln. So wurde in Österreich zum Beispiel von Politikern versucht, das Konzept der österreichischen Neutralität so umzudefinieren, dass es in das Konzept einer europäischen Union passt.
4. **Strategien zur Demontierung und Zerstörung**: dienen zur De-Mythologisierung oder Zerstörung von nationalen Identitäten oder Teilen davon. Die österreichische Identität ist relativ häufig derartigen Zerstörungsstrategien unterworfen worden.

---

[9] Diese diskursive Vergemeinschaftung durch die Verwendung des „Wir"-Begriffs kann auf unterschiedlichsten geopolitischen Identifikationsebenen angesetzt werden, sowohl auf regionaler („Wir Wiener") oder nationaler Ebene („Wir Österreicher"), als auch auf einer stärker globalen Ebene („Wir Europäer")

Wichtig erscheinen in diesem Zusammenhang auch die sogenannten „Austriazismen", d.h. typisch österreichische Sprachvarianten des Deutschen. Markhardt (2005) führte eine Befragung mit internationalen Übersetzern und Dolmetschern der EU durch, um auf diese Weise das Bewusstsein der österreichischen sprachlichen Besonderheiten zu hinterfragen. Dabei wurden diese unter anderem gebeten, alle Austriazismen anzuführen, die ihnen spontan einfallen. Daraus ergab sich eine Liste an typisch österreichischen Worten.[10]

Boehnke/Fuss (2008) konnten zudem in einer komparatistischen Untersuchung von zehn europäischen Ländern nachweisen, dass ein landestypischer Akzent bzw. Dialekt in Österreich, Deutschland und Großbritannien von relativ hoher Bedeutung für die nationale Identitätskonstruktion von Jugendlichen sei, während dies wiederum in Tschechien, der Slowakei und Spanien vergleichsweise kaum der Fall ist (Boehnke/Fuss 2008: 472)

Religion und nationale Identität

> „Religion war entscheidend für die ethnische Entwicklung, weil das religiöse Ritual der wichtigste Anlaß (sic!) war, in dem die größere, über die Verwandtschaft hinausgehende Vergesellschaftung erlebt wurde. Ritual und Liturgie versuchen kollektives Gedächtnis (Assmann 1988) zu sein." (Reiterer 1998: 128)

Reiterer bezieht sich in diesem Zitat im Zusammenhang mit Assmanns Konzept des „kollektiven Gedächtnisses" (Assmann 1988) zwar auf die Bedeutung der Religion auf die Ethnizität, was sich jedoch auch auf die nationale Identität übertragen lässt. Reiterer sieht in der Religion eine „traditionelle Form der Sinnstiftung", vor allem in vormodernen Gesellschaften (Reiterer 1998: 123). Religion war dabei der „sakralisierte Ausdruck der eigenen Kultur und Lebenswelt" (Reiterer 1998: 124). Besonders wichtig waren dabei die religiösen Symbole, die zu einem zentralen Bestandteil nationaler bzw. ethnischer Selbst-Definition wurden.

Die Ähnlichkeit gewisser Strukturen von nationaler Identität und Religion werden allein dadurch sichtbar, wenn Anderson vorschlägt, Nation ähnlich wie Religion als ein kulturelles System zu definieren (Jansen/Borggräfe 2007: 107). Zudem sieht Anderson den Aufstieg des Nationalismus durch einen Bedeutungsverlust der Religion begründet. Andere Wissenschaftler wie etwa Altgeld (1992: 10ff) widersprechen jedoch der These vehement, dass der Bedeutungsverlust der Religion bzw. die Säkularisierung zum Aufstieg des Nationalismus geführt hätten.

---

[10] Die 10 meistgenannten Austriazismen waren: „Jänner", „Paradeiser", „heuer", „Marillen", „Erdäpfel", „Karfiol", „Obers", „Matura", „Pragmatisierung", „Topfen" (Markhardt 2005: 242)

Auch Hobsbawm hat sich mit der Bedeutung der Religion für das Nationalbewusstsein beschäftigt. Er weist darauf hin, dass die Verbindungen zwischen Religion und Nationalbewusstsein sehr eng sein können, wenn der Nationalismus nicht länger die Ideologie einer Minderheit oder eine Bewegung von Aktivisten ist, sondern die Massen erreicht hat. Gleichzeitig fügt er einschränkend hinzu, dass es sich bei dieser Beziehung zwischen Religion und nationaler Identifikation um ein komplexes und teilweise undurchsichtiges Geflecht handelt, das nicht vorschnell einer verallgemeinert werden darf (vgl. Hobsbawm 2005: 83).

„Während die Religion selbst noch kein notwendiges Merkmal von Protonationalismus ist (…), so sind es doch die heiligen Ikonen. (…) Sie repräsentieren die Symbole und Rituale oder die kollektiven Bräuche, die allein einer ansonsten abstrakten Gemeinschaft eine greifbare Wirklichkeit verleihen." (Hobsbawm 2005: 87f)

Obwohl Religion in den modernen Gesellschaften immer mehr an Bedeutung verliert, erscheint dennoch die Bedeutung diverser religiöser Symbole erhalten zu bleiben, weshalb die religiöse Tradition einer Nation auf die Analyse nationaler Identitätskonzepte nach wie vor relevant zu sein scheint. So konnte auch Reiterer (1988: 88) für Österreich nachweisen, dass auch Ende des 20. Jahrhunderts vor allem die katholische Kirche noch eng mit der österreichischen Nation verbunden wird.

Symbole zur Identitätskonstruktion
Die Bedeutung von Symbolen für kollektive Identitäten streicht Jenkins (1996) für die Aktualisierung bzw. Bewusstmachung von Gleichheit innerhalb einer kollektiven Gemeinschaft hervor. Er bezieht sich dabei auf Anthony Cohen, der sagt, dass die Mitgliedschaft in einer Gemeinschaft stark von der symbolischen Konstruktion und der Bedeutsamkeit von einer Maske der Ähnlichkeiten abhängt, die alle tragen können.

„Symbolisations of community are umbrellas under which diversity can flourish, masks behind which a considerable degree of heterogeneity is possible." (Jenkins 1996: 111)

Oft ist es tatsächlich so, dass die Ähnlichkeit einer gemeinschaftlichen Zugehörigkeit nur vorgestellt ist und somit symbolische Repräsentationen dieser Gleichheit eine wichtige Rolle spielen. (vgl. Jenkins 1996: 105)
Cohen (1985) führt drei Argumente an, warum Symbole eine derartig wichtige Rolle für die Bildung von Gemeinschaften haben:

1. Symbole generieren ein Gefühl der gemeinsamen Zugehörigkeit. Als Beispiele führt er hierzu Sportteams oder auch gemeinsame Rituale an, die für die Gemeinschaft stehen.
2. Gemeinschaft ist selbst ein symbolisches Konstrukt, welches Menschen zeichnen, rhetorisch als auch strategisch. Er bezeichnet Gemeinschaft auch als ein „feel-good word", das eine sehr kraftvolle Symbolik beinhalte und gleichzeitig Inklusion und Exklusion ausgedrücke. Somit habe allein schon das Konstrukt der Gemeinschaft einen teilenden oder zusammenführenden Gehalt.
3. Gemeinschaftsmitgliedschaft bedeutet, dass man mit den anderen Mitgliedern eine ähnliche Sichtweise („sense of things") vertritt und an einem gemeinsamen symbolischen Bereich teilnimmt.

Es ist somit eine unbestrittene Tatsache, dass gerade für die Konstruktion aber auch für die Aufrechterhaltung bzw. Stärkung nationaler Identität nationale Symbole eine große Bedeutung haben. Hobsbawm spricht in diesem Zusammenhang von den nationalen Ikonen, die das abstrakte Gefüge der Nation greifbar machen sollen. Als Beispiele dafür nennt er gemeinsame Bilder oder Praktiken, aber auch rituelle Worte, regelmäßig stattfindende Festspiele oder Wettkämpfe und natürlich v.a. Flaggen, die wohl die Symbole schlechthin für moderne Nationen darstellen. (vgl. Hobsbawm 2005: 87f)

Hier spielen bereits der Name eines Landes bzw. der Name der Bewohner des Landes eine zentrale Rolle. Die Namensgebung bzw. der Ursprung des Nationennamens werden zu wichtigen Identifikationsmerkmalen (vgl. „Ostarrichi" für Österreich[11]).

Symbole spielen zudem eine wichtige Rolle bei der Vermittlung von Patriotismus oder Nationalismus innerhalb größerer Gruppen, weil sie den fehlenden Face-to-Face-Kontakt der Mitglieder ersetzen müssen, der normalerweise für den Zusammenhalt notwendig ist. Als Beispiele für derartige Symbole nennen Bar-Tal und Staub Flaggen, Hymnen, nationale Helden oder Mythen, gemeinsames Recht, Sprache und Tradition und kollektive Erinnerung an eine gemeinsame Vergangenheit (Bar-Tal/Staub 1997: 4). Wichtig sind weiters auch Legenden, wie dies etwa die Legende zur Herkunft der österreichischen rot-weiß-rot Fahne ist[12]. Erwähnenswert ist zudem der österreichische Adler, der auf dem Kopf eine

---

[11] Jahrelang war Österreich jedoch auch mit der Habsburger Familie assoziiert, die als das „House of Austria" bezeichnet wurden. Dabei hat sich jedoch im Laufe der Zeit deutlich verändert, welches Gebiet mit dem Namen Österreich überhaupt bezeichnet wurde. (Langer 1999: 155)

[12] Diese Legende besagt, dass diese Farben auf einem Kampf von Herzog Leopold V von Babenberg in Akkon im Jahr 1190 zurückgeht, wobei die gesamte Kleidung des Herzogs blutrot war, aber in der Mitte als er den Gürtel abgenommen hatte, ein weißes Band blieb. Eine weitere österreichische Le-

goldene Krone trägt, ähnlich wie ein Turm der Stadtmauer, und in den Klauen einen Sichel und einen Hammer trägt[13]. Ein weiteres wichtiges Element der österreichischen Ideologie ist der Glaube, dass das gegenwärtige Österreich in den Nazi Konzentrationslagern gegründet wurde, indem ehemalige Feinde des Krieges – Sozialisten, Christdemokraten, Kommunisten – gemeinsam die Grundsteine für die Gründung des von Deutschland unabhängigen Österreichs gelegt haben. Aus dieser Erzählung geht auch die österreichische Version der Sozialpart-Sozialpartnerschaft hervor. (Langer 1999: 157)

Darüber hinaus sind auch Nationalfeiertage wichtig, wobei der österreichische Nationalfeiertag (26. Oktober) an dem Tag stattfindet, an dem 1955 die immerwährende Neutralität des Landes erklärt wurde. Außerdem wird gesagt, dass an diesem Tag der letzte Besatzungssoldat das Land verlassen habe. Bis in die 1960er Jahre wurde der Feiertag noch „Tag der Fahne" genannt, ab 1965 heißt er Nationalfeiertag. Aber auch auf auditiver Ebene gibt es Repräsentationen nationaler Identität, allem voran durch die Nationalhymne.[14]

Sport und nationale Identität
Sportliche Wettkämpfe stellen im 21. Jahrhundert noch eine der wenigen Gelegenheiten dar, bei denen offensiv die nationale Zugehörigkeit gezeigt[15] (Whannel 2008: 170) bzw. in den Medien konstruiert (Blain/ O'Donnell 1994: 249f, Elias/Dunning 2003: 3) wird. Nicht umsonst sprechen etwa auch Penz und Spitaler (2004) von einem „Austria sportscape" (Markovitz/Hellermann 2001) und gehen auf die Bedeutung von sogenannten „Nationalsportarten"[16] für die nationale

---

gende ist das Theaterstück „König Ottokars Glück und Ende" von Franz Grillparzer (1791-1872), in dem die Übergabe von Ostarrichi von den Babenbergern an die Habsburger beschrieben wird. Zudem werden die Menschen von Österreich und die Landschaft Österreichs gelobt (Langer 1999: 156).

[13] Dieses Wappentier ersetzte den doppelköpfigen Adler der Monarchie nach dem 1. Weltkrieg. Die Krone repräsentiert dabei den Adel, die Sichel die Bauern, der Hammer die Arbeiter und die gebrochene Kette am Fuß die Befreiung von den Nazis 1945. (Langer 1999: 156)

[14] Seit dem 2. Weltkrieg hat Österreich laut Langer (1999) eine der friedlichsten Nationalhymnen Europas, indem darin nur die Landschaften, die Kultur und der Geist der Menschen gelobt werden. Die ursprüngliche österreichische Nationalhymne von Joseph Haydn wurde schließlich zur deutschen Nationalhymne. (Langer 1999: 157)

[15] Die nationale Zugehörigkeit wird etwa bei Stadionbesuchen durch das Tragen von Trikots in den Nationalfarben, der Verwendung von Schals, Kappen oder Fahnen auch visuell deutlich zum Ausdruck gebracht (vgl. John 1992: 263)

[16] In Österreich gelten v.a. Fußball und alpines Schifahren als Nationalsportarten, die im Rahmen einer „Austrifizierung" zu ihrem Status als „nationale Sportarten" gekommen sind (vgl. Penz/Spitaler 2004: 209f, Liegl / Spitaler 2008: 16). Zusammenfassend betonen Penz und Spitaler die Bedeutung dieser beiden Sportarten für Österreich folgendermaßen: „Thus, through processes of professionalization and media effort in the post-war era, football as well as skiing began to foster a modern national identity. Conversely, ‚rural skiing' and ‚urban football' were re-coded as parts of a nation-wide Austrian Culture." (Penz/Spitaler 2004: 211)

Identitätskonstruktion ein (Penz/Spitaler 2004: 209). Einzelne Sportler oder Mannschaften, die gegeneinander antreten, fungieren als Repräsentationen ihrer Nationen, die ihre Kräfte miteinander messen (Daalmann 1999: 6). Penz und Spitaler nennen als Beispiele für prototypische Athleten des österreichischen Sports, Toni Sailer, Franz Klammer oder Hermann Maier, die durch ihre spezielle Fahrtechnik bzw. der Dramatik ihrer Siege die österreichische Nation so bewegten, dass sie insgesamt die nationale Identität deutlich mitprägten[17] (Penz/Spitaler 2004: 213ff). Besonders deutlich wird dieser Wettkampf der Nationen bei Veranstaltungen wie Fußballweltmeisterschaften oder Olympischen Spielen, bei denen regelmäßig die Leistungen der einzelnen Nationen mittels Medaillenspiegel miteinander verglichen werden.

> „Ein wesentlicher Effekt medialer Berichterstattung liegt ebenso in der Beförderung eines durchaus im Sport selbst angelegten doppelten Effekts: der ‚Internationalisierung' des sportlichen Geschehens bei gleichzeitiger Aktivierung national(istisch)er Identität. Kontakte zu ausländischen Vereinen haben im Fußball bereits eine lange Tradition: die Vorliebe für Spiele gegen ausländische Gegner verhinderte am Beginn des 20. Jahrhunderts für Jahre die Bildung einer Wiener (österreichischen) Fußballmeisterschaft. Der Mitropacup war in den dreißiger Jahren der attraktivste Bewerb für die Spitzenvereine." (Horak/Marschik 1995: 53f)

Hatten sportliche Wettkämpfe im Zeitalter von Vielvölkerstaaten oft noch die primäre Funktion einzelne Völker zusammenzubringen und somit die Einheit des Gesamtstaats zu stärken bzw. ein Sicherheitsventil für Spannungen zwischen den Gruppen zu bieten, so wandelt sich die Funktion des Sports zwischen den Kriegen schnell zum Ausdruck nationaler Kämpfe, die über Sportler ausgetragen wurden[18] (vgl. Hobsbawm 2005: 168, Archetti 1994: 232, Maguire 1999: 178f).

Die nach wie vor große Bedeutung des Sports als Vermittler bzw. Ausdruck nationaler Identität (vgl. Daalmann 1999: 37, Maguire 1999) lässt sich in erster Linie durch „die Mühelosigkeit, mit der sich selbst die politisch oder öffentlich uninteressierten Individuen mit der Nation identifizieren können", (Hobsbawm 2005: 169) erklären. Besonders gut funktioniert dies bei Fußball:

---

[17] Interessant ist auch ihr Hinweis auf die Rolle weiblicher Sportlerinnen auf die nationale Identität. Abgesehen von Annemarie Moser-Pröll, die in den 1970er zahlreiche Erfolge feierte und dadurch zu einem Teil der kollektiven Erinnerung Österreichs wurde, scheinen weibliche Sportlerinnen bisher nur eine sehr untergeordnete Rolle bei der nationalen Identitätsstiftung zu haben. (Penz/Spitaler 2004: 216f) Auch Maguire (1999:183) weist darauf hin, dass vor allem der Männer-Sport eine zentrale Rolle in der Konstruktion und Repräsentation von nationaler Identität spielt.

[18] Ein sehr extremes Beispiel für eine derartige Vermischung politisch-kämpferischer Aspekte und sportlicher Ereignisse ist der sogenannte „Fußballkrieg" von 1969 zwischen Honduras und El Salvador. Er beweist die große Wirkung des Fußballs auf die Beziehungen zwischen Nationen. Hier reichte ein Fußballspiel aus, um die bestehende Krisensituation zwischen den beiden Ländern zum Überkochen zu bringen und einen blutigen Krieg hervorzurufen. (vgl. Daalmann 1999: 36)

„Die vorgestellte Gemeinschaft von Millionen scheint sich zu verwirklichen als eine Mannschaft aus elf Spielern, die alle einen Namen tragen. Der einzelne, und wenn er nur die Spieler anfeuert, wird selbst zu einem Symbol seiner Nation." (Hobsbawm 2005: 168)

Aber nicht nur sportliche Triumphe verstärkten das Nationalgefühl, auch Skandale können dazu führen, dass sich die Bürger einer Nation stark miteinander verbunden fühlen, indem sie gemeinsam gegen ungerechtfertigte Entscheidung von sportlichen Gremien vorgehen.[19] (Penz/Spitaler 2004: 210)

Und nicht nur auf nationaler Ebene spielt der Sport eine wichtige Rolle für die Identitätskonstruktion bzw. eine Intensivierung von kollektiven Zugehörigkeitsgefühlen, sondern auch auf lokaler Ebene. Besonders deutlich lässt sich diese Verbindung zwischen regionalen Identitäten und Sport im Bereich der Fußballklubs beobachten (vgl. Williams 1994: 160).

Im Zusammenhang mit der Rolle des bzw. Einstellung zum Multikulturalismus innerhalb der eigenen Nation kann sich Sport einerseits positiv, durch eine integrative Wirkung auf die verstärkte Einbindung von Personen mit Migrationshintergrund in die regionale oder nationale Gemeinschaft auswirken (Rummelt 1995: 147f, Müller 2004: 46, Topic 2004: 66f), oder aber auch negativ, indem die Ablehnung und Abschottung gegenüber Nicht-Mitgliedern der eigenen Region oder Nation verstärkt wird (Blecking 1995: 115, Akgün 1995: 124, Jütting 1995: 160, Lamb 1997).

Nationale Identifikationspersonen
Eine nicht zu verachtende Bedeutung für die Identifikation mit einer Region oder Nation haben auch Persönlichkeiten und Idole. Sie werden einerseits zu Repräsentanten einer geopolitischen Einheit, andererseits bieten sie den Bewohnern auch die Möglichkeit sich mittels Identifikation mit ihrer Person auch gleichzeitig mit der Region oder Nation zu identifizieren bzw. ihre Zugehörigkeit verstärkt zum Ausdruck zu bringen. Auch Zygmunt Bauman hat sich mit der Bedeutung von Idolen im Zusammenhang mit Gemeinschaftsbildung ausführlich beschäftigt. Gerade in einer unsicheren Welt würden laut Bauman Idole wieder Sicherheit, Stabilität, Kontinuität vermitteln. Rund um diese Idole würden sich

---

[19] Das beste Beispiel dafür war der Ausschluss von Karl Schranz bei den Olympischen Spielen 1972, weil er als gut bezahlter Schifahrer das Amateur Ethos der Olympischen Spiele gefährden würde. Daraufhin wurde vom ORF und allen größeren Tageszeitungen eine Kampagne gestartet, um den gefallenen Helden zu unterstützen. Als dieser schließlich nach Wien zurückkehrte, wurde er von Menschenmassen entlang der Straßen empfangen und vom Flughafen bis zu seinem Treffen mit Bruno Kreisky begleitet. Schlussendlich dankte Schranz seinen Unterstützern vom Balkon von Kreiskys Büro am Heldenplatz den unterstützenden Menschenmassen, wodurch die sportliche Affäre eindeutig auch politische Aspekte zum Ausdruck brachte. (Penz/Spitaler 2004: 210)

dann sogenannte „Instant-Gemeinschaften"[20] bilden. Die Identifikation mit den regionalen oder nationalen Idolen erleichtert somit die Gemeinschaftsbildung und beinhaltet gleichzeitig eine gewisse Bindung an regionale oder nationale Bezugsorte.

5.5. Medien und nationale Identität

In der modernen Gesellschaft haben vor allem die Massenmedien eine wichtige Rolle für die nationale Identifikation bzw. Identitätskonstruktion eingenommen. Medien hatten immer schon eine vereinende Funktion, indem sie einem dispersen Publikum die gleichen Informationen und Unterhaltungsangebote zur Verfügung stellen und damit näher zusammenbringen bzw. ihre Nähe zur Nation fördern (vgl. Deutsch 1953, Jansen/Borggräfe 2007: 25, Morley/Robins 1995: 10, Waisbord 1998: 379, Smith/Phillips: 2, Gellner 1983). Auch Giddens (1991) sieht in den frühen Zeitungen eine wichtige Rolle für die Ausbildung von Gemeinschaften: „The early newspaper… played a major role in completing the separation of space from place" (Giddens 1991: 25). Zudem hätten die Massenmedien das Potential, die von Anderson genannten „imagined communities" zu konstruieren, auf denen auch nationale Gemeinschaften beruhen (vgl. Calhoun 1991: 111), da sich die Mitglieder einer Nation nie alle mittels Face-to-Face-Kontakt kennen können und daher die Nation immer eine abstrakte Gemeinschaft bleiben muss. Besonders deutlich wurde dies zur Hochzeit des Nationalismus, als die Massenmedien gezielt dazu verwendet wurden, um die Ideologien für die Massen einerseits zu standardisieren, homogenisieren und andererseits natürlich zur Propaganda genutzt wurden (Hobsbawm 2005: 167). Vor allem in der Nachkriegszeit kamen dem Fernsehen und dem Radio eine wichtige Funktion bei der Ausbildung bzw. Restrukturierung der Nation zu, indem durch sie ein kollektives Leben und die Kultur der Nation vermittelt wurden. Der Rundfunk übernahm dabei eine zweiseitige Rolle: Einerseits stellte er den öffentlichen Raum für den Nationalstaat dar, andererseits fokussierte er sich auf die nationale kulturelle Identifikation (vgl. Morley/Robins 1995: 10).

In etwas abgeschwächter Form sind die Massenmedien auch heute noch ein wichtiger Transporteur von nationalen Symbolen, indem sie die Fähigkeit besitzen, die nationalen Symbole zu einem Bestandteil des alltäglichen Lebens jedes Bürgers zu machen und eine Vielzahl an möglichen nationalen Identifikationsbildern zur Verfügung stellen (vgl. Lützler 2001: 1, Kunczik 1990:3f, Scannell

---

[20] Bauman versteht darunter Gemeinschaften „zum sofortigen Verbrauch, die man anschließend restlos entsorgen kann" (Bauman 2009: 87).

1988, Billig 1995). Die Trennung von Privatsphäre und Öffentlichkeit verschwindet zunehmend und somit dringen nationale Repräsentationen problemlos auch in den privaten Bereich der Menschen vor (vgl. Hobsbawm 2005: 167).[21] Die Massenmedien bieten somit den Menschen einerseits ein Bild von sich selbst, andererseits auch von der Nation als bekannte Gemeinschaft. Auf diese Weise bekommen die Zuschauer ein Gefühl der Teilhabe an der Nation. (Morley/Robins 1995: 66f)

Die Medienforschung hat sich bisher zwar schon mit der Frage über die konkreten Auswirkungen der Medien auf die nationale Identität beschäftigt. Gesicherte Befunde auf die Wirkungen auf Individualebene sind jedoch bisher eher rar. Was sich in den vorliegenden Studien jedoch abzeichnet, sind eindeutige Indizien dafür, dass es einen starken positiven Zusammenhang zwischen der Mediennutzung und dem individuellen Grad des nationalen Zugehörigkeitsgefühls gibt (Smith/Phillips 2004: 2). Zudem zeigen die Studien, dass die Medien eine eher konservative Rolle spielen, Grenzen setzen und eine Vergangenheitsorientierung der Nation im Sinne von etablierten und konventionellen symbolischen Modellen aufwiesen (Schlesinger 1991, Turner 1994).

Die Position der Medien als Konstrukteure nationaler Identität variieren laut Reiterer (2004) auch je nach Medientyp. Vor allem der Tageszeitung schreibt Reiterer eine wichtige Bedeutung als Transporteur nationaler Identifikationsmerkmale zu: „Tageszeitungen sind nicht so sehr Informationsvermittler, als vielmehr kultur- und nationalspezifische Medien der Einbindung in einen vertrauten Zusammenhang." (Reiterer 2004: 89)

Während das Fernsehen international sehr stark standardisiert ist, bzw. nationale Programme sich immer ähnlicher werden, ist dies bei der Presse nicht in diesem Ausmaß der Fall:

> „Mit der Druckpresse scheint es sich anders zu verhalten. Sie ist weniger international standardisiert, zumindest dem äußeren Eindruck nach. Damit werden Tageszeitungen zu Markern der Zugehörigkeit und Identifikationsmerkmal. Im grenzüberschreitenden Zusammenhang scheint das sogar die wesentlichste Funktion darzustellen." (Reiterer 2004: 89f)

Aus diesem Grund wird auch im Rahmen dieser Arbeit die massenmediale Konstruktion geopolitischer Identitäten anhand der Printmedien analysiert.

---

[21] Hobsbawm beschreibt dies am Beispiel des englischen Königshauses folgendermaßen: „Die Entwicklung der englischen Königsfamilie zu einer häuslichen wie öffentlichen Ikone der nationalen Identifikation wäre unmöglich gewesen ohne die modernen Massenmedien, und ihr bewusstester ritueller Ausdruck wurde speziell für das Radio konzipiert und später den Bedürfnissen des Fernsehens angepasst: Die königliche Weihnachtssendung, die 1932 eingerichtet wurde." (Hobsbawm 2005: 167)

Wie aber wirken sich die Medien auf die individuellen geopolitischen Identitätskonzepte der Rezipienten aus? Oder anders gefragt, wirken sich tatsächlich die Medien auf die Einstellungen der Mediennutzer zu Nation, Region und transnationalen Dimensionen aus, oder aber wirken sich diese geopolitischen Orientierungen der Rezipienten vielmehr ihrerseits auf die individuelle Auswahl der Medienangebote aus? Letztere Fragestellung lässt sich nach wie vor nicht eindeutig beantworten: Während sich eine Reihe von Untersuchungen mit der Frage der konkreten Auswirkungen der Medien beschäftigen und somit ein gewisses Wirkungspotential als gegeben ansehen, weisen andere Autoren darauf hin, dass bestimmte gesellschaftliche Veränderungen der Auslöser dafür sein können, dass gewisse Medien bzw. Medientechnologien überhaupt erst genutzt werden bzw. ihren Durchbruch finden (vgl. Buckingham 2008: 10)

Smith und Phillips (2004) gingen im Rahmen einer nationalen australischen Untersuchung der Frage nach, welchen Einfluss Medien auf die Bildung nationaler Identität haben. Sie untersuchten dabei, inwiefern dabei die Medientechnologie (Print, elektronische Medien, Internet), das Genre (intellektuell anspruchsvoll vs. intellektuell anspruchslos) und der Einbezug von Einflussvariablen wie politischer Orientierung oder soziodemographischen Merkmalen eine Rolle spielen. So wurde etwa untersucht, welche Unterschiede sich bei der Wirkung der Medien auf geopolitische Identitätskonzepte in Abhängigkeit von genrespezifischen Besonderheiten zeigten. Eine Annahme von Smith/Phillips (2004) war, dass die Botschaftsinhalte und ihre Wirkung auf die nationale Identifikation stärker von den format-spezifischen kulturellen Konventionen und Themen beeinflusst sind, als von den direkten Technologieeffekten. Technologien werden somit zu neutralen Meinungstransporteuren. Dabei wird unterschieden zwischen den intellektuell anspruchsvollen Genres und den weniger anspruchsvollen. Die Meinung geht dabei auseinander, ob sich vor allem Tabloid-Formate positiv oder negativ auf nationale Identifikation auswirken (vgl. Smith/Phillips 2004: 4). Smith/Phillips (2004) unterschieden in ihrer Untersuchung zwischen einer „exklusive" nationale Identität, die durch einen stark ausgeprägten Nationalstolz, die Neigung zur Abgrenzung, Ablehnung der Grenzerweiterung und Grenzdurchlässigkeit gekennzeichnet wird, und einer „inklusiven" nationalen Identität mit niedrigem Nationalstolz, einer Ablehnung der Grenzerhaltung, Bevorzugung der Grenzerweiterung und Grenzdurchlässigkeit operationalisiert wurde (Smith/ Phillips 2004: 8). Smith/Phillips zeigten in ihrer Untersuchung, dass eine hohe Zeitungsnutzung sich ausschließlich positiv auf den Nationalstolz auswirkt. Radionutzung übt einen höheren Einfluss auf mehrere Faktoren der nationalen Identität aus und verstärkt in erster Linie das traditionelle Verständnis der Nation. Fernsehen wirkt ähnlich wie das Radio, außer dass die Wirkung auf die nationale Identifikation konsistenter und stärker ausfällt. Je mehr ferngesehen wird, desto eher zeigt der

Befragte Nationalstolz, befürwortet die Grenzerhaltung, ist gegen Grenzdurchlässigkeit oder –erweiterung. Die Internetnutzung wirkt sich gegensätzlich aus, indem sie eher eine inklusive Form der nationalen Identität unterstützt. Insgesamt widersprechen somit die Ergebnisse von Smith/Phillips den Befunden von Reiterer (2004), indem sie zeigen, dass die elektronischen Medien einen stärkeren Einfluss auf die nationale Identität ausüben, als dies Printmedien machen (Smith/Phillips 2004: 11). In Bezug auf die Genreeinflüsse zeigt sich für Fernsehen und Zeitungen ein konsistenter Effekt. Intellektuell anspruchsvolle Medien sind mit einer inklusiven nationalen Identität verbunden, während intellektuell weniger anspruchsvolle Medien die exklusive Form unterstützen. Für das Radio ist dieser Genreunterschied nicht so eindeutig feststellbar. Wenn nun die Medienart und die Genreart gegeneinander getestet werden, so verschwinden die Unterschiede zwischen Zeitung, Radio und Fernsehen nahezu. Insgesamt zeigt sich, dass der Umfang der Nutzung dieser Medien in einem Zusammenhang mit einer exklusiven Form nationaler Identifikation steht. Dies führt zu dem Fazit, dass die Technologieeffekte nahezu wegfallen, wenn gleichzeitig das Genre berücksichtigt wird (Smith/Phillips 2004: 12). Smith/Phillips fassen diesen starken Genre-Effekt folgendermaßen zusammen:

1. Intellektuell anspruchsvolle Medien haben einen größeren Einfluss als intellektuell weniger anspruchsvolle und fördern eine inklusive nationale Identifikation.
2. Fernsehen hat den größten Einfluss, wobei auch hier das intellektuell anspruchsvolle Programm für eine offene Form der Nation steht.
3. Intellektuell anspruchsvolle Mediennutzung hat den stärksten Einfluss auf die Frage der nationalen Grenzdurchlässigkeit. (Smith/Phillips 2004: 13)

Durch die zunehmende Kommerzialisierung der Medien hat sich jedoch auch ihre Bedeutung für die Konstruktion nationaler Identitäten verändern, womit das Publikum nicht mehr in erster Linie als Bürger der Nation angesprochen wird, sondern viel stärker noch als Konsumenten. Für die neu auftretenden privatkommerziellen Anbieter entfallen auch die öffentlich-rechtlichen Verpflichtungen zur Förderung der nationalen Identifikation (vgl. Morely/Robins 1995: 11).

Als weitere Veränderung führen Morely/Robins (1995) die zunehmende Globalisierung der Medienmärkte an, mittels derer die nationalen Grenzen für Medieninhalte an Bedeutung verlieren, da die Medien zunehmend unabhängig von jedweder nationalen Identität ihre Informationen und Unterhaltungsangebote an ein ebenso disperses Publikum vermitteln. Die Vision dieser globalen Medien ist die Zusammenführung der Welt (vgl. Morely/Robins 1995: 12). Medien reproduzieren demnach zwar immer noch nationale Themen aber immer im Kontext von global kommerziellen und kulturellen Kräften (Turner 1994). Zudem scheinen die Rezipienten heimische Produkte gegenüber importierten Produkten zu bevorzugen (Emmison 1997, Ferguson 1992) und das „Globale" wird über einen „nationalen Frame" vorgestellt und umgestaltet (Fernandes 2000, Hogan 1999). Beck spricht in diesem Zusammenhang auch von einer „cosmopolitanization from within" oder einer „cosmopolitization of nation state societies" (Beck 2001: 184), was eine De-Territorialisierung der nationalen Zugehörigkeit und eine Form der post-nationalen Identität beinhaltet, die von einer Offenheit gegenüber anderen Kulturen und einem globalen Fluss von Kapital und Information gekennzeichnet ist (vgl. Smith/Phillips 2004: 3). Die Menschen fühlen sich dabei nach wie vor „national", aber in einer stärker inklusiven, multikulturellen und grenzoffenen Form (vgl. Pieterse 1994).

Meckel (2001: 12) führt drei Perspektiven an, wie die Auswirkungen der Globalisierung auf die Kommunikation bzw. die Medien interpretiert werden kann:

1. **Perspektive des Kulturimperialismus-Diskurses**: Die Globalisierung wird als „kulturhegemonialer Übergriff des Westens" gesehen, der sich in Form einer „Telemissionierung" (Meckel 2001: 12) weniger entwickelter Medien- und Kommunikationskulturen annimmt. Bei diesem Ansatz wird vor allem die Gefährdung kultureller Unterschiede gesehen.
2. **Perspektive der Globalisierungs-Lokalisierungs-Debatte**: Hier wird globalen Medienangeboten ein stark regionalisiertes Angebot entgegengesetzt im Sinne eines „dualistischen Zusammenspiels zwischen Welt- und Nahraumorientierung" (Meckel 2001: 12). In diesem Ansatz bleibt die Hoffnung eines „Überlebens" regionaler Besonderheiten bestehen.
3. **Perspektive des ökonomischen Globalisierungsdiskurses**: Hier wird die Globalisierung der Medien- und Kommunikationsmärkte als eine Zwangsläufigkeit gesehen, „verbunden mit der Chance auf Teilhabe an Weltentwicklung, Fortschritt und Wohlstand" (Meckel 2001: 12).

Meyrowitz spricht den Medien das Potential zu, die situationale Geographie der Menschen zu verändern, indem sie den Menschen Bilder von Regionen und anderen Kulturen liefern können, von denen die Menschen ansonsten nie etwas erfahren hätten (vgl. Meyrowitz 1989: 333). Die Medien können auf dieser Weise auch neue „Gemeinschaften" innerhalb ihrer Sendegebiete gründen, indem sie ansonsten voneinander getrennte Gruppen verbinden durch die gemeinsame Erfahrung via Fernsehen.[22] Traditionelle Landesgrenzen verlieren dabei zuneh-

---

[22] Als Beispiel dafür nennt er die Ermordung von J.F. Kennedy. (vgl. Meyrowitz 1985: 145f)

mend an Bedeutung. Nicht umsonst weisen auch Haas/Wallner (2008) darauf hin, dass aufgrund der zunehmenden Internationalisierung, Globalisierung und Transnationalisierung moderner Kommunikationsgesellschaft auch zunehmd „transnationale Perspektiven der Mediensystemforschung" (Haas/Wallner 2008: 83) notwendig werden. Haas/Wallner betonen zudem, dass sich diese Transnationalisierung „nicht nur über die nationalstaatlichen Grenzen hinweg (ereignet), sondern auch innerhalb der Nationalstaaten, in Form einer inneren Transnationalisierung, die sich insbesondere als ‚soziokulturelle Transnationalisierung' zeigt" (Haas/Wallner 2008: 93f). Ausgedrückt werde diese Form der nationalstaateninternen Transnationalisierung durch „ein verändertes Medienangebot etwa durch neue technische Möglichkeiten – wie beispielsweise grenzüberschreitenden Medienempfang, Spillover von audiovisuellen und Printmedien – sowie ein verändertes Medienrezeptionsverhalten in einer multikulturellen Gesellschaft" (Haas/Wallner 2008: 94).

Gleichzeitig und auf den ersten Blick paradox anmutend zeige sich laut Morely/Robins (1995) mit dem Fortschreiten der Globalisierung aber auch eine Gegentendenz in Richtung Regionalisierung innerhalb Europas. Dieser Regionalismus legt Wert auf Diversität und Differenz der Identitäten innerhalb Europas, und versucht diese Variation von kulturellen Erbe und regionalen und nationalen Besonderheiten aufrechtzuerhalten (vgl. Ang 1991, Liebes & Katz 1990, Waisbord 1998: 386). Wichtigster Motor für die Pflege und Aufrechterhaltung dieser Diversität sind wiederum die Medien, wobei diese verstärkt in regionalen und nationalen Märkten angesiedelt werden und auch Förderungen von der Europäischen Union erhalten (vgl. Morely/Robins 1995: 17)

Smith/Phillips (2004: 3) fassen demnach drei gegensätzliche Orientierungen innerhalb der Forschung zum Einfluss der Massenmedien auf geopolitische Identitätskonzepte zusammen:

1. Die Medien unterstützen und reproduzieren geschlossene, modernistische Formen nationaler Identität
2. Die Medien arbeiten gegen nationale Identitäten in Richtung einer globalisierten Identität auf Kosten nationaler Zugehörigkeitsgefühle
3. Die Medien gestalten nationale Identitäten in einen offeneren, reflexiveren und toleranteren Weg um.

Waisbord nimmt wiederum eine kritische Bestandsaufnahme jener Ansätze vor, die den Technologieaspekt der Medien als zentrale Einflussgröße auf die Beziehung zwischen Medien und kulturellen bzw. geopolitischen Identitäten sehen. Sein zentrales Argument lautet, dass technologisches Potential nicht automatisch neue Formen des Bewusstseins und der Identität hervorrufen kann (Waisbord

1998: 377). Diese kritische Anmerkung ist vor allem in Hinblick auf die mit der zunehmenden Verbreitung des Internets bzw. der Web 2.0 Anwendungen verbundenen Erwartungen grundlegender gesellschaftlicher Veränderungen von nicht zu unterschätzender Bedeutung. Es gilt also zunächst die Frage zu klären, ob die neuen technologischen Möglichkeiten überhaupt schon Einfluss auf geopolitische Identitätskonzepte haben.

Auf diese Bedeutung des Internet für geopolitische Identitätskonstruktionen gehen auch Smith/Phillips (2004) und Lingenberg (2010: 150) ein. Sie weisen einerseits auf die wichtige Stellung des Internets hin, zeigen aber andererseits auch auf, dass sich dieses von den Wirkungen der Massenmedien deutlich unterscheidet. Das Internet fördere sowohl globale als auch lokale Identitäten innerhalb eines postnationalen und kosmopolitischen Kontexts. Laut Smith/Phillips wirkt das Internet diametral entgegengesetzt auf die nationale Identität wie die traditionellen Medien. Die Internet Nutzung sei mit einem niedrigeren Level an Nationalstolz und der Befürwortung von kulturellen Frames verbunden, die nationale Identitäten gemäß des „alten Weges" sehr kritisch hinterfragen (Smith/Phillips 2004: 4). Das Internet wirke sich laut Smith/Phillips (2004: 11) im Falle eines utilitaritären Nutzungsstils sehr stark in Richtung Grenzdurchlässigkeit aus, was dafür spricht, dass das Internet die Veränderung nationaler Grenzen unterstützen kann. Die Internet Nutzung zeige immer divergierende Effekte von den traditionellen Medien und stehe in erster Linie für eine inklusive Form nationaler Identität. Inwiefern sich diese Ergebnisse auch im Zusammenhang mit der Kommunikation im Web 2.0 bzw. in Social Network Sites, die primär auf interpersonale Kommunikation aufgebaut sind, bestätigen, wird im Rahmen dieser Arbeit zu überprüfen sein. Lingenberg, der sich wiederum auf Krotz bezieht, führt schließlich aus, dass die Öffentlichkeit heutzutage nicht mehr nur durch die Massenmedien konstruiert wird, sondern zunehmend auch durch Medien, die primär für die Individualkommunikation ausgelegt sind (Lingenberg 2010: 150, Krotz 1998: 97). Beispiele dafür sind unter anderem die zunehmende mobile Kommunikation über Mobiltelefone oder auch Möglichkeiten des mobilen Internetzugangs.

Auch Hepp weist unter Bezug auf die Studie von Miller/Slater (2000) über die Auswirkungen der Internetnutzung auf die geopolitischen Identitäten in Trinidad darauf hin, dass nationale Identität auch im Zeitalter des Internet, das mit seiner globalen Vernetzung eher transnationale Identitäten zu fördern scheint, nicht an Bedeutung verloren habe, sondern im Gegenteil eher an Bedeutung gewinne. Das Internet eröffne den Menschen sogar neue Räume, um ihre nationale

Identität zu zeigen und auszuleben (Hepp 2003a: 193ff)[23]. Aber auch die neuesten Anwendungsformen des Social Web, wie Weblogs und allem voran Social Network Sites wie Facebook erlauben eine bewusste nationale Gemeinschafts (ab)bildung im globalen Internet. So werden etwa innerhalb der Social Networks Gruppen gebildet, die allein schon mit ihrem Namen explizit die Zugehörigkeit zu einer bestimmten Nation oder Region ausdrücken. Diese Zugehörigkeit erscheint auch bei allen Mitglieder im individuellen Profil auf und wird somit zu einem expliziten Identitätsbestandteil im virtuellen Netzwerk (vgl. Karis 2010: 246)

Obwohl Waisbord (1998) die Potentiale der Massenmedien als Förderer nationaler Identitäten bestätigt, weist er auch drauf hin, dass eine derartige Nationenkonstruktion auch ohne Massenmedien möglich sei. Als Beispiel für seine Argumentation führt er Gemeinschaften an, die nur sehr spärliche Medienressourcen haben und trotzdem ein Gefühl der Zusammengehörigkeit ausbilden konnten, während in anderen Ländern, die bereits über ein gut funktionierendes Mediensystem verfügen, trotzdem keine nationale Identität aufgebaut werden konnte. (Waisbord 1998: 381) Waisbord sieht es dementsprechend als problematisch an, dass Kommunikation meist ausschließlich mit Medientechnologien assoziiert wird, wodurch aber Kommunikationsakte ausgeblendet bleiben, die für die Formation von Identität von zentraler Bedeutung sind. Medien seien zwar zweifellos wichtige Transporteure von weitverbreiteten nationalen Vorstellungen, aber die Formation von nationalen und transnationalen Identitäten erfolge zusätzlich auch durch interpersonale Kommunikation, in die die Medien nicht direkt involviert sind. Daher fordert Waisbord, dass die Identitätsformation als eine Reihe von Kommunikationsprozessen konzipiert wird, die die Vorstellungsbereiche und das Gefühl der Zugehörigkeit bzw. Unterschiedlichkeit beeinflussen. (Waisbord 1998: 387).

Smith/Phillips (2004) kommen mit ihrer Untersuchung zur australischen Identität zu dem Schluss, dass die Medien sehr wohl nationale Identifikation der Bürger stärken können, aber nicht in jedem Fall, sondern nur im Falle von Radio, Fernsehen und Zeitungen, während das Internet die nationale Identität eher schwächt. Wichtig hat sich aber vor allem der Genreeffekt herausgestellt, der deutlich stärker ausfällt als der Technologieeffekt, wobei intellektuell anspruchs-

---

[23] So entwickelten etwa eine Reihe von Bewohnern aus Trinidad ihre eigenen Homepages, auf denen sie explizit die Besonderheiten ihrer nationalen Identität zum Thema machten. Dieser Ausdruck nationaler Identität erfolgte dabei nicht nur durch den Einsatz klassischer nationaler Symbole, wie etwa Flaggen, Landkarten oder Bilder von nationalen Sehenswürdigkeiten, sondern auch auf sprachlicher Ebene, indem sprachliche Besonderheiten hervorgehoben und auf den Homepages allein schon dadurch gesammelt wurden, indem in den Gästebüchern miteinander mittels dieser sprachlichen Variationen kommuniziert wurde (Miller/Slater 2000: 105ff).

volle Medien den Nationalstolz schwächen und eine sehr offene nationale Kultur unterstützen. Intellektuell anspruchslose Medien fördern hingegen eine exklusive nationale Identität. Smith und Phillips (2004: 15) resümieren daher:

> „For the most part the message is the message – not the medium. (…) It is the genre that contains most of the information or 'code' that steers the direction and form of media influence on national identification." (Smith/Phillips 2004: 15)

Als Einschränkung aller angeführten Untersuchungen zur Wirkung von Medien auf die geopolitische Identitätskonstruktion individueller Nutzer muss an dieser Stelle jedoch auf Effekte der selektiven Zuwendung sowie der kognitiven Dissonanz (vgl. Festinger 1957) hingewiesen werden. Die Frage, die in Hinblick auf die Wirkungskraft der Medien somit bestehen bleibt, ist, inwiefern die Medien unter Berücksichtigung der teilweise sehr selektiven Zuwendung der Rezipienten tatsächlich dieses Potential ausüben können. Die Menschen nutzen in erster Linie jene Programme, die ihre eigenen Einstellungen unterstützen und blenden abweichende Informationen aus. Obwohl Smith/Phillips (2004) in ihrer Untersuchung zeigen konnten, dass der Einbezug der Einflussvariablen politische Einstellung, Traditionen oder auch soziodemographische Merkmale keine Veränderung der Medienwirkung auf die nationale Identifikation hervorgerufen hat, müssen Medieneffekte dennoch meist über die Grenzen bestehender Einstellungen wirken. (Smith/Phillips 2004: 16)

6. Formen von nationaler Identität

Nationale Identität setzt sich nicht nur aus sehr vielfältigen Komponenten zusammen, sondern tritt auch in sehr unterschiedlichen Ausprägungen auf. In der Forschung wird daher zwischen „positiv, demokratisch erwünschten" und „negativ, demokratisch unerwünschten" (Cohrs et al. 2004: 202) Formen nationaler Identifikation unterschieden. Die Bewertung positiv vs. negativ wird dabei vor allem in Hinblick auf den Zusammenhang der nationalen Identität und xenophoben, antisemitischen und islamophoben Einstellungen definiert. Bereits Adorno et al. (1950) haben diese Unterscheidung nationaler Identität vorgenommen und einerseits von einem blinden, ethnozentrischen Patriotismus gesprochen, der die negative Ausprägung repräsentiert, andererseits aber auch von einem „genuinen Patriotismus", der die wünschenswerte Ausprägung darstellt. Adorno et al. entwickelten darauf aufbauend eine Ethnozentrismus-Skala, die drei Dimensionen nationaler Identität enthält, nämlich Nationalismus, Chauvinismus und Patriotismus. Zentrales Unterscheidungskriterium zwischen den drei Dimensionen ist dabei, wie sie sich auf die Abwertung von Fremdgruppen auswirken (Latcheva 2009). Andere Autoren, zuallerst Kosterman und Feshbach greifen diese Unterscheidung von „Nationalismus" als Negativvariante und von „Patriotismus" als Positivvariante auf und führen statt der Dimension Chauvinismus den „Internationalismus" ein. Diese Unterscheidung wurde von einer Reihe von anderen Forschern in der Folge übernommen (Blank/Schmidt 1997; Karasawa 2002). Beide Formen nationaler Identität stimmen darin überein, dass sie nationale Identifikation thematisieren, im Sinne einer emotionalen Bindung an eine Nation. Sie unterscheiden sich jedoch grundlegend in ihrer Zielsetzung, ihren Funktionsweisen und ihren Grundwerten. Die trotz einiger Differenzen gegebenen Übereinstimmungen der positiven und negativen Formen nationaler Identität zeigen sich auch im Rahmen der Auswertung in teilweise sehr beachtlichen Korrelationen zwischen den beiden Konstrukten (Cohrs et al. 2004: 202, Wagner et al. 2010: 2, Blank/Schmidt 1993, 1997, 2003; Fleiß et al. 2009: 420).

Diese Differenzierung spiegelt sich auch in der Minimalunterscheidung zwischen Patriotismus und Nationalismus von Feshbach und Sakano (Feshbach/Sakano 1997: 95) wider: Patriotismus drücke sich in erster Linie durch Liebe und Stolz zur eigenen Nation aus, Nationalismus hingegen vor allem durch Gefühle der Überlegenheit und dem Wunsch nach Macht über andere Nationen.

Im Zusammenhang mit dem Begriff „Stolz zur eigenen Nation" muss jedoch angemerkt werden, dass hier durchaus unterschiedlich differenzierte Vorstellungen und Erhebungsmethoden innerhalb der Forschung vorherrschen. So differenzieren etwa Blank/Schmidt in ihrer Unterscheidung zwischen Patriotismus und Nationalismus auch unterschiedliche Bereiche des nationalen Stolzes und verwenden diese ganz gezielt zur Operationalisierung der beiden Konzepte nationaler Identität[24].

Patriotismus und Nationalismus sind grundlegend dafür ausschlaggebend, wie die soziale Kategorisierung von anderen vorgenommen wird. Die Bewertung anderer Gruppen oder Nationen erfolgt dabei immer vor dem Spiegel der eigenen Identität, die umgekehrt ebenfalls immer nur im Wechselspiel mit der sozialen Umwelt konstituiert werden kann. (vgl. Reykowski 1997) Interessant erscheint in diesem Zusammenhang die Anmerkung von Wagner et al. (2010: 2), dass es offensichtlich durchaus auch Unterschiede in den Vergleichsmodi bei Patriotismus und Nationalismus gibt: Während beim Nationalismus der Vergleich der eigenen Nation mit anderen Nationen ein zentraler Bestandteil ist und dabei die eigenen Nation grundsätzlich besser bewertet wird als die Vergleichsnationen (Tajfel/Turner 1986; Kosterman/Feshbach 1989), kann im Zusammenhang mit Patriotismus dieser Vergleich auch durchaus entfallen und die nationale Identität rein selbst-referentiell gebildet werden und sich auf die Entwicklung der Nation im Laufe der Zeit beziehen (De Figueiredo/Elkins 2003: 178; Staub 1997; Bar Tal 1997).

Blank/Schmidt (1997: 133) gehen zudem davon aus, dass Nationalismus und Patriotismus mit Werteloyalitäten verknüpft sind. Auch für den Patriotismus und Nationalismus können latente allgemeinere Weltanschauungen und allgemeine Wert- und Normvorstellungen postuliert werden. Adorno et al. führten bereits 1950 autoritäre Charakterstrukturen als Ursache für Nationalismus an. Der konstruktive Patriotismus wird hingegen mit Wertvorstellungen wie Freiheit, Gleichheit, Brüderlichkeit, Humanismus und Individualismus verknüpft, ebenso wie die Nutzung von Staatsbürgerrechten und die Akzeptanz kultureller Vielfalt. (vgl. Blank/Schmidt 1997: 133f, Cohrs et al. 2004: 202)

---

[24] So wird etwa Patriotismus durch den Stolz auf die demokratischen Institutionen, die sozialstaatlichen Leistungen der Nation sowie die politischen Mitbestimmungsmöglichkeiten innerhalb der Nation operationalisiert, während für Nationalismus Stolz auf die nationale Geschichte, die sportlichen Erfolge der Nation, die Meinung, dass die eigene Nation die Nr.1 sei sowie das Zugehörigkeitsgefühl insgesamt als Indikatoren herangezogen werden (Blank/ Schmidt 1997). Aus diesem Grund wird teilweise auch zwischen „patriotischem Nationalstolz" und „nationalistischem Nationalstolz" (Cohrs et al. 2004: 202) unterschieden.

Yitzhak Kashti macht hingegen die Unterscheidung von Patriotismus und Nationalismus vor allem vom Vorhandensein eines politischen Staates abhängig. Er geht davon aus, dass die Existenz eines politischen Staates die Voraussetzung für Patriotismus, als Form der bürgerlichen Verehrung des Staates, grundlegende Voraussetzung ist. Umgekehrt ist der Nationalismus unabhängig von der Existenz eines Staates, oft tragen sogar erst nationalistische Bewegungen zum Entstehen eines politischen Staates bei. (vgl. Kashti 1997: 155)

> „In sum, the fundamental difference between nationalism and patriotism is that the latter is conditional upon the existence of a state, whereas a state is neither a requisite condition nor a characteristic of nationalism." (Kashti 1997: 155)

Feshbach und Sakano gingen auch der Frage nach, ob es einen Zusammenhang gibt zwischen der Bindung an die Eltern während der frühen Kindheit und der Bindung an die Nation. Dies ist deswegen im Rahmen von nationaler Identität interessant, da bei nationalen Symbolen immer wieder Vater- oder Muttersymbole eine Rolle spielen. So ist etwa in Russland die Rede von „Mutter Russland" und auch die Japaner beziehen sich auf das „Mutterland", während die Deutschen vom „Vaterland" sprechen. Im Rahmen einer vergleichenden Untersuchung von japanischen und amerikanischen Studenten konnten Feshbach und Sakano einen signifikanten Zusammenhang zwischen der frühkindlichen Bindung an den Vater und der Ausprägung von Patriotismus nachweisen. Einen Zusammenhang zum Nationalismus gab es hingegen nicht. Die Bindung an die Mutter hatte hingegen nur bei den japanischen Studenten einen Zusammenhang zum Patriotismus, was u.a. daran liegen konnte, dass die Japaner das Konzept des „Mutterlandes" vertreten. (vgl. Feshbach/Sakano 1997: 102)

Bei all diesen Gegenüberstellungen darf aber nicht vergessen werden, dass patriotische und nationale Gefühle durchaus koexistieren können. Vor allem in multinationalen-polyethnischen Staaten, die noch nicht als Nationalstaaten konstituiert sind, gibt es häufig dieses Nebeneinander von nationalen und patriotischen Gefühlen. (Kecmanovic 1996: 13) Dies bestätigt sich auch in einer Reihe von empirischen Untersuchungen, bei denen Patriotismus und Nationalismus bzw. patriotischer Nationalstolz und nationalistischer Nationalstolz stark miteinander korrelieren können (Cohrs et al. 2004: 206).

Wie aber werden nun die beiden Konzepte Patriotismus und Nationalismus in der Literatur konkret definiert? Die unterschiedlichen Ansätze dazu sollen in den folgenden beiden Kapiteln etwas genauer ausgeführt werden, da nur durch eine klare begriffliche Abgrenzung eine präzise Erhebung im Rahmen der nachfolgenden Untersuchungen und Auswertung sichergestellt werden kann.

6.1. Nationalismus

In der Literatur finden sich eine Vielzahl an Definitionsansätzen für Nationalismus: Die erste Möglichkeit ist, Nationalismus als ein stärker ausgedrücktes, stärker verkündetes Bewusstsein der eigenen Nation, ein stärker ausgedrückter Wunsch die Nation zu schützen, den nationalen Status zu bewerben, zu definieren. Nur stellt sich in diesem Punkt die Frage, ab welchem Punkt sich nun Nationalismus von „normalen" nationalen Gefühlen unterscheiden.

Snyders Ansatz ist folgender (1990: 247): „Nationalism is a condition in mind, feeling, or sentiment of a group of people living in a well-defined geographical area, speaking a common language, possessing a literature in which the aspiration of the nation have been expressed, and, in some cases, having a common religion."

Plamenatz (1973: 23f) schreibt hingegen: „Nationalism is the desire to preserve or enhance a people's national or cultural identity when that identity is threatened, or the desire to transform or even create it when it is felt to be inadequate or lacking."

Eine deutlich kritischere Definition von Nationalismus führen Kosterman/Feshbach (1989) an, indem sie Nationalismus als „apperception of national superiority and an orientation toward national dominance" (1989: 271).

Alter (1985) unterscheidet einen „alten" und einen „neuen Nationalismus". Während ersterer vor allem auf die territoriale Expansion und Modernisierung der Nation ausgerichtet war, zeigt der „neue Nationalismus" stark xenophobe Züge, indem es mehr um Exklusion als um Inklusion geht und sich vor allem auf die Minderheiten und Migranten innerhalb der eigenen Nation konzentriert, als sich mit der Abgrenzung von anderen Nationen zu beschäftigen.

Heyder und Schmidt sowie Dann fassen die Ausprägungen beider Formen von Nationalismus zusammen und streichen den Aspekt der unkritischen, bedingungslos positiven Bewertung der eigenen Nation hervor: „Nationalismus impliziert immer auch Vergleiche mit anderen Nationen, die zur Abwertung sowohl von anderen Nationen als auch von Minderheiten in der eigenen Gesellschaft führen, die als anders und weniger wertvoll wahrgenommen werden." (Heyder/Schmidt 2002: 73)

Nationalismus ist „ein politisches Verhalten, das nicht von der Überzeugung der Gleichwertigkeit aller Menschen und Nationen getragen ist, sondern andere Völker und Nationen als minderwertig oder als Feinde einschätzt und behandelt" (Dann 1996: 20).

Wagner et al. (2010) bringen die vielfältigen Charakterisierung von Nationalismus folgendermaßen zusammenfassend auf den Punkt:

„An important aspect of nationalism is the idealization of the nation (Sumner 1906, Adorno et al. 1950), which implies the idealization of the nation's history (Blank/Schmidt 2003), a perception of national superiority over other nations, and an orientation towards national dominance (Kosterman/Feshbach 1989), accompanied by an uncritical acceptance of political authorities (Adorno et al. 1950, Schatz/Staub 1997)." (Wagner et. al 2010: 2)

In der Literatur zeigen sich zudem einige begriffliche Unklarheiten, indem die Charakteristiken des „Nationalismus" durchaus unter Begriffen wie „blinder Patriotismus" (vgl. Staub 1997, Schatz/Staub 1997), „Pseudopatriotismus", „Hurrapatriotismus" oder im Fall der Untersuchung von Haller „Österreichpatriotismus" Erwähnung finden (vgl. Haller 1996: 135)

6.2. Patriotismus

Auch im Zusammenhang mit Patriotismus soll zunächst die Definition von Kosterman/Feshbach angeführt werden, die zu den ersten gehören, die sich überhaupt mit der Differenzierung dieser beiden Formen nationaler Identität auseinandergesetzt haben. Sie definieren Patriotismus als „the affective component of one's feeling toward one's country ... It assesses the degree of love for and pride on one's nation – in essence, the degree of attachment to the nation." (Kosterman/Feshbach 1989: 271).

Daniel Bar-Tal und Ervin Staub verstehen unter Patriotismus „die gefühlte Bindung zwischen der Person und ihrer Gruppe und ihrem Land", und zudem sei Patriotismus immer mit Gefühlen wie Liebe, Stolz, Loyalität, Ehrfurcht sowie Mitgefühl und Sorge verbunden. (Bar-Tal/Staub 1997: 2)

Gary Johnson definiert wiederum Patriotismus als „a preposition to behave altruistically of the most comprehensive social system of which an individual is a member." (Johnson 1997: 46)

Jamusz Reykowski hebt hingegen verstärkt den Aspekt der Identifikation hervor und beschreibt Patriotismus als „identification with the social values that are anchored in the historical experience and in the present form of existence of the given country (nation-state)". (Reykowski 1997: 112)

Patriotismus ist, ausgehend von diesen Definitionen, ein hoch emotionaler Zustand, der auch wichtig für das persönliche Wohlergeben ist, indem er etwa Bedürfnisse nach Zugehörigkeit, Liebe und Wertschätzung ebenso erfüllen kann, wie das Streben nach Sicherheit, einer positiven Identität, Effektivität und Kontrolle, sowie die positive Verbindung zu anderen Menschen. Abgesehen von diesen „Leistungen" des Patriotismus auf Individuumsebene, erfüllt er auch eine wichtige Funktion für die Nation selbst, nämlich die Schaffung von Einheit, Zusammenhalt, Solidarität und Mobilisierung. Dies macht deutlich, dass es für Nationen wichtig ist, Patriotismus zu fördern und zu pflegen, indem etwa nationale Symbole vermittelt, Nationalfeiertage gefeiert und Erinnerungen an die Entstehungsgeschichte hochgehalten werden. (vgl. Bar-Tal/Staub 1997: 3)

Gleichzeitig führen die Entwicklungen hin zu multinationalen Staaten und Globalisierung[25] dazu, dass die Förderung von Patriotismus immer schwieriger wird. Auch die interne ethnische, politische und soziale Diversität der einzelnen Nationen steigt, wodurch das Entstehen eines kollektiven Wir-Gefühls aufgrund der höheren Heterogenität der Mitglieder immer schwieriger realisiert werden kann[26]. Ein Erfolgsrezept, wie trotz dieser grundlegenden gesellschaftlichen Veränderungen Patriotismus gepflegt und gefördert werden kann, gibt es nicht. Bar-Tal/Staub (1997) weisen explizit darauf hin, dass Zwang oder Druck in diesem Bereich kontraproduktiv sind, haben doch Studien nachgewiesen, dass sich Patriotismus meist in jenen Staaten am stärksten ausgeprägt zeigt, in denen keinerlei Zwang in dieser Hinsicht ausgeübt wurde. (Bar-Tal/Staub 1997: 5)

Grundsätzlich zeigen sich in der Diskussion zum Konzept Patriotismus durchwegs Stimmen, die vor allem positive Aspekte hervorheben, indem Patriotismus als die „positive" bzw. die „demokratisch wünschenswerte" Version nationaler Identität thematisiert wird. Stephen Nathanson weist jedoch darauf hin, dass durchaus auch negative Aspekte im Konzept „Patriotismus" enthalten sein können, und stellt Pro- und Kontra-Argumente für den Patriotismus gegenüber, um so auf die positiven Aspekte aber gleichzeitig auch die negativen, teilweise destruktiv wirkenden Aspekte patriotischer Ausprägungen hinzuweisen.

Pro Patriotismus (Nathanson 1997: 315):
- Ländern können ohne die aktive Beteiligung und Verbindung der Bürger nicht existieren bzw. florieren.
- Wenn Menschen nur an den eigenen Interessen interessiert sind, ihren Freunden oder ihren Familien, dann sind sie unwillig auch soziale und politische Institutionen zu unterstützen, die jedoch notwendig sind, damit das soziale Leben funktioniert.
- Patriotismus ist notwendig, weil er die emotionale und motivationale Basis für kooperative Aktivitäten sicherstellt und generell die Interessen der Menschen erweitert.
- Es gibt auch Stimmen, die im Patriotismus das notwendige Gegenstück zum fortschreitenden Individualismus sehen, der für den Erhalt öffentlicher Güter wichtig ist.

---

[25] Vergleiche auch Teil I Kapitel 8.1. „Globalisierung, Weltgesellschaft und Kosmopoliten"
[26] Vergleiche auch Teil I Kapitel 9. „Nationale Identität und Migration"

Kontra Patriotismus (Nathanson 1997: 315):
- Patriotismus ist die Wurzel von Krieg und Feindschaft. Er teilt Menschen in Kategorien von „uns" und „sie" und führt dazu, dass Menschen, die Außenseiter darstellen abgewertet werden.
- Patriotismus behindert die kritische Meinungsbildung der Menschen und führt zu gedankenloser Unterstützung von Krieg und Zerstörung. Daher wird Krieg so lange bestehen, wie Patriotismus besteht.
- Nur wenn Menschen ihre gemeinsame Menschlichkeit erkennen und ihr den Vorrang geben vor künstlichen Banden nationaler Bürgerschaft, kann es eine friedliche Welt geben.

Nathanson (1997) kommt zu dem Schluss, dass man daher zwischen einer extremen Form des Patriotismus und einer moderaten Form unterscheiden müsse. Die extreme Form sieht er gekennzeichnet durch 1.) den Glauben an die Überlegenheit der eigenen Nation, 2.) den Wunsch der Dominanz der eigenen Nation, 3.) die ausschließliche Sorge um die eigene Nation. 4.) das zwanglose Streben nach Zielen der eigenen Nation und 5.) die automatische Unterstützung des eigenen Militärs. Diese extreme Form des Patriotismus hat somit durchaus einige Übereinstimmungen mit dem Konzept des Nationalismus, wie etwa ein Überlegenheitsdenken sowie eine sehr einseitige Konzentration auf Ziele der eigenen Nation (Nathanson 1997: 317).

6.3. Nationaler Stolz vs. Nationale Scham

Auch das Konzept des Nationalstolzes wird im Zusammenhang mit nationaler Identität immer wieder verwendet. Dabei handelt es sich jedoch um ein etwas umstrittenes Konzept, indem beispielsweise argumentiert wird, dass es sich bei Nationalstolz bereits um die Operationalisierung einer spezifischen Hinwendungsform zur Nation handelt bzw. es wird hinterfragt, ob Nationalstolz tatsächlich auch die tiefer verankerten Aspekte nationaler Identität ermitteln kann. (vgl. Westle 1999: 185)

Eine Grundlage für das Vorhandensein von Nationalstolz ist ähnlich wie jede andere Form von Stolz, ein Bezug zur eigenen Person und gewissen sozial wünschenswerten Leistungen, die erbracht werden (vgl. Mascolo/Fischer 1995: 65, Evans/Kelley 2002: 303). Konkret bedeutet dies, dass ein Mensch nur dann Nationalstolz empfinden kann, wenn eine gewisse Identifikation mit der Nation vorhanden ist und die Person die jeweilige Stolzdimension (z.B. Sport, demokratische Ideale usw.) persönlich für wichtig empfindet (Cohrs et al. 2004: 203). Empfindet eine Person keinerlei Nationalstolz auf einzelne Kollektivgüter, so kann dies einerseits darin begründet liegen, dass keine Identifikation mit der Nation gegeben ist oder aber das jeweilige Kollektivgut nicht als wichtig eingestuft wird (Westle 1999: 186).

Wird nun nationaler Stolz auf unterschiedliche Bereiche tatsächlich als Indikator für die Unterscheidung von Patriotismus und Nationalismus herangezogen, so bedeutet etwa der patriotische Nationalstolz, dass sich die Personen mit der Nation identifizieren, die demokratischen Werte, die soziale Sicherheit sowie Toleranz für wichtig erachten (Cohrs et al. 2004: 204).

Im Rahmen von Untersuchungen zum Nationalstolz wurden auch die Quellen nationaler Identifikation erhoben. Dabei zeigte sich, dass es im Zeitverlauf eine Veränderung der Quellen gegeben hat. Es kam es zu einer Verlagerung von politischen auf politikferne Identitätsquellen, wenn die demokratische Realität negativ bewertet wird. Umgekehrt kommt es zu einer verstärkten Bedeutung politischer Quellen, wenn die demokratische Realität positiv bewertet wird und/oder politikferne Identitätsbereiche negativ dargestellt werden. Zudem existieren auch länderspezifische Unterschiede darin, an welchen Faktoren der Nationalstolz besonders deutlich festgemacht wird (Evans/Kelley 2002: 327). Dabei zeigte sich ebenfalls, dass in zunehmenden Masse nicht mehr unikausale Aspekte, d.h. nur politische oder nur wirtschaftliche Aspekte, als Quellen des nationalen Stolzes gelten, sondern zunehmend Kombinationen von politischen mit ökonomischen und nicht-politischen Aspekten an Bedeutung gewinnen (vgl. Westle 1999: 200f).

Zudem konnte nachgewissen werden, dass Nationalstolz innerhalb der Mehrheitsbevölkerung einer Nation meist deutlich höher ist, als bei den Minderheiten innerhalb der Nation (Dowley/Silver 2000, Smith/Jarkko 1998, Smith/Kim 2006: 132).

Da Stolz und Scham laut Max Haller die „master emotions" von sozialer Identitätdarstellen, wurden auch jene Aspekte, für die sich die Bürger einer Nation schämen, mit dem Konzept des nationalen Schams abgefragt. In Deutschland zeigten sich dabei vor allem die Geschichte und im Besonderen die NS-Zeit als Schampunkte. Aber auch das Benehmen der Deutschen im Ausland sowie der Rechtsextremismus wurden als negative Aspekte der deutschen Nation genannt (vgl. Westle 1999: 211).

Wie aber wirkt sich der Nationalstolz auf die Bindung an eine Nation konkret aus. Wie Schlenker-Fischer (2009: 176) in Anlehnung an Evans/Kelley (2002: 326f) zeigt, gibt es dazu zwei gegensätzliche Erklärungsversuche: Einerseits kann Nationalstolz dazu führen, dass die Gefühle der Zugehörigkeit zur Nation durch den Stolz auf erzielte Erfolge steigt. Andererseits kann aber auch die Bindung an die eigenen Nation dazu führen, dass die Leistungen der eigenen Nation positiver wahrgenommen werden und daher eine stolzere Haltung erlebt wird. Schlenker-Fischer (2009: 176) vermutet ein wechselseitiges Zusammenspiel dieser beiden Wirkungsaspekte.

6.4. Wie wird nationale Identität gemessen?

Wie bereits ausführlich gezeigt wurde, stellt nationale Identität ein durchaus vielschichtiges Konstrukt dar, was auch deren Messbarkeit für die Sozialwissenschaften zu einer entsprechenden Herausforderung macht. Es existieren mittlerweile eine Reihe von unterschiedlichsten Ansätzen, wie nationale Identität insgesamt bzw. deren einzelne Teilaspekte für die empirische Untersuchung operationalisiert werden können.

Eine der Grundbedingungen nationaler Identität stellt bei allen Definitionsansätzen ein gewisses Zugehörigkeitsgefühl, eine Identifikation bzw. eine Bindung an die Nation dar. Heyder und Schmidt greifen auf Habermas (1990) und Sternberger (1990) zurück und sehen als Indikatoren für die nationalistische Ausprägung vor allem einen generellen Stolz und Stolz auf z.B. die Geschichte einer Nation. (Verfassungs-)Patriotismus wird eher durch den Stolz auf demokratische Institutionen und Demokratie sowie sozialstaatliche Leistungen erfasst. Cohrs et al. (2004) ergänzen diese beiden Indikatoren von patriotischer bzw. nationalistischer Formen von Nationalstolz neben der Identifikation mit der jeweiligen Nation, sowie der persönlichen Wichtigkeitseinstufung von patriotischen bzw. nationalistischen Werten, durch eine dritte Komponente, die den Faktor des Glaubens an die Realisierbarkeit dieser Werte beinhaltet (Cohrs et al. 2004: 204)[27]. Andere Autoren verwenden wiederum Nationalstolz als eigene Dimension, die sie zusätzlich zu Patriotismus und Nationalismus erheben (vgl. Smith/Jarkko 2001). Genau dieser Ansatz einer getrennten Erhebung von Nationalstolz und den beiden Ausprägungen nationaler Identität (Patriotismus und Nationalismus) wird auch im Rahmen dieser Arbeit der Vorzug gegeben, da hier sowohl mittels der konkreten Items zur nationalen Identität als auch – als eine weitere Ebene – die unterschiedlichen Dimensionen, auf die sich der National-

---

[27] Für die empirische Erhebung operationalisieren Cohrs et al. patriotischen Nationalstolz mittels der Aspekte Stolz auf „die sozialstaatlichen Leistungen Deutschlands", „das politische System in Deutschland", „die Toleranz innerhalb unserer Gesellschaft", „Demokratie und Grundgesetz in Deutschland", „die demokratischen Institutionen Deutschlands" und „die politischen Mitbestimmungsmöglichkeiten in Deutschland". Nationalistischer Nationalstolz wurde hingegen mittels Items wie Stolz auf „die deutschen Erfolge im Sport", „die wirtschaftlichen Erfolge Deutschlands", „den politischen Einfluss Deutschlands in der Welt" und „dass Deutschland in Europa die Nr. 1 ist" gemessen. (2004: 205).

stolz konkret bezieht, wichtige Aspekte für einen Gesamteindruck der nationalen Identität eines Befragten bzw. der medialen Berichterstattung darstellen können. Eine deutsch-italienische Forschungsgruppe FIMO hat Erhebungsinstrument für die Erfassung der unterschiedlichen Elemente des Nationalbewusstseins entwickelt. Ausgangspunkt dafür bilden Vorstellungen und Begriffe, die mit „Nation" in Verbindung gebracht werden. Die Forscher versuchten dabei das Konstrukt in möglichst offener Form zu erfassen, indem den Probanden nur mögliche Vorstellungen von Nation vorgegeben wurden, mit denen sie ihr spezifisches Bewusstsein von Nation selbst beschreiben konnten. Dazu wurden länderspezifische Kataloge von Begriffen verwendet, die nationale Symbole im weitesten Sinne darstellen. Im ersten Schritt gaben die Befragten zunächst an, ob der jeweilige Begriff für sie ein nationales Symbol darstellt oder nicht. Im zweiten Schritt wurden die Begriffe auf einer mehrstufigen Skala positiv oder negativ bewertet. Zusätzlich konnten auch neue Begriffe genannt werden (vgl. Bornewasser/Wakenhut 1999: 50f).

Es gibt somit mittlerweile eine Reihe von mehrfach erprobten Befragungsmethoden, mit denen versucht wird, nationale Identität und ihre unterschiedlichen Ausprägungen, Patriotismus und Nationalismus, angemessen zu erfassen. Auf Grund der hohen Komplexität dieser Konstrukte stellt dies jedoch oft ein ausgesprochen schwieriges Unterfangen dar, wodurch auch immer wieder kritische Stimmen die Validität derartiger Befragungsstudien hinterfragen. Bereits 1970 äußerte Schmidt (1970) diesbezüglich Bedenken und wies auf die „relative Luzidität bzw. Transparenz des Fragebogens und dadurch möglicherweise auftretende Reaktionseinstellungen (response sets) verschiedener Art" (Schmidt 1970: 17) hin. Um diese Problematik bestmöglich in den Griff zu bekommen, empfahl Schmidt Befragungen mit Extremgruppen durchzuführen, um klarere Antworttendenzen vergleichen zu können (Schmidt 1970: 17).

Obwohl diese oben angeführten Messmethoden zur nationalen Identität bzw. zur Differenzierung zwischen Patriotismus und Nationalismus international vielseitig und vielfach eingesetzte Methoden darstellen, gibt es auch eine Reihe von kritischen Evaluierungsuntersuchungen zu den verwendeten Skalen, die etwa mittels Probing-Studien Hinweise darauf liefern, dass bei den verwendeten Items durchaus Verständnisschwierigkeiten bei den Befragten vorliegen können bzw. einzelne Begriffe je nach Person und Situation unterschiedlich interpretiert und demnach beantwortet werden können (vgl. Latcheva 2009, Fleiß et al. 2009). Diese Erkenntnisse zu möglichen unterschiedlichen Interpretationsweisen der Fragestellungen sind vor allem in Hinblick auf international vergleichende Untersuchungen mitzubedenken bzw. ist bei der Konzeption der Fragebögen eine genauere Beschreibung der Items wünschenswert. Für diese Untersuchung wurde die Problematik so gelöst, dass zur Operationalisierung von Patriotismus bzw.

Nationalismus einerseits die oben angeführte Methode der Messung unterschiedlicher Varianten des Nationalstolzes angewendet, andererseits aber mittels jeweils separater Itembatterien zu Patriotismus und Nationalismus auf einer weiteren Ebene Daten zur nationalen Identität einer Befragungsperson erhoben wurden. Um der Komplexität des Konstrukts „nationaler Identität" bestmöglich gerecht zu werden, werden im Rahmen dieser Untersuchung sowohl die separaten Itembatterien zu Patriotismus und Nationalismus eingesetzt, als auch der Stolz auf unterschiedlichste national-bezogene Dimensionen gesondert ermittelt.

7. Regionale Identität

Während in der politischen Auseinandersetzung mit geopolitischen Identitätskonzepten der Fokus häufig ausschließlich auf die nationale Identität gelegt wird, spielt im Alltag vor allem die regionale Identität eine wichtige Rolle. So weisen etwa Reiterer (1998) sowie Martini/Wakenhut (1999) darauf hin, dass die Erstbezugsgruppen der Menschen meist nicht auf nationaler Ebene zu finden sind, sondern nicht über die lokale oder regionale Reichweite hinausgehen (Reiterer 1998: 95, Martini/Wakenhut 1999: 67). Auch Wellman (1996) zeigt in seinen vielzitierten Untersuchungen zu den sozialen Netzwerkstrukturen der Menschen, dass es selbst im Zeitalter vereinfachter Transportmittel und Kommunikationsmittel und den nachgewissenermaßen weitläufigeren Kommunikationsnetzen der Menschen nicht zu einem Bedeutungsverlust geographischer Aspekte gekommen ist, sondern dass vor allem in Hinblick auf die Häufigkeit der Interaktionen nach wie vor eine gewisse Nähe der Interaktionspartner und somit eine Form der regionalen Identität von Bedeutung bleibt (Wellman 1996: 352). In einem erweiterten Modell der Theorie sozialer Identität (SIT) von Tajfel wird unter der Region in diesem Zusammenhang weniger ein geographisch-politisch definierter Raum gemeint, als vielmehr eine Gruppe, in einem spezifischen soziokulturellen Kontext. Die Umwelt der Gruppe wird damit zu einem zentralen Bezugspunkt auch für die Definition der sozialen Identität. Dabei wird angenommen, dass die Zugehörigkeit zu einer Region, die durch Herkunft oder Wohnsitz bestimmt sein kann, bewusst erfahren wird und zu einem Teil des Selbstkonzepts des Individuums werden kann. Der Mensch identifiziert sich somit mit der Region (vgl. Martini/Wakenhut 1999: 68).

Während die regionale Identität in vielen Punkten, den oben angeführten Ausführungen zur nationalen Identität entspricht, gibt es aber darüber hinaus auch einige Besonderheiten der regionalen oder lokalen Identitäten, die an dieser Stelle ausgeführt werden sollen. Bornemann/Wakenhut (1999: 55f) führen dazu folgende Besonderheiten regionaler Identität an:

- Emotionale Bindungen an regionale Besonderheiten beeinflussen das alltägliche Verhalten und Erleben stärker als dies bei nationalen Bindungen der Fall ist.
- Regionen sind (noch) weniger als Systeme etabliert und als solche im Bewusstsein ausgebildet.
- Regionale Grenzen schränken weniger stark ein als nationale Grenzen. Durch die zunehmende Mobilität und kommunikative Vernetzung lassen sich Eigenheiten kaum auf bestimmte Regionen beschränken.
- Regionen bilden in der nationalen Einheit explizite Hervorhebungen, die doppelt motiviert sein können, durch positive und negative Abweichungen von nationalen, kulturellen und wirtschaftlichen Standards.

Auch Jansen/Borggräfe (2007) gehen auf die Frage nach der Definition von Regionen ein und weisen darauf hin, dass Region und Nation nie wirklich trennscharf voneinander sein können. Vielmehr sind Regionen immer „territoriale Untereinheiten von Nationalstaaten, die vielfach eine längere historische Tradition aufweisen können als der Nationalstaat, dem sie angehören" (Jansen/Borggräfe 2007: 16).

Die Frage ist jedoch unter welchen Bedingungen eine Identifikation mit der Region verstärkt auftritt. Eine wichtige Rolle übernehmen dabei die Massenmedien, die Bilder von Ereignissen oder Persönlichkeiten der Region verbreiten können und so den Stolz der Bewohner auf ihre Region bestärken können. Aber auch Berichte, die die regionale Zugehörigkeit eher negativ erscheinen lassen, spielen eine Rolle. Denn gemäß der Theorie, dass jedes Individuum bei seiner Identitätsbildung darauf achtet, ein möglichst positives Bild von sich zu haben (vgl. Haller 1996: 41, Bornewasser et al 2000: 58), werden durch negative Berichte Strategien zur Sicherung einer positiven Identität aktiviert. So kann es etwa sein, dass die Verbundenheit zu einer Region steigt, wenn diese als benachteiligt gegenüber anderen Regionen gesehen wird, man schließt sich sozusagen gegenüber den „Anderen" zusammen. (vgl. Martini/Wakenhut 1999: 69f)

Aber auch andere Aspekte können zu einer positiven regionalen Identität führen. So sehen Lilli und Diehl (1999: 102) die Gründe dafür in einer Mischung von Attraktivität territorialer Merkmale und der Zufriedenheit mit territorialen Gruppenbindungen. Regionale Identität hängt laut Lilli/Diehl (1999) von drei Quellen ab:

1. Die regionale Prägung der Sozialisation. Man kann annehmen, dass bei Personen, die in einer Region geboren sind bzw. dauerhaft leben, die Bindung an die Region stärker ausgeprägt ist. Somit müsste die Dauer der Aufenthaltszeit in der Region positiv mit der regionalen Identifikation korrelieren.

2. **Die räumliche Mobilität** spielt ebenfalls eine wichtige Rolle. Positive Erfahrungen mit anderen Regionen können die Bewertung der eigenen Region verändern. Je höher die Mobilität, desto geringer wird die regionale Identifikation eingeschätzt.
3. **Wahrgenommene Bedrohungen** der regionalen Identität sind ebenfalls ein zentraler Aspekt. Negative Ereignisse lenken die Aufmerksamkeit auf die eigene Region und können identitätserhaltende Abwehr- oder Kompensationsreaktionen erhöhen. (vgl. Lilli/Diehl 1999: 102)

Alle drei Merkmale gleichen somit sehr deutlich jenen der nationalen Identitätskonstruktion, lediglich auf einer anderen geopolitischen Identifikationsebene.

Wie sieht aber der konkrete Forschungsstand zur regionalen Identität vor allem auch in Zusammenhang mit soziodemographischen Aspekten aus? Im Rahmen der Untersuchung von Martini und Wakenhut zeigte sich, ein deutlicher Zusammenhang zwischen der Stärke der regionalen Identifikation und der Schulbildung bzw. dem Lebensalter: Je älter die Befragten waren, desto stärker identifizierten sie sich mit der Region. Je geringer die Schulbildung war, desto stärker fiel die regionale Identifikation aus. Bei beiden Regionen (Toskana und Franken) dominierte die nationalstaatliche Zuordnung, wobei jedoch bei den älteren Bewohnern in der Toskana die regionale und die nationale Zugehörigkeit beinahe gleich stark ausgeprägt waren. (vgl. Martini/Wakenhut 1999: 81)

Lilli/Diehl konnten zudem zeigen, dass die Wohndauer in der Region zwar nicht der zentrale Ausschlagpunkt für die regionale Identifikation darstellt, jedoch eine gewisse Wahrscheinlichkeit impliziert, dass regionale Bindungen überhaupt entstehen können. Von Bedeutung sind soziale Beziehungen auf der Individualebene, wobei jedoch überlegt werden muss, inwiefern soziale Beziehungen auf Individualebene einen Beitrag zur Erklärung regionaler Identität auf der Kollektivebene haben können. (vgl. Lilli/Diehl 1999: 113f)

7.1. Operationalisierung der regionalen Identität

Auch im Zusammenhang mit der regionalen Identität stellt sich für Forscher die Frage, wie diese bestmöglich und ohne Verzerrungen aufgrund sozial erwünschter Antworten erhoben werden kann. Dazu existieren im Vergleich zur nationalen Identität deutlich weniger differenzierte Erhebungsinstrumente, da auf der regionalen Ebene nicht zwischen patriotischen und nationalistischen Identitätskonzepten unterschieden wird. Häufig wird lediglich der Grad der regionalen Identifikation ermitteln, indem abgefragt wird, wie stark sich eine Person mit der jeweiligen Region, der Stadt oder einem Bundesland verbunden fühlt.

Eine weitere Möglichkeit für eine differenziertere Messung wenden Martini/Wakenhut (1999) an, die neben der klassischen Frage zum Zugehörigkeitsgefühl zur jeweiligen Region, auch ausgewählte regionale Merkmale und Besonderheiten (z.B. fränkisches Bier, toskanischer Wein) vorgegeben, die Franken bzw. die Toskana von anderen Regionen unterscheiden bzw. auszeichnen können. Wurden diese regionalen Besonderheiten stark betont, so wurde dies als Zeichen für eine hohe regionale Distinktheit gesehen (vgl. Martini/Wakenhut 1999: 73).

Im Rahmen dieser Arbeit wurde die am häufigsten erprobte Methode, die Ermittlung der subjektiven Zugehörigkeitsgefühle zur jeweiligen Region bzw. dem Bundesland, eingesetzt. Auf diese Weise soll sichergestellt werden, dass die regionale Ebene mit der nationalen und transnationalen Ebene, die mit exakt derselben Skala abgefragt werden, direkt verglichen werden kann.

7.2. Medien und regionale Identität

Die nach wie vor hohe Bedeutung einer regionalen Verortung zeigt Miriam Meckel auch im Zusammenhang mit den journalistischen Kulturen. Deutlich zu beobachten, ist der nach wie vor hohe Stellenwert regionaler Identitäten unter anderem an der Vielfältigkeit regionaler Zeitungsangebote und zunehmend auch von Radio- und TV-Kanälen. Abgesehen von diesen klassischen Massenmedien lässt sich laut Meckel auch im global angelegten Internet eine Vielzahl an stark regionalisierten Informationsangeboten feststellen, wie dies etwa bei Online-Ausgaben von Regionalzeitungen der Fall ist (Meckel 2001: 170). Selbst in der globalen Online-Gemeinschaft scheint nach wie vor der Bedarf an regionalen Inhalten von großer Relevanz zu sein. Somit existieren im Internet tatsächlich transnationale Angebote mehr oder weniger gleichberechtigt neben regionalisierten Inhalten, was Meckel als einen klaren Beweis dafür sieht, dass das Internet „gemessen an den journalistischen Angeboten im WWW damit ein klares Beispiel für Glokalisierung" (Meckel 2001: 171) liefert.

8. Transnationale Identität

Als dritte und am weitesten gefasste Ebene geopolitischer Identität soll im Rahmen dieser Arbeit auch eine Form der transnationalen Identität berücksichtigt werden. Unter dem Begriff der transnationale Identität sollen im Kontext dieser Arbeit, wenn nicht anders angegeben, sowohl a) die Identifizierung mit mehreren Nationen, b) die Identifikation mit Europa als auch c) die Identifikation mit der Welt insgesamt verstanden werden. Die Frage nach der Existenz einer europäischen Identität ist dabei vor allem im Zusammenhang mit der politischen Einheit der Europäischen Union (EU) in aller Munde und wird von unterschiedlichsten wissenschaftlichen Perspektiven teilweise sehr konträr diskutiert. So beschäftigt sich etwa Hettlage mit der Frage, ob und wie sich eine europäische Identität ausbilden kann. Er kommt dabei zu dem Schluss, dass es diese in naher Zukunft nicht geben wird, da die nationalen Identitäten zu stark sind und diese eine gemeinschaftliche Identität behindern würden. Zudem sei die Europäische Union nach wie vor auf der Suche nach der eigenen Identität (Hettlage 1999: 243). Hettlage fasst seine Überlegungen in zehn Thesen zusammen, die das Problem des kollektiven Framings der Europäischen Identität thematisieren: (Hettlage 1999: 248-260)

1. Bis jetzt habe sich die EU auf die wirtschaftlichen Mechanismen der Inklusion konzentriert.
2. Der wirtschaftliche Prozess der Integration übe nur einen begrenzten politischen Einfluss aus.
3. Daher produziere die EU mehr Probleme der Exklusion
4. Tendenzen von Desintegration und Exklusion würden die EU gefährden und zu einer Stärkung eines nationalistischen Revivals führen.
5. Der Grund für die tiefen Probleme der EU sei vor allem der Mangel an Identitätsmanagement.
6. Die EU verlasse sich auf die Regionen und vermeide eine Behandlung der Probleme der Nationalstaaten.
7. Regionalisierung sei keine Lösung für das Problem, sondern verlagere es nur.

8. Die EU brauche daher eine neue Methode der kulturellen Selbst-Definition.
9. Das Identitätsmanagement von Europa brauche eine neue Organisation des Bildungssystems.
10. Eine transnationale Politik der Identität beinhalte eine Arbeit Richtung einer mehrschichtigen Identität.

Beck und Grande (2004) erklären die Probleme der Durchsetzung einer europäischen Identität vor allem damit, dass ein „nationales Selbstmissverständnis" bestehe, das politische Blockaden verursachen würde:

> „Dieses nationale Selbstmißverständnis (sic!) macht Europa und seine Mitgliedsländer hinter den Fassaden gemeinschaftlichen Handelns letztlich durch seine Erfolge zu Erzrivalen, die wechselseitig ihre Existenz in Frage stellen, sozusagen einen ‚Krieg' mit den friedlichen Mitteln der Integration gegeneinander austragen: *entweder* Europa *oder* die Nationalstaaten – Ein Drittes ist ausgeschlossen. Genau dieses Dritte aber behaupten wir und nennen es: kosmopolitisches Europa." (Beck/Grande 2004: 14)

Beck/Grande sehen somit die europäische Identität nicht im Widerspruch zur nationalen Identität, sondern sehen die Herausforderung vor allem darin, dass die Nation neu definiert werden müsse und zwar aus der Sichtweise eines „politischen Kosmopolitismus" (Beck/Grande 2004: 15). Sie streichen den Konstruktionsprozess einer Nation in Anlehnung an Andersons Konzept der „vorgestellten Gemeinschaft" (Anderson 2005) hervor und sehen darin die Begründung, dass Europa nicht „*ge*funden" werden könne, weil es erst „*er*funden" werden müsse (Beck/Grande 2004: 18).

Haller wiederum, nähert sich der Frage nach einer europäischen Identität stärker auf einer theoretischen Ebene und führt drei Hypothesen an, wie das Verhältnis zwischen lokal-regionalen Identitäten und nationalen Identitäten unterschieden werden können (Haller/Gruber 1996: 384ff), welche er auf das Verhältnis zwischen nationaler Identitäten und europäischer Identität überträgt:

These 1: Neutrale Beziehung: Die europäische Integration wirkt sich nicht auf die Identität einzelner Nationen aus. Diese These dürfte jedoch für die europäische Union kaum zutreffen, da es allein auf politischer und wirtschaftlicher Ebene sehr wohl zu Veränderungen auf nationaler Ebene gekommen ist.

These 2: Komplementäre Beziehung zwischen nationaler und europäischer Identität: Nationale und europäische Identität bestehen nebeneinander. Diese Zugehörigkeitsgefühle können sich teilweise sogar verstärken, zudem ist die Fähigkeit für multiple Identitäten bereits nachgewiesen worden. So wurde etwa für Deutschland, die Schweiz und Österreich bereits gezeigt, dass eine starke

lokal-regionale Identität positiv mit dem Nationalstolz und der nationalen Identität zusammenhängen kann (vgl. Bruckmüller 1996, Haller/Gruber 1996).
These 3: Konkurrierende oder exklusive Beziehung: Durch die sinkende Autonomie der Nationalstaaten innerhalb der EU kann es durchaus zu einer derartigen Beziehung kommen. (Haller 1996: 270f)
Auch die Bedeutung der Medienberichterstattung als Realisierungsräume einer „europäischen Öffentlichkeit" wurde in diesem Zusammenhang mittlerweile eingehend diskutiert und untersucht (vgl. u.a. Risse/Van de Steeg 2003). Es wurden dazu transnationale Medienangebote wie etwa europaweite Rundfunk-Angebote ebenso angedacht, wie eine verstärkte europabezogene Berichterstattung im Rahmen nationaler Medienangebote[28].

Die aktuelle Situation zeigt jedoch sehr deutlich, dass tatsächlich transnationale, europäische Medienangebote nach wie vor kaum vorhanden sind und daher die Berichterstattung über Europa und die EU durchwegs von den jeweiligen national-verorteten Medien und deren Journalisten übernommen wird. Welche Auswirkungen dies auf die Konstruktion einer europäischen Identität haben kann, fasst Dennis Lichtenstein zusammen:

> „In der Absenz europaweiter Medien verdichten sich die Aushandlungsdiskurse über die Identität der EU auf Ebene der nationalen Medienöffentlichkeiten, sodass konkurrierende Deutungen aus anderen Staaten nur begrenzt und vorrangig durch die Selektion und Interpretation einzelner Journalistinnen und Journalisten in die nationale Debatte eindringen. Identifikationen mit der EU basieren so nicht nur auf inhaltlich unterschiedlichen Deutungen, sondern diese sind auch nur begrenzt im europäischen Kollektiv gemeinsam konstruiert." (Lichtenstein 2012: 5)

Lichtenstein sieht in diesem Phänomen jedoch keine Gefahr für den europäischen Zusammenhalt, sondern er sieht darin eine Erklärung, warum unterschiedlichste europäische Identitäten, die je nach Nation durchaus voneinander abweichen können, harmonisch koexistieren können (vgl. auch Risse 2004: 253). Auch Georg Datler schlägt in diese Kerbe, wenn er betont, dass man von „europäischeN IdentitätEN" sprechen müsse (Datler 2012: 59).

Gerhards konnte zudem nachweisen, dass die europäische Identität bzw. europäische Themen deutlich seltener Bestandteil der Medienberichterstattung waren als regionale oder nationale Ereignisse (Gerhards 2000: 294). Die Berichterstattungshäufigkeit zu Europa scheint sich dabei im Laufe der Jahre erhöht zu haben (vgl. Trenz 2003). Castano weist jedoch darauf hin, dass die EU tenden-

---

[28] Einen guten Überblick über diesen Zusammenhang zwischen einer europäischen Öffentlichkeit und medialen Wandlungsprozessen bieten Langenbucher und Latzer mit ihrem Sammelband „Europäische Öffentlichkeit und medialer Wandel" (2006).

ziell eher im Zusammenhang mit negativen Ereignissen thematisiert wird und dass eher Konflikte zwischen Mitgliedsstaaten im Fokus der Berichterstattung stehen, als Meldungen zum positiven Zusammenhalt (Castano 2004: 43). Tatsächlich europäische Identität würde sich laut Lichtenstein vor allem themenbezogen in der Berichterstattung zeigen, indem etwa bei besonders weitreichenden Ereignissen, wie etwa der EHEC-Krise im Sommer 2011, rund um die konkrete Thematik eine europäische Öffentlichkeit entstehen kann (Lichtenstein 2012: 6). Zu einem ähnlichem Schluss kamen auch bereits Risse/Van de Steeg 2003 mit Beispielen der BSE Krise oder auch der europäischen Sanktionen zur schwarzblauen Regierung in Österreich (vgl. Risse/Van de Steeg 2003).

Ein Beweis für den ständigen Wandlungsprozess von Identitäten zeigt sich somit auch im Zusammenhang mit der europäischen Identität, deren Ausprägung bzw. Form unter anderem im Zusammenhang mit der Wirtschaftskrise und den damit verbundenen Problemen vieler Mitgliedsstaaten wiederholt in Frage gestellt wird (vgl. Lichtenstein 2012: 6).

8.1. Globalisierung, Weltgesellschaft und Kosmopoliten

> „Tschernobyl, und 9/11, ökologische Krise und Terrorattentate, Amnesty International und Coca Cola: In solchen Stichworten deutet sich an, was heute zum Erfahrungs- und Handlungsraum der nachwachsenden Generation selbstverständlich gehört: Dieser Erfahrungsraum läßt (sic!) sich nicht länger als national begrenzte Einheit begreifen, sondern ist von globalen Dynamiken bestimmt." (Beck/Beck-Gernsheim 2007: 236)

Mit diesem Zitat von Beck/Beck-Gernsheim (2007) wird sehr deutlich auf den Punkt gebracht, in welchen Bereichen die besonderen Erfahrungswelten einer „Generation Global" (Beck/Beck-Gernsheim 2007) überall zum Ausdruck kommen. Eine „globale Identität" geht somit über eine transnationale, d.h. ein grenzenüberschreitende Zusammenwachsen einzelner Nationen hinaus. Sie nähert sich vielmehr dem Anspruch einer „Weltgesellschaft" bzw. „Weltgemeinschaft" (Bartelson 2009). Diskutiert wird diese Form der „globalen Identität" vor allem im Zusammenhang mit der fortschreitenden Globalisierung, die seit Anfang der 1990er Jahre in unterschiedlichsten wissenschaftlichen und gesellschaftlichen Bereichen zu einem vielzitierten Begriff wurde (vgl. Kessler 2009: 35)

Einer der ersten, der einen konkreten Definitionsversuch von Globalisierung anführt, war Anthony Giddens, der 1990 Globalisierung als „intensification of worldwide social relations which link distant localities in such a way that local happenings are shaped by events occurring many miles away and vice versa" (Giddens 1990: 64) beschrieb. Kessler geht einen Schritt weiter und versucht die Definitionsaspekte möglichst vieler Autoren zusammenzuführen, indem er Globalisierung als „Prozesse der Zunahme sowie der geographischen Ausdehnung grenzüberschreitender anthropogener Interaktion" (Kessler 2009: 35) bezeichnet. Insgesamt zeigt sich jedoch in der Literatur eine sehr unklare bzw. weitgefasste begriffliche Definition von Globalisierung, welche Deutungsunterschiede sowie unterschiedliche Sichtweisen auf das Phänomen erkennen lässt (Kessler 2009: 35). Robertson schlägt etwa vor, statt Globalisierung von Globalität zu sprechen, welche er als „wechselseitige Durchdringung geographisch unterschiedlicher ‚Zivilisationen'" (Robertson 1998: 196) definiert. Meckel streicht aus Robertsons Überlegungen vor allem den Befund hervor, dass „Globalisierung nicht eine Konsequenz, sondern vielmehr Voraussetzung für die Moderne ist" (Meckel 2001: 25). Als zweiten Begriff führt Robertson „Glokalisierung" ein, mit dem er das Zusammenspiel zwischen Regionalisierung und Globalisierung zum Ausdruck bringt (Robertson 1998).

Meckel sieht jedoch in Robertsons Begriffsunterscheidungen und – definitionen nach wie vor einige Probleme (Meckel 2001: 25) und wendet sich daher vor allem den Operationalisierungsversuchen von Ulrich Beck (1997) zu, der drei Ausprägungen von „Globalisierung" unterscheidet:

1. „Globalismus": „Auffassung, dass der Weltmarkt politisches Handeln verdrängt oder ersetzt, d.h. die Ideologie des Neoliberalismus" (Beck 1997: 26).
2. „Globalität": „Die Erkenntnis, dass die Menschen längst in einer Weltgesellschaft leben, (…) und zwar in dem Sinne, dass die Vorstellung abgeschlossener Räume fiktiv wird" (Beck 1997: 28)
3. „Globalisierung" im eigentlichen Sinne: „Prozesse, in deren Folge die Nationalstaaten und ihre Souveränität durch transnationale Akteure, ihre Machtchancen, Orientierungen, Identitäten und Netzwerke unterlaufen und querverbunden werden" (Beck 1997: 28f).

Winter (2010) weist darauf hin, dass die zunehmende Globalisierung dabei nicht nur Politik und Wirtschaft verändere, sondern auch andere Lebensbereiche, auch sehr private Bereiche, wie Familie und Gemeinschaft. Winter geht auf Anthony Giddens (1991) ein, der gezeigt hat, dass diese durch die Globalisierung bedingten Veränderungen zu Unsicherheit, Angst und strukturelle Probleme (wie Arbeitslosigkeit) führen können, die damit wiederum direkte Auswirkungen auf die individuelle Persönlichkeit eines Menschen haben können. Positiv ist dabei die Erweiterung des Handlungsspielraumes jedes Einzelnen, indem etwa persönliche Beziehungen selbst gewählt werden können und auch die Identitätsgestaltung freier und mit weniger Kontrolle erfolgen kann. Kirche und Familie verlieren in der globalisierten Gesellschaft zunehmend als Kontrollinstanzen an Bedeutung,

werden dafür jedoch von den Medien abgelöst, die uns wiederum eine Vielfalt an Angeboten zur Selbstpräsentation zur Verfügung stellen (Winter 2010: 24). „Individuen und Gruppen müssen sich nun in einem globalen, durch die Medien getragenen Bedeutungssystem verorten und ihre Identitäten, die ein reflexives und offenes Projekt geworden sind, aktiv kreieren. (vgl. Giddens 1991)" (Winter 2010: 24)
Dabei verändern sich auch kulturelle Bezugspunkte:

> „Es findet auch eine kulturelle Deterritorialisierung statt, durch die unsere kulturellen Kategorien und Bedeutungsmuster in Beziehung zu anderen Zeichen- und Bedeutungssystemen gesetzt werden. Die eigene Identität und auch die kollektive Identität von (staatlichen, regionalen, institutionellen) Zusammenschlüssen werden im Spannungsfeld zweier Referenzrahmen, den lokalen und den globalen Kontexten gebildet und modifiziert. Lokale Kontexte stehen in Wechselwirkung mit transnationalen und globalen Prozessen. So kommt es zu Identifikationsprozessen und Vergleichen mit entfernten Anderen, deren Erfahrungen, Kulturen und Orten (vgl. Meyrowitz 1987)". (Winter 2010: 25)

Eine zentrale Fragestellung, die auch im Rahmen dieser Arbeit von besonderer Relevanz ist, stellt die Diskussion dar, inwiefern Globalisierung sich tatsächlich als die Entstehung eines „globalen Dorfes" ausdrückt und es durch das „Schrumpfen der Welt" zu einem Bedeutungsverlust regionaler und nationaler Bezugspunkte bzw. Identitäten kommt, oder ob es im Gegenteil eventuell sogar zu einer Stärkung bzw. einem Bedeutungsgewinn kleinräumig lokalisierter Identitäten in der vernetzten Welt kommt. Kessler (2009: 30ff) geht in seinem Aufsatz sehr detailliert auf diese Diskussion ein und führt dazu sowohl Vertreter an, welche die Sichtweise eines „Verschwindens des Nationalstaates" (vgl. Albrow 1998) propagieren, als auch Autoren, welche Nationalstaaten nach wie vor als wichtige Grundvoraussetzung für die Existenz und das Funktionieren transnationaler Einheiten sehen(vgl. u.a. Calhoun 2007). Kessler kommt nach dieser analytischen Gegenüberstellung zu dem Schluss, dass das „globale Dorf" nur ein Mythos sei und die Globalisierung keineswegs zu einem einheitlichen und grenzenlosen Zusammenwachsen der Welt führe (Kessler 2009). Diese Sichtweise wird auch von Dittgen (2009) bestätigt, der die nach wie vor wichtige Bedeutung unterschiedlicher Formen der Grenzziehungen auch innerhalb der europäischen Union oder anderer Staatenbünde anführt.

So geht auch Meckel bei ihren Differenzierungen unterschiedlicher geopolitischer Identitätskonzepte auf das Phänomen einer globalisierten bzw. globalen Identität ein: Während nationale Identitätsbildung auf „der Vorstellung einer Welt exklusiver Nationen" (Meckel 2001: 133) beruhe und dabei nationenfremde Aspekte jeweils exkludiert werde, damit das eigene erhalten bleibt, würde die globalisierte Identitätsbildung diese „Ausschließlichkeit" (Meckel 2001: 134) sogar noch weiter verschärfen, was sich in den $_{99}$Renationalisierungsstrategien" zeigen würde (Meckel 2001: 133f). Der große Unterschied würde jedoch vor allem darin liegen, dass die globalisierte Identitätsbildung eine Vielzahl an unterschiedlichen Identitätsoptionen und damit auch Abgrenzungsmöglichkeiten eröffnen würde. Multiple Identitäten würden erst im Zusammenhang mit der Globalisierung überhaupt möglich (Meckel 2001: 134).

Die Frage nach der Existenz einer Weltgesellschaft untersucht Meckel unter Heranziehung von Tönnies Unterscheidung von Gemeinschaft und Gesellschaft (Tönnies 1991). Sie kommt dabei zu dem Schluss, dass „jenseits nationaler Gemeinschaften auch im übernationalen Kontext eine ausgesprochen enge soziale Ausrichtung und Verknüpfung gegeben sein müsste, die zudem noch ‚natürlich' existiert. Nur dann ließe sich eine Weltgemeinschaft als Folge von Globalisierung annehmen." (Meckel 2001: 43) Im Zusammenhang mit einer Weltgesellschaft wird der Aspekt des Kosmopolitismus bzw. die Existenz sogenannter Kosmopoliten diskutiert, d.h. Menschen, die prinzipiell überall auf der Welt „zu Hause" sind. Lingenberg definiert Kosmopolitismus in Anlehnung an Hannerz (1990), Tomlinson (1999: 18ff) und Urry (2003: 132ff) als „eine Einstellung im Sinne von Offenheit, Neugier und Verantwortungsbewusstsein gegenüber der Welt, fremden Kulturen und Andersartigem, aber auch als Fähigkeit, gleichzeitig im Globalen und im Lokalen zu leben" (Lingenberg 2010: 158).

Auch Zygmunt Bauman geht näher auf die Charakteristika der Kosmopoliten ein:

> „Die Identität der Kosmopoliten beruht geradezu auf der weltweiten Uniformität ihrer Freizeitvergnügungen und der Ähnlichkeit der von ihnen bevorzugten Aufenthaltsorte, und das unterscheidet die Kultur ihrer kollektiven Sezession nachhaltig von den an Vielfalt reichen Kulturen der Ansässigen." (Bauman 2009: 71)

Auch Beck/Grande gehen auf veränderte Lebensbedingungen vieler Menschen in der globalisierten Welt ein:

> „Immer mehr Individuen wirtschaften international, arbeiten international, lieben international, heiraten international, leben, reisen, konsumieren, kochen international, die Kinder werden international, das heißt mehrsprachig und im generalisierten Nirgendwo des Fernsehens und des Internets erzogen; und auch politische Identitäten und Loyalitäten gehorchen nicht mehr dem Gebot der nationalen Loyalitäts-Monogamie." (Beck/Grande 2004: 61).

Beck/Grande sehen darin den Ausdruck einer „inneren Globalisierung der europäischen Gesellschaften", von einer „partiellen Kosmopolitisierung" der im Selbstverständnis nach wie vor als Nationalstaaten konzipierten Gesellschaften (Beck/Grande 2004: 61).

Auch Lingenberg weist darauf hin, dass in der modernen Gesellschaft allgemein die Tendenz in Richtung „Multi-Lokalität" und Mobilität geht, und meint damit die Tatsache, dass immer häufiger Menschen „an unterschiedlichen Orten zugleich (leben), sodass sich ihre persönlichen Lebenswelten, sozialen Beziehungsnetze und politischen Verbundenheiten längst und immer öfter über verschiedene Lokalitäten sowie kulturelle und nationalstaatliche Kontexte hinweg erstrecken" (Lingenberg 2010: 147f). Keane (2003: 170) bringt diese neue Lebensform mit folgendem Spruch auf den Punkt: „They live locally, and think globally".

Als Besonderheit des Kosmopolitismus führen Beck/Grande an, dass dieser „räumlich nicht festgelegt" ist und er das „Duale von global und lokal, national und international" (Beck/Grande 2004: 25) aufhebt. Dadurch lasse sich laut Beck/Grande Kosmopolitismus überall auffinden und praktizieren, auch auf regionalen Einheiten (Beck/Grande 2004: 25). Für die Existenz des Kosmopolitismus werden von den Autoren unterschiedliche Voraussetzungen gesehen. Hannerz (1990: 240f) sieht vor allem Mobilität und Reisen, durch welche Erfahrungen mit anderen Kulturen gesammelt werden können, als Grundvoraussetzung. Cunningham/Sinclair (2000: 33) sehen vor allem ein ständiges „Aushandeln zwischen Heimat und Gastort" (Lingenberg 2010: 159) als Bedingung für einen kosmopolitischen Weltblick. Tomlinson sieht einerseits die zunehmende mediale Vernetzung, wodurch Bilder und Informationen von unterschiedlichsten Punkten der Welt verfügbar werden, sowie die zunehmenden Erfahrungen von Multikulturalismus in der eigenen Umgebung als Grundvoraussetzung von Kosmopolitismus (Tomlinson 1999: 200).

Dies weist schon drauf hin, dass sich der Kosmopolitismus auch im Hinblick auf den Umgang mit anderen Nationen und Kulturen durch einige Besonderheiten auszeichnet:

> „Während Universalismus und Nationalismus (...) auf dem Prinzip des Entweder-Oder basieren, beruht der Kosmopolitismus auf dem Prinzip des Sowohl-als-Auch. Das Fremde wird nicht als bedrohlich, desintegrierend, fragmentierend, sondern als bereichernd erfahren und bewertet. Es ist die Neugierde auf mich selbst und das Anderssein, die die Anderen für mich unersetzbar macht." (Beck/Grande 2004: 27f)

Beck/Grande (2004) kommen schließlich zu dem Schluss, dass ein kosmopolitisches Europa niemals im Widerspruch zu einem nationalen Europa stehen könne, weil es dieses sogar voraussetzen würde und man daher auch von einem „national verwurzelten Kosmopolitismus" (Beck/Grande 2004: 32) sprechen könne. Sie sehen somit das Kosmopolitische „als ein Integral des Nationalen" (Beck/Grande 2004: 32), das auch das Verhältnis der Nationalstaaten zueinander öffnen könne (Beck/Grande 2004: 32, vgl. auch Lingenberg 2010: 155f). Mummendey/Waldzus (2004: 60ff) sprechen daher auch von einer europäischen Identität als „dualen Identität", indem sich die Menschen auf nationaler Ebene als „ÖSTERREICHISCHE Europäer" fühlen, und auf einer inklusiven Ebene als „österreichische EUROPÄER". Thomas Risse (2004: 259) betont dieses Nebeneinander einer starken nationalen Identität und einer europäischen Identität sogar als notwendige Grundlage für das Funktionieren der europäischen Gemeinschaft.

Auch Lingenberg vertritt somit die Überzeugung, dass das Lokale im Prozess der Globalisierung nicht aufgelöst oder vereinheitlicht wird, sondern es existiert vielmehr im Globalen weiter (vgl. auch Hall 1994: 214, Daalmann 1999: 25). Interessant wird dieses Nebeneinander von lokaler Verortung und globaler Mobilität vor allem in Hinblick auf die individuellen Lebenswelten der Menschen. So weist etwa Lingenberg darauf hin, dass Menschen heute oftmals in einer Vielzahl von „Lokalitäten" leben, „die mitunter in ganz unterschiedlichen nationalpolitischen und kulturellen Kontexten wurzeln" (Lingenberg 2010: 151). Das Lokale werde zunehmend zum Objekt der Globalisierung, indem es eben durchaus wandelbar ist bzw. es mehrere Lokalitäten gibt, die für das Individuum von Bedeutung sind. So meint Lingenberg weiter, könne das Lokale demnach auch nicht mehr als territorialer Ort begriffen werden oder auf diesen begrenzt bleiben, sondern müsse als eine Art Vernetzung von Lokalitäten, die auch auf transnationaler Ebene existieren gesehen werden. (Lingenberg 2010: 152)

Auch Hall beschäftigt sich mit der Frage, wie sich der Trend zur Globalisierung auf die nationalen Identitäten bzw. auf die Nationen an sich auswirkt. Er kommt dabei zu drei möglichen Konsequenzen dieser Entwicklung: 1) Nationale Identitäten werden langsam geschwächt und erodieren. 2) Nationale und andere lokale oder partikularistische Identitäten werden aus Widerstand gegen die Globalisierung gestärkt. 3) Neue Identitäten der Hybridität nehmen den Platz von anderen Identitäten ein. (Hall 1994: 209)

8.2. Globalisierung und Mediatisierung

Globalisierung wird zudem häufig mit der Mediatisierung auf eine Ebene gesetzt. Wie in einigen der oben angeführten Definitionsansätzen und Überlegungen zur einer globalen bzw. kosmopolitischen Identität erkennbar wurde, spielen die Medien eine zentrale Rolle bzw. stellen die Grundlage für die Ausbildung derartiger überregionale und transnationale Identitätskonzepte dar. Globalisierung und Mediatisierung beeinflussen bzw. ermöglichen sich somit gegenseitig. Globalisierung drückt sich etwa in einer Zunahme der globalen Vernetzung und Kommunikation aus (vgl. Hepp/Krotz/Winter 2005, Lingenberg 2010: 151).

„Mediatisierung ist einerseits eine Voraussetzung für Globalisierung, denn ohne Medien können Vernetzung und Austausch über raumzeitliche Distanzen hinweg kaum realisiert werden. Und andererseits ist Mediatisierung eine Folge von Globalisierung, denn Globalisierung führt dazu, dass die Menschen immer mehr Medien nutzen – bspw. um ihre sozialen Beziehungen über raumzeitliche Distanzen hinweg zu gestalten." (Lingenberg 2010: 151)

Gerade das Internet verkörpert die Vision einer Allzeit vernetzten Weltgesellschaft in einem Ausmaß wie keine andere Medientechnologie je zuvor und hat fraglos die Möglichkeiten einer globalisierten Welt und einer Weltgemeinschaft stark verstärkt (vgl. Friedmann 2000, Cairncross 1997, Ohmae 1990, Werlen 1997). Dank weltweitem Datennetz kann nahezu jeder, von jedem Ort der Welt mit beliebigen Interaktionspartnern in Verbindung treten und Informationen austauschen. „Die Platinen und Prozessoren der Computerchips werden zu Nervenzellen und Synapsen eines ‚Global Brain'." (Meckel 2001: 61).

Gleichzeitig hat sich aber mittlerweile gezeigt, dass diese Potentiale einer tatsächlich globalen Gesellschaft nur ansatzweise realisiert werden. Grund dafür ist, dass die Technologie allein noch nicht reicht, um tatsächlich eine derartige globale Weltgemeinschaft zu realisieren, sondern dass dies auch immer erst von den Menschen selbst gewollt und umgesetzt werden muss. Meckel spricht daher nicht von einer revolutionären Entwicklung dank des Internets, sondern vielmehr von einer evolutionären, bei der sich die Menschheit langsam mit den neuen Kommunikationstechnologien und den damit verbundenen Möglichkeiten vertraut machen muss (Meckel 2001: 64). Auch Lingenberg kommt zu dem Fazit, dass zwar „die im Zuge von Globalisierungs- und Mediatisierungsprozessen zunehmende Multi-Lokalität und Mobilität von Lebenswelten (…) eine gute Voraussetzung" bilden, „aber garantieren können sie die Entstehung von Kosmopolitismus nicht. Dazu bedarf es eines entsprechenden Bewusstseins und Handelns der Menschen." (Lingenberg 2010: 159)

9. Nationale Identität und Migration

9.1. Probleme der Eingliederung von „Fremden"

Regionale bzw. nationale Identität geht immer mit einer Abgrenzung nach außen einher, sowie mit einer Bewertung der eigenen Gruppe und gleichzeitig einem Vergleichsprozess zu anderen Gruppen einher. Diese Grenzen müssen aber nicht automatisch auch immer die bedingungslose Abgrenzung und Abschließung bedeuten, sondern können auch durch eine gewisse Offenheit gekennzeichnet sein. Eine Nation kann auch integrationsfähig sein, wenn die Bürger offen für Neues und Fremdes bleiben. Damit dies möglich wird, ist die Verstärkung der kollektiven Symbolsicherheit und des Nationalbewusstseins laut Papcke (1994) von großer Bedeutung. Das eigene System sollte zunehmend bejaht und positive Zugehörigkeitsgefühle verstärkt werden. Nur durch eine ausgeprägt positive soziale Identität, die Sicherheit schafft und Offenheit erlaubt, ist genügend Toleranz vorhanden, die eine Abgrenzung und Selbstdefinition der Nation erlaubt, ohne dabei alle neuen und fremden Aspekte auszusperren (vgl. Bornemann/Wakenhut 1999: 48). Diese Überlegungen machen deutlich, weshalb die Frage der nationalen Identität einer Mehrheitsgesellschaft auch für Fragen der Integrations- bzw. Aufnahmebereitschaft von Personen mit anderen Nationalitäten bzw. Kulturen von großer Wichtigkeit ist.

Bornemann/Wakenhut (1999) beschreiben dieses Zusammenspiel von nationaler Identitätskonstruktion der Mehrheitsgesellschaft und ihre Bedeutung für die Situation von Migranten innerhalb einer Nation folgendermaßen:

> „Die soziale Identität bringt damit einmal eine Orientierung an Merkmalen der eigenen Gruppe, des eigenen politischen, kulturellen oder ethnischen Systems zum Ausdruck, zum anderen aber auch eine Bewertung dieser Merkmale z.B. als besser, überlegen, mehrheitsgetragen oder höherwertig. Die soziale Identität kann damit als eine dispositionelle Größe verstanden werden, die einerseits Orientierung und Sicherheit schafft und dem einzelnen Mitglied in immer wieder neuen Situationen ein ständiges Sichzurechtfinden ermöglicht, die andererseits aber auch eine Wertung der einmal gewählten Orientierung bzw. der integrierten Orientierungen impliziert und damit den sozialen Status ihrer Träger festlegt." (vgl. Bornemann/Wakenhut 1999: 123)

Welche Formen der Abgrenzung der eigenen Nationalität zu anderen Gruppen möglich sind, belegen unter anderem Studien (u.a. Viki/Calitri 2008), die zeigen, dass Menschen eher dazu neigen, typisch menschliche Emotionen ihrer Ingroup zuzuschreiben, als Personen der Outgroup (Infrahumanization). Viki/Calitri (2008) untersuchten dazu die Rolle von Nationalismus und Patriotismus für die Zuschreibung gewisser Eigenschaften zur eigenen Nation („ingroup") sowie zu anderen Nationen („outgroup"). Emotionen spielen dabei eine zentrale Rolle, wobei zwischen „primären" und „sekundären" Emotionen unterschieden wird. „Primäre" Emotionen sind jene, die Menschen ebenso wie Tiere aufweisen können, z.B.: Ärger, Angst, Überraschung. „Sekundäre" Emotionen sind hingegen etwas ausschließlich Menschliches, wie etwa Schuld, Scham, Hoffnung (vgl. Demoulin et al. 2004, zit. in: Viki/Calitri 2008: 1054). Es wurde im Rahmen der Untersuchung von Viki/Calitri (2008) die Annahme bestätigt, dass die Menschen eher dazu tendieren, der eigenen Gruppe sekundäre Emotionen zuzuschreiben als der anderen Gruppe. Es zeigte sich zudem, dass von den englischen Probanden den Amerikanern deutlich häufiger negative primäre Emotionen zugeschrieben wurden, als den Engländern. Auch in den Studien von Leyens et al. (2000) zeigte sich, dass Menschen diese typisch menschlichen Emotionen (sekundäre Emotionen) in erster Linien Mitgliedern der eigenen Gruppe zuschrieben, während der Outgroup dies eher untersagt blieb. In Bezug auf Nationalismus und Patriotismus konnten Viki/Calitri (2008) einen signifikant positiven Zusammenhang zwischen Nationalismus und unterschiedlichen Zuschreibungen von sekundären Emotionen zu Engländern und Amerikanern. Patriotismus war im Gegensatz dazu negativ korreliert mit den sekundären Emotionszuschreibungen. Daraus leiteten die Autoren ab, dass je höher eine Person auf der Nationalismus-Skala abschnitt, d.h. die negative Form nationaler Identität zeigte, desto eher ordnet die Person der eigenen Gruppe sekundäre Emotionen zu. Umgekehrt zeigte sich, je patriotischer eine Person ist, desto weniger kommt es zu einer Infrahumanisierung der Outgroup. Für die primären Emotionen konnten hingegen keine Unterschiede zwischen patriotisch oder nationalistisch orientierten Personen festgestellt werden. (vgl. Viki/Calitri 2008: 1058f)

Besonders problematisch werden derartige abgrenzende und negative Formen nationaler Identität dann, wenn die positive soziale Identität von Menschen gefährdet ist, weil in solchen Situationen versucht wird, um jeden Preis das eigene Selbstwertgefühl und die eigene nationale Identität wieder zu verbessern. Dabei kommt es oft auch zur aktiven Abwertung aller anderen Gruppen, um sich von diesen abzugrenzen und positiv abzuheben, wie dies etwa im Falle von nationalistischen Einstellungen sehr stark der Fall ist (vgl. Bornemann/Wakenhut 1999: 123).

9.2. Soziale Stereotype und Vorurteile gegenüber Fremdgruppen

Stereotype helfen durch ihre sehr einfache Strukturierung mit, Fremdes und Unbekanntes schneller in vorhandene Wahrnehmungsmuster einordnen zu können. Aus diesem Grund kommen auch stereotype Einschätzungen vor allem dann zum Einsatz, wenn Menschen mit Personen oder Nationen in Kontakt kommen, über die im jeweiligen Augenblick nur wenig bekannt ist. Einzelnen Mitgliedern dieser Länder werden ohne großes Wissen über die Persönlichkeit sofort die verallgemeinerten Eigenschaften dieses Landes zugeschrieben, einfach nur aus dem Grund, weil sie jenem Land angehören (Lehtonen 2005: 62). Dadurch, dass für die Selbstdefinition als Gruppe immer die Abgrenzung gegenüber anderen notwendig ist, werden diese outgroup-Mitglieder häufig sehr vereinfacht und verkürzt dargestellt. Stereotype dienen zu dieser Komplexitätsreduktion, die es erlaubt innerhalb kurzer Zeit Personen einer Gruppe zuzuordnen bzw. ihr durch ihre Gruppenzugehörigkeit auch gewisse Eigenschaften zuzuschreiben und dadurch eine schnelle Orientierung zu ermöglichen. Stereotype entstehen somit in kognitiven Prozessen, bei denen es in erster Linie um die Kategorisierung und damit um die Vereinfachung und Systematisierung des Überflusses und der Komplexität von Informationen geht. Bei der sozialen Kategorisierung kommen laut Mielke (2000: 22) folgende drei Prozesse zum Einsatz:

1. Akzentuierung von Ähnlichkeiten innerhalb der eigenen Gruppe und der Unterschiede zwischen den Gruppen.
2. Depersonalisierung durch Übertragung von Merkmalen der Gruppe auf Merkmale der einzelnen Mitglieder der Gruppe.
3. Abwertung von anderen Gruppen, indem die eigene Gruppe stets positiver gesehen und die Fremdgruppe diskriminiert und abgewertet wird.

Dabei gibt es grundsätzlich die Unterscheidung zwischen ideosynkratischen und sozialen bzw. kollektiven Stereotypen (Lehtonen 2005: 63). Ersteres beschreibt Stereotype, die nur von einzelnen Personen verwendet werden und die somit keine so große Bedeutung haben. Wichtig sind jedoch die sozialen bzw. kollektiven Stereotype, die immer von einer Gruppe von Menschen geteilt werden.

Diese kollektiven Stereotype werden also von allen Mitgliedern einer Gruppe gemeinsam vertreten und führen dazu, dass die individuellen Unterschiede von Mitgliedern der stereotypisierten Fremdgruppe verneint bzw. nicht mehr wahrgenommen werden (vgl. Lehtonen 2005: 63). „Sozial" werden Stereotype somit dann, wenn sie von einer großen Zahl von Personen geteilt werden (Tajfel 1982: 42).

Wichtig im Zusammenhang mit Stereotypen von Nationen oder Minderheiten innerhalb der eigenen Gesellschaft sind Forschungsergebnisse, die zeigen, dass Eindrücke über Personengruppen stark auch dadurch beeinflusst werden, wie die Daten über einige Mitglieder dieser Gruppen im Gedächtnis organisiert sind. „Auf extreme Ereignisse oder extreme Personen kann sehr viel leichter zurückgegriffen werden als auf durchschnittlichere Beispiele." (Tajfel 1982: 47) Dies erklärt laut Tajfel auch, warum „negatives Verhalten von Mitgliedern von Minoritätengruppen im Gedächtnis und in der Beurteilung überrepräsentiert" sind (Tajfel 1982: 47)

Grundsätzlich gibt es laut Tajfel (1982: 54f) drei Bedingungen, unter denen Stereotype gegenüber Fremdgruppen entstehen und sich verbreiten können:

- Komplexe und unangenehme soziale Ereignisse in der Gesamtgesellschaft können zur Entstehungen von stereotypisierten Fremdbildern führen.
- Stereotype werden konstruiert, um geplante oder ausgeführte Handlungen gegenüber Fremdgruppen rechtfertigen zu können.[29]
- Stereotype werden entwickelt und verbreitet, um die eigene Gruppe von bestimmten Fremdgruppen zu einer Zeit positiv zu unterscheiden, zu der diese Differenzierung als unsicher und in ihrer Existenz bedroht wahrgenommen wird oder zu der keine positive Differenzierung besteht. (Tajfel 1982: 54f)

Stereotype werden auf vielfältigen Wegen transportiert, etwa über Alltagsgespräche, kulturelle Witze, Redewendungen, Medienbeiträge, Cartoons, Filme und Werbebeiträge. Lehtonen geht sogar so weit, dass er meint, nahezu alle Kommunikationsakte enthalten kulturelle Stereotype (Lehtonen 2005. 63). Dabei kommt es zu einer positiven Aufwärtsspirale im Sinne von, je weiter verbreitet ein kultureller Stereotyp ist, desto stärker wird er auch von den Medien weitervermittelt. Lehtonen (2005: 65) unterscheidet in diesem Zusammenhang zwischen vier verschiedenen Arten von Stereotypen:

1. Einfache Auto-Stereotype: Das von der eigenen Gruppe vertretene Selbstbild
2. Projizierte Auto-Stereotype: Der Glaube über das Bild, das andere von der eigenen Gruppe haben

---

[29] z.B. wird eine Fremdgruppe verallgemeinert als kriminell dargestellt, was wiederum eine ablehnende Haltung gegenüber einzelner Mitglieder dieser Fremdgruppe legitimiert.

3. Projizierte Hetero-Stereotype: Der Glaube über das Bild, das andere von sich haben
4. Einfache Hetero-Stereotype: Das von der eigenen Gruppe vertretene Fremdbild

Stereotype dienen aber laut Reiterer (2004) nicht nur zur Abgrenzung und Exklusion, sondern auch zur Grenzüberschreitung, wodurch das Fehlen von Stereotypen sich negativ auf den sozialen Kontakt auswirken kann.

> „Ob Stereotypen Interpretationshilfen oder Fehlinterpretationen sind, wird vorrangig von der Homogenität der betroffenen Gruppe und der konkreten Aussage bzw. ihrem Grad an Konkretheit abhängen. Wenn Gruppen in ihrem Verhalten sehr inhomogen sind, wird die Wahrscheinlichkeit, dass die Aussage zutrifft, sehr niedrig sein, oder umgekehrt die Irrtumswahrscheinlichkeit sehr hoch." (Reiterer 2004: 42)

Im Rahmen von qualitativen Interviews ortet Reiterer (2004) einige interessante Altersunterschiede im Zusammenhang mit Stereotypen-Konstruktion gegenüber anderen Nationen und Kulturen. Reiterer (2004: 85ff) teilt die Interviewpersonen in drei Gruppen ein, die er folgendermaßen charakterisiert:

1. Die Jungen: geben sich noch sehr offen, haben viele Auslandserfahrungen durch Reisen gemacht und verfügen noch über keine sehr verfestigten Vorurteile bzw. haben laut Reiterer sogar einen „Stereotypenmangel" (Reiterer 2004: 85). Bei den studierenden Jungen spiele der Materialismus kaum noch eine Rolle für die Abgrenzung von Ausländern, was er jedoch bei der älteren Generation sehr stark mache.
2. Die Alten: sind noch sehr stark an Faktoren wie Wohlstand und Leistung orientiert, wodurch sie Zuwanderer, die diesen Aspekten nicht entsprechen (können), als etwas Negatives wahrnehmen. Viele ältere und auch gut gebildete Menschen zeichnen sich durch einen ausgeprägten Nationalismus aus, der bei den Jungen deutlich an Attraktivität und Legitimität verloren hat (vgl. Reiterer 2004: 86f). Zudem würden den alten Menschen auch die Reiseerfahrungen und somit oft die Kontaktmöglichkeiten mit anderen Kulturen fehlen, was das Vorhandensein von Stereotypen und Vorurteilen unterstützt.
3. Die Menschen mittleren Alters: weisen einen deutlichen Stereotypenmangel auf und sind in stärkstem Maße dazu bereit, überkommene Vorurteile zu reproduzieren, sind aber in der Mehrheit nicht besonders an den Nachbarn interessiert. Bei Ausländern denken sie in erster Linie an Türken bzw. Menschen aus Ex-Jugoslawien und sind ihnen insgesamt nicht besonders positiv gestimmt. (vgl. Reiterer 2004: 87f)

Auch gewisse Stadt-Land-Differenzen lassen sich im Zusammenhang mit Vorurteilen und Stereotypen gegenüber Migranten feststellen. Reiterer geht davon aus, dass die Toleranz am Land nach wie vor deutlich weniger ausgeprägt ist als im städtischen Bereich. Den Grund dafür sieht er darin, dass in der Stadt häufig unterschiedliche und autonome Subkulturen nebeneinander existieren, was auf Grund der geringeren Populationsdichte auf dem Land gar nicht erst möglich ist. Dabei handelt es sich somit nicht um persönliche Eigenschaften von Stadt- und Landbewohnern sondern vielmehr um strukturelle Rahmenbedingungen. Kurz gesagt, sind Städter eher an das Nebeneinander unterschiedlicher gesellschaftlicher Gruppierungen gewohnt, wodurch sich eher eine Alltags-Toleranz ausbilden kann, als dies am Land möglich ist. (vgl. Reiterer 2004: 88)

9.3. Nationale Identität und Xenophobie

Wie bereits weiter oben erläutert, spielt laut der Theorie sozialer Identität v.a. die Intensität der Identifikation mit der Gruppe eine wichtige Rolle, wie stark sich die Gruppenmitglieder von anderen Gruppen absetzen wollen (vgl. Heyder / Schmidt 2002: 73f). Von dieser Theorie ausgehend, müsste man also annehmen, dass eine starke Identifikation mit der eigenen Nation, eine starke Bindung an die Nation also, eher zu einer Abgrenzung gegenüber als anders empfundenen Nationen bzw. Minderheitengruppen innerhalb der eigenen Nation führt. Studien konnten jedoch nach wie vor noch keine durchgängigen Hinweise dafür finden, dass eine ausgeprägte nationale Identität tatsächlich mit einer gesteigerten Diskriminierungsbereitschaft einhergeht. Oft zeigt sich sogar eher das Gegenteil, nämlich dass vor allem jene Personen diskriminierend aktiv werden, die eine sehr gering ausgeprägte nationale Identität aufweisen. So könnte man schließen, dass gerade in der geringen nationalen Identifikation ein Gefahrenpotential vorhanden ist. Bornemann formuliert diesen Zusammenhang folgendermaßen: „Die eigene Marginalisierung wirkt sich gefährlich für die aus, die ebenfalls marginalisiert sind, nämlich Fremde." (vgl. Bornemann 1999: 185)

In den mittlerweile sehr vielfältig durchgeführten Untersuchungen zeigt sich zudem, dass die Identifikation mit einer Nation nicht automatisch zur Ablehnung von Minderheiten in der eigenen Gesellschaft führt, sondern dass vielmehr die Art der Bindung an die Nation ausschlaggebend ist, wie andere Nationen oder Minderheiten wahrgenommen werden (vgl. Adorno et al. 1950, Kosterman/Feshbach 1989, Habermas 1990, Blank/Schmidt 1993, 1997, 2003, Schatz/Staub 1997, Staub 1997, Heyder/Schmidt 2002, Karasawa 2002, Aboud 2003, De Figueiredo/Elkins 2003, Pettigrew 2005, Haller 1996, Coenders/Scheepers 2003, Raijman et al. 2008).

Während für den Nationalismus in einer Vielzahl von Studien mittlerweile belegt wurde, dass er zu einem Anstieg von Vorurteile, Fremdenfeindlichkeit und Antisemitismus führen kann (Adorno et al. 1950, Becker et al. 2007, Blank/Schmidt 1993, 1997, 2003; De Figueiredo / Elkins 2003, Weiss 2003), senken patriotische Einstellungen hingegen eher fremdenfeindliche oder antisemitische Gefühle. (vgl. Blank/Schmidt 1997: 144; Heyder / Schmidt 2002: 74, Wagner et al. 2010: 7). Zu letzterem Zusammenhang sind die Ergebnisse jedoch nicht so eindeutig, wie für den Zusammenhang von Nationalismus und Xenophobie. So konnten teilweise auch keinerlei Zusammenhänge zwischen Patriotismus und Xenophobie gefunden werden (Citrin/Wong/Duff 2001; Karasawa 2002), oder aber positive Zusammenhänge, im Sinne von einem verstärkendem Effekt von Patriotismus und der Akzeptanz von rechts orientierten politischen Ideologie (Cohrs et al 2004). Bornemann (1999) kommt wiederum zu dem Schluss, dass es einen umgekehrten U-förmigen Zusammenhang zwischen nationaler Identität und Xenophobie bzw. Diskriminierung gibt: ein Zuviel an nationaler Identität sei ebenso schädlich wie ein Zuwenig. (vgl. Bornemann 1999: 185)

Wichtig ist dabei zudem der Hinweis, dass Nationalismus und Patriotismus nicht unabhängig voneinander sind, sondern dass es eine positive und substantielle Korrelation gibt, sodass höhere Nationalismuswerte mit höheren Patriotismuswerten einhergehen. Eine Erklärung dafür kann sein, dass sich beide Konzepte den Aspekt der nationalen Identifikation teilen. Unterschiede liegen lediglich in der Betonung unterschiedlicher Werte und Normen, die sich wiederum auf die Fremdenfeindlichkeit auswirken (Becker et al. 2007: 143).

Cohrs et al. (2004: 203) und Wagner et al. (2010) wenden dementsprechend auch methodische Bedenken gegen diese Befunde von Blank/Schmidt (1997) und Heyder/Schmidt (2002) ein, da hier mittels Strukturgleichungsmodellen beide Faktoren gleichzeitig in die Analyse einbezogen wurden, wodurch jedoch die Varianz unterdrückt wird, die beide Variablen gemeinsam haben. Aus diesem Grund müsse überprüft werden, welche demokratisch positiven Effekte patriotischer Nationalstolz noch aufweist, wenn jene Anteile kontrolliert werden, die patriotischer und nationalistischer Nationalstolz teilen (Cohrs et al. 2004: 203). Derartige Überlegungen werden auch durch die Ergebnisse von Becker et al. (2007: 145) bestätigt, die zeigen, dass Patriotismus offensichtlich zwei Aspekte umfasst, die sich unterschiedlich auf die Einstellungen gegenüber Fremden auswirken: Einerseits gibt es die Bindung an das eigene Land, die die Ablehnung von „Fremden" fördert, und andererseits gibt es eine generelle Wertschätzung von Demokratie und sozialer Sicherheit, die wiederum die Fremdenfeindlichkeit vermindere. Dadurch kann auch erklärt werden, dass der negative Zusammenhang zwischen Patriotismus und Fremdenfeindlichkeit plötzlich verschwindet, wenn Nationalismus aus der Analyse herausgenommen wird. Bei einer derartigen isolierten Analyse kommen schließlich beide Aspekte des Patriotismus zum Tragen, die sich in der Folge neutralisieren, sodass der Fremdenfeindlichkeit mildernde Effekt nicht auftritt. Cohrs et al. (2004: 204) ergänzen daher die Operationalisierung von patriotischem und nationalistischem Nationalstolz neben der verlangten Identifikation mit der eigenen Nation sowie der Befürwortung von patriotischen bzw. nationalistischen Werten durch die dritte Komponente des Glaubens an die Realisierbarkeit dieser patriotischen bzw. nationalistischen Werte. Sie stellen dabei die These auf, dass der reduzierende Einfluss von Patriotismus auf xenophobe Einstellungen weniger dadurch entsteht, dass man auf demokratische Werte der eigenen Nation stolz ist, sondern vielmehr dadurch, dass man demokratische Werte als wünschenswerter einstuft. Die anderen beiden Bestandteile patriotischen Nationalstolzes, nämlich die Identifikation mit der Nation und der Glaube an die Realisierbarkeit demokratischer Ideal, haben dabei laut Cohrs et al. eher gegensätzliche Effekte (Cohrs et al. 2004: 204). Im Vergleich dazu seien beim Nationalismus Wichtigkeit und Glaube an die Realisierbarkeit von nationalistischen Idealen nicht entgegengesetzt sondern gleichgerichtet, sodass diese verstärkt auf xenophobe Einstellungen einwirken (Cohrs et al. 2004: 205). Cohrs et al. konnten in ihrer differenzierten Analyse zeigen, dass der „reduzierende Effekt des patriotischen Nationalstolzes auf Ethnozentrismus auf diejenigen Anteile zurückgeht, die patriotischer Stolz nicht mit nationalistischem Stolz gemeinsam hat" (Cohrs et al. 2004: 210f). Es zeigte sich somit, dass vor allem der Aspekt der Zustimmung zu patriotischen Werten einen Einfluss auf eine demokratische Einstellung ausübt, weniger jedoch die Identifikation mit der Nation, die auch bei Nationalismus gegeben ist. Als Fazit für die Förderung demokratischer Ideale gilt demnach, dass nicht primär der patriotische Nationalstolz zu fördern ist, sondern vielmehr die positive Bewertung der patriotischen Ideale wie Demokratie, Toleranz, soziale Sicherheit und politische Mitbestimmungsmöglichkeiten (Cohrs et al. 2004: 213). Dieses Ergebnisse, dass sich nur gewisse Teilaspekte von Patriotismus in Richtung einer Reduktion von Vorurteilen und Fremdenfeindlichkeit auswirken, bestätigt sich auch in der Untersuchung von Wagner et al. (2010: 1) sowie der Untersuchung zur Auswirkung der Fußball-Weltmeisterung 2006 in Deutschland von Becker et al. (2007: 144f). So kommen auch Becker et al. bei ihrer Fußball-Untersuchung zu dem Schluss, dass Kampagnen, die nationalistische oder patriotische Einstellungen schüren sollten, zu einer Abwertung anderer Gruppen führen können. Auch der während der WM konstatierte „Party-Patriotismus" ziehe keine positiven Effekte nach sich, eher das Gegenteil nämlich einen Anstieg des Nationalismus, der sich negativ auf die Einstellung gegenüber Migranten auswirke (Becker et al. 2007: 146f).

Ein weiterer Faktor, den Wagner et al. (2010: 3) anführen und der eine entscheidende Rolle dafür spielt, ob die nationale Identität zu einer Abwertung von Fremdgruppen führt, liegt darin, mit welcher Nation jeweils verglichen wird. Wird nämlich die eigene Nation nur mit sich selbst im Zeitverlauf verglichen und nicht mit einer anderen Nation, so äußert sich die Bindung an die Nation nicht in einer abwertenden Haltung anderen Nationalitäten gegenüber (Mummendey/Klink/Brown 2001, Mummendey/Simon 1997). Zudem spielt auch die Beurteilung der eigenen Nation eine wichtige Rolle, wie Fremdgruppen innerhalb der eigenen Gesellschaft beurteilt werden. Wird etwa die eigene Nation über essentielle Merkmale wie Rasse oder Ethnizität definiert, so steht die Identifikation mit der eigenen Nation stärker mit xenophoben Einstellungen in Zusammenhang, als dies in Nationen der Fall ist, die sich nicht über derartige unveränderbare Merkmale definieren (Wagner et al. 2010: 3, Pehrson/Vignoles/Brown 2009; Krueger 1996: 961).

Wichtig erscheint dabei auch das kollektive Selbstvertrauen, das Lehtonen als das Ausmaß definiert, wie individuelle Mitglieder eines Kollektivs sich in Bezug auf ihre Mitgliedschaft im Kollektiv fühlen. Das individuelle Selbstvertrauen spielt dabei keine Rolle. Dabei zeigt sich, dass wenn Personen merken, dass dieses Selbstbewusstsein gefährdet ist, Stereotype verwenden werden, um sich selbst durch einen Vergleich nach unten, d.h. mit eindeutig niedriger gestellten Ländern, positiver zu stellen.

Aber auch die Einschätzung der eigenen Lage spielt dabei eine wichtige Rolle: Personen mit einem sehr geringem Einkommen schätzen die Lage in Deutschland insgesamt schlechter ein und haben eher die Meinung, dass Deutsche es im Vergleich zu Ausländern schlechter haben würden. Dies spricht laut Zick/Küpper dafür, dass: „die Toleranz gegenüber dem Kulturerhalt (...) bei der deutschen Mehrheitsbevölkerung unabhängig von der tatsächlichen oder subjektiv wahrgenommenen ökonomischen Situation der Befragten" abnimmt (Zick/Küpper 2007: 159). Sie sprechen damit den Aspekt der „relativen Deprivation" an, die dadurch entsteht, dass eine Diskrepanz empfunden wird, zwischen dem was man hat und dem, wozu man sich berechtigt fühlt. Dieser Vergleich kann, wie auch Brown anführt, sowohl in Hinblick auf eine andere Gruppe gemacht werden als auch in Hinblick auf die Vergangenheit. (vgl. Brown 2002: 569)

Dies bestätigt auch die Frame-Theorie von Goffman (1977), welche besagt, dass Individuen ihre Identitäten in der Interaktion mit anderen aushandeln und die Identitäten immer abhängig vom jeweiligen Kontext sind, von den jeweiligen Situationen in denen gehandelt wird, d.h. den Frames. Auch in Anlehnung an die Social Identity Theory und die „self-categorization theory" (Turner et al. 1987) können unterschiedliche Zusammenhänge zwischen nationaler Bindung und Einstellung zu Fremdgruppen abgeleitet werden. Definiert etwa eine Nation für ihre

„ingroup" eine positive Einstellung gegenüber Fremdgruppen als eine anzuwendende Norm, so kann die Bindung an die Nation und damit die Bindung an die damit verknüpften Normen, zu einer positiveren Einstellung gegenüber Fremdgruppen führen (Hopkins 2001, Staub 1997, Wagner et al. 2010: 3).

Die Frage, die jedoch bei den meisten empirischen Untersuchungen zum Zusammenhang zwischen nationaler Identität und Vorurteilen bzw. Ausländerfeindlichkeit ungeklärt bleibt, ist die Richtung der Kausalität, d.h. ob tatsächlich die konkrete Form nationaler Bindung zu unterschiedlichen Haltungen gegenüber Fremdgruppen führen, oder aber umgekehrt, unterschiedliche Haltungen gegenüber Fremdgruppen für die differenzierten Formen nationaler Bindung verantwortlich sind. Wagner et al. (2010) versuchten diese Frage mittels Longitudinalanalyse zu untersuchen und konnten dabei nachweisen, dass tatsächlich Nationalismus zu gesteigerten Vorurteilen gegenüber Fremdgruppen führt, diese Wirkung jedoch nicht in umgekehrter Richtung der Fall ist. Derartige Langzeituntersuchungen bzw. Paneluntersuchungen, die klare Aussagen über die Richtung der Kausalität zulassen, sind momentan noch kaum zu finden und sollten daher in Zukunft in Hinblick auf die wachsende Bedeutung multikultureller Gesellschaften dringend verstärkt durchgeführt werden.

9.4. Medien und Xenophobie

Eine wichtige Rolle bei der Produktion und Verbreitung bzw. Verfestigung von ethnisch-kulturellen Konflikten übernehmen auch die Massenmedien. Sie wirken laut Butterwegge (1999) als Multiplikatoren und Motoren der Ethnisierung, indem sie einerseits rassistische Einstellungsmuster bei den Rezipienten verstärken, andererseits auf der Metaebene über den Rechtsextremismus, seine Organisationen und gewaltsame Übergriffe gegenüber (ethnischen) Minderheiten berichten (vgl. Butterwegge 1999: 64f, Butterwegge 2006, Jahraus 1997: 100). Butterwegge weist auch darauf hin, dass rein in den Selektions- und Darstellungsweisen der Massenmedien schon eine verzerrte Sichtweise von Migration und Migranten gezeichnet werde. Wie es bei der Auslandsberichterstattung bzw. bei der Berichterstattung aus der sogenannten Dritten Welt bereits bekannt ist, werde auch in diesen Bereichen hauptsächlich über Kriege und Bürgerkriege, Natur- und Technokatastrophen, Palastrevolutionen und Militärputsche berichtet, wodurch das Vorurteil untermauert wird, dass „die Afrikaner", „die Asiaten", „die Südamerikaner" oder die „Osteuropäer" unfähig zur demokratischen Selbstverwaltung seien und nur die Hilfe der westlichen Zivilisation ausnutzen würden (Butterwegge 1999: 67). Und selbst im Falle, dass positive Aspekte des Zusammenlebens mit Ausländern genannt werden, wie etwa eine kulturelle Bereicherung, werde laut Butterwegge oft implizit die Botschaft transportiert, dass man Ausländer nur solange akzeptieren müsse, solange sie auch etwas Positives für die Aufnahmegesellschaft mitbringen (vgl. Butterwegge 1999: 69).

Dieses eher negative Urteil für die massenmediale Aufbereitung der Migrationsthematik wird auch in einer Vielzahl anderer inhaltsanalytischer Untersuchungen bestätigt: Medien konstruieren und vermitteln oftmals ein durchwegs negatives Bild der Migranten (Hafez 1999, Merten et al. 1986, Ruhrmann/Kollmer 1987: 15ff, Ruhrmann 1991: 42ff, Geißler/Pöttker 2006: 13, Ruhrmann et al. 2006, Fleras 2006), Migranten werden dabei oft stark stereotypisiert oder als Opfer bzw. Täter dargestellt (Böhm 1999, Ruhrmann 1999: 98, Jäger 1999: 111, Hentges 1999).

Ausländerfeindlichkeit scheint sich auch im Medienkonsum widerzuspiegeln, indem mittlerweile eine Reihe von Studien nachweisen konnte, dass Exklusivleser von Boulevardmedien eine deutlich überdurchschnittliche Ausländerangst aufwiesen, als Leser von Qualitätszeitungen. Die Richtung der Kausalität ist dabei jedoch häufig unklar. Beeinflussen tatsächlich die Medien mit ihrer Berichterstattung die Einstellung der Rezipienten zu Migration und Migranten, oder aber suchen sich die Menschen primär jene Medienangebote aus, die ihre persönliche Meinung und Einstellungen widerspiegeln (selektive Auswahl)?

10. Nationale Identität Österreichs

Nach diesen allgemein gehaltenen theoretischen Auseinandersetzungen mit den unterschiedlichsten Ansätzen zur Untersuchung nationaler Identitätskonstruktionen, soll in der Folge konkret auf die nationale Identitätskonstruktion Österreichs eingegangen werden. Neben europa- oder international vergleichenden Untersuchungen, wie etwa dem EURO-Barometer oder dem International Social Survey Programm (ISSP), werden auch regelmäßig nationale Untersuchungen zum Thema der österreichischen Identität durchgeführt.

De Cilia et al. (1999) gehen etwa in ihrer Untersuchung von der Existenz eines „homo austriacus" aus, dem typischen Österreicher, mit einer gemeinsamen nationalen Kultur, Geschichte, Gegenwart und Zukunft, ebenso wie eine Art nationalen Körper oder nationales Territorium. Nationale Identität wird in ihrem Ansatz als eine Art Habitus verstanden, d.h. als ein Komplex von gemeinsamen Ideen, Konzepten und Wahrnehmungsschemata, die folgende Aspekte beinhalten: a) Emotionale Einstellungen, b) ähnliche Verhaltensdispositionen und c) alles internalisiert durch nationale Sozialisation (De Cillia et al. 1999: 153f).

Haller/Gruber untersuchten mehrere Aspekte, die für die österreichische Identität von Bedeutung sein können:

1. **Religion**: Christentum und Katholizismus sind nach wie vor Identifikationsmerkmale für die nationale Identität Österreichs. (Haller/Gruber 1996: 86ff)
2. **Politische Neutralität**: stark österreichverbundene Menschen beurteilen die Neutralität deutlich wichtiger als wenig österreichverbundene Personen. Die politische Neutralität wird als Teil des positiven Images Österreichs gesehen. (Haller/Gruber 1996: 89f)
3. **Politische Persönlichkeiten**: Hierbei erschienen zum Erhebungszeitraum vor allem Bruno Kreisky, der für die Entwicklung der österreichischen Neutralität von Bedeutung war, und Franz Vranitzky eine wichtige Rolle. Negative Identifikationsfigur war der Partei-Chef der damaligen FPÖ Jörg Haider. Eine besondere Funktion hatte Kurt Waldheim, der einerseits

durch seine Funktion als Generalsekretär der Vereinten Nationen (1971-1981) zum hohen internationalen Ansehens Österreich beigetragen hat, und andererseits dann durch das Bekanntwerden seiner Mittäterschaft oder Mitwisserschaft an nationalsozialistischen Kriegsverbrechen zu einer negativen internationalen Beurteilung geführt hat. Genau diese als übertrieben wahrgenommenen, kritischen Reaktionen aus dem Ausland führten zu einem Aufleben nationalistischer-chauvinistischer Gefühle in Österreich. (Haller/Gruber 1996: 90ff)
4. **Politische Parteien**: Obwohl die Annahme bestand, dass politisch rechtsorientierte Personen tendenziell eher patriotisch sind als linksorientierte Personen, zeigte sich in der Untersuchung von Haller/Gruber für Österreich ein etwas differenzierteres Bild: Die stärkste Identifikation mit Österreich zeigen Anhänger der Mitte-links orientierten SPÖ, die geringste Identifikation die Anhänger der Grünen. Eine mittlere Identifikation weisen die Wähler der ÖVP und FPÖ auf. (Haller/Gruber 1996: 94ff)

In einem weiteren Schritt gingen Haller/Gruber (1996) der Frage nach, was nun einen „wirklichen Österreicher ausmacht". Sie erstellten dazu sieben Kategorien von Eigenschaftszuschreibungen, die wiederum in folgende vier Gruppen zusammengefasst wurden:

1. **Österreich als Willens- oder Staatsnation**: Hier wird die Nation als bewusst bejahte, politische Einheit verstanden, der man beitreten aber auch austreten kann, die positiv und negativ beurteilt werden kann[30].
2. **Österreich als Kulturnation**: Hierbei wird die nationale Zugehörigkeit über kulturelle Aspekte im weitesten Sinne, wie etwa die Sprache oder die Religion definiert.[31]
3. **Österreich als Ethnonation**: Hier geht es um nicht frei wählbare Merkmale, welche die soziale Identität eines Menschen prägen.[32]
4. **Österreich als Gefühlsnation**: Die nationale Zugehörigkeit wird vor allem über die emotionale Ebene bestimmt[33]. (Haller/Gruber 1996: 67f)

Die Befragten sehen dabei die Konzepte der Willensnation, der Kulturnation und der Gefühlsnation als wichtig an. Weniger wichtig erscheint das Konzept der Ethnonation. Kaum relevant erscheint das christliche Glaubensbekenntnis, was

---

[30] Hierunter fallen Aussagen wie „ein wirklicher Österreicher muss die österreichische Staatsangehörigkeit besitzen" und „er muss die österreichischen politischen Institutionen und Gesetze achten".
[31] Bsp.: „Österreicher muss Deutsch sprechen", „Österreicher muss Christ sein"
[32] Bsp.: „in Österreich geboren sein, „den größten Teil des Lebens in Österreich gelebt haben"
[33] Bsp.: „sich als Österreicher fühlen"

als eine Folge der allgemeinen Säkularisierung zu sehen ist. Zudem kommen Haller/Gruber zu dem Schluss, dass die nationale Identität für die Österreicher etwas Mehrdimensionales ist, bei dem sowohl kognitiv-willensmäßige als auch gefühlsmäßige, politische Dimensionen aber auch kulturelle und geographisch-territoriale Aspekte eine Rolle spielen. Die Trennung zwischen Willens- und Ethnonation erscheint daher nicht zutreffend in der subjektiven Wahrnehmung der Bürger. (Haller/Gruber 1996: 69)

Reiterer (2004: 109) weist zudem auf Alters-, Bildungs- sowie Unterschiede in der politischen Orientierung in Bezug auf die Ausprägung der nationalen Identität der Österreicher hin: Es zeigt sich dabei sehr klar, dass die Identität als Österreicher mit zunehmendem Alter zunimmt. Während sie bei den unter 30 Jährigen noch bei 31% liegt, steigt sie bei den über 70-Jährigen auf bis zu 82% Zustimmung. Mit steigender Bildung nimmt die nationale Identität jedoch ab. Bei der politischen Orientierung weisen die Wähler der FPÖ (68%) und der SPÖ (62%) die höchste Zustimmung auf, die Grünen und LIF-Wähler die niedrigste (je 16%). Diese Ergebnisse weichen somit leicht von jenen von Haller/Gruber (1996) ab, was darin begründet sein kann, dass die FPÖ die Frage der nationalen Identität im Laufe der Jahre immer stärker auch im Wahlprogramm integriert hat.

10.1. Nationalstolz – Österreich, Europas nationalstolze Nation

So klein Österreich flächenmäßig gesehen ist, so groß ist dennoch der Nationalstolz der Einwohner, wie eine Reihe von Untersuchungen sowohl im europäischen als auch im internationalen Vergleich beweisen. Weltweit stellt Österreich die viertstolzeste Nation dar, europaweit liegt die rot-weiß-rote Nation sogar ungeschlagen an der Spitze (Smith/Kim 2006). Auch bei Auswertungen des ISSP 2003 zeigt sich Österreich deutlich stolzer auf die eigene Nation als Frankreich, die Niederlande, Schweden, Slowakei, Schweiz, Großbritannien, Tschechien und Deutschland, während nur Dänemark, Irland, Portugal und Ungarn annähernd ähnliche Stolz-Werte aufweisen (Fleiß et al. 2009: 415).

Haller/Gruber (1996: 109) konnten schon unter Verwendung der Daten des ISSP 1995 diese Ergebnisse nachweisen: Die Österreicher zeigten sich schon 1995 als Volk mit sehr hohem Nationalstolz, so sind 27% sehr stolz und weitere 41% etwas stolz auf Österreich. Besonders stolz sind die Österreicher auf sozialstaatliche Leistungen, wirtschaftliche und wissenschaftlich-technische Leistungen sowie sportliche Erfolge. In einer Untersuchung von 17-19 Jährigen Österreichern zeigte Langer (1999), dass sich 62% einer Nation zugehörig fühlen. Jene, die sich einer Nation zugehörig fühlen, zeigen sich auch stolzer auf die Nation. Wobei jedoch beachtet werden muss, dass die Zugehörigkeit und der Stolz nicht unbedingt miteinander verbunden sein müssen. Nationale Gefühle wecken können bei den jungen Österreichern vor allem Sportveranstaltungen, an denen österreichische Teams oder Einzelathleten teilnehmen. (Langer 1996; Langer 1999: 162ff)

Auf welche Aspekte sind die Österreicher aber besonders stolz? Dieser Frage ging Reiterer bereits 1988 nach, indem er den Österreichern eine Liste von zehn nationalen Identifikationssymbolen vorlegte und auf einer 3-stufigen Skala (1= sehr stolz, 3=nicht besonders stolz) angeben ließ, wie stolz der jeweilige Befragte auf diese Aspekte ist. Bei der Zusammenfassung ergaben sich fünf Kategorien, auf die die Österreicher Stolz empfinden, nämlich auf die landschaftliche Schönheit, die Anerkennung durch das Ausland, historische Kunstschätze, innere Konfliktfreiheit, sportliche Erfolge sowie gegenwärtige kulturelle Leistungen. (Reiterer 1988: 117)

Haller (2009) wies im Rahmen der ISSP eine besonders hohe Bereitschaft zum Ausdruck von Nationalstolz bei internationalen Sportevents zum Ausdruck, bei denen man damit verbundenes Glück und Verzweiflung sehr intensiv erleben kann. Weitere wichtige Faktoren des Nationalstolzes sind für 80-90% der Bürger die Geschichte sowie wissenschaftliche, kulturelle und literarische Leistungen eines Landes. In Österreich wird zudem die wirtschaftliche Leistung als wichtiger Faktor des nationalen Stolzes gesehen. (vgl. Haller 2009)

Worin aber liegt der Grund für einen derartig hohen Nationalstolz der Österreicher? Dieser Fragen gehen auch Fleiß et al. (2009) nach und rücken dabei einige widersprüchliche Tendenzen Österreichs ins Zentrum: Einerseits kann der Stolz auf die österreichische Nation sehr objektiv betrachtet im hohen ökonomischen Wohlstand der Nation gesehen werden, gleichzeitig gibt es aber eine Reihe von Bereichen und Ereignisse, die weniger Anlass auf Nationalstolz bieten, wie etwa geschichtliche Ereignisse, aber auch politische Ereignisse der jüngeren Vergangenheit, wie etwa die Situation der politischen Sanktionen europäischer Regierungen als Reaktion auf die Regierungsbeteiligung einer rechten Partei in Österreich (Fleiß et al. 2009: 411). Fleiß et al. (2009) vermuten als einen Grund für den hohen Stolz der Österreicher die Auswahl der Vergleichsnationen. So scheint es eine Tendenz zu geben, dass Österreicher die eigene Nation überwiegend mit Referenzgruppen vergleichen, die sozio-ökonomisch deutlich schlechter positioniert sind, wodurch automatisch die eigene Nation positiver eingestuft wird und daher eine stark nationalstolze Haltung eingenommen werden kann. So zeigte sich etwa im Rahmen der Probing-Studie von Fleiß et al., dass zum Vergleich hauptsächlich Länder aus Afrika, Südamerika, (Süd-)Asien, dem Balkan und dem arabischen Bereich herangezogen wurden, d.h. Länder, die ökonomisch überwiegend deutlich schlechter positioniert sind als Österreich (Fleiß et al. 2009: 416).

Abgesehen von diesen objektiven Kriterien des Vergleichsmaßstabes, sehen Fleiß et al. zudem einen weiteren Grund für die überdurchschnittlich hohen Stolzwerte der Österreicher auf methodischer Ebene angesiedelt, vor allem in Hinblick auf Formulierung bzw. auch Beantwortung von Fragestellungen zur Erfassung des Komplexes Nationalstolz bzw. Patriotismus und Nationalismus. Anhand von Beispielen des ISSP 2003 greifen Fleiß et al. (2009: 417) Ergebnisse von Österreich heraus, die sich im Vergleich mit anderen Nationen nur schwer rational begründen lassen. So weisen die Österreicher etwa gleich hohe Stolzwerte für das Militär auf, wie etwa die Schweiz, die jedoch deutlich höhere Militärbudgets zur Verfügung hat, oder aber auch der relativ hohe Stolzwert für den politischen Einfluss Österreichs, der jedoch objektiv betrachtet in Deutschland viel höher ist, gleichzeitig die Deutschen aber geringere Stolzwerte auf diesen politischen Einfluss aufweisen. Diese rational schwer beantwortbaren hohen Stolz-Werte auf einzelne Bereiche des politischen und sozialen Lebens in Österreich bestätigen die Vermutung von Unklarheiten bzw. einer zu weiten Interpretierbarkeit der im ISSP verwendeten Frage-Items. Um diese Vermutung zu überprüfen, wurde die Validität der verwendeten Befragungsinstrumente einer empirischen Überprüfung mittels Probing-Studie unterzogen. Dazu wurden Befragungsteilnehmer unmittelbar nach der Beantwortung der relevanten Items zu den Gründen und dahinterstehenden Überlegungen ihrer konkreten Antworten befragt (Fleiß et al. 2009: 411f). Dabei zeigten sich unter anderem Antwortbeeinflussungen durch unterschiedliche Interpretation der jeweiligen Referenzzeiträume bzw. -punkte.[34]

Haller wiederum sieht vor allem in der historischen Entwicklung der jeweiligen Länder die Ursache für die teilweise sehr hohen Unterschiede im Bereich des Nationalstolzes (Haller 1996: 491f). Interessant ist in Hinblick auf die nationalsozialistische Geschichte vor allem der Unterschied zwischen Österreich und Deutschland. Während letztere Nation nach wie vor eher zurückhaltend mit Äußerungen nationalen Bewusstseins ist, lässt sich in Österreich durchaus offensiver Ausdruck von Nationalstolz beobachten. Haller (1996: 463f) erklärt diese Unterschiede durch ein „andersartiges Erleben der NS-Herrschaft" (Fleiß et al. 2009: 416), indem sich Österreich im Gegensatz von Deutschland als 1945 von deutscher Vorherrschaft befreit fühlt bzw. ein gewisses Opferdenken verbreitet ist.

---

[34] So wird etwa die Frage nach dem Stolz auf die Demokratie in Österreich von einer Gruppe von Befragten als allgemeine Einschätzung der demokratischen Werte in Österreich interpretiert und zumeist sehr positiv beurteilt, eine andere Gruppe der Befragten bezieht die Fragestellung aber auf eine Beurteilung der Umsetzung demokratischer Werte in Österreich zum konkreten Zeitpunkt und bewertet diese durchwegs negativer, da hierbei die Unzufriedenheit mit der damaligen Regierung zum Ausdruck gebracht wurde (Fleiß et al. 2009: 426). Ähnliche verzerrende Effekte zeigen sich auch bei der Frage nach dem Stolz auf die österreichische Geschichte, bei der die Antworten ebenfalls davon abhängig variierten, welcher konkrete geschichtliche Zeitraum für die Bewertung herangezogen wurde (Fleiß et al. 2009: 427).

10.2. Geopolitische Verortung der Österreicher

Wie in den theoretischen Ausführungen gezeigt wurde, ist die geopolitische Verortung der Menschen ein wichtiger Indikator für die regionale, nationale oder transnationale Identitätskonstruktion. So ging auch Reiterer in seiner Untersuchung in Österreich der Frage nach, ob sich eine Person zuerst mit der a.) jeweiligen Gegend/Ort, b.) dem jeweiligen Bundesland, c.) Österreich, d.) als Deutscher e.) mit Europa, oder f.) als Mensch identifiziert (Reiterer 1988: 38). Die Kategorie „Mensch" wird dabei als Ausdruck eines postnationalen Bewusstseins interpretiert und wurde 1988 auch von fast der Hälfte der befragten Österreicher als wichtigste Identifikationsebene (45%) genannt. An zweiter Stelle wurde Österreich (20%) und der jeweilige Ort/Umgebung (19%) genannt. Kaum Identifikation findet sich 1988 jedoch mit Europa (2%), was auch als ein Ausdruck einer post- bzw. transnationalen Identität gesehen werden könnte, von Reiterer aber nicht so thematisiert wird (Reiterer 1988: 38). Neben dieser reinen Verortung auf einer geopolitischen Ebene wurden die Österreicher auch noch danach befragt, zu welcher der vorgegebenen Personengruppen a.) Deutschsprachige, b.) Arbeiter/Angestellte c.) Österreicher, d.) Parteimitglieder, d.) Personen mit demselben Beruf, e.) Religionsgemeinschaft, f.) Leute mit demselben Hobby, g.) Vereinskollegen, h.) Leute mit derselben Weltanschauung) sie sich am stärksten zugehörig fühlen. Dabei zeigte sich, dass sich die meisten Befragten zuerst mit Österreichern (37%) identifizieren, gefolgt von Personen mit derselben Weltanschauung (22%) und Deutschsprachigen (10%) sowie Leuten mit demselben Beruf (10%). Kaum Identifikation ist mit den Parteimitgliedern (1%) gegeben (Reiterer 1988: 41). Diese Ergebnisse in Bezug auf personale Zugehörigkeitsgefühle weisen somit eine höhere Bedeutung der nationalen Identifikation nach, als dies rein von der geopolitischen Verortung der Fall ist.

Auch spätere Studien weisen eine deutlich stärkere Bindung der rot-weißroten Bevölkerung an und Identifikation mit der eigenen Nation auf. Haller/Gruber (1996) gingen der Frage nach der geopolitischen Verortung der Österreicher mit zwei Indikatoren nach; einerseits wurden die Befragungsteilnehmer gebeten aus einer Liste von zehn Nationen jene auszuwählen, der sie sich am ehesten zugehörig fühlen, andererseits wurde in einem zweiten Schritt erhoben, wie stark sie sich mit der genannten Nationalität verbunden fühlen. Dabei zeigte sich, dass sich 90% der befragten Österreicher mit Österreich verbunden fühlen, 9% mit der deutschen, 2% mit einer anderen. Die Bindung ist bei über der Hälfte der Befragten sehr stark, bei einem weiteren Drittel „stark". Haller/Gruber kommen dabei zu dem Schluss, dass sich bei den Österreichern nach wie vor eine sehr starke Verankerung der nationalen Identität zeigt und Österreich eine eigenständige Nation darstellt, mit der man sich auch identifiziert (Haller/Gruber

1996: 65f). Josef Langer zeigte in einer Befragung von 17-19 jährigen österreichischen Jugendlichen, dass sich die jungen Österreicher nur wenig mit der Ebene der Stadt und Europa verbunden fühlen, im Vergleich zur unmittelbaren Nachbarschaft und Österreich. Zudem wird klar, dass sich die Jugendlichen weniger mit jeder Form von geopolitischer Einheit identifizieren als die restliche Bevölkerung (Langer 1999: 167). Reiterer (2004: 108f) differenziert außerdem die Bedeutung regionaler bzw. lokaler Identitäten auf Bundesländereben und zeigt, einige interessante Differenzen auf: So erweisen sich die Salzburger (68%) und Vorarlberger (75%) besonders stark mit der Region bzw. dem Ort verbunden, während dies in Wien (25%), Tirol und Steiermark (je 34%) deutlich weniger der Fall ist.

Auch in der Untersuchung von Weiss/Strodl 2003 bestätigte sich dieser Befund. Weiss/Strodl verglichen in ihrer Untersuchung, die sich vor allem mit der Einstellung der Österreicher zu der im Jahr 2004 bevorstehenden EU-Osterweiterung beschäftigte, sogenannte Grenzregionen, d.h. Regionen, die max. 50km von der Landesgrenze zu einem osteuropäischen Land liegen, mit den Einstellungen von „innerösterreichischen" Bewohnern. Dabei zeigte sich, dass 62% der Österreicher außerhalb der Grenzgebiete der Aussage „Ich bin ein Österreicher" sehr stark zustimmten, jedoch nur 26% stimmten in gleicher Weise der Aussage zu „Ich bin ein Europäer". In den Grenzregionen fiel dieser Unterschied zwischen nationaler und europäischer Identifikation deutlich geringer aus, was dafür spricht, dass die Bewohner der Grenzregionen neben einer starken Identifikation mit Österreich gleichzeitig auch eine verstärkte Identifikation mit Europa aufweisen können (Weiss/Strodl 2003: 242). Auch die Ängste vor der „drohenden Überfremdung" Österreichs durch die EU-Osterweiterung waren in den Grenzregionen deutlich geringer ausgeprägt als im Rest Österreichs. Hier scheinen vor allem die verstärkten Kontaktsituationen mit Personen aus den Regionen außerhalb der Landesgrenzen zu einem Abbau an Fremdenfeindlichkeit zu führen (Weiss/Strodl 2003: 243).

Auch in einer aktuellen Untersuchung im Rahmen des International Social Survey Programme (ISSP) zeigten Max Haller und Kollegen (2009), dass noch lange keine Rede vom „Tod des Nationalstaates" sein kann, sondern dass es viel mehr zu einer multiplen Identität kommt, bei der eine hohe Identifikation mit dem Nationalstaat mit einer ebenfalls hohen Identifikation mit dem Kontinent einher geht.

Grundsätzlich zeigt sich, dass fast die Hälfte (48%) aller befragten Österreicher sich „sehr stark" mit dem eigenen Land verbunden fühlen (weitere 40% fühlen sich stark verbunden), 38% fühlen sich stark mit dem Heimatort und 32% stark mit der Heimatregion verbunden. Am schwächsten ausgeprägt ist die „sehr starke Identifikation" mit dem Kontinent, mit dem sich nur 19% „sehr stark verbunden" und 34% „verbunden" fühlen. Haller et al. (2009) zeigten, dass in Europa die Stärke der Identifikation mit unterschiedlichen politisch-geographischen Einheiten positiv miteinander korreliert (Haller 2009). Dies bestätigt auch die Ergebnisse von Reiterer (2004: 110), der darauf hinwies, dass das österreichische Nationalbewusstsein keineswegs in Konkurrenz zu einer europäischen Identität steht. Ähnlich wie die nationale Identität steigt auch die europäische Identität mit dem Alter von 16% (unter 30 Jahre) auf 43% (über 70 Jahre) an, was durchaus erstaunlich ist, da oftmals von einer höheren Europa-Skepsis der älteren Bürger ausgegangen wird. Mit dem Bildungsniveau sinkt die nationale Identität jedoch von 37% auf 23%.

Bei einer freien Abfrage der Zugehörigkeitsgefühle zeigte sich, dass lokale (22%) und kleinregionale Identitäten (23%) nahezu die Hälfte der Loyalitäten einnehmen. Europa ist mit einem Anteil von 10% vertreten und damit auch nicht mehr zu vernachlässigen. Österreich als Nation erhält 31% der Loyalitäten. 14% der Personen weisen jedoch eine grenzenlose Zugehörigkeit auf. Es zeigt sich somit eine Verlagerung der österreichischen Nationalität hin zu entweder europäisch orientierten oder aber vollkommen nicht-regionalen Identitäten. Die regionalen Identitäten sind von dieser Öffnung hingegen kaum betroffen und bleiben nach wie vor für die Mehrheit der Österreicher durchaus bedeutsam (Reiterer 2004: 112f).

Ein interessantes Nebenergebnis von Haller und Kollegen (2009) besteht auch im staatenübergreifenden Vergleich von Menschen, die in kulturell einander nahestehenden Regionen verschiedener Länder leben. So wurden konkret die Zugehörigkeitsgefühle und Ähnlichkeiten bzw. Unterschiede von Österreichern und Bayern untersucht. Dabei zeigte sich eindeutig, dass die Bürger eines Staates mehr miteinander verbindet als Menschen aus kulturell einander nahe stehenden Regionen verschiedener Ländern. Trotz der sprachlichen und kulturell-religiösen Ähnlichkeiten zwischen Bayern und Österreichern gleichen die Wertvorstellungen der Bayern stärker jenen der Norddeutschen als jenen der Österreicher.

Daraus schließen Haller et al. (2009) folgende drei zentrale Befunde:

1. Die Menschen identifizieren sich nach wie vor am stärksten mit dem eigenen Staat und nicht mit der Gemeinde, Region oder übergeordneten Einheiten wie der EU.
2. Die Wertvorstellungen der Menschen sind innerhalb eines Landes am ähnlichsten.
3. Staatliche Strukturen und hier dominierende Wertehaltungen prägen die Ansichten der Menschen eindeutig. (Haller et al. 2009)

Vor allem der erste Punkt scheint tendenziell den Ergebnissen der Spontanassoziationen bzw. dem Ausmaß der Zugehörigkeitsgefühle zwischen regionaler und nationaler Ebene zu widersprechen. Während in den abgefragten Zugehörigkeitsgefühlen vor allem regionale und lokale Bezugsebenen von ausschlaggebender Wichtigkeit waren, scheinen derartige regionale Zusammengehörigkeitsgefühle, wenn sie über Staatsgrenzen hinweg gehen (Österreich – Bayern), an Bedeutung zu verlieren. Man kann somit festhalten, dass die regionale Ebene innerhalb einer Nation die stärkste Bedeutung für die Bürger hat. Werden Regionen jedoch als nationenüberschreitende Einheiten definiert, so steht die nationale Zugehörigkeit wieder vor der regionalen grenzüberschreitenden Identität.

10.3. Nationalismus und Patriotismus in Österreich

Haller/Gruber (1996) operationalisierten den Faktor der österreichischen Identität anhand von drei Hauptdimensionen, nämlich a) Die Verbundenheit bzw. Identifikation mit Österreich, b) den Österreichpatriotismus und c) den Nationalstolz. Zusätzlich ergänzten sie ihr Konzept noch durch einen vierten Aspekt, nämlich die Einstellung der Österreicher zu Einwanderung und Minderheiten. (Haller/Gruber 1996: 62). Exakt diese Form der Operationalisierung nationaler Identität wird auch die Grundlage für die Befragungen im Rahmen dieser Arbeit bilden. Haller/Gruber (1996: 71) erstellten darauf aufbauend einen Index der „Österreichidentifikation", der aus drei Ausprägungen besteht.[35] Es zeigte sich dabei ein Zusammenhang zwischen der Stärke der Österreichverbundenheit und der Einstellung gegenüber Ausländern: Je stärker die Österreichverbundenheit, desto eher wurden ethnisch-nationale Fremdgruppen und Ausländer als negativ wahrgenommen (Haller/Gruber 1996: 71). Zudem stellte sich die Frage, inwiefern sich Österreicher eine „plurikulturelle Gesellschaft" vorstellen könnten, d.h. eine Gesellschaft, in der Zuwanderergruppen ihre eigenen Sitten und Gebräuche beibehalten. Fast die Hälfte der Österreicher gab an, dass sie eine weitgehende Assimilierung unterschiedlicher kultureller Subgruppen fordern, nur ein Drittel würde ein plurikulturelles Konzept nicht ablehnen. (Haller/Gruber 1996: 74)

Haller/Gruber (1996: 104) wiesen zudem unter Verwendung der Ergebnisse des ISSP 1995 eine österreichische Besonderheit nach, nämlich die enge Verbindung von patriotischen und nationalistisch-chauvinistischen Zügen, wie es sich in folgenden Ergebnissen widerspiegelt: Über drei Viertel der Befragten stimm-

---

[35] 1 = Stark österreichverbunden: (Personen, die sich sehr stark mit Österreich verbunden fühlen), 2 = Österreichverbunden (Personen, die sich stark mit Österreich verbunden fühlen), 3 = Nicht österreichverbunden (Personen, die sich nicht stark mit Österreich verbunden fühlen und Personen, die sich mit einer anderen Nation verbunden fühlen)

ten den Aussagen zu „österreichische Erfolge im internationalen Sport machen mich stolz" und „Ich bin lieber Bürger Österreichs als eines anderen Landes auf der Welt". Kritischer Patriotismus äußerte sich dadurch, dass ein Bürger auch negative Aspekte des eigenen Landes sieht („Es gibt einige Dinge im heutigen Österreich, derentwegen ich mich für Österreich schäme"), was von einem Drittel zugestimmt, von einem anderen Drittel abgelehnt wurde. Aber auch eindeutig nationalistisch-chauvinistische Haltungen wurden durchaus genannt (Haller/Gruber 1996: 100f). Insgesamt zeigte sich in der Untersuchung von Haller/Gruber (1996), dass Österreichidentifikation, Österreichpatriotismus und Nationalstolz positiv und hochsignifikant miteinander korrelieren. Österreichpatriotismus korreliert signifikant negativ mit Ausländerakzeptanz. Nationalstolz korreliert deutlich positiv mit Weltoffenheit und Ausländerakzeptanz. Dies zeigt, dass das Stolz-sein auf die eigene Nation in Österreich nicht automatisch eine Abwertung andere Nationen mit sich bringen muss. (Haller/Gruber 1996: 113)

Weiss/Strodl (2003) gingen in ihrer Untersuchung der Frage nach, wie sich die beiden unterschiedlichen Ausprägungen nationaler Identität (Patriotismus, Nationalismus) auf die Einstellung zur EU-Osterweiterung 2004 auswirkten. Sie konnten dabei nachweisen, dass die Einstellung zu Ausländern und Nationalismus sehr stark mit der Einstellung zur EU-Osterweiterung korrelieren, Patriotismus hingegen in dieser Hinsicht vergleichsweise unbedeutend ist. Je stärker eine Person nationalistische Einstellungen vertritt, desto negativer wird die EU-Osterweiterung eingeschätzt (Weiss/Strodl 2003: 248ff).

10.4. Nationale Symbole Österreichs

Wie in der theoretischen Einführung gezeigt wurde, spielen auch Symbole eine wichtige Rolle in der Repräsentation und Aktualisierung nationaler Identität. Peter Diem hat sich in seinem Buch ganz gezielt mit den Symbolen Österreichs auseinandergesetzt und kommt dabei zu dem Schluss, dass das Verhältnis der österreichischen Staatsbürger zu den Symbolen sehr ambivalent ist. Den Grund dafür sieht er in den häufigen Wechseln der politischen Systeme Österreichs, vor allem im 20. Jahrhundert: Monarchie, Erste Republik, Ständestaat, Nationalsozialismus, Besatzungszeit und Zweite Republik. Durch diese wechselnden Systeme wechselten auch die Symbole sehr häufig. Erst ab 1955 ist herbei eine relative Stabilität eingetreten. (Diem 1995: 9)

Folgende Symbole sind laut Diem für die österreichische Nation insgesamt repräsentativ:

- Rot-weiß-rote Landesfahne
- Der Nationaladler (vorher der Doppeladler)
- Nationalhymne
- Festliche und staatliche Feiertage
    - Nationalfeiertag (Früher noch „Tag der Fahne")
    - Tag der Arbeit (Staatsfeiertag)
- Mystisches Motto AEIOU: Zeichen von Kaiser Friedrich III
- Denkmäler und Monumente
- Orden und Ehrenzeichen
- Münzen und Banknoten
- Briefmarken mit österreichischer Symbolik
- Eidesformeln und Gelöbnisse
- Militärische Symbole

Andere Symbole eher jüngeren Datums sind zudem Partei-Symbole, Austria-Signet und -Gütezeichen, Slogan „Servus in Österreich", ORF, Post, Gewerkschaften und Arbeiterkammern, ÖBB, Großbanken, ÖMV sowie die „Bundesländer"-Versicherung (Diem 1995).

Aber auch auf regionaler Ebene sind Symbole von ähnlicher Bedeutung wie für die Nation insgesamt. Diese Symbole der Bundesländer sollen in der Folge nicht detailliert angeführt werden, sondern nur die zentralen für mehrere Bundesländer relevanten Symboldimensionen angeführt werden (vgl. Diem 1995: 288-370).

- Landeswappen bzw. Landesfahne
- Landesfarben
- Landeshymne
- Landespatron
- Landesfeiertag
- Regionale Bräuche und Traditionen (z.B. Martinigansl essen)
- Landschaftliche Besonderheiten (Berge, Flüsse, Seen)
- Regionale Sehenswürdigkeiten (z.B. Lindwurm, Uhrturm)
- Regionale Tracht (z.B. Steireranzug)
- Regionaltypische Speisen und Getränke (z.B.: Wein, Kaffeehaus)

Diese detaillierte Zusammenfassung regional und national besetzter Symbole wird die Grundlage für die Erstellung eines ausführlichen Kategoriesystems für die inhaltsanalytischen Untersuchungen der ausgewählten Tageszeitungen und Facebook-Angebote darstellen.

10.5. Fremd- und Selbstbild Österreichs

Wichtig für die nationale Identität ist auch das Selbstbild, das die Österreicher von sich und ihrem Land haben, d.h. das sogenannte Autostereotyp. Reiterer ließ die Erhebung dieses österreichischen Selbstbildes anhand von 23 vorgegebenen Eigenschaften durchführen, welche die Befragungspersonen mittels 3-stufiger Skala[36] beurteilen sollten. Die Eigenschaften sollten dabei die Dimensionen „Anpassung/Ausgleichsbereitschaft", „Leistung/Durchsetzungsvermögen", „Geselligkeit/Phäakentum" abdecken. Daraus ergab sich folgende Eigenschaftszuschreibung für Österreich: Als die fünf am ehesten zutreffenden Charaktereigenschaften wurden gemütlich (1,14), lustig (1,21), musikalisch (1,22), fleißig (1,25) und tüchtig (1,25) angeführt. Als am wenigsten zutreffend für Österreich bzw. die Österreicher empfunden wurden hingegen risikobereit (2,02), schlampig (2,09), streitsüchtig (2,27), teilnahmslos (2,38) und grausam (2,67) eingestuft (Reiterer 1988: 101ff). Reiterer (1988: 103) fasste schließlich die Eigenschaftsbeschreibungen in vier Dimensionen zusammen:

1. Risikobereitschaft (mutig, risikobereit, sportlich)
2. Geselligkeit (lustig, gemütlich, musikalisch)
3. Kehrseite der Österreicher (grausam, schlampig, teilnahmslos, streitsüchtig)
4. Ausgleichsbereitschaft (kompromissbereit, intelligent, höflich, friedfertig)

Bei der Einschätzung zeigten sich zudem teilweise sozio-demographisch bedingte Unterschiede: So ist etwa das Selbstbild des Österreichers bei Bewohnern der westlichen Bundesländer sowie in Kärnten und der Steiermark positiver, optimistischer, von der eigenen Leistungsfähigkeit überzeugter als in Wien und Niederösterreich. Auch mit zunehmender Bildung und sozialer Stellung nimmt die kritische Beurteilung des Selbstbildes zu. Ebenso haben Bewohner von Großstädten ein differenzierteres und negativeres Stereotyp als Landbewohner. (Reiterer 1988f: 108)

Reiterers Untersuchung ist aus diesem Grund nach wie vor sehr interessant, weil er auch ein differenziertes Selbstbild der neun österreichischen Bundesländer erhoben hat. Dabei zeigte sich, dass generell die jeweiligen Bewohner das eigene Bundesland positiver beurteilen als die Österreicher gesamt. Die Reihung der Eigenschaften weicht aber kaum von dem Autostereotyp für Österreich insgesamt ab. Auch in der Bundesländereinschätzung liegen die Merkmale „gemütlich" und „lustig" voran (Reiterer 1988: 109). Bei der Faktorenanalyse der Ei-

---

[36] 1 = eher ja, 2= weder-noch, 3= eher nein

genschaften für die Bundesländer ergaben sich leicht abweichende Dimensionen (Reiterer 1988: 110):

1. Risikobereitschaft (mutig, risikobereit, sportlich)
2. Geselligkeit (lustig, gemütlich, musikalisch)
3. Friedfertigkeit (friedfertig, nicht streitsüchtig)
4. Leistungsorientiertheit (tüchtig, fleißig)

Es zeigt sich dabei, dass der negative Faktor („Kehrseite der Österreicher"), der bei der Einschätzung Gesamt-Österreichs noch vorhanden war, bei der Bundesländereinschätzung nicht vorhanden ist, was dafür spricht, dass die Einschätzung insgesamt positiver ausfällt.[37] Wichtig ist auch der Aspekt, welche Bundesländer sich in der Selbstwahrnehmung besonders deutlich von Gesamt-Österreich unterscheiden. Die deutlichste Differenz sehen die Vorarlberger, gefolgt von den Tirolern und den Burgenländern. Am ähnlichsten mit dem Bild von Gesamt-Österreich sehen sich die Niederösterreicher, gefolgt von den Oberösterreichern und den Steirern[38].

Zudem wurden die Personen befragt, welches Bundesland ihnen am sympathischsten ist[39]. Vor allem für Kärnten zeigt sich eine sehr hohe Selbstbezogenheit, die Reiterer als problematisch bezeichnet, da hier das Gefühl „besser" als andere zu sein, sehr klar zum Ausdruck kommt, was sich auch negativ auf die Volksgruppenfrage auswirkt. In Niederösterreich zeigt sich hingegen sehr geringe Selbstbezogenheit, was Reiterer darin begründet sah, dass hier die Identifikation mit den einzelnen Vierteln des Bundeslandes höher ist, als mit dem Bundesland insgesamt (Reiterer 1988: 115). Zudem kann festgehalten werden, dass tendenziell die Einschätzung des eigenen Bundeslandes auf das Gesamtbild von

---

[37] Am risikobereitsten sehen sich die Tiroler, gefolgt von Kärnten und Vorarlberg, am vorsichtigsten sind hingegen die Wiener und Niederösterreicher (Reiterer 1988: 111). Bei der Geselligkeit liegen Kärnten vor Salzburg und dem Burgenland in Führung, Schlusslicht sind Vorarlberg und Tirol. Bei der Friedfertigkeit führen das Burgenland vor Kärnten und Salzburg, am Ende liegen Wien und die Steiermark (Reiterer 1988: 111f). Auffällig ist dabei die insgesamt hohe Einschätzung der Kärntner sowohl bei Risikobereitschaft als auch Friedfertigkeit. Reiterer sieht dies nicht als Widerspruch, sondern als ein Zeichen für eine eher unkritische Selbsteinschätzung der Kärntner (Reiterer 1988: 112).
[38] Bei den Wienern fällt auf, dass sie sich selbst nicht als die typischen Österreicher sehen, sich selbst gegenüber eher negativ, kritisch eingestellt sind. Reiterer relativiert diesen Befund jedoch dadurch, dass er darauf hinweist, dass Wien zu einem großen Anteil aus „Zugezogenen" besteht, die sich selbst nicht als den typischen Wiener beurteilen, sondern mit ihrer Einschätzung zu Wien eher gewissen stereotypen Vorstellungen zum „echten Wiener" folgen (Reiterer 1988: 113f).
[39] Dabei ergab sich anhand der Prozentwerte jener Befragten, die angaben, dass das eigene Bundesland das sympathischste sei, folgende Reihung (Reiterer 1988: 114): Kärnten (86%), Tirol (77%), Burgenland (77%), Steiermark (69%), Salzburg (67%), Vorarlberg (65%), Oberösterreich (63%), Niederösterreich (49%), Wien (17%).

Österreich übertragen wird. Zusammenfassend führt Reiterer folgende Merkmale einzelner Bundesländer an. Nur Oberösterreich, die Steiermark und Salzburg weisen dabei keine hervorstechenden Merkmale auf.

Wien: äußerst negatives Selbstbild
Kärnten: sehr positives, aber wenig selbstkritisches Selbstbild
Tirol: selbstbewusstes, ausgewogenes Selbstbild
Vorarlberg: größte Distanz zum „Österreicher", sonst selbst-kritisches Autosterotyp
Burgenland: überraschend ausgeprägtes selbstbewusstes Selbstbild
Niederösterreich: fühlt sich am stärksten als der typische Österreicher
(Reiterer 1988: 116)

Auch Schweiger (1988) hat eine Reihe von Charakterisierungen der österreichischen Bevölkerung zusammengetragen, die das Selbstbild Österreichs darstellen. Demnach zeichnen sich die Österreicher aus durch Gastfreundschaft, Gutmütigkeit, Fröhlichkeit, Vergnügungssucht, Vaterlandsliebe, Leichtsinn, Aberglaube, große Anhänglichkeit an das Alte, Derbheit, Musik, Tanz und Festlichkeiten, Wiener Walzer, Kultur und Geistesleben: Architektur, Tradition, Wissenschaft, Literatur, Theater; Landschaft: Wachau, Wienerwald, Tirol; Küche und Keller: Wirtshaus, Wein, Wiener Kaffeehauskultur; Wirtschaft: Handel und Produktion, Handwerksbetriebe, Instrumentenerzeuger, Porzellanmanufaktur, Ladenschlusszeiten, Wohlstand der Bevölkerung (Schweiger 1988: 33ff).

In einer weiteren Untersuchung erweiterte Schweiger (1992) seinen Ansatz und fokussierte sich verstärkt auf das Fremdbild Österreichs. Österreich wurde dabei in einem Vergleich zu Deutschland und der Schweiz betrachtet, da diese drei Länder viele Gemeinsamkeiten aufweisen. Die Befragten wurden zur Imagemessung nicht nur mit verbalen Aussagen konfrontiert, sondern auch mit landestypischen Bildern oder Musikstücken. Schweiger wollte auf diese Weise eine „multimodale Imagemessung" (Schweiger 1992: 17) ermöglichen.[40] Die Aussage „berühmt für seine Kultur" wurde Österreich weltweit in 60-90% der Fälle zugesprochen. Besonders deutlich wird das Image Österreichs als „Land der klassischen Musik" (mehr als 70% Zustimmung)[41]. Dementsprechend wur-

---

[40] Folgende Dimensionen galten dabei als Bewertungskriterien: Musik, Kultur und Tradition, Geschichte und Bauwerke, Land und Leute, Tourismus, Wirtschaft / Produktkompetenz, Politik sowie negative Eigenschaften wie etwa Umweltverschmutzung (Schweiger 1992: 20).
[41] Indikatoren dafür waren Wiener Philharmoniker, Neujahrskonzert, Wiener Musikverein, Wiener Sängerknaben, Bälle, Trachtenmusiker, Tanzfeste. Andere Indikatoren für kulturelle Aspekte Österreichs waren: Theaterloge, Hofreitschule Wien, Fiaker, Schützenbataillon, Wiener Kaffeehaus, Kirchenfenster, Walzermusik, Mozart, Johann Strauss, Franz Schubert. (Schweiger 1992: 25ff)

den die Österreicher als musikalisch begabt (über 80% Zustimmung) eingestuft, darüber hinaus als charmant aber auch altmodisch, angenehm, romantisch und freundlich (Schweiger 1992: 102, 134ff). Im Zusammenhang mit dem Tourismus werden vor allem die Gastfreundschaft (50-90%), gutes Essen und Restaurants, die Konditorei Demel, schöne Landschaft sowie Winterurlaub und Schifahren, sowie der Großglockner genannt (Schweiger 1992: 151ff).

Im Wirtschaftsbereich wird Österreich mit Wein, Schiproduktion und Süßigkeitenproduktion in Verbindung gebracht. In der Politik wird vor allem die Neutralität Österreichs hervorgehoben. Bei den berühmten Österreichern werden neben klassischen Musikern, wie Mozart oder Strauß, auch Falco genannt, sowie Politiker wie Kurt Waldheim, Bruno Kreisky, aber auch Sportler (Niki Lauda, Toni Sailer), historische Personen (Kaiser Franz Josef, Kaiserin Maria Theresia, Hitler) sowie andere Künstler (Klaus Maria Brandauer, Franz Grillparzer) (Schweiger 1992: 270ff). Insgesamt konnte Schweiger nachweisen, dass die Stabilität des österreichischen Nationen-Images sehr hoch. Selbst in einer Zeit, in der Österreich massiver negativer Medienberichterstattung ausgesetzt war (1980er Jahre Weinskandal, Kurt Waldheims Vergangenheit als Wehrmachtsoffizier im 2. Weltkrieg und sein Einreiseverbot in die USA 1988), verschlechterte sich das internationale Image Österreichs nicht (Schweiger 1992: 290).

Kurz (2008) nähert sich dem Thema nationale Identität aus einer werbeorientierte Perspektive und stellt in seinem Beitrag zwei Studien vor, die einerseits in Deutschland das Selbstbild Deutschlands, sowie die Fremdbilder zu Österreich und der Schweiz erfassen sollten, andererseits das Selbstbild Österreichs sowie umgekehrt die Fremdbilder von Deutschland und der Schweiz ermitteln haben. Dabei zeigte sich eine durchwegs positive Bewertung Österreichs aus der Selbstsicht, aber auch eine sehr positive Bewertung aus Sicht Deutschlands. Als „Imagestärken der Marke Österreich" führt Kurz sowohl für das Selbst- als auch das Fremdbild Österreichs folgende Punkte an: die Schönheit der Landschaft, die berühmten historischen Bauwerke, gutes Essen und Trinken, der Charme der Österreicher, ihre Gastfreundlichkeit, wenig Überheblichkeit und die geringe Kriminalität. Die Schwächen werden hingegen vor allem in der Engstirnigkeit, den vielen wirtschaftlichen und politischen Skandalen sowie Bettlern und Stau auf den Straßen gesehen. Bei den spontanen Bildassoziationen wird Österreich vor allem als Wein- und Sportland charakterisiert (Kurz 2008: 238f).

Günter Paier (1996) beschäftigte sich schließlich im Rahmen qualitativer Tiefeninterviews mit „Ex-Österreichern", d.h. Personen, die schon länger in einem anderen Land leben, und „Neoösterreicher", d.h. Personen, die schon vor längerer Zeit nach Österreich eingewandert sind und hier leben, mit der Frage nach dem Selbst- und Fremdbild Österreichs.[42] Dabei zeigt sich zunächst als allgemeines Ergebnis, dass Gemütlichkeit als ein zentraler Aspekt der österreichischen Lebensqualität gesehen wird (Paier 1996: 171). Zudem wird das österreichische politische Klima von Harmonie, Unterordnung und Versorgung durch den Staat gekennzeichnet gesehen (Paier 1996: 176f). Vor allem von den Personen aus Nordamerika bzw. den Auswanderern nach Nordamerika werden die Österreicher als eher zurückhaltend, nicht so offen und herzlich in sozialen Kontakten gesehen (Paier 1996: 177). Den Österreichern wird eine Distanziertheit und Vorurteile im Umgang mit Ausländern nachgesagt (Paier 1996: 180). Und insgesamt wird das Zusammenleben der Menschen in Österreich als eher negativ bewertet (Paier 1996: 179). Tendenziell eher positive Einschätzungen Österreichs kommen vor allem von den südosteuropäischen Befragungsteilnehmer, die vor allem die Gepflegtheit und Sauberkeit in Österreich betont, sowie Leistungen des Staates (Paier 1996: 163). Es bestätigt sich somit auch im Zusammenhang mit dem Fremdbild Österreichs, dass hier vor allem die jeweilige Vergleichsnation ausschlaggebend dafür ist, wie positiv oder negativ Österreich eingeschätzt wird.

---

[42] Er wählte dazu bewusst, Personen aus, die aus unterschiedlichen Bereichen Europas, Afrikas, den USA oder Kanada kamen bzw. dorthin ausgewandert sind.

Teil II: Empirie

1. Das Forschungsprojekt

Nachdem im einführenden theoretischen Teil die Definitionsgrundlagen der zweifellos sehr vielseitigen Konstrukte zu geopolitischen Identitätskonzepten sowie den gesellschaftlichen und technologischen Veränderungen in den letzten Jahren und Jahrzehnten geschaffen wurden, sollen nun im folgenden empirischen Teil, zunächst die konkreten Forschungsfragen, die im Rahmen dieser Arbeit beantwortet werden sollen, vorgestellt werden, sowie die methodische Vorgehensweise der eigenen Untersuchungen dargelegt werden. Den größten Anteil innerhalb dieses empirischen Abschnittes werden die konkreten Auswertungen der beiden durchgeführten Inhaltsanalysen sowie der Befragung ausmachen. Um eine möglichst klare Struktur der Arbeit zu gewährleisten, werden zunächst die Ergebnisse der Inhaltsanalysen und der Befragung getrennt vorgestellt, bevor als Abschluss der Auswertungen, die Ergebnisse der medialen Analyse mit den individuellen Rezipienteneinstellungen in Bezug gesetzt werden.

Das zentrale Ziel dieser Arbeit liegt darin, aufzuzeigen, welche Bedeutung regionale und nationale Identitätskonzepte im Zeitalter einer globalen Informations- und Netzwerkgesellschaft haben, und auf welche Weise diese geopolitischen Identitätskonzepte einerseits von professionellen Kommunikatoren – im Sinne von Tageszeitungsjournalisten –, andererseits aber von zum Großteil nichtprofessionellen Kommunikatoren – im Sinne von Social Network Nutzern – konstruiert und aktualisiert werden. Diese Fragestellungen erscheinen aus unterschiedlichsten sozialwissenschaftlichen Perspektiven von hoher Relevanz. Aus soziologischer Sicht interessieren vor allem unterschiedliche Ansätze zur kollektiven Identitätsbildung, wie dies im Falle von regionalen oder nationalen Identitäten der Fall ist. Von politikwissenschaftlicher Seite stellt sich die Frage, inwiefern regionale und nationale Identitäten weiterhin bestehen, obwohl dank Europäischer Union die politischen Agenden der Mitgliedsschaften immer stärker zusammenwachsen und die Frage nach dem Bestehen von regionalen und nationalen Verortungen im Rahmen einer durchaus angestrebten europäischen Identität eine wichtige Frage darstellt. Im Zentrum dieser Arbeit soll aber die kommunikationswissenschaftliche Perspektive stehen, bei der, als einer von Grund auf stark trans- und interdisziplinär ausgerichteten Wissenschaft, vor allem das Zusammenspiel zwischen medialer Vermittlung von regionalen und nationalen Identifikationsangeboten, eigenständiger Konstruktion derselben durch die Mediennutzer und den durch außermediale Rahmenbedingungen vorgegebenen bzw. mitbeeinflussten Grundeinstellungen der Menschen untersucht wird. Um eine möglichst systematische Untersuchung dieses vielschichtigen Prozesses regionaler und nationaler Identitätskonzeptionen auf Medien- und Rezipientenseite sicherzustellen, wird sich die Analyse zunächst auf die getrennten Untersuchungen der einzelnen Teildimensionen konzentrieren und erst in einem zweiten Schritt die Ergebnisse zusammenführen, miteinander in Bezug setzen und vergleichen. Auf diese Weise soll die Arbeit einerseits einen detaillierten Einblick in die Prozesse der regionalen und nationalen Identitätskonzeptionen auf medialer Ebene und Rezipientenebene eröffnen, aber andererseits auch ein kombiniertes Bild der konkreten Zusammenhänge dieser beiden Ebenen geben.

Zudem werden Vergleiche sowohl auf medialer Ebene – zwischen den professionellen journalistischen Formen der geopolitischen Identitätskonzeption und den wenig professionellen Formen durch Nutzer von Social Network Sites –, als auch auf Rezipientenseite eine Gegenüberstellung der individuellen geopolitischen Verortungen von Nutzern derartiger globaler sozialer Netzwerke verglichen mit jenen der Nicht-Nutzer vorgenommen. Auf diese Weise sollen einerseits Hinweise darauf gefunden werden, inwiefern Mediennutzer sich in ihrer regionalen und nationalen Identitätskonzeption von professionellen Medienkommunikatoren unterscheiden, andererseits auch Aufschlüsse darüber gegeben werden, inwiefern Menschen, die selbst aktiv in global orientierten Netzwerken kommunizieren, eine andere geopolitische Verortung aufweisen, als dies bei Personen der Fall ist, die trotz aktuell vorherrschenden Booms derartiger Social Networks diese nicht nutzen.

Um die Frage nach der Bedeutung einer „medialen Vernetzung" für geopolitische Identitätskonzepte beantworten zu können, wurde bewusst die zum Augenblick der Untersuchung mitgliederstärkste Social Network Site Facebook exemplarisch herausgegriffen. Dies mag zwar nur einen sehr spezifischen Bereich im breiten Angebot der Online-Kommunikation abdecken, doch repräsentiert das Netzwerk eine ganz neue Form des interaktiven Informationsaustauschs bzw. der computervermittelten Interaktionsmöglichkeiten: Social Network Sites wie Facebook sind bewusst darauf ausgerichtet, den Nutzern eine Plattform zur Identitätskonzeption bzw. -darstellung zu geben. Zudem dient das Netzwerk stärker als viele andere Online-Angebote dazu, Menschen auf einer interaktiven Ebene miteinander zu verbinden. Beide Aspekte – die Identitätskonstruktion und die Gruppenbildung – stellen in Hinblick auf geopolitische Identitätskonzepte eine sehr wichtige Rolle dar. Zudem versprach auch die Konzentration auf den stark interaktiven Aspekt der Online-Kommunikation in Form der Social Network Site Facebook eine besonders klare Kontrastierung mit traditionellen, journalistischen

Kommunikationsformen, wie sie hier in Form der Tageszeitungsberichterstattung in der Analyse berücksichtigt wurden. Durch diesen Einbezug unterschiedlicher Bereiche, in denen regionale und nationale Identitätskonzeption stattfinden kann, sowie die bereichsinternen Vergleiche ergeben sich vier zunächst getrennt voneinander zu überprüfende Forschungsbereiche, die durch bereichsinterne Vergleiche und abschließend eine bereichsübergreifende Zusammenführung kombiniert werden sollen.

Aufgrund der unterschiedlichen Fragestellungen und unterschiedlichen „Untersuchungsobjekte" wird zudem die Kombination von zwei empirischen Erhebungsmethoden erforderlich sein, nämlich einerseits von Inhaltsanalysen, um die mediale geopolitische Identitätskonzeption erheben zu können, andererseits von Befragungen, die sich auf Nutzer sowie Nicht-Nutzer der Social Network Site Facebook beziehen werden. Um trotz dieses mehrschichtigen Vorgehens die zentralen Forschungsfragen dieser Arbeit möglichst übersichtlich darstellen zu können und dabei auch die vergleichenden Ansätze sowie die Fragestellungen der finalen Zusammenführung der medialen und Rezipientenseite vornehmen zu können, werden die Forschungsfragen in Tabelle 2 dargestellt.

Tabelle 2: Forschungsfragen und methodisches Vorgehen

A.) INHALTSANALYSE	
a. **Allgemeine Printberichterstattung** a.) Überregionale Zeitungen (Standard vs. Krone) b.) Regionalzeitungen (OÖN vs. Kleine Zeitung)	b. **Nationale Identitätskonstruktion in Social Network Sites** a.) National orientierte Facebook Gruppen/Fanseiten b.) Regional orientierte Facebook Gruppen/Fanseiten
Fragestellungen: a.) Wie wird Österreich in der alltäglichen Presseberichterstattung insgesamt dargestellt? b.) Welche Unterschiede gibt es zwischen überregionalen und regionalen Tageszeitungen in der österreichischen Identitätskonstruktion? c.) Welche Unterschiede gibt es Unterschiede zwischen Qualitäts- und Boulevardpresse? d.) Welche Unterschiede gibt es zwischen einer Tageszeitung aus einem Bundesland mit nachweislich hohem Regionalstolz (Kleine Zeitung Kärnten) und einem Bundesland mit durchschnittlichem Regionalstolz (OÖN)?	Fragestellungen: a.) Welchen Stellenwert hat geopolitische Zugehörigkeit in der Social Network Site? b.) Welches Bild wird von Österreich in der Social Network Site hergestellt? c.) Welche Unterschiede zeigen sich zwischen nationalorientierten und regional orientierten Facebook Angeboten?

Medienintern vergleichende Fragestellungen:
a.) Welche Unterschiede zeigen sich zwischen der journalistisch gestalteten Printberichterstattung und der von nicht-professionellen Kommunikatoren vorgenommenen regionalen und nationalen Identitätskonstruktion?
b.) Welche Parallelen lassen sich zwischen der journalistisch gestalteten Printberichterstattung und der von nicht-professionellen Kommunikatoren vorgenommenen regionalen und nationalen Identitätskonstruktion erkennen?

B.) BEFRAGUNG

c. **Befragung von Nicht-Nutzern von Social Network Sites**	d. **Befragung von Social Network Site Nutzern:**
Rekrutierung mittels Quotenplans – Kriterien: a.) Alter b.) Geschlecht c.) Herkunft	Rekrutierung: Kombination aus Quotenverfahren, wie bei Nicht-Nutzern, und Posten des Umfragelinks in Facebook Gruppen und Fanseiten. a.) Mitgliedern von nationenspezifischen Facebook Gruppen oder Fan-Seiten b.) Mitgliedern von nicht-nationenspezifischen Facebook- Gruppen oder Fan-Seiten
Fragestellungen: a.) Welchen Stellenwert hat die geopolitische Zugehörigkeit für die Nicht-Nutzer von Social Network Sites? b.) Wie wird Österreich von den Nicht-Nutzern charakterisiert? c.) Welche Formen nationaler Identität zeigen sich bei den Nicht-Nutzern und wie wird mit Multikulturalismus und Globalisierung umgegangen? d.) Gibt es einen Zusammenhang zwischen der Nutzung unterschiedlicher Medienangebote (TV, Print, Internet) bzw. Genrevorlieben und der regionalen, nationalen bzw. globalen Identifikation bzw. Charakterisierung von Österreich?	Fragestellungen: a.) Welchen Stellenwert hat die geopolitische Zugehörigkeit für die Nutzer von Social Network Sites? b.) Wie wird Österreich von den Nutzern charakterisiert? c.) Welche Formen nationaler Identität zeigen sich bei den Nutzern und wie wird mit Multikulturalismus und Globalisierung umgegangen? d.) Welche Unterschiede zeigen sich zwischen Mitgliedern von regionen- und nationen- spezifischen Facebook-Gruppen/Fanseiten und Nicht-Mitglieder in Hinblick auf die nationale Identität? e.) Gibt es einen Zusammenhang zwischen der Nutzung bestimmter Medienangebote (TV, Print, Internet) und der regionalen, nationalen bzw. globalen Identifikation bzw. Charakterisierung von Österreich?

e. **Rezipientenintern vergleichende Fragestellungen:**
a.) Welche Unterschiede lassen sich zwischen Nutzern und Nicht-Nutzern der Social Network Site Facebook in Hinblick auf ihre geopolitische Identitätskonzeption erkennen?
b.) Welche Parallelen zeigen sich zwischen Nutzern und Nicht-Nutzern der Social Network Site Facebook in Hinblick auf ihre geopolitische Identitätskonzeption?

f. **Zusammenführung von Inhaltsanalyse und Befragung**
Fragestellung: Inwiefern stimmen die medienvermittelten Charakterisierungen Österreichs mit den individuellen Bildern der Nutzer zusammen?

Gemäß dieser strukturierten Auflistung der Forschungsfragen sollen auch die nachfolgenden Auswertungsschritte und Ergebnisinterpretationen erfolgen, um die bestmögliche Nachvollziehbarkeit aller Auswertungen und damit verbundenen Schlussfolgerungen zu ermöglichen.

Bei den beiden methodischen Auswertungsblocks, den Inhaltsanalysen und Befragungen, wird zunächst eine Erläuterung des methodischen Vorgehens angeführt und anschließend noch einmal die konkreten Forschungsfragen genannt. So soll erreicht werden, dass jeder methodische Teilbereich auch für sich allein stehen kann und eine Antwort auf die Frage nach der geopolitischen Identitätskonzeption auf medialer oder Rezipientenseite geben. Auf die Formulierung konkreter Hypothesen wird dabei bewusst verzichtet, da sämtliche Auswertungen primär explorativen und weniger hypothesentestenden Charakter aufweisen werden.

2. Geopolitische Identitätskonstruktion in Tageszeitungen

2.1. Beschreibung der Datengrundlage

Für die Analyse der Tageszeitungsberichterstattung wurde bewusst ein Zeitraum ausgewählt, in der keinerlei sportliche Großereignisse sowie politische, regional oder national bedeutende Ereignisse wie etwa Wahlen stattfanden. Als Untersuchungsperiode wurde schließlich der Zeitraum von Freitag, 1. Jänner 2010, bis Samstag, 9. Jänner 2010 festgelegt. Bei der Art der Stichprobenziehung fiel die Entscheidung bewusst gegen die Erstellung einer künstlichen Woche, da die Intention primär darin bestand, die alltägliche Berichterstattung im Verlauf mehrerer Tage festzuhalten, um dabei auch auf gewisse verstärkende Effekte durch Mehrfachthematisierungen einzelner Ereignisse eingehen zu können, die eventuell sowohl zu einer intensivierten aber auch abgestumpften Wahrnehmung von medialen Thematisierungen geopolitischer Identitätskonzepten führen können. Ziel der Analyse ist dabei keine detaillierte Erfassung aller thematisierten Ereignisse, sondern vielmehr eine exemplarische Rekonstruktion der medial und oftmals unterschwellig vermittelten Darstellung geopolitischer Identitätskonzepte. Aus diesem Grund wurde der Fokus gezielt auf eine komprimierte Periode von acht aufeinander folgenden Erscheinungstagen[43] der ausgewählten Zeitungen gelegt, sodass als Endergebnis der inhaltsanalytischen Untersuchung Aussagen über den vermittelten Gesamteindruck zur regionalen, nationalen sowie transnationalen Identitätskonzeption in Österreich in einer konkreten Zeitspanne getroffen werden können.

Bei der Auswahl der analysierten Zeitungen war primäre Intention, trotz kapazitätsbedingter Einschränkung des Untersuchungsmaterials ein möglichst breites Spektrum an Redaktionslinien bzw. geopolitischen Verortungen abzudecken. Daher wurden schlussendlich jeweils die Wiener Ausgaben der „Kronen Zeitung" sowie des „Standard" als überregionale Zeitungsangebote, die nur einen beschränkten Lokalteil aufweisen und zudem den Vergleich zwischen Boulevard- und Qualitätszeitung erlauben, ausgewählt. Auf Ebene der Bundesländerzeitungen wurde einerseits die Linzer Ausgabe der „Oberösterreichischen Nach-

---

[43] Lediglich der Sonntag wurde dazu ausgespart, da nicht alle der analysierten Tageszeitungen auch an diesem Tag erschienen.

richten" (OÖN) in die Stichprobe aufgenommen, da diese Zeitung auf regionaler Ebene auch von den Verbreitungszahlen von durchaus hoher Relevanz[44] ist und Oberösterreich vom Regionalbewusstsein im Durchschnitt Österreichs liegt, sowie die Klagenfurter Ausgabe der „Kleinen Zeitung", die ebenfalls hohe Verbreitungszahlen[45] aufweist und Kärnten ein Bundesland mit relativ hoher regionaler Identifikation (vgl. Reiterer 1988: 112) darstellt. Die „Oberösterreichischen Nachrichten" und die „Kleine Zeitung"[46] sind auch bundesweit die am stärksten verbreiteten regionalen Tageszeitungen Österreichs, sodass ihr Einflusspotential auf nationale und regionale Identitätskonstruktionen durchaus als relevant eingestuft werden kann.

Für die Inhaltsanalyse wurden die Ressort Innenpolitik, Wirtschaft, Kultur, Sport und Chronik herangezogen. Der Vergleich dieser Ressorts wird zudem Aufschluss darüber geben, ob geopolitische Verortungen auch in Abhängigkeit vom jeweiligen thematischen Kontext in unterschiedlicher Form bzw. unterschiedlich stark zum Ausdruck gebracht werden. Von jedem Ressort wurden jeweils alle Artikel der ersten Ressort-Seite vollständig kodiert, sowie auf den nachfolgenden Seiten jeweils jeder dritte Artikel. Die erste Seite jeder Zeitung bzw. die darauf enthaltenden Anreißer und ihre zugehörigen Artikel im Innenteil wurden ebenfalls vollständig kodiert. Diese zeitungsinternen Stichprobenziehung musst durchgeführt werden, da eine Vollerhebung einerseits die Kodierressourcen überstiegen hätte, andererseits auch kein großer Informationsgewinn dadurch zu erwarten war.

Tabelle 3: Verteilung der analysierten Artikel

	Häufigkeit	Prozent
Kronenzeitung	174	24,5
Der Standard	153	21,5
OÖN	206	29,0
Kleine Zeitung	178	25,0
Gesamt	711	100,0

---

[44] OÖN Marktanteil in Oberösterreich 26,6% (=2. Rang, hinter der „Kronen Zeitung" mit 40,8%). Stand: 2010 (Quelle: media-analyse)
[45] „Kleine Zeitung" ist 2010 Marktführer in Kärnten mit einem Anteil von 49,8%, gefolgt von der „Kronen Zeitung" (42,8%). (Quelle: media-analyse)
[46] OÖN Marktanteil in Österreich: 4,8%, „Kleine Zeitung": 12% (Quelle: media-analyse 2010)

Insgesamt gingen nach diesem Selektionsverfahren 711 Artikel aus den vier genannten Zeitungen im Analysezeitraum in die Untersuchung ein, die sich anteilsmäßig nahezu gleichmäßig auf die vier analysierten Zeitungen verteilen, wie Tabelle 3 zeigt.
 Lediglich die Oberösterreichischen Nachrichten (OÖN) stechen durch eine etwas höhere Anzahl analysierter Artikel hervor. Die Verteilung auf die einzelnen Untersuchungstage fällt ebenfalls sehr gleichmäßig aus, sodass jeder der sieben Tage zwischen 12,8 und 16,6 Prozent an den gesamt analysierten Artikeln ausmacht (siehe Tabelle 3).

2.2. Analyse-Methode und Forschungsfragen

Als Analyse-Methode wurde in Anlehnung an Werner Früh (2004) eine quantitative Inhaltsanalyse ausgewählt, da nur auf diese Weise die relativ hohe Anzahl an zu analysierenden Artikel in einem systematisch vergleichenden Prozess möglich war. Es wurde vorab ausgehend von Voruntersuchungen zur nationalen Identitätskonstruktion im Rahmen der Fußball-Europameisterschaft 2008 (Kneidinger 2010b, 2010c) sowie in Anlehnung an die auch in den Fragebögen eingesetzten Frageitems zur nationalen Identitätskonstruktion und Multikulturalismus[47] sowie zu den unterschiedlichen geopolitischen Identifikationsebenen ein detailliertes Kategoriensystem entwickelt, anhand dessen alle 711 ausgewählten Zeitungsartikel kodiert wurden[48]. Das Kategoriensystem umfasste insgesamt 173 Variablen, die sich auf rein formale sowie inhaltlich-interpretative Kategorien aufteilten. Die Kodierung erfolgte dabei ausschließlich durch die Autorin selbst, wodurch innerhalb der Kodierung keinerlei Verzerrungen durch Probleme der Interkoderreliabilität entstehen konnten. Die Intrakoderreliabilität wurde mehrfach im Laufe des Kodierprozesses durch wiederholtes Kodieren bereits analysierter Artikel überprüft, um auf diese Weise Verzerrungen der Ergebnisse im Verlauf des Kodierprozesses gegebenenfalls aufdecken zu können.
 Im Gegensatz zur inhaltsanalytischen Untersuchung der Facebook Gruppierungen wurde für die Zeitungsanalye aus folgendem Grund bewusst auf den Einsatz von Autokodierungen[49] verzichtet: Für eine Analyse, die durch Autokodierungen ergänzt wird, hätte zunächst jeder einzelne Zeitungsartikel digitalisiert und dann als einzelnes Dateifile in die Kodiersoftware atlas.ti 6.0 integriert wer-

---

[47] v.a. GMF-Survey des Bielefelder Instituts für interdisziplinäre Konflikt- und Gewaltforschung unter Prof. Wilhelm Heitmeyer, sowie Items aus den Surveys im Rahmen des ISSP zur nationalen Identität.
[48] Das Codebuch der Zeitungs-Inhaltsanalyse ist im Anhang beigefügt.
[49] Vergleiche Teil II, Kapitel 5. „Online-Befragung"

den müssen. Dieser technische Aufwand erschien im Vergleich zu den Vorzügen der Autokodierung als nicht lohnenswert. Somit erfolgte die Kodierung händisch und unter Eingabe der Codes direkt in die Auswertungssoftware PASW 18.0 (SPSS). Jene Aspekte, die im Rahmen der Analyse der Facebook-Angebote mittels Autokodierung erhoben wurden, wie etwa Anzahl der Erwähnungen von Österreich oder von Bundesländern, wurden für die Zeitungsanalyse wie alle übrigen Kategorien händisch erhoben und eingeben. Als Analyseeinheit wurde bewusst der einzelne Zeitungsartikel ausgewählt, um auf diese Weise ein möglichst differenziertes Bild über den Zusammenhang zwischen formalen Merkmalen eines Beitrags und den inhaltlichen Ausrichtungen im Zusammenhang mit geopolitischer Identitätskonstruktion zu erhalten.

Wie im Kapitel zum allgemeinen Forschungsinteresse dieser Arbeit bereits angeführt, sollen im Rahmen der Inhaltsanalyse der Zeitungsberichterstattung vier konkrete Forschungsfragen beantwortet werden, die in der Folge noch einmal angeführt werden:

Forschungsfrage 1: Wie wird Österreich in der alltäglichen Presseberichterstattung insgesamt dargestellt?
Forschungsfrage 2: Welche Unterschiede gibt es zwischen überregionalen und regionalen Tageszeitungen in der österreichischen Identitätskonstruktion?
Forschungsfrage 3: Welche Unterschiede gibt es zwischen Qualitäts- und Boulevardpresse?
Forschungsfrage 4: Welche Unterschiede gibt es zwischen einer Tageszeitung aus einem Bundesland mit nachweislich hohem Regionalstolz (Kleine Zeitung Kärnten) und einem Bundesland mit durchschnittlichem Regionalstolz (OÖN)?

2.3. Formale Analyse der Artikel

Bei den ausgewählten Ressorts zeigen sich zum Teil große Unterschiede darin, wie viele Artikel darin zu analysieren waren. Die meisten Artikel stammen aus den Ressorts „Chronik" (25%), „Innenpolitik" (22,8%) und „Sport" (21,8%). Vergleichsweise wenige Artikel gehen aus dem „Wirtschafts-" (12,9%) und Kultur-Ressort (9,6%) hervor. Die übrigen Artikel konnten keinem Ressort eindeutig zugeordnet werden, weil sie etwa auf reinen Meinungsseiten oder den Leserbrief-Seiten positioniert waren (7,9%).

Was aber sind die zentralen Themen der Artikel? Dazu wurde in einem relativ stark ausdifferenzierten Analyseraster festgehalten, welcher Hauptthemenbereich in einem Artikel angesprochen wurde. Vor allem im Bereich der politischen Berichterstattung zeigten sich dabei sehr vielfältige Themenaspekte. Am häufigsten thematisierten Artikel im politischen Bereich die Migrationsproblematik.[50] Aber auch Wahlkämpfe (4,8%), „allgemeine politische Entscheidungen/ Entwicklungen" (4,5%), „Tourismus/Verkehr" (3,5%), „Rechtswesen" (3,2%) sowie „Sicherheitspolitik" (2,7%) und „Finanzpolitik" (2,4%) werden diskutiert. Dies spricht für eine durchwegs vielfältige (politische) Berichterstattung in den analysierten Tageszeitungen, wobei es dennoch einige interessante Unterschiede zwischen den analysierten Medien gibt: Während etwa sowohl bei der Kronen Zeitung als auch bei den beiden Bundesländerzeitungen rund ein Viertel aller Beiträge Sportthemen behandeln (Kronen Zeitung: 28,2%, OÖN: 23,3%, Kleine Zeitung: 23,6%), spielen derartige Themen im Standard eine vergleichsweise weniger wichtige Rolle (13,7%). Dafür dominiert die Qualitätszeitung in Themen wie Kunst und Kultur (12,4%; Kronen Zeitung: 9,2%, OÖN: 9,7%, Kleine Zeitung: 10,1%), Wirtschaft (15%; Kronen Zeitung: 5,2%, OÖN: 11,7%, Kleine Zeitung: 11,2%) und die Thematisierung von Gerichtsurteilen (7,8%; Kronen Zeitung: 2,3%, OÖN: 1,9%, Kleine Zeitung: 1,7%). Im Vergleich zwischen überregionalen Zeitungen und Bundesländerzeitungen fällt auf, dass der Themenbereich Migration in den überregionalen Zeitungen (Kronen Zeitung: 12,1%, Standard: 11,1%) deutlich häufiger genannt wird, als in den Bundesländerzeitungen (OÖN: 7,3%, Kleine Zeitung: 7,9%). Inwiefern im Zusammenhang mit diesem Thema positive, negative oder aber auch eine neutrale Berichterstattung vorliegen, wird noch im Rahmen der Analyse inhaltliche Evaluierungen zu überprüfen sein.

2.4. Geopolitische Verortung der Artikel

Im Zusammenhang mit regionalen, nationalen oder transnationalen Identitätskonzeptionen spielt auch die geopolitische Verortung eines Artikels eine wichtige Rolle, d.h. die Frage, auf welchen Ereignisort sich die Beiträge beziehen, ob dieser stark regionalisiert ist oder aber eher auf nationaler bzw. sogar transnationale Ebene angelegt ist. Die Analyse der 711 Artikel zeigt dabei ein sehr eindeutiges Bild: Mehr als die Hälfte aller Artikel (52,9%) der vier analysierten Zeitungen zeigt einen gesamtnationalen Bezug ohne dabei auf ein spezielles Bundesland einzugehen. Einen transnationalen Bezug weisen hingegen nur insgesamt 4,8% der Artikel auf. Interessant ist die stärker regionalisierte Verortung

---

[50] Dies erklärt sich zum Teil auch dadurch, dass im Untersuchungszeitraum die Debatte um ein geplantes Asylzentrum im burgenländischen Eberau in vollem Gange war und zu einigen politischen Kontroversen führte.

auf Bundesländerebene. Zunächst spiegelt sich hier im Gesamtüberblick in der Bundesländerverteilung die Stichprobenziehung sehr klar wider, indem Kärnten in 14,8% und Oberösterreich in 10,4% der analysierten Artikel den geopolitischen Bezugspunkt darstellen. An dritter Stelle liegt Wien, das in 9% aller Artikel den zentralen Bezugspunkt darstellt. Dies kann als Zeichen dafür gesehen werden, dass der Bundeshauptstadt als politisches, kulturelles und großteils auch wirtschaftliches Zentrum eine höhere Bedeutung zukommt als anderen Bundesländern. Die übrigen sechs österreichischen Bundesländer stellen nur in wenigen Fällen den zentralen Verortungspunkt eines Artikels dar. Inwiefern sich dieses Ranking auch ohne Berücksichtigung der beiden Bundesländerzeitungen bei den beiden überregionalen Zeitungen „Kronen Zeitung" und „Standard" bestätigen wird, gilt es in der Folge noch näher zu untersuchen.

Im Vergleich der analysierten Tageszeitungen spiegelt sich zunächst wenig überraschend die Auswahl der analysierten Medien wider: So bezieht sich etwa fast die Hälfte aller Artikel der Kleinen Zeitung (45,2%) auf Kärnten, in den OÖN machen die Beiträge mit Oberösterreich-Bezug immerhin ein gutes Drittel (34%) aus. Deutlich überraschender fallen hingegen die Befunde in Bezug auf die Östereich- bzw. Wien-Verortung aus. Bei allen Tageszeitungen außer der Kleinen Zeitung dominiert der Österreich-Bezug (sogar bei den auf Oberösterreich ausgerichteten OÖN!). Am stärksten ausgeprägt ist dieser gesamtnationale Bezug im Standard, in dem sich zwei Drittel aller Beiträge (66%) auf Österreich insgesamt beziehen, gefolgt von der oberösterreichischen Bundesländerzeitung (58,7%) und der ebenfalls überregional ausgerichteten Kronen Zeitung (45,7%). Die unerwartet hohe Österreich-Orientierung der OÖN kann als ein Zeichen dafür gesehen werden, dass eine starke regionale Orientierung des Leserkreises durchaus auch mit einer österreichweiten Berichterstattung kombiniert mit regionalisierten Nachrichten funktionieren kann. Die Kleine Zeitung hingegen setzt deutlich stärker auf regionalisierte Berichte. Desweiteren interessant ist die Rolle der Bundeshauptstadt in der Berichterstattung der vier Zeitungen. Hierbei zeigt sich vor allem bei der Boulevardzeitung eine starke Wien-Orientierung, indem fast ein Viertel aller Beiträge (22%) expliziten Wien-Bezug aufweisen. Der Standard liegt als zweite überregionale Zeitung mit einem Anteil von 11% Wienorientierter Beiträge deutlich dahinter. Vergleichsweise wenig Bedeutung wird Wien in den Bundesländerzeitungen beigemessen (OÖN: 1%, Kleine Zeitung: 4%). Insgesamt zeigen sich somit die erwarteten klaren Unterschiede zwischen Bundesländerzeitungen und überregionalen Zeitungen mit einer verstärkten Regionalisierung der Berichterstattung in den erstgenannten. Gleichzeitig beweist jedoch auch die Zahlen der OÖN, dass auch eine Bundesländerzeitung durchaus starken gesamtnationalen Bezug in der Berichterstattung aufweisen kann, ohne dabei die regional verorteten Lesergruppen außer Acht zu lassen.

Neben der allgemeinen thematischen Verortung der Artikel interessiert auch die Herkunft der in den Artikel erwähnten Akteure. Die Artikel wurden dazu in fünf Kategorien klassifiziert, die von Beiträgen, die ausschließlich österreichische Akteure darstellen, über jene, die jeweils zu gleichen Teilen österreichische und nicht-österreichische Akteure beinhalten, bis hin zu jenen mit ausschließlich nicht-österreichischen Handlungspersonen reichen.

Die Auswertung ergibt eine insgesamt starke Konzentration auf österreichische Akteure: Deutlich mehr als die Hälfte aller Artikel (57,3%) stellen ausschließlich österreichische Akteure dar, ein weiteres Viertel (24,7%) der Artikel enthalten immerhin noch „überwiegend österreichische Akteure". 11,3% der Beiträge hat ein ausgewogenes Verhältnis zwischen österreichischen und nicht-österreichischen Akteuren. Nicht-österreichische Akteure kommen lediglich in 5,2% der Artikel „überwiegend" bzw. in 1,4% der Beiträge „ausschließlich" vor. Dies ist ein eindeutiges Indiz dafür, dass sich österreichischen Tageszeitungen sehr bewusst auf österreichische Protagonisten konzentrieren, was einerseits durch den oben bereits angeführten geopolitischen Bezug der Beiträge bedingt ist, andererseits aber durchaus in den möglichen Identifikationsangeboten für die (österreichischen) Leser gesehen werden kann. Vergleicht man die Herkunft der Akteure zwischen den vier analysierten Zeitungen, so zeigt sich als hoch signifikanter Unterschied, dass die beiden Bundesländerzeitungen eine deutlich höhere Fokussierung auf rein österreichische Akteure aufweisen, als die überregionalen Zeitungen, die einen stärkeren Einbezug von Akteuren mit nicht-österreichischer Herkunft aufweisen: Während in den OÖN (70,4%) und der Kleinen Zeitung (68,2%) rund sieben von zehn Artikeln ausschließlich österreichische Protagonisten beinhalten, sind es im Standard lediglich 41,8% sowie in der Kronen Zeitung 44,5% aller Artikel. Diese beiden letztgenannten Zeitungen weisen in deutlich höherem Grad Artikel mit „überwiegend österreichischen Akteuren" (Standard: 40,5%, Kronen Zeitung: 24,3%) oder aber eine „ausgewogene Mischung von österreichischen und nicht-österreichischen Akteuren" (Standard: 10,5%, Kronen Zeitung: 22%) auf. Artikel mit überwiegend oder ausschließlich nicht-österreichischen Akteuren finden sich jedoch in allen vier Zeitungen in nur sehr geringem Ausmaß. Diese Analyse der Akteursherkunft bestätigt somit die These, dass Bundesländerzeitungen stärker auf regionale oder nationale Bezugspersonen beschränkt bleiben, als dies bei den überregionalen Zeitungen der Fall ist. Zwischen Boulevard- und Qualitätszeitung kann als einziger tendenzieller Unterschied nur festgehalten werden, dass die Boulevardzeitung häufiger Artikel mit einer ausgewogenen Mischung aus österreichischen und nicht-österreichischen Akteuren bringt, als dies im Qualitätsmedium der Fall ist. Inwiefern dies ein positives Zeichen Richtung Multikulturalismus oder aber ein negatives Zeichen Richtung Aktualisierung von xenophoben Einstellungen ist, wird sich im Rahmen der Bewertung der Fremddarstellungen noch zeigen.

2.5. Beurteilung und Charakterisierung Österreichs

Eine zentrale Fragestellung liegt darin, auf welche Weise Österreich von den analysierten Tageszeitungen dargestellt und bewertet wird. Dazu wurde zunächst versucht eine Art Globalurteil (siehe Tabelle 4) aus jedem Artikel zu extrahieren, indem explizit positive und negative Äußerungen vermerkt wurden und anschließend gegengerechnet.[51]

Tabelle 4: Globalbewertung Österreichs

N=710	Häufigkeit	Prozent
sehr positiv	57	8,0
positiv	151	21,3
neutral	330	46,5
negativ	156	22,0
sehr negativ	16	2,3
Gesamt	710	100,0

In einem zweiten Schritt wurde schließlich mittels semantischen Differentials anhand von konkreten Eigenschaftspaaren die Charakterisierung Österreichs, soweit sie in der Berichterstattung stattgefunden hat, möglichst detailliert nachgezeichnet.

Bei den Globalurteilen offenbart sich eine sehr ambivalente Bewertung Österreichs: Fast die Hälfte der Artikel (46,5%) enthält eine eher neutrale Einstellung zu Österreich, abgestuft positive bzw. negative Beurteilungen finden sich in jeweils gut einem Fünftel der Beiträge (positiv: 21,3%, negativ: 22%). Auch bei

---

[51] Enthält ein Artikel zum Beispiel drei explizit positive Bewertungen zu Österreich aber gleichzeitig auch eine negative Einschätzung, so wird die negative Bewertung von den drei positiven Bewertungen abgezogen. Insgesamt dominieren somit in diesem Beispielsartikel die positiven Stimmen und es wird ein abgestuft positives Globalurteil für den Artikel kodiert.

den Extrempolen „sehr positiv" und „sehr negativ" zeigt sich eine etwas höhere Nennung auf der positiven Seite (sehr positiv: 8%) als auf der negativen (sehr negativ: 2,3%). Insgesamt enthalten somit rund 30% der Artikel eine insgesamt positive Bewertung Österreichs, während ein Viertel eine tendenziell eher negative Einschätzung von Österreich vermittelt.

Im Zeitungsvergleich (Tabelle 5) zeigen sich bei der Selbstbeurteilung Österreichs einige tendenzielle Unterschiede. Das positivste Bild vermitteln auf überregionaler Ebene die Kronen Zeitung, in der mehr als ein Drittel aller Artikel (35,7%) Österreich mit einem positiven Globalurteil darstellen, auf Bundesländerebene zeigen vor allem die OÖN ein positives Bild, in knapp jedem dritten Beitrag (31,1%). Am kritischsten fällt hingegen die Beurteilung Österreichs im Standard und der Kleinen Zeitung aus, wobei die Qualitätszeitung nur in 22,4% aller Beiträge ein positives, aber gleichzeitig in 28,9% der Beiträge ein negatives Bild von Österreich konstruiert. In der Kleinen Zeitung enthält etwas mehr als ein Viertel aller Beiträge eine positive Beurteilung (26,9%), jedoch drei von zehn Artikeln eine explizit negative Darstellung (30,4%). Die Mehrheit der Artikel in allen Zeitungen beinhaltet jedoch eine neutrale Beurteilung Österreichs.

Tabelle 5: Bewertungen Österreichs im Zeitungsvergleich

	Kronenzeitung	Der Standard	OÖN	Kleine Zeitung	Gesamt
positiv	35,7%	22,4%	31,1%	26,9%	29,3%
neutral	51,1%	48,7%	44,2%	42,7%	46,5%
negativ	13,2%	28,9%	24,8%	30,4%	24,3%
Gesamt	100,0%	100,0%	100,1%[52]	100,0%	100,1%

Interessant wird in der Folge sein, inwiefern sich diese unterschiedlichen Bewertungstendenzen der vier Tageszeitungen auch in unterschiedlich ausgeprägten regionalen bzw. nationalen Identitätskonzepten ausdrücken. Sind etwa in einer Zeitung mit kritischerer Beurteilung Österreichs auch die patriotischen sowie nationalstolzen Äußerungen weniger häufig aufzufinden, als in positiver beurteilenden Zeitungen? Diese Frage gilt es an etwas späterer Stelle im Vergleich der nationalen Identitätskonzeptionen zwischen den vier Zeitungen zu beantworten.

Bei der Auswertung der konkreten Charakterisierungen im Rahmen des semantischen Differentials fällt zunächst auf, dass nur ein vergleichsweise geringer

---

[52] 100,1% durch Rundungsfehler.

Teil der Artikel wirklich explizite Erwähnungen derartiger Charakteraspekte enthält. Bevor auf die einzelnen Charakterisierungen eingegangen wird, soll ein kurzer Überblick dazu gegeben, welche Eigenschaftsaspekte am häufigsten in positiver oder auch negativer Richtung mit Österreich thematisiert wurden. Die mit Abstand häufigst thematisierte Charakter-Polarisierung stellt das Paar „leistungsschwach vs. leistungsstark" dar (siehe Tabelle 6). Fast die Hälfte aller Artikel enthält dazu eine Einordnung (45,6%). Schon deutlich seltener aber dennoch relativ regelmäßig werden auch Einschätzungen zu den Paaren „passiv vs. aktiv" (28,7%), „unsportlich vs. sportlich" (22,6%), „arm vs. reich" (16,9%) sowie „Risiko vermeidend vs. Risiko suchend" (15,2%), „emotional/temperamentvoll vs. rational/ruhig" und „rückständig/traditionell vs. fortschrittlich/modern" (je 15%) in den Artikeln vermittelt. Kaum Einstufungen gibt es hingegen für „religiös/gottorientiert vs. atheistisch/weltoffen", „schlampig vs. genau" und „hässlich vs. schön". Diese Charakterdimensionen scheinen zumindest für die Zeitungsberichterstattung im Zusammenhang mit Österreich kaum eine Rolle zu spielen.

In der Folge sollen nur die fünf Charakterzüge, die am häufigsten in der Berichterstattung thematisiert werden, näher analysiert werden.

Den Beginn macht die am häufigsten genannte Charakterdimension der Leistungsstärke. Hier wurde auf einer vierstufigen Skala mit den Extrempolen „leistungsschwach" vs. „leistungsstark" eingestuft, welchen Eindruck der Rezipient beim Lesen eines Artikels bekommt. Dabei zeigte sich eine durchwegs optimistische Einschätzung Österreichs in Bezug auf die Leistungsfähigkeit. In insgesamt 70,6% der Artikel, welche eine Äußerung zu dieser Charakterdimension enthalten, wird Österreich als leistungsstark eingestuft. Bezogen auf alle Artikel (auch jene, in denen dazu keine Äußerung gemacht wird) stellen immerhin noch 13,4% aller Artikel die Leistungsstärke Österreichs heraus.

Ein noch klareres Bild zeigt sich bei der am zweithäufigsten thematisierten Charakterisierung, nämlich der Dichotomie „passiv vs. aktiv". Hierzu enthalten 85,3% aller Artikel mit einer Charakterisierung in diesem Aspekt eine aktive Darstellung Österreichs. Bezogen auf alle Artikel in der Gesamtheit stellen fast ein Viertel (24,5%) der Artikel Österreich als ein überwiegend aktives Land dar. Ebenfalls eine sehr eindeutige Einschätzung ergibt sich zur Frage, ob Österreich eher ein unsportliches oder sportliches Land ist. 98,1% aller Artikel mit einer Äußerung zu dieser Charakterdimension beschrieben Österreich als sportliches Land. Bezogen auf die Gesamtheit aller Artikel wird Österreich immerhin noch in einem knappen Viertel (22,2%) der Artikel als sportlich thematisiert.

Tabelle 6: Charakterisierungen Österreichs

N=711	Prozent der Artikel mit Nennungen
leistungsschwach – leistungsstark	45,4
passiv – aktiv	28,7
unsportlich – sportlich	22,6
arm – reich	16,9
Risiko vermeidend – Risiko suchend	15,2
emotional/temperamentvoll – zurückhaltend/ruhig	15,0
rückständig/traditionell – fortschrittlich/modern	15,0
orientiert auf regionaler Ebene – weltoffen	14,6
unintelligent – intelligent	12,9
kriminell/korrupt – gesetzestreu	12,5
intolerant – tolerant	12,2
langsam/kompliziert – schnell/unkompliziert	12,2
faul – fleißig	11,8
nicht künstlerisch – künstlerisch	11,4
sturköpfig – kompromissbereit	10,8
ausländerfeindlich/abweisend gegenüber Fremden – gastfreundlich	10,5
feige/ängstlich – mutig	8,3
aggressiv – friedfertig	7,7
gierig/geizig – genügsam/großzügig	7,0
teuer – billig	5,8
Umweltverschmutzend – umweltschützend	3,7
klein – groß	2,5
hässlich – schön	2,1
religiös/gottorientiert – atheistisch/weltorientiert	2,0
schlampig – genau	1,5

Etwas überraschend fallen die Ergebnisse bei der Charakterdimension „arm vs. reich" aus. Von allen Artikeln mit einer Äußerung zu diesem Aspekt weisen zwei Drittel (65,6%) Österreich als tendenziell eher arm aus. Bezogen auf die Gesamtheit der Artikel findet sich eine derartige Charakterisierung jedoch nur in

11,1% der Beiträge. Überraschend erscheint dies deswegen, da Österreich rein nach objektiven Kriterien eher zu den wohlhabenden Ländern Europas bzw. der Welt gehört. Es ist zu vermuten, dass sich diese Darstellung Österreichs als eher „armes" Land, durch eine – gemäß dem Motto „only bad news is good news" – stärkere Konzentration der Berichterstattung auf soziale Problemfälle bzw. auf Budgetprobleme im politischen Bereich, als auf positive Berichte dazu, ergibt.

Bei der fünften Charakterdimension „Risiko vermeidend vs. Risiko suchend" wird Österreich tendenziell eher als sicherheitsbedachtes Land dargestellt. Fast zwei Drittel aller Artikel, die dazu eine Einschätzung beinhalten, beschreiben Österreich als eher „Risiko vermeidend" (63%), und bezogen auf die Gesamtheit der Artikel finden sich derartige Einschätzungen in 9,6% aller Beiträge.

Nach dieser allgemeinen Darstellung der medialen Charakterisierung Österreichs in der Printberichterstattung gilt es nun die Frage zu überprüfen, inwiefern die analysierten Zeitungen unterschiedliche Charakterzuschreibungen vornehmen. Dazu wurde zunächst für die Gesamtheit aller Beiträge (unabhängig von der jeweiligen Zeitung) das semantische Differential aller Charakterdimensionen auch graphisch ermittelt. Daraus können mit wenigen Blicken die am eindeutigsten genannten Charakterzüge herausgelesen werden.

In einem zweiten Schritt werden zu diesem allgemeinem Charakterprofil die zeitungsspezifischen Charakterisierungsprofile kombiniert. Auf diese Weise lassen sich einerseits Abweichungen zwischen den einzelnen Zeitungen, andererseits aber auch Abweichungen einzelner Zeitungen vom Durchschnittswert relativ problemlos erkennen.

Das allgemeine Charakterprofil Österreichs (Abbildung 1) zeigt sowohl auf den in der Mehrheit tendenziell eher negativ formulierten Eigenschaftswörtern auf der linken Seite, als auch bei den überwiegend eher positiv konnotierten Adjektiven auf der rechten Seite, einige hervorstechende Charakterisierungen[53]. Beginnend bei den eher positiven Aspekten wird Österreich wie bereits oben angeführt durchgehend als sehr sportliches Land beschrieben. Ebenso eindeutig scheint eine Charakterisierung als „künstlerische Nation" erkennbar zu werden. Als dritten herausstechenden Aspekt sei noch die Eigenschaft „fleißig" herauszugreifen, die ebenfalls relativ eindeutig mit Österreich in Beziehung gebracht wird. Auf der tendenziell eher negativ konnotierten linken Seite des Charakterprofils fällt zunächst eine insgesamt weniger klare Zuordnung auf. Dennoch kann daraus interpretiert werden, dass Österreich als eher klein charakterisiert wird, also somit der Aspekt der „Kleinstaatlichkeit" durchaus ein Thema ist.

---

[53] Anmerkung: Nicht alle Eigenschaftspaare lassen sich eindeutig den Polen „positiv" vs. „negativ" zuordnen, wie dies etwa beim Eigenschaftspaar „klein vs. groß" der Fall ist.

Abbildung 1: Charakterprofil Österreichs

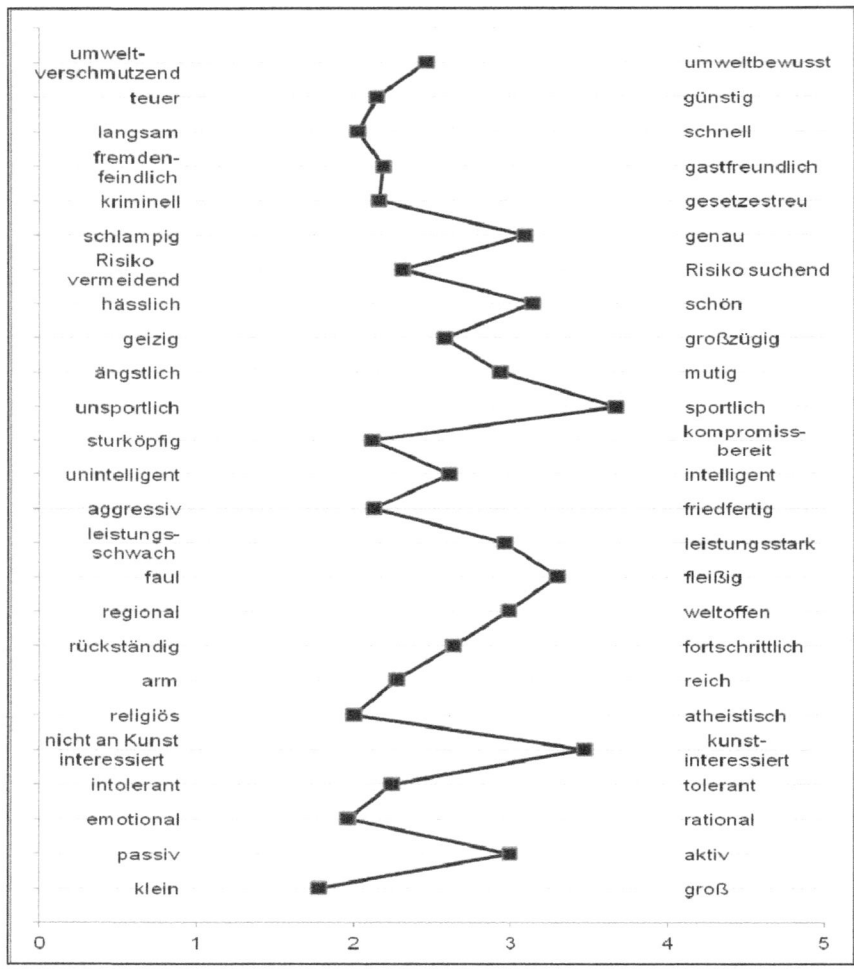

Weiters wird eine gewisse Langsamkeit im Sinne von Kompliziertheit der Nation sowie den Bürgern zugeschrieben. Auch wird den Österreichern eine gewisse Emotionalität zugesprochen, was teilweise auch mit einer Tendenz zur Sturköpfigkeit oder aber zur Aggressivität einhergehen kann. Im Zusammenhang mit der religiösen Einstellung, die jedoch nur selten thematisiert wird, wie man einschränkend anmerken muss, wird Österreich tendenziell eher als religiöses als als ein atheistisches Land dargestellt. Insgesamt muss jedoch für alle dieser letztgenannten Charakterdimensionen gesagt werden, dass diese Zuordnung auf der Skala zwischen den jeweiligen Extrempolen deutlich weniger eindeutig erfolgt, als dies bei den erstgenannten „positiven" Eigenschaftsdimensionen der Fall ist.

Abbildung 2: Charakterprofil Österreich: Zeitungsspezifischer Vergleich

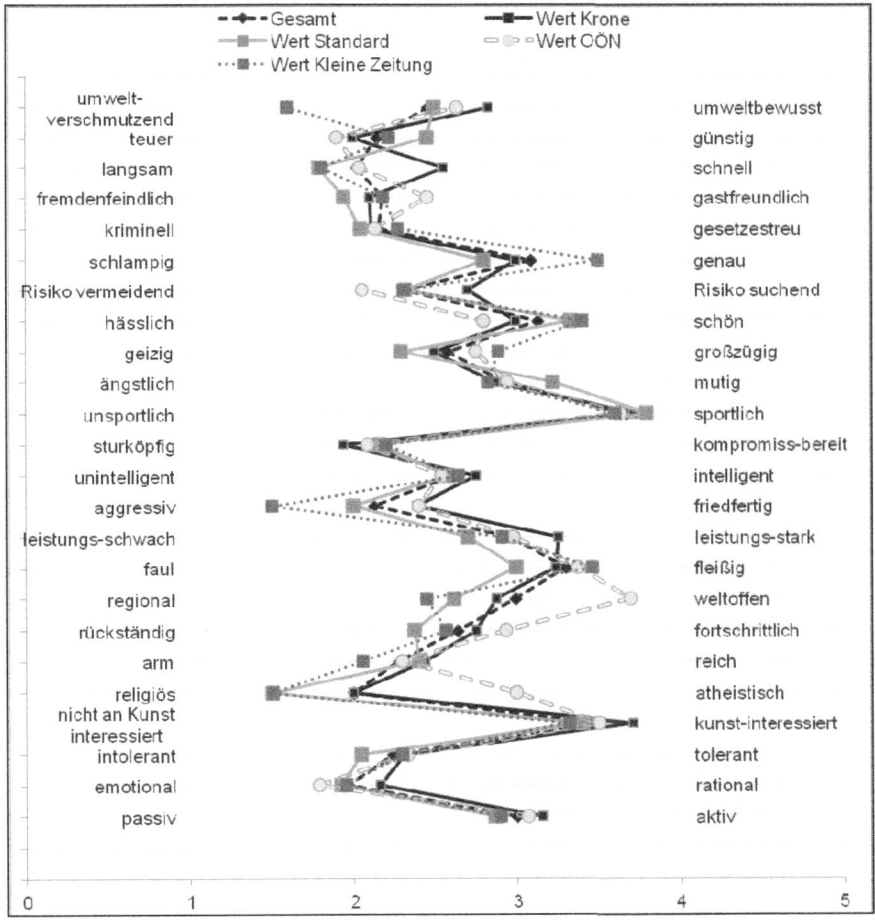

Nach dieser allgemeinen Charakterdarstellung Österreichs werden nun die Ergebnisse nach den einzelnen Zeitungen differenziert dargestellt (Abbildung 2).

Dabei fällt zunächst die teilweise stärker abweichende Charakterisierung in der „Kleinen Zeitung" auf. So kommt in der Kärntner Zeitung etwa eine komplett gegenläufige Einschätzung im Bereich Umweltbewusstsein zum Ausdruck. Während das allgemeine Charakterbild sowie die übrigen drei Zeitungen Österreich tendenziell eher als umweltbewusstes Land einschätzt, sieht die „Kleine Zeitung" Österreich eher als eine umweltverschmutzende Nation. Auch in anderen Eigenschaftsbereichen fällt auf, dass die Kärntner Zeitung zwar nicht eine komplette Richtungsänderung im Vergleich zur Gesamteinschätzung einschlägt, aber dennoch eindeutigere Positionen an den Extrempolen einnimmt, als dies bei den anderen Zeitungen der Fall ist. Dies fällt etwa bei dem Eigenschaftspaar „schlampig vs. genau" auf, bei der die „Kleine Zeitung" Österreich eindeutig als genauer einstuft, als dies die anderen Zeitungen tun. Ein ganz ähnliches Bild zeigt sich bei dem Gegensatz „streitsuchend/aggressive vs. friedfertig/sanftmütig". Hier charakterisiert die „Kleine Zeitung" Österreich als deutlich aggressiver und streitsuchender als alle anderen Tageszeitungen.

Auch die „Oberösterreichischen Nachrichten" weichen in einer Charakterisierung deutlich von den anderen Zeitungen ab, nämlich im Spannungsfeld „regional orientiert vs. weltoffen". In dieser Gruppe an Eigenschaftenzuschreibungen charakterisiert die Bundesländerzeitung interessanterweise Österreich als deutlich weltoffener als dies die überregionalen Zeitungen „Kronen Zeitung" und „Standard" tun. Bei der „Kronen Zeitung" fällt vor allem auf, dass sie Österreich als deutlich weniger „langsam und kompliziert" und weniger „Risiko vermeidend" einschätzt als dies bei den anderen Zeitungen der Fall ist. Auch bei der Leistungsstärke und bei dem Ausmaß des Kunstinteresses stuft die Boulevardzeitung Österreich höher ein als die übrigen Printmedien. Diese visuell dargestellten Unterschiede zwischen den Tageszeitungen bestätigen sich im Rahmen einer Varianzanalyse, mit Hilfe derer die Mittelwerte der einzelnen Charakterisierungen zwischen den vier analysierten Tageszeitungen auf signifikante Unterschiede hin untersucht werden.

2.6. Transnationale Berichterstattung

Ein Indikator für die Messung für transnationale Berichterstattung kann darin gesehen werden, dass innerhalb der Artikel mit Österreichbezug auch andere Nationen bzw. Personen mit anderen Nationalitäten erwähnt werden. Die Analyse zeigt dabei, wie bereits oben erwähnt, eine klare Dominanz von Artikeln, die tatsächlich ausschließlich auf Österreich bzw. österreichische Akteure konzentriert sind; sechs von zehn Artikeln gehören dieser Gruppe an (60,5%)[54]. In etwas mehr als einem Fünftel aller Beiträge (22,2%) werden mehrere andere Nationen erwähnt, in 17,3% der Artikel immerhin eine andere Nation. Im Vergleich überregionaler Tageszeitungen und Bundesländerzeitungen wird das im Rahmen der Akteursanalyse bereits identifizierte Muster deutlich, dass sich die regionalen Zeitungen in deutlich stärkerem Ausmaß rein auf Österreich beziehen, als dies in den überregionalen Zeitungen der Fall ist. So zeigt sich auch im Zusammenhang mit der transnationalen Berichterstattung, dass die OÖN und die Kleine Zeitung in höchst signifikant geringerem Ausmaß über eine oder mehrere andere Nationen berichten, als dies bei Standard und Kronen Zeitung der Fall ist. Bei den Bundesländerzeitungen wird in sieben von zehn Artikeln (OÖN: 69,9%, Kleine Zeitung: 68,5%) keine andere Nation erwähnt (Standard: 50,3%, Kronen Zeitung: 50,0%). Umgekehrt weisen die überregionalen Zeitungen einen hoch signifikant höheren Anteil an Berichten mit mehreren anderen Nationen auf, die in fast jedem dritten Artikel (Standard: 30,7%, Kronen Zeitung: 29,9%) zu finden sind. Unterschiede zwischen den Qualitäts- und Boulevardzeitung zeigen sich im Zusammenhang mit der transnationalen Berichterstattung somit keine. Insgesamt weisen die regionalisierten Tageszeitungen nur eine sehr geringe transnationale Perspektive auf, während diese bei beiden analysierten überregionalen Printmedien zu einem fixen Bestandteil der Berichterstattung gehört.

Wie sich gezeigt hat, enthalten insgesamt zwei Fünftel aller analysierten Artikel Ansätze einer transnationalen Berichterstattung, wobei es jedoch noch zu klären gibt, 1) von welchen anderen Nationen vor allem berichtet wird und 2) wie diese anderen Nationen bewertet werden.

Dies kann Hinweise darauf geben, ob hier eher ein positives oder eher ein negatives Bild anderer Nationen vermittelt wird bzw. welche Nationen in besonderen Bezug zu Österreich gestellt werden, da sie Teil der österreichspezifischen Berichterstattung sind.

Die Auswertung zeigt, dass sich die Artikel, die eine andere Nation erwähnen, entweder auf mehrere europäische und nicht-europäische Länder gemeinsam (35,6%) oder aber auf ausschließlich mehrere europäische Länder (20,3%) beziehen. Bei den Einzelnennungen anderer Nationen dominiert mit großem Abstand Deutschland, das in beinahe jedem fünftem Artikel mit Bezug auf andere Nationen (19,2%) Erwähnung findet. Ansonsten werden lediglich die USA (3,9%), Frankreich (2,5%) und Nationen des ehemaligen Jugoslawiens (1,8%) relativ häufig genannt. Diese Zahlen weisen darauf hin, dass mit Ausnahme der Erwähnungen Deutschlands, die transnationale Sicht in der Berichterstattung im

---

[54] Diese Prozentwerte liegen leicht über den Werten zur Analyse der Herkunft der genannten Akteure, da eine Reihe von Artikeln zwar durchaus eine oder mehrere andere Nationen erwähnen, aber dazu keine konkreten Akteure aus diesen genannten Nationen innerhalb des Artikels vorkommen.

Zusammenhang mit Österreich lediglich in einer „aggregierten" Form geschieht, indem eher auf mehrere unterschiedliche Nationen gleichzeitig verwiesen wird und weniger einzelne europäische oder nicht-europäische Nationen als direkte Vergleichsfläche herangezogen werden. Zwischen den vier analysierten Tageszeitungen zeigen sich in Hinblick auf die Verteilung der genannten nicht-österreichischen Nationen keinerlei signifikante Unterschiede.

Wie aber werden die anderen genannten Nationen innerhalb der Berichterstattung bewertet? Die Analyse zeigt eine stark neutrale Ausrichtung, indem mehr als zwei Fünftel aller Artikel mit Bezug zu anderen Nationen (41,8%) ein neutrales Bild der genannten Nation/en zeichnen. Vergleicht man lediglich die Bewertungen an den positiven und negativen Polen, so zeigt sich insgesamt eine Tendenz zur positiven Bewertung: 28,2% der Artikel beurteilen die genannte/n weitere/n Nation/en „positiv", weitere 5% sogar „sehr positiv". Auf der negativen Seite finden sich 18,9% der Artikel mit „negativer" sowie weitere 6,1% mit „sehr negativer" Darstellung. Insgesamt zeichnen somit ein Drittel der Artikel mit Bezug zu einer oder mehrerer anderer Nationen ein eher positives Bild von diesen, während nur ein Viertel der Artikel ein eher negatives Bild vermittelt. Es kann insgesamt von einer eher positiven Integration anderer Nationen in die Österreich-spezifische Berichterstattung gesprochen werden.

Tabelle 7: Selbstbewertung und Bewertung anderer Nationen

Bewertung anderer Nationen	Bewertung Österreich			Gesamt
	positiv	neutral	negativ	
positiv	34,0%	36,2%	26,3%	33,3%
neutral	48,1%	37,9%	36,8%	41,6%
negativ	17,9%	25,9%	36,8%	25,1%
Gesamt	100,0%	100,0%	100,0%	100,0%

Interessant erscheint in diesem Zusammenhang auch die Frage, inwiefern sich Zusammenhänge zwischen der Bewertung Österreichs und der Bewertung anderer erwähnter Nationen erkennen lassen. Dazu wurde die evaluative Darstellung des Selbstbildes mit den Beurteilungen anderer Nationen in einer Kreuztabelle in Bezug gesetzt (Tabelle 7). Dabei zeigten sich zwar keine eindeutig signifikanten Zusammenhänge, es lassen sich jedoch im Bereich negativer Bewertungen durchaus Tendenzen erkennen. So kann festgehalten werden, dass mit zunehmend negativer Bewertung Österreichs auch die anderen erwähnten Nationen eher negativ beurteilt werden. Ein derartiger Zusammenhang lässt sich jedoch bei positiven Bewertungen nicht so eindeutig erkennen. Es kann somit aus der Kreuztabelle lediglich die vorsichtige Vermutung formuliert werden, dass bei einer negativen Beurteilung des Selbstbildes, die Wahrscheinlichkeit für eine positive Beurteilung anderer Nationen vergleichsweise gering ausfällt. Dies spricht dafür, dass es sehr wohl gewisse tendenzielle, wenn auch nicht eindeutig signifikante (p=0,083) Zusammenhänge zwischen der medialen Beurteilung des nationalen Selbstbildes und der Einschätzung anderer Nationen zu geben scheint.

2.7. Geopolitische Verwurzelung der Berichterstattung

Von ebenfalls wichtiger Bedeutung für die Ermittlung medial vermittelter geopolitischer Identitätskonzepte ist die konkrete geopolitische Verortung der analysierten Artikel. Dabei wurde in einem mehrstufigen Verfahren vorgegangen, um auf diese Weise ein möglichst differenziertes Bild von der geopolitischen Verortung der Berichterstattung zu erhalten. In einem ersten Schritt wurde für jeden Artikel ermittelt, wie häufig „Österreich"[55], „Bundesländernamen" und „Europa"[56] innerhalb der Berichterstattung erwähnt wurden. Dabei zeigte sich, dass vor allem Bundesländerbezeichnungen sehr häufig Verwendung finden. Fast zwei Drittel aller Artikel enthalten zumindest eine Bundesländerbezeichnung (62,3%). Vergleichsweise weniger häufig wird hingegen „Österreich" in der Berichterstattung erwähnt, nur 44,3% aller Artikel erwähnen den Nationennamen explizit. Die geringste Erwähnung findet schließlich mit „Europa" die transnationale Ebene, die nur in 13,8% aller Artikel zu finden ist.

In einem zweiten Schritt wurde die Differenzierung zwischen den vier Ebenen 1) regionaler, 2) nationaler, 3) europäischer und 4) globaler Verwurzelung nicht anhand der Nennungen bestimmter Wörter gemessen, sondern an der inhaltlichen Verortung eines Artikels, für die nicht unbedingt die explizite Erwähnung bestimmter Begriffe von Nöten ist. Um auch die Möglichkeit einer multiplen Verortung eines Artikels feststellen zu können, wurde für jeden einzelnen Beitrag die Erwähnung aller vier genannten Identifikationsebenen getrennt voneinander kodiert. Auf diese Weisen lassen sich unterschiedliche Kombinationen von geopolitischen multiplen Verortungen untersuchen.

Zunächst soll im ersten Schritt jedoch noch für jeden einzelne Ebene gezeigt werden, in welchem Ausmaß sie im Untersuchungsmaterial aufzufinden sind (Tabelle 8).

---

[55] Darunter wurden auch Begriffe wie „Österreicher" oder „österreichisch" mitgezählt.
[56] Darunter wurden auch Begriffe wie „Europäer", „EU", „europäisch" mitgezählt.

Tabelle 8: geopolitische Verwurzelung der Artikel

N=711	Anzahl	Prozent
regionale Verwurzelung	572	80,5
nationale Verwurzelung	533	75,0
europäische Verwurzelung	303	42,6
globale Verwurzelung	168	23,6

Dabei zeigt sich eine sehr klare Dichotomie: Während vier Fünftel aller Artikel (80,5%) regionale Verwurzelung aufweisen sowie drei Viertel (75%) nationale Verwurzelung, zeigen sich bei den transnationalen Identifikationsebenen deutlich geringere Werte, wie etwa 42,6% der Artikel, die eine europäische Verwurzelung beinhalten sowie weniger als ein Viertel aller Artikel (23,6%), die globale Verwurzelung aufweisen. Diese Zahlen wirken wenig überraschend, da bewusst bei der Auswahl der Artikel nur jene mit explizitem Österreich-Bezug (regional oder national) für die Untersuchung herangezogen wurden. Auffällig ist hingegen der vergleichsweise geringe Anteil an Artikeln mit europäischem oder globalem Bezug.

Welche multi-dimensionalen Konstellationen lassen sich jedoch aus diesen vier Identifikationsebenen ablesen? In welchem Ausmaß findet sich die Kombination von regionaler und nationaler Verwurzelung, welche eine starke Fokussierung auf Österreich zum Ausdruck bringen, und in welchem Verhältnis stehen derartige rein Österreich-orientierte Verwurzelungen zu stärker transnational ausgerichteten Konzepten, die etwa in der Kombination aus regionaler oder nationaler Verortung mit europäischer oder globaler Verwurzelung entstehen können?

Rein theoretisch sind 15 unterschiedliche Kombinationen der vier geopolitischen Identifikationsebenen denkbar, die in Tabelle 9 dargestellt werden: Insgesamt zeigte sich zunächst, dass die größte Gruppe der Artikel, nämlich mehr als ein Drittel (36,7%) die Kombination von zwei Identifikationsebenen aufweist. Nahezu gleich häufig treten Artikel auf, die entweder nur eine einzige geopolitische Ebene erwähnen (23,3%) oder aber gleich auf drei verschiedene Ebenen Bezug nehmen (25,9%). Relativ selten aufzufinden, sind hingegen Artikel, die alle vier ermittelten Bezugsebenen beinhalten (11,8%). Keinerlei geopolitische Identifikationsebene findet sich hingegen in nur 2,3% der Artikel (16 Artikel), was dafür spricht, dass die Erwähnung zumindest eines geopolitischen Verortungspunkt zu einem integralen Bestandteil der Berichterstattung zu gehören scheint.

Tabelle 9: Kombinationen geopolitischer Identifikationsebenen

		regional	national	europäisch	global
Typ0	keine geopolitische Verortung				
1 Ebene					
Typ1	nur regional	X			
Typ2	nur national		X		
Typ3	nur europäisch			X	
Typ4	nur global				X
2 Ebenen					
Typ5	regional und national	X	X		
Typ6	regional und europäisch	X		X	
Typ7	regional und global	X			X
Typ8	national europäisch		X	X	
Typ9	national und global		X		X
Typ10	europäisch und global			X	X
3 Ebenen					
Typ11	regional, national, europäisch	X	X	X	
Typ12	regional, national, global	X	X		X
Typ13	regional, europäisch, global	X		X	X
Typ14	national, europäisch, global		X	X	X
4 Ebenen		regional	national	europäisch	global
Typ15	regional, national, europäisch, global	X	X	X	X

Wie aber verteilen sich die Nennungen auf die theoretisch ausdifferenzierten geopolitischen Identifikationstypen? Antwort auf diese Frage liefert Tabelle 10, die zeigt, dass die häufigste Form geopolitischer Verwurzelung eines Artikels in der Kombination von regionalen und nationalen Aspekten erfolgt. Ein Viertel der Artikel ist dem Typus zuzuordnen (25,6%) und stellt damit gleichzeitig auch die am häufigsten auffindbare Kombination von zwei Identifikationsebenen dar.

Ebenfalls relativ häufig vorzufinden, ist die Erweiterung dieser Österreichbezogenen Verortung durch die europäische Ebene. 17,3% der Artikel beinhalten diese Kombination von regionaler, nationaler und europäischer Ebene. Weiters erwähnenswert ist die relativ hohe Häufigkeit von rein regional verorteten Artikeln, die in immerhin 15,6% aller Fälle zu finden sind. Damit stellt auch die regionaler Verortung die häufigste Variante dar, wenn lediglich eine Identifikationsebene in einem Artikel angesprochen wird. Zwei Drittel aller Artikel mit nur einer erwähnten Identifikationsebene enthalten eine regionale Verortung, das restliche Drittel fällt zum Großteil auf rein nationale Verortungen. Rein europäische oder globale Bezugspunkte werden hingegen kaum in der Österreich-orientierten Berichterstattung gewählt.

Tabelle 10: Prozentuale Verteilung der geopolitischen Identifikationsmuster

		N	% ges.	% Ebene	% reg.	% nat.	% eur.	% glob.
Typ0	keine Verortung	16	2,3	100,0				
1 Ebene								
Typ1	nur regional	111	15,6	66,9	19,4			
Typ2	nur national	49	6,9	29,5		9,2		
Typ3	nur europäisch	5	0,7	3,0			1,7	
Typ4	nur global	1	0,1	0,6				0,6
2 Ebenen								
Typ5	regional und national	182	25,6	69,7	31,8	34,1		
Typ6	regional und europäisch	29	4,1	11,1	5,1		9,6	
Typ7	regional und global	6	0,8	2,3	1			3,6
Typ8	national europäisch	28	3,9	10,7		5,3	9,2	
Typ9	national und global	15	2,1	5,7		2,8		8,9
Typ10	europäisch und global	1	0,1	0,4			0,3	0,6
		N	% ges.	% Ebene	% reg.	% nat.	% eur.	% glob.
3 Ebenen								

Typ11	regional, national, europäisch	123	17,3	66,8	21,5	23,1	40,6	
Typ12	regional, national, global	28	3,9	15,2	4,9	5,3		16,7
Typ13	regional, europäisch, global	9	1,3	4,9	1,6		3	5,4
Typ14	national, europäisch, global	24	3,4	13,0		4,5	7,9	14,3
4 Ebenen								
Typ15	regional, national, europäisch, global	84	11,8	100,0	14,7	15,8	27,7	50
GESAMT		711	100		100	100	100	100

Differenziert man die Verteilungen abschließend noch anhand ihres Stellenwerts innerhalb der vier Identifikationsebenen, so erweist sich bei regionaler und nationaler Ebene jeweils die kombinierte Darstellung dieser beiden Bereiche als die am häufigsten verwendete Verortung, bei der europäischen Ebene dominiert die Kombination aus regionaler, nationaler und europäischer Verwurzelung und die globale Verortung erfolgt zum Großteil in der Kombination mit den anderen drei Identifikationsebenen.

Als Fazit kann somit festgehalten werden, dass die Mehrheit der Artikel mit einer Kombination aus regionaler und nationaler Verortung aufgebaut sind, die teilweise noch durch die Hinzunahme einer europäischen Ebene ausgeweitet wird. Globale Verwurzelung spielt nur dann eine Rolle, wenn sie in der Kombination mit regionalen, nationalen und europäischen geopolitischen Identitätskonzepten thematisiert wird. Die österreichbezogene Berichterstattung weist somit einerseits eindeutig regionalisierte und nationalisierte Artikel auf, aber andererseits auch eine nicht zu verachtende Anzahl an Beiträgen, die auch eine europäische Bezugsebene hinzukombinieren und dadurch die Perspektive ausweiten.

Für die Leser bedeutet dies, dass einerseits klare Identifikationsangebote mit der österreichischen Nation und im Speziellen vor allem den Bundesländer- und Regionen-spezifischen Aspekten angeboten werden, andererseits aber auch die mediale Aspekte einer europäischen Perspektive zu finden sind.

Wie aber gehen die vier analysierten Zeitungen im Vergleich mit der geopolitischen Verortung um? Welche Unterschiede zeigen sich einerseits zwischen Regionalzeitungen und überregionalen Zeitungen, andererseits aber auch zwischen Boulevard- und Qualitätsblatt? Für die Beantwortung dieser Fragen wurden die 15 identifizierten Verortungstypen nach Zeitungen aufgeschlüsselt (Tabelle 11). Beginnend bei der allgemein am häufigsten vorkommende Kombinationsvariante der geopolitischen Verortung, der Kombination von regionalen und nationalen Bezugspunkten, zeigt sich vor allem eine überdurchschnittlich häufige Verwendung dieses Typus bei den Oberösterreichischen Nachrichten. Während im Durchschnitt ein Viertel der Artikel eine derartige Kombination beinhalteten, sind es bei der oberösterreichischen Bundesländerzeitung ein Drittel (33%) aller Artikel. Die anderen Zeitungen liegen im Durchschnitt, wobei tendenziell die überregionalen Zeitungen zu einem etwas geringeren Grad diese Kombination von regionaler und nationaler Verortung einsetzen, als Bundesländerzeitungen. Bei der am zweithäufigsten eingesetzten Kombination, nämlich der Erweiterung der rein regional-nationalen Verortung durch die europäische Perspektive, sticht wiederum mit dem Standard ein überregionales Qualitätsblatt hervor. Während durchschnittlich 17,3% aller Artikel eine derartige 3-Ebenen-Verortung enthalten, sind es beim Standard fast ein Viertel aller Beiträge (23,5%). Dies scheint dafür zu sprechen, dass die Qualitätszeitung eine verstärkt über die rein Österreich-spezifische Verortung hinausgehende Berichterstattung realisiert, als dies etwa für die Boulevardzeitung (Krone 12,1%) sowie die beiden Bundesländerzeitungen (OÖN 15,5%; Kleine Zeitung 19,1%) zutrifft. Dieser Befund bestätigt sich auch in der 4-Ebene Kombination, d.h. der Zusammenführung von regionalen, nationalen, europäischen und globalen Aspekten innerhalb eines Artikels, bei der ebenfalls der Standard die höchsten Zahlen aufweist (16,3%). Eine derartige Kombination findet sich hingegen vor allem in den OÖN vergleichsweise selten (9,2%).

Die am dritthäufigsten eingesetzte geopolitische Verortung die rein regionale Verwurzelung, ist erwartungsgemäß bei den beiden analysierten Bundesländerzeitungen am größten. Knapp jeder fünfte Artikel in den beiden Zeitungen besteht rein aus einer regionalen Verortung (OÖN 19,4%; Kleine Zeitung 19,7%). Die Kronenzeitung weist für eine überregional ausgerichtete Tageszeitung einen ebenfalls relativ hohen Anteil an rein regional orientierten Artikeln auf (15,5%), was dadurch erklärt werden kann, dass die Kronenzeitung sowohl personell als infrastrukturell vergleichsweise relativ gut ausgestattete Regionalredaktionen in den Bundesländern betreibt und somit im Rahmen von diversen regionalisierten Mutationen des Boulevardblattes trotz überregionaler Orientierung eine relativ starke Regionalisierung der Inhalte umgesetzt werden kann. Bei der überregionalen Qualitätszeitung, dem Standard, fällt hingegen der Anteil der rein regional ausgerichteten Beiträge marginal aus (5,9%). Dies entspricht der Ausrichtung der Tageszeitung, die sich weniger auf regionalisierte Chronik-Beiträge spezialisiert, sondern vielmehr den Anspruch einer hochqualitativen, Regionen-übergreifenden Berichterstattung für Österreich erfüllen will. Die geringste Bedeutung rein nationaler Verortung zeigt sich bei den OÖN, was einerseits durch die starke Konzentration auf die Kombination von regionaler und nationaler Verwurzelung, sowie andererseits durch die insgesamt vergleichsweise hohe Bedeutung rein regionaler Verortung erklärt werden kann. Die Zeitung mit dem im Vergleich zu den übrigen analysierten Printmedien größten Anteil an Artikeln ohne jegliche geopolitische Verortung ist wiederum der Standard. Zusammenfassend kann man die Ergebnisse der geopolitischen Verortung der Artikel so auf den Punkt bringen, dass sich ein Spannungsfeld zwischen einerseits einer Österreich-konzentrierten Berichterstattung mit hoher Bedeutung der Kombination von regionalen und nationalen Bezugspunkten und andererseits einer transnationalen Öffnung durch Einbezug einer europäischen Perspektive auch in Abhängigkeit von den jeweiligen Zeitungen erkennen lässt. Während Bundesländerzeitungen naturgemäß stärker auf regionalisierte Inhalte ausgerichtet sind, weist vor allem die Qualitätszeitung eine herausstechend hohe Öffnung Richtung europäischer oder sogar globalisierter Perspektive auf. Eine derartige Öffnung lässt sich in der Boulevardzeitung in dieser Klarheit nicht erkennen. Bei dieser dominiert trotz überregionalem Absatzmarkt eine starke regionale Ausrichtung, was vor allem in dem hohen Stellenwert von Chronik-Beiträgen zu erkennen ist.

Tabelle 11: Geopolitische Verwurzelung im Zeitungsvergleich

		Krone	Standard	OÖN	Kleine Zeitung	Gesamt
Typ0	keine Verortung	1,7	3,9	1,9	1,7	2,3
1 Ebene						
Typ1	nur regional	15,5	5,9	19,4	19,7	15,6
Typ2	nur national	8,6	8,5	3,9	7,3	6,9
Typ3	nur europäisch	1,1	0,7	1,0	0,0	0,7
Typ4	nur global	0,0	0,7	0,0	0,0	0,1
2 Ebenen						
Typ5	regional und national	21,8	21,6	33,0	24,2	25,6
Typ6	regional und europäisch	6,9	1,3	3,9	3,9	4,1
Typ7	regional und global	1,7	0,7	0,5	0,6	0,8
Typ8	national und europäisch	6,3	2,6	3,9	2,8	3,9
Typ9	national und global	1,1	3,3	1,0	3,4	2,1
Typ10	europäisch und global	0,0	0,7	0,0	0,0	0,1
3Ebenen		Krone	Standard	OÖN	Kleine	Gesamt
Typ11	regional, national, europäisch	12,1	23,5	15,5	19,1	17,3

Typ12	regional, national, global	5,7	3,9	2,9	3,4	3,9
Typ13	regional, europäisch, global	1,7	1,3	1,0	1,1	1,3
Typ14	national, europäisch, global	3,4	5,2	2,9	2,2	3,4
4 Ebenen						
Typ15	regional, national, europäisch, global	12,1	16,3	9,2	10,7	11,8
GESAMT		100,0	100,0	100,0	100,0	100,0

In Hinblick auf die Wirkungspotentiale unterschiedlicher medialer geopolitischer Verortung lassen sich somit durchaus unterschiedliche Einstellung bzw. individuelle Verortungen der Leser der jeweiligen Zeitungen vermuten. Dieser Zusammenhang kann in einem zweiseitigen Wirkungszusammenhang stehen: Einerseits besteht die Möglichkeit, dass jene Leser, die grundsätzlich bereits eine eher starke europäisierte Identitätsorientierung aufweisen, auch verstärkt zu einer Zeitung greifen, die in der Berichterstattung diese geopolitische Verortung berücksichtigt (z.B. Standard). Andererseits kann auch der Fall eintreten, dass Leser von entweder stark Österreich-konzentrierten Tageszeitungen oder aber auch von stark transnational ausgerichteten Printmedien durch ihre Medienrezeption unterschiedliche Sichtweisen geopolitischer Verortung erhalten und sie diese in ihr individuelles Identitätskonzept integrieren. Am wahrscheinlichsten erscheint in diesem Zusammenhang jedoch eine Variante von wechselseitig, simultaner Beeinflussung.

Unabhängig davon, welche Wirkungsrichtung sich langfristig als die zutreffendste erweist, sind diese Befunde zu den inhaltlichen Unterschieden in Hinblick auf die geopolitische Verortung verschiedener Tageszeitungen ein wichtiger Hinweis darauf, dass die Art und Weise wie berichtet wird bzw. inwiefern regionale, nationale oder transnationale Perspektiven angeboten werden, wichtige Referenzquellen für individuelle Verortungen der Rezipienten mit sich bringen können.

Diese Befunde bestätigen sich auch bei Auszählung der Nennung von regionalen, nationalen und transnationalen Bezugspunkten. So wurde ermittelt wie häufig 1) Bundesländernamen, sowie Begriffe wie 2) „Österreich/österreichisch/ Österreicher" bzw. „Nation/national" sowie 3) „EU/Europa/ europäisch" in den Artikeln verwendet wurden. Dabei zeigte sich eine klare Dominanz von Bundesländernamen, die im Durchschnitt rund zweimal pro Artikel genannt werden. „Österreich" findet sich hingegen in jedem Artikel nur knapp ein Mal (Mittelwert=0,97) und „Europa" sogar nur etwa in jedem dritten Artikel einmal (Mittelwert=0,3). Der Terminus „Nation" bzw. „national" wird hingegen kaum verwendet und findet sich nur in jedem zehnten Artikel einmal (Mittelwert=0,1). Auch bei dieser Auswertung zeigt sich somit die eindeutig hohe Bedeutung eine regionalen Verortung der Berichterstattung, gefolgt von nationalen Bezugspunkten, während transnationale Aspekte insgesamt eine eher untergeordnete Rolle spielen.

2.8. Symbolen zur geopolitischen Identitätskonstruktion

Wie im theoretischen Teil bereits erläutert, stellen regionale, nationale oder auch transnationale Symbole wichtige Identifikationsangebote zur Ausbildung einer individuellen wie auch einer kollektiven Identität dar. Aus diesem Grund wurde auch im Rahmen der Inhaltsanalyse der Einsatz von regionalen, nationalen und transnationalen Symbolen ermittelt. Dazu wurden vorab auf Grundlage von Forschungsergebnissen zu den wichtigsten Symbolen Österreichs bzw. einer Nation allgemein (vgl. Diem 1995) sowie auf Basis eigener inhaltsanalytischer Untersuchungen zu eingeschränkten Ereignissen (vgl. Kneidinger 2010b,c) eine Reihe von Symbolkategorien formuliert und anschließend für jeden Artikel kodiert, ob die einzelnen Symbolkategorien vorkommen oder nicht.

Als zu analysierende Symbolkategorien wurden folgende Punkte festgelegt:

Kategorie 1: regional, national, transnational bezogene Musik (z.B. Landeshymnen, Bundeshymne, Europa-Hymne, aber auch andere Musikstücke, die mit einer Region/Nation in Verbindung gebracht werden, wie etwa der Donauwalzer)
Kategorie 2: regional, national, transnational bezogene Farben oder Wappen (z.B. rot-weiß-rot, Landeswappen, usw.)
Kategorie 3: regional, national, transnational spezifische Fahne (z.B. Europafahne)
Kategorie 4: Hinweise auf Region, Nation, andere Nationen/transnationale Gebiete und geographische Besonderheiten (z.B: Berge, Flüsse, Täler, Ortschaften usw.)
Kategorie 5: regionale, nationale oder mit anderen Ländern assoziierte Sehenswürdigkeiten (z.B. Burgen, Schlösser, Denkmäler usw.)
Kategorie 6: regional, national oder für andere Nationen typische Speisen und Getränke (z.B. Salzburger Nockerl, Sachertorte, Veltliner Wein usw.)
Kategorie 7: regional, national oder für andere Nationen typische Kleidung und Trachten (z.B. Lederhose, Dirndlkleid, Goldhauben usw.)
Kategorie 8: regional, national oder für andere Nationen typische Bräuche und Traditionen (z.B. Adventssingen, usw.)

Kategorie 9: regional, national oder auf andere Nationen bezogene Identifikationspersonen (z.B. Sportler, Künstler, Politiker usw.)
Kategorie 10: regional, national oder auf andere Nationen bezogene Parteien (z.B. ÖVP, SPÖ usw.)
Kategorie 11: regional, national oder auf andere Nationen bezogene typische Kürzel (z.B. ORF, ÖGB, usw.)
Kategorie 12: sonstige regionale, nationale oder transnationale Symbole

Wie Tabelle 12 zeigt, beschränkt sich der Einsatz regionaler oder nationaler Symbole in der Berichterstattung nur auf einige der oben angeführten Symbolkategorien. Auf regionaler Ebene spielen vor allem geographische Hinweise wie etwa die Erwähnung regionaler Berge oder Täler eine wichtige Rolle, mit denen ein Nahverhältnis zu einer Region ausgedrückt werden kann. Fast zwei Drittel aller Artikel (65%) enthalten derartige regionale geographische Symbole. Ebenfalls von hoher Relevanz erweisen sich regionale Identifikationsfiguren, wie sie vor allem in regionalen Politikern (z.B. Landshauptmann/frau) oder aber auch in Sportlern, deren Herkunft explizit in der Berichterstattung thematisiert wird, aufzufinden sind. Etwas weniger als die Hälfte aller Artikel (47,1%) enthält derartige regionale Identifikationsfiguren in ihrer Berichterstattung. Die dritthäufigste Kategorie regionaler Symbole fasst als „Sonstiges" Kategorie eine Reihe unterschiedlichster anderer Symbolisierungen einer Region zusammen, die sich nicht gesondert kategorisieren lassen.[57] Ein Viertel (24,9%) aller Artikel enthält zumindest eine Form dieser regionalen Symbolisierung, die sich keiner der oben angeführten Kategorien eindeutig zuordnen lässt. Ebenfalls noch in erwähnenswertem Ausmaß als Identifikationssymbole verwendet werden regionale Parteien bzw. Parteivertretungen (15,9% der Artikel), regionale Sehenswürdigkeiten (13,6%), regionaltypische Abkürzungen (13,4%) sowie regionaltypische Bräuche und Traditionen (4,1%). Erstaunlich geringe Bedeutung haben hingegen klassische regionale Symbole, wie etwa das Landeswappen oder die Landesfarben.

Auf nationaler Ebene zeigt sich im Symboleinsatz ein relativ ähnliches Bild. Hier werden vor allem nationale Identifikationspersonen gerne zur Repräsentation der Nation eingesetzt (54,6%). Unerwartet hohe Bedeutung haben auch nationaltypische Kürzel (z.B. ÖGB, WKÖ usw.), die vor allem im politischen oder wirtschaftlichen Bereich verortet sind (22,9%). Auch auf der nationalen Ebene liegt die Kategorie „Sonstige Symbole" mit einem enorm diversifizierten Spektrum an symbolischen Darstellungen der Nation an dritter Stelle des Symbol-Rankings (22,6%). Auch überregionale politische Parteien werden in 16,7% der

---

[57] Die Bandbreite dieser „Sonstigen Symbole" reich von der Erwähnung stark mit der Region verbundener Unternehmen oder Fabriken bis hin zur Nennung regionaler Medienangebote.

Artikel zur Repräsentation Österreichs eingesetzt. Vergleichsweise wenig Beachtung finden hingegen nationale Bräuche und Traditionen (5,6%), aber auch die auf regionaler Ebene häufig zu findenden Symbole der geographischen Hinweise (1,7%) und nationaler Sehenswürdigkeiten (2,4%). Die beiden letzteren Aspekte weisen durchwegs regionale Zuordnung auf, sodass kaum nationale Symbole auf geographischer Ebene bzw. bei Sehenswürdigkeiten zu finden sind.

Tabelle 12: Verwendung regionaler, nationaler und globaler Symbole

	regional	national	global
Musik	0,4	1,7	0,1
Farben oder Wappen	0,1	3,2	0
Fahne	0,4	0,1	0,3
geographische Karte	0,1	0,1	0
geographische Hinweise	65,0	1,7	28,3
Sehenswürdigkeiten	13,6	2,4	1,7
Speisen und Getränke	0,8	1,0	0,8
Kleidung und Trachten	0,3	0,3	0
typische Bräuche und Traditionen	4,1	5,6	1,3
Identifikationspersonen	47,1	54,6	18,1
Parteien	15,9	16,7	1,8
Kürzel	13,4	22,9	9,0
sonstige Symbole	24,9	22,6	10,3
Sprache	X^{58}	15,8	11,7

Auf der dritten geopolitischen Ebene, der globalen Ebene, findet sich eine ähnliche Rangreihe der Symbole wie auf regionaler Ebene. Auch hier fällt der größte Teil der verwendeten globalen Symbole, im Sinne von Symbolen, die auf andere Nationen (außer Österreich) bzw. auf übernationale Gemeinschaften (z.B. EU) bezogen sind, auf geographische Hinweise. Mehr als ein Viertel aller Beiträge (28,3%) enthält derartige geographische Symbole. An zweiter Stelle folgen „globale Identifikationsfiguren", die in 18,1% aller Artikel zu finden sind. Wichtig erscheinen auch hier eine Vielzahl unterschiedlichster globaler Symbole in der Kategorie „Sonstige globale Symbole" (10,3%) sowie „globale Kürzel" (9,0%).

---

[58] Regionale Dialekte wurden in der Zeitungsanalyse nicht gesondert erfasst.

Tabelle 13: Verwendung regionaler Symbole im Zeitungsvergleich

REGIONAL in %	Kronen Zeitung	Standard	OÖN	Kleine Zeitung
Musik	0,0	0,7	0,5	0,6
Farben oder Wappen	0,0	0,0	0,0	0,6
Fahne	0,6	0,0	0,0	1,1
geographische Karte	0,0	0,7	0,0	0,0
geographische Hinweise	47,7	67,3	68,0	76,4
Sehenswürdigkeiten	17,2	15,7	10,7	11,8
Speisen und Getränke	0,6	0,7	0,5	0,6
Kleidung und Trachten	0,0	0,0	0,0	1,1
typische Bräuche und Traditionen	4,6	2,0	3,4	6,2
Identifikationspersonen	21,3	44,4	58,7	61,2
Parteien	4,6	20,9	17,5	20,8
Kürzel	12,6	7,8	18,9	12,4
sonstige Symbole	8,0	33,3	32,0	25,8
Anzahl Artikel gesamt	100,0	100,0	100,0	100,0

Vergleicht man den Einsatz der oben dargestellten Symbole bei den vier analysierten Zeitungen (Tabellen 13, 14, 15), so zeigen sich einige interessante Unterschiede, die sich gut in die Befunde zu den Unterschieden in der geopolitischen Verortung einfügen. Als erster zentraler Unterschied lässt sich festhalten, dass der Standard am häufigsten nationale und auch globale Symbole in die Berichterstattung einfließen lässt. Für die Kronen Zeitung fällt auf, dass sie entgegen der Erwartung einer besonders symbolreichen Berichterstattung auf Grund ihrer Ausrichtung als Boulevardzeitung, insgesamt eher wenige Symbole auf regionaler und nationaler, aber auch auf globaler Ebene einsetzt.

Tabelle 14: Verwendung nationaler Symbole im Zeitungsvergleich

NATIONAL				
	Kronen Zeitung	Standard	OÖN	Kleine Zeitung
Musik	1,7	1,3	2,9	0,6
Farben oder Wappen	6,9	0,0	1,9	3,9
Fahne	0,6	0,0	0,0	0,0
geographische Karte	0,6	0,0	0,0	0,0
geographische Hinweise	2,3	3,9	0,5	0,6
Sehenswürdigkeiten	2,3	3,9	2,9	0,6
Speisen und Getränke	0,6	2,0	0,0	1,7
Kleidung und Trachten	0,0	0,7	0,0	0,6
typische Bräuche und Traditionen	6,3	5,2	3,9	7,3
Identifikationspersonen	50,0	73,2	45,6	53,4
Parteien	8,6	30,7	15,0	14,6
Kürzel	20,1	30,1	22,8	19,7
sonstige Symbole	8,0	37,3	21,8	25,3
Sprache	14,9	24,2	11,7	14,0
Anzahl Artikel gesamt	100,0	100,0	100,0	100,0

Zusätzlich wurde auf nationaler Ebene noch eine Kategorie für die Verwendung von Austriazismen eingeführt, um auch das Potential der Sprachwahl als Symbol nationaler Identität zu berücksichtigen. Auf transnationaler Ebene wurde als Gegenstück die Kategorie „Anglizismen" ergänzt, um den Einsatz englischer Wörter in der deutschsprachigen Berichterstattung ebenfalls festhalten zu können.

Es stellt sich die Frage, inwiefern die österreichischen Tageszeitungen, die österreichischen Besonderheiten der Deutschen Sprache auch in ihrer Berichterstattung wiedererkennen lassen. Insgesamt enthalten 15,8% aller Artikel mindestens einen Österreich-typischen Ausdruck.[59] Die Verwendung derartiger Österreich-typischer Ausdrucksweisen innerhalb der offiziellen Medienberichterstattung, die durchaus auch in Qualitätszeitungen wie dem Standard zu finden ist, signalisiert eine hohe Bedeutung dieser sprachlichen Besonderheit des „Österreichischen" für die gesamte nationale Identität.

Tabelle 15: Verwendung globaler Symbole im Zeitungsvergleich

GLOBAL				
	Kronen Zeitung	Standard	OÖN	Kleine Zeitung
Musik	0,0	0,0	0,0	0,6
Farben oder Wappen	0,0	0,0	0,0	0,0
Fahne	1,1	0,0	0,0	0,0
geographische Karte	0,0	0,0	0,0	0,0
geographische Hinweise	16,1	37,9	26,7	33,7
Sehenswürdigkeiten	1,7	1,3	1,9	1,7
Speisen und Getränke	0,6	2,0	0,5	0,6
Kleidung und Trachten	1,1	3,9	0,0	0,6
typische Bräuche und Traditionen	0,0	0,0	0,0	0,0
Identifikationspersonen	13,2	24,8	16,5	19,1
Parteien	0,6	3,9	2,4	0,6
Kürzel	10,3	11,1	6,3	9,0
sonstige Symbole	5,2	12,4	14,1	9,0
Sprache	6,3	19,0	7,3	15,7
Anzahl Artikel gesamt	100,0	100,0	100,0	100,0

---

[59] Beispiele für derartige Austriazismen sind gängige Begriffe wie „Pension/ist" und „Wirtshaus" aber auch Ausdrücke, die eher in der mündliche Sprache als in schriftlicher Form verwendet werden, wie etwa „Murks" (Kronen Zeitung 5.1.2010, S.20), „im Häfn sitzen" (Standard 5.1.2010, S. 7, OÖN 5.1.2010, S. 2), „Trottelei" (Kleine Zeitung 8.1.2010, S.41) oder „Tschickbude" (OÖN 4.1.2010, S. 1).

Auch auf globaler Ebene wurde ein Sprachaspekt abgefragt, nämlich die Verwendung von Anglizismen. Dabei zeigte sich, dass mehr als jeder zehnte Artikel englisch-sprachige Ausdrücke in die Artikel integriert (11,7%).[60]
Vergleicht man diese Zahlen mit jenen der Verwendung von Austriazismen fällt auf, dass offensichtlich sowohl eine Aktivierung typisch österreichischer Ausdrücke stattfindet, aber gleichzeitig auch englischsprachige Ausdrücke mehr oder weniger beiläufig in die deutschsprachige Berichterstattung integriert werden. Im Zeitungsvergleich sticht auf sprachlicher Ebene vor allem der Standard hervor, in dem ein Viertel aller Artikel (24,2%) Austriazismen und rund ein Fünftel aller Beiträge (19,0%) Anglizismen beinhalten. Hier kommt somit diese zweiseitige sprachliche Verortung besonders deutlich zum Ausdruck, indem einerseits die Besonderheiten der österreichischen Sprache in der Berichterstattung ausgelebt werden, andererseits aber auch englische Ausdrücke dazu kombiniert werden. Auffällig viele Anglizismen und interessanterweise sogar mehr als Austriazismen, finden sich in der Kleinen Zeitung. 15,7% der Artikel beinhalten englische Ausdrücke, während 14% typisch österreichische Begriffe enthalten. Gerade für eine regional orientierte Bundesländerzeitung erscheint dieser hohe Anteil an Anglizismen durchaus interessant und für weitere Untersuchungen wird die Frage zu stellen sein, inwiefern eine zunehmende Integration von Anglizismen Auswirkungen auf das österreichische Sprachbewusstsein innerhalb medialer Berichterstattung haben kann und inwiefern dies regionale und nationale Identitätskonzepte verändern bzw. beeinflussen kann.

2.9. Patriotismus – Nationalismus – Nationalstolz

Als weiterer wichtiger Aspekt in der Frage nach der medialen, nationalen Identitätskonstruktion gilt es die unterschiedlichen und im theoretischen Teil bereits ausführlich diskutierten Formen – Patriotismus, Nationalismus und Nationalstolz – innerhalb der Berichterstattung zu identifizieren. Als Grundlage der Kategorienerstellung wurden dazu Fragenitems aus den Surveys zur „Gruppenbezogenen Menschenfeindlichkeit" (GMF; Heitmeyer 2007) herangezogen und für eine inhaltsanalytische Untersuchung adaptiert und operationalisiert. Die genauen

---

[60] Teilweise sind diese Ausdrücke schon relativ geläufig im deutschen Sprachgebrauch, wie das etwa bei „Open Air Event" (Kleine Zeitung 9.1.2010, S. 2, OÖN 9.1.2010, S.19, 20) oder „Security" (Standard 8.1.2010, S.6) der Fall ist. Andere Begriffe sind hingegen tatsächlich Ausdrücke, die nach wie vor eher in der deutschen Version geläufig sind, aber dennoch in der englischen Version verwendet werden, wie etwa „Keeper" für Torwart (Kleine Zeitung 5.1.2010, S.41), „Headline" für Überschrift (Kleine Zeitung 8.1.2010, S. 4), „Speed-Queen" für eine österreichische Schi-Abfahrtsläuferin (OÖN 1.1.2010, S. 19) oder „Performance" für Leistung (Standard 3.1.2010, S.14).

Operationalisierungs- und Kodierungsanleitungen können im Codebuch im Anhang nachgelesen werden. Grundsätzlich wurden für die inhaltsanalytische Untersuchung der nationalen Identitätskonstruktion folgende drei Überkategorien sowie zugehörige Unterkategorien herangezogen:

a) Patriotismus:
- Nahverhältnis zu Angehörigen der eigenen Nation
- Liebe zu nationalen Landschaften
- Erhebendes Gefühl bei nationalen Symbolen
- Lebensqualität durch Demokratie
- Bezugnahme auf nationale Geschichte
- Bezugnahme auf nationale Kultur

b) Nationalismus
- Eigene Nation besser als andere
- Bürger der eigenen Nation besser als andere
- Nationale Interessen durch Gewalt verteidigen
- Zwangsmittel gegen Menschen, die sich nicht an Recht und Ordnung halten
- Eigene Nation kommt besser allein zurecht
- Überfremdung gefährdet die eigenen Nation

c) Nationalstolz
- Stolz auf Demokratie
- Stolz auf politischen Einfluss
- Stolz auf wirtschaftlichen Einfluss
- Stolz auf sozialstaatliche Leistungen
- Stolz auf sportliche Leistungen
- Stolz auf Kunst und Kultur
- Stolz auf Bundesheer
- Stolz auf nationale Geschichte

Für jede dieser Unterkategorien wurde ermittelt, ob sie in dem Artikel Erwähnung findet bzw. wie stark ausgeprägt die Aussage dabei ist[61]. Da die Kategorien ursprünglich auf Items von Fragenbatterien zurückgehen, aus denen für die Auswertung der Befragung Indizes berechnet werden, wird auch für die inhaltsanalytische Auswertung weniger auf das Auftreten einzelner Kategorien eingegangen, als vielmehr zusammenfassend für die Überkategorien Patriotismus, Nationalismus und Nationalstolz ausgewertet.

---

[61] Skala: 0=kommt nicht vor, 1=kommt wenig vor, 2=kommt stark vor, 3=kommt sehr stark vor

Insgesamt zeigt sich, dass am häufigsten Äußerungen des Nationalstolzes zu finden sind. Ein Drittel aller Artikel (33,1%) enthält eine Kategorie der nationalstolzen Aussagen, weitere 3,9% aller Beiträge zwei oder mehrere solcher Kategorien. Patriotische Aussagen finden sich in einem Viertel der Artikel (26,2%) einmal, in weiteren 6,1% der Beiträge werden zwei oder mehr der patriotischen Aussagen-Kategorien verwendet. Im Gegensatz dazu treten nationalistische Äußerungen kaum innerhalb der Berichterstattung auf. Lediglich 3,9% aller Artikel enthalten eine oder mehrere der angeführten nationalistischen Kategorien. Diese Zahlen sprechen dafür, dass die Berichterstattung primär die positive Form nationaler Identität unterstützt, indem eher patriotische Aussagen vermittelt werden als nationalistische, welche als die negative, überhöhte Form nationaler Identität mit gleichzeitiger Abwertung anderer Nationalitäten definiert ist.

Im Zusammenhang mit patriotischen Äußerungen spielt vor allem die Vermittlung eines Nahverhältnisses zu Angehörigen der eigenen Nation eine wichtige Rolle. Jeder fünfte Artikel (20,7%) enthält eine derartige Aussage. Hergestellt wird dieses Nahverhältnis auf unterschiedliche Weise, vor allem aber auch durch einen Einbezug der Leser in österreichspezifische Themen, indem etwa persönliche Anreden wie „wir" und „unser" verwendet werden. Vergleichsweise weniger Erwähnung finden patriotische Aspekte wie die Liebe zu österreichischen Landschaften (4,4%), die Lebensqualität durch Demokratie in Österreich (4,8%) oder die Vermittlung eines erhebenden Gefühls beim Sehen/Erleben nationaler Symbole (0,8%). Letzteres dürfte zumindest zum Teil auch in der darstellungstechnischen Beschränkung der Printberichterstattung begründet liegen, die ein emotionales Miterleben bzw. Mitfiebern auf rein schriftliche Weise nur eingeschränkt möglich macht. Im Zusammenhang mit Nationalismus lassen sich insgesamt kaum Aussagen identifizieren, die meisten davon beziehen sich die nationalistische Sichtweise, dass eine Überfremdung die eigene Nation gefährdet (2,8%) oder die Einstellung, dass Österreich besser als andere Länder ist (1,3%).

Nationalstolz scheint ebenfalls eine nicht zu unterschätzende Rolle in der Zeitungsberichterstattung zu spielen, was durchaus dem grundsätzlich hohen nationalen Stolz der österreichischen Bevölkerung verspricht[62]. Der meiste Stolz wird dabei im Zusammenhang mit sportlichen Leistungen ausgedrückt[63], der in immerhin 16,7% aller Artikel artikuliert wird, gefolgt von Stolz auf Leistungen in Kunst und Kultur (8,2%) und den wirtschaftlichen Einfluss Österreichs (6,3%) sowie die österreichische Demokratie (4,4%) und sozialstaatliche Leistungen Österreichs (4,2%). Kaum Stolz wird hingegen für den politischen Einfluss Öster-

---

[62] vgl. Kapitel 11.1. „Nationalstolz – Österreich, Europas nationalstolze Nation"
[63] Dies entspricht auch den Ergebnissen der Auswertungen des ISSP von Haller et al. (2009), bei denen sich ebenfalls die hohe Bedeutung des Sportes für nationalstolze Gefühle zeigte.

reichs (1,3%), das Bundesheer (0,7%) sowie die österreichische Geschichte (0,8%) genannt.

2.10. Multikulturalismus und Xenophobie

Offener Nationalismus wird somit in der Berichterstattung der vier analysierten Tageszeitungen kaum vermittelt. Die Frage, die sich in diesem Zusammenhang aber dennoch stellt, ist, inwiefern auch indirekte Formen oder Teilaspekte des Nationalismus zu finden sind. Ein wichtiger Aspekt ist in diesem Zusammenhang die Einstellung zum Multikulturalismus bzw. die Ausprägung xenophober Sichtweisen innerhalb der Berichterstattung. Aus diesem Grund wurden, mit der gleichen Skala wie für die oben angeführten Aspekte nationaler Identität[64], auch Aussagen zur Migrationsthematik erhoben. Die Kategorienbildung erfolgte ebenso in Anlehnung an Fragenbatterien aus dem GMF-Projekt (Heitmeyer 2007). Folgende Kategorien zur Multikulturalismus/Xenophobie wurden dazu kodiert:

d) Multikulturalismus (M) /Xenophobie (X)
- Zuwanderer bedrohen die österreichische Lebensweise und Werte (X)
- Es gibt zu viele Zuwanderer in Österreich (X)
- Zuwanderer bereichern unsere Kultur (M)
- Zuwanderer sollten weniger Recht auf knappe Arbeitsplätze haben als Österreicher (X)
- Zuwanderer belasten unsere Gesellschaft (X)
- Zuwanderer sind ein Teil der österreichischen Gesellschaft (M)
- Die Zuwanderer verhindern ein Schrumpfen der Österreichischen Gesellschaft. (M)
- Zuwanderer tragen zum wirtschaftlichen Erfolg Österreichs bei. (M)
- Zuwanderer sind kriminell (X)

Wie sich an der Fragenformulierung ablesen lässt, sind ein Teil der Formulierungen in Richtung positiver Einstellung zum Multikulturalismus (M) formuliert, anderer wiederum in Richtung xenophober Orientierung (X). Auch in diesem Fall wurde ermittelt, ob und in welchem Ausmaß[65] sich derartige Äußerungen innerhalb der Berichterstattung wiederfinden lassen. Anschließend wurde zunächst wieder zusammenfassend ermittelt, wie viele Artikel insgesamt pro-multikulturelle bzw. xenophobe Äußerungen beinhalten.

---

[64] Skala: 0=kommt nicht vor, 1=kommt wenig vor, 2=kommt stark vor, 3=kommt sehr stark vor
[65] Skala: 0=kommt nicht vor, 1=kommt wenig vor, 2=kommt stark vor, 3=kommt sehr stark vor

Die Auswertung zeigt auch hier eine durchwegs geringe Thematisierungshäufigkeit sowohl pro-multikultureller als auch xenophober Aussagen. Nur 5,8% aller Artikel enthalten zumindest eine pro-multikulturelle Äußerung, 3,9% aller Beiträge zeigen xenophobe Orientierungen. Diese Ergebnisse weisen darauf hin, dass selbst in dem Fall, dass über die Migrationsthematik berichtet wird, eine eher neutrale Berichterstattung in den vier analysierten Tageszeitungen stattfindet.

Grundsätzlich zeigen sich zudem, ähnlich wie in einer Reihe von Studien (vgl. Adorno et al. 1950, Kosterman/Feshbach 1989, Habermas 1990, Blank/Schmidt 1993, 1997, 2003, Schatz/Staub 1997, Staub 1997, Heyder/Schmidt 2002, Karasawa 2002, Aboud 2003, De Figueiredo/Elkins 2003, Pettigrew 2005, Haller 1996, Coenders/Scheepers 2003, Raijman et al. 2008), relativ hohe Zusammenhänge zwischen den einzelnen Ausprägungen nationaler Identität, wobei sich diese jedoch zumindest in der Stärke unterscheiden. So kann zunächst eine hochsignifikante Korrelation zwischen Patriotismus und Nationalstolz (Pearson R=0,399, p<0,01) festgestellt werden, deutlich schwächer aber dennoch signifikant fallen hingegen die Korrelationen zwischen Patriotismus und Nationalismus (Pearson R=0,218, p<0,01) und Patriotismus und Xenophobie (Pearson R=0,187, p<0,01) aus. Zwischen Patriotismus und Pro-Multikulturalismus zeichnet sich eine kaum vorhandene Korrelation (Pearson R=0,085, p<0,05) ab. Nationalismus korreliert wiederum abgesehen vom Patriotismus in erster Linie stark mit Xenophobie (Pearson R=0,782, p<0,01), was deutlich bestätigt, dass eine nationalistische Äußerungen häufig mit ausländerfeindlichen Aspekten genannt werden, da Nationalismus immer eine gewisse Abwertung anderer Nationen bzw. von Minderheiten in der eigenen Gesellschaft beinhaltet (vgl. Heyder/Schmidt 2002: 73, Dann 1996: 20, Kosterman/Feshbach 1989, Wagner et. al 2010: 2). Positive Korrelationen weist Nationalismus in abgeschwächter Form auch mit Nationalstolz (Pearson R=0,275, p<0,01) auf, sowie interessanterweise auch mit pro-multikulturellen Aussagen (Pearson R=0,250, p<0,01), was auf eine ambivalente Berichterstattung hinweist, in der etwa nationalistische Aussagen mit pro-multikulturellen Argumenten kontrastiert werden.

Insgesamt lässt sich somit, ähnlich wie in einer Reihe von Befragungsstudien, im Rahmen dieser inhaltsanalytischen Untersuchung der Zeitungsberichterstattung festhalten, dass Patriotismus und Nationalismus nicht als komplett getrennte Phänomene zu verstehen sind, sondern sie vielmehr eine Reihe von Berührungs- und Überschneidungspunkten aufweisen. Grundsätzlich lässt sich die Tendenz festhalten, dass Patriotismus in erster Linie mit Nationalstolz einhergeht, sodass zumindest im Rahmen dieser Untersuchung Nationalstolz nicht automatisch mit einer überhöhten Bewertung der eigenen Nation einhergehen muss, wie dies beim Nationalismus der Fall ist, sondern durchaus auch Stolz auf

Leistungen der eigenen Nation möglich ist, ohne dabei die kritische Reflexionsfähigkeit zu verlieren. Nationalismus hingegen ist stark mit xenophoben Mustern verbunden, indem die Darstellung anderer Nationen bzw. Angehöriger anderer Nationen oft mit einer Abwertung dieser und einer gleichzeitig überhöht positiven Darstellung der eigenen Nation einhergeht.

2.11. Europäische bzw. kosmopolitische Tendenzen

Neben dieser nationalen Durchmischung innerhalb des „eigenen" Staates und die damit verbundenen unterschiedlichen Thematisierungsstrategien dieser Tendenzen, nämlich Xenophobie vs. Pro-Multikulturalismus, zeigt sich eine Öffnung bzw. Integration der eigenen Nation in andere Nationen auch im Zusammenhang mit der Einstellung zur EU-Mitgliedschaft Österreichs sowie den Beurteilungen der Globalisierung für Österreich.

Auch für diesen Themenbereich wurden für die EU-Mitgliedschaft jeweils drei positive und drei negativ formulierte Kategorien für die Inhaltsanalyse entwickelt, für die Einstellung zur Globalisierung und Österreich jeweils zwei positive und zwei negative Kategorie-Dimensionen, die wie folgend formuliert waren:

EU-Einstellung positiv:
- Österreich ist ein wichtiger Teil der europäischen Union.
- Der EU-Beitritt Österreichs war ein wichtiger Schritt für die Zukunft des Landes.
- Österreich hat durch den EU-Beitritt wirtschaftlich profitiert.

EU-Einstellung negativ:
- Der EU-Beitritt Österreichs war negativ.
- Österreich kann sich in der EU nicht durchsetzen.
- Die EU mischt sich zu viel in österreichische Angelegenheiten ein.

Globalisierung positiv:
- Die Globalisierung ist wichtig für die österreichische Gesellschaft/Wirtschaft.
- Österreich nimmt international eine wichtige Stellung ein

Globalisierung negativ:
- Österreich verliert für die Bürger durch die Globalisierung immer mehr an Bedeutung.
- Die Globalisierung verwässert nationale Charakteristiken

Im Zusammenhang mit der Thematisierung der EU-Mitgliedschaft zeigt sich relativ klar, dass dieses Thema im Jänner 2010 keine so zentrale Bedeutung weder in positiver noch in negativer Hinsicht für die österreichbezogene Berichterstattung hat. Nur 7,6% aller Artikel enthalten dazu zumindest eine Äußerung. Die noch am häufigsten aufzufindende Aussage im Zusammenhang mit der EU-Mitgliedschaft Österreich ist positiv formuliert und lautet „Österreich ist ein wichtiger Teil der Europäischen Union", die in 4,5% aller Artikel Erwähnung findet. Auch insgesamt gesehen dominieren positive Aussagen zur EU-Mitgliedschaft, die in 5,3% der Artikel zu finden, negative EU-Aussagen werden hingegen nur in 2,3% aller Beiträge getätigt.

Noch seltener als Äußerungen zur EU-Mitgliedschaft Österreichs finden sich Aussagen zu den Auswirkungen der Globalisierung auf die österreichische Nation. Lediglich 3,5% aller analysierten Artikel enthalten dazu zumindest eine Aussage, die in die oben angeführten Kategorien eingeordnet werden kann. Am häufigsten wird dabei noch die Aussage angeführt, dass „Österreich international eine wichtige Stellung einnimmt" (2%), womit auch hier eine eher positive Beurteilung einer transnationalen Öffnung Österreichs vorherrscht, wenn auch auf insgesamt sehr niedrigem Thematisierungsniveau. Vollkommen unwichtig erscheinen hingegen negative Globalisierungsauswirkungen, indem etwa befürchtet wird, dass Österreich für die Bürger immer mehr an Bedeutung verlieren würde oder aber dass die Globalisierung nationale Charakteristiken verwässern würde.

Zusammenfassend kann somit festgehalten werden, dass offensichtlich innerhalb der Österreich-spezifischen Berichterstattung transnationale Perspektiven, mittels derer Österreich im Zusammenhang mit seiner Einbettung in größere geopolitische Kontexte wie etwa auf europäischer oder globaler Ebene gesetzt werden, nur selten Eingang in die Berichterstattung finden. Wenn sie jedoch vorkommen, dominiert eine durchwegs eher positive Einstellung sowohl gegenüber der Einbettung Österreichs in die Europäische Union als auch in die globalisierte Welt insgesamt.

2.12. Patriotismus – Nationalismus – Nationalstolz im Zeitungsvergleich

Auch im Zusammenhang mit den unterschiedlichen Formen nationaler Identität erscheint wieder ein Vergleich der vier analysierten Tageszeitungen von Interesse. Inwiefern lassen sich etwa Unterschiede zwischen den beiden überregionalen Tageszeitungen mit unterschiedlicher redaktioneller Auslegung feststellen, und welche Unterschiede lassen sich zwischen den beiden Bundesländerzeitungen erkennen? Aber auch der Vergleich nationale Zeitung vs. regionaler Angebote lässt interessante Differenzen erwarten.

Im Zusammenhang mit der Erwähnung patriotischer Aussagen zeigen sich keine großen Unterschiede zwischen den Tageszeitungen (siehe Tabelle 16). Tendenziell enthalten die Bundesländerzeitungen etwas weniger patriotischen Äußerungen als die überregionalen Tageszeitungen, aber die Unterschiede sind marginal. Unerwartet hoch fällt der Anteil an patriotischen Aussagen für den Standard aus. Aufgrund seiner verstärkt transnationalen Orientierung war zunächst zu erwarten, dass patriotische Äußerungen in eher geringerem Ausmaß zu finden sind, was jedoch nicht der Realität entspricht. Somit enthält der Standard ähnlich wie die Kronen Zeitung den höchsten Anteil an patriotischen Äußerungen.

Tabelle 16: Patriotismus, Nationalismus, Nationalstolz, Xenophobie und EU-Einstellung im Zeitungsvergleich

Anzahl an genannten Kategorien	Kronen Zeitung	Der Standard	OÖN	Kleine Zeitung	gesamt
patriotisch	70	71	68	67	276
nationalstolz	77	75	82	64	298
nationalistisch	35	5	6	2	48
xenophob	43	7	15	2	67
positiv-multikulturell	8	5	9	12	34
positiv EU	4	10	24	8	46
negativ EU	13	9	0	2	24

Bei Nationalstolz nehmen die OÖN eine leichte Vorreiterrolle ein, die geringste Bedeutung wird dieser Kategorie in der Kleinen Zeitungen zugewiesen.

Beim Nationalismus zeigen sich hingegen sehr viel deutlichere Unterschiede, indem sich vor allem die Kronen Zeitung eindeutig von allen anderen Zeitungen abhebt und die meisten Erwähnungen nationalistischer Kategorien aufweist. Diese vergleichsweise stärkste nationalistische Ausrichtung der Kronen Zeitung geht auch einher mit einer überdurchschnittlich häufigen Nennung xenophober Aussagen-Kategorien. Während etwa in der Kleinen Zeitung insgesamt nur zwei Kategorie-Nennungen vorkommen, sind es in der Kronen Zeitung 43. Diese Zahlen belegen eindeutig, die tendenziell eher xenophob und nationalistisch orientierte Berichterstattung der Kronen Zeitung. Pro-multikulturelle Äußerungen finden sich insgesamt eher in geringem Maße, jedoch vor allem in der Kleinen Zeitung. In Hinblick auf die Einstellung zur EU lässt sich eine überdurchschnittlich hohe Häufigkeit positiver Äußerungen in den OÖN erkennen, während negative EU-Aussagen eher in der Kronen Zeitung zu finden sind.

Vergleicht man diese Befunde zu den nationalen Identitätskonzepten in den vier Tageszeitungen mit den oben vorgestellten globalen Bewertungen Österreichs lässt sich nicht wie vermutet ein direkter Zusammenhang zwischen einer tendenziell eher positiven Beurteilung Österreichs und einem erhöhten Patriotismus oder Nationalstolz erkennen. Demnach wäre etwa zu erwarten gewesen, dass Kronen Zeitung und OÖN, die beide durchwegs eine positive Beurteilung Österreichs vermitteln, auch vergleichsweise höhere patriotische und nationalstolze Werte aufweisen, als Standard und Kleine Zeitung, die tendenziell eher eine negative Globalbeurteilung Österreichs vorgenommen haben. Lediglich im Zusammenhang mit dem Nationalstolz zeigen die OÖN tatsächlich höhere Werte als alle anderen Tageszeitungen, die Kronen Zeitung, die jedoch ebenfalls von ihrer Beurteilungstendenz her hohen Nationalstolz zum Ausdruck bringen müsste, unterscheidet sich hingegen kaum vom weniger positiv bewertenden Standard. Somit kann festgehalten werden, dass eine positive Globalbeurteilung der Nation, nicht automatisch mit einer verstärkt patriotischen Darstellung in Verbindung stehen muss. Genauso wenig, wie eine patriotische Darstellung gleichzeitig eine durchwegs positive Globalbewertung Österreichs mit sich bringen muss.

Interessant erscheint auch die Fragestellung, in welchen Ressorts welche Formen von nationaler Identität am stärksten zum Ausdruck gebracht werden (Tabelle 17). Allein schon von der inhaltlichen Thematik zeigt etwa das Sportressort, zu dessen zentralen Bestandteil die Berichterstattung über österreichische Siege (aber klarerweise auch Niederlagen) gehört, deutlich höhere Potentiale für patriotische oder nationalstolze Äußerungen als dies etwa das Wirtschafts- oder Politikressort erwarten lassen. Diese Vermutung bestätigt sich jedoch nur teilweise bei der inhaltsanalytischen Untersuchung. Tatsächlich weist das Sportressort den höchsten Anteil an Artikeln auf, die nationalstolze Äußerungen enthalten. Mehr als zwei Drittel aller Artikel des Sportressorts enthalten naheliegenderweise vor allem Aussagen zum Stolz auf die Leistungen österreichischer Athleten. Weniger häufig wird jedoch Patriotismus explizit im Sportressort erwähnt. Nur etwas mehr als ein Viertel (26,5%) aller Sport-Beiträge enthält patriotische Äußerungen.

Etwas unerwartet erweist sich das Kulturressort als eines der patriotischsten Ressorts insgesamt. Sechs von zehn Kulturartikeln enthalten eindeutig patriotische Äußerungen, wobei sich diese vor allem auf ein Item der Patriotismusskala konzentrieren, welche gezielt die künstlerischen und kulturellen Aspekte Österreichs anspricht. Dies spiegelt sich auch im hohen Anteil an Kunst-Beiträgen mit nationalstolzen Aussagen wider: Ähnlich wie beim Sportressort enthalten auch im Kultur-Teil rund zwei Drittel (64,7%) aller Artikel nationalstolze Äußerungen.

Eine weitere Auffälligkeit ist die Rubrik „Sonstiges", unter der vor allem Leserbriefe aber auch Kommentare, die nicht eindeutig einzelnen Ressorts zugewiesen werden konnten, zu finden sind. In diesen „Kommentar-Rubriken" finden sich am häufigsten patriotische Äußerungen (62,3%). Zudem fällt ein vergleichsweise hoher Anteil an nationalistischen und xenophoben Beiträgen auf: Fast jeder fünfte Artikel aus dieser „Kommentar-Rubrik" enthält zumindest eine nationalistische Aussage (18,9%) und fast ein Viertel davon eine xenophobe Äußerung (24,5%), viele davon gehören der Rubrik der Leserbriefe an. In allen anderen Ressorts ist der Anteil an derartigen Äußerungen vergleichsweise gering, am höchsten ist er noch im Innenpolitik-Ressort. Eine Erklärung für diesen herausstechend hohen Anteil an nationalistischen und xenophoben Aussagen in diesem zusammengefassten „Kommentar-Ressort" kann vor allem im Zusammenhang mit den Leserbriefen darin gesehen werden, dass hier Privatpersonen ohne große Einschränkung ihre Meinung auch zu heiklen Themen ausdrücken können, bzw. durchaus auch von den Medienredaktionen vor allem jene Leserbeiträge ausgewählt werden, die extreme bzw. provokante Aussage beinhalten[66]. Diese Überlegungen können auch als Erklärung für den vergleichsweise hohen Anteil (11,3%) an EU-kritischen Stimmen in der „Kommentar-Rubrik" gesehen werden, wobei jedoch einschränkend darauf hingewiesen werden muss, dass die Äußerungen dazu insgesamt eher gering ausfielen. Eine positive Einstellung zur EU-Mitgliedschaft Österreichs wird dafür vor allem im Wirtschaftsressort vermittelt, in dem immerhin fast jeder fünfte Artikel (18,5%) eine derartige positive EU-Berichterstattung enthält.

Es zeigt sich somit relativ deutlich eine durchwegs patriotische bzw. nationalstolze Kultur- und Sportberichterstattung, sowie ebenfalls eine sehr patriotische Thematisierung Österreichs innerhalb der Leser-Kommentare. Nationalismus und Xenophobie scheinen in der allgemeinen Berichterstattung in allen Ressorts kaum eine Bedeutung zu spielen, werden jedoch in den Leserbriefen durchaus regelmäßig zum Ausdruck und Abdruck gebracht. In diesem Punkt muss darauf hingewiesen werden, dass durchaus auch die Auswahl an Leserbriefen als ein Indikator für die inhaltliche Ausrichtung und Positionierung einer Zeitung in Hinblick auf diese Themen gesehen werden kann.

---

[66] v.a. bei der Kronen-Zeitung liegt diese Vermutung auf Grund der Ausrichtung als Boulevard-Zeitung durchaus nahe

Tabelle 17: Nationale Identitätskonzepte im Ressortvergleich

Prozent aller Artikel mit Thematisierung dieser Aspekte	Innenpolitik	Kultur	Sport	Chronik	Wirtschaft	Sonstiges	Ges.
Patriotismus	33,3	60,3	26,5	19,1	28,3	62,3	32,2
Nationalstolz	28,4	64,7	67,7	14,6	37,0	15,1	37,0
Nationalismus	7,4	0,0	0,6	1,1	3,3	18,9	3,9
Xenophobie	8,6	0,0	0,0	7,3	1,1	24,5	5,8
Multikulturalismus positiv	3,7	4,4	5,8	3,9	1,1	3,8	3,9
positiv EU	5,6	4,4	1,3	3,9	18,5	0,0	5,3
negativ EU	3,7	0,0	0,	0,0	3,3	11,3	2,3

2.13. Zwischenfazit: Geopolitische Identitätskonstruktion in Tageszeitungen

Als Abschluss dieses Analyseteils soll noch einmal zusammenfassend dargestellt werden, in welcher Form geopolitische Identitätskonstruktionen mit Schwerpunkt auf regionale und nationale Identifikationen in der österreichischen Tageszeitungsberichterstattung erfolgt, und dabei gezielt auf die vier Forschungsfragen in diesem Zusammenhang eingegangen werden.

Grundsätzlich hat die Analyse gezeigt, dass alle vier analysierten Tageszeitungen Österreich in einem überwiegend neutralen Licht darstellen, was das Globalurteil der jeweiligen Artikel angeht. Im Zusammenhang mit den unterschiedlichen Ausprägungen nationaler Identität konnte eine relativ hohe Bedeutung des Nationalstolzes nachgewiesen werden, der in mehr als jedem dritten Artikel zum Ausdruck gebracht wird. Ebenso kommen in fast einem Drittel aller Beiträge patriotische Gefühle für Österreich in zumindest unterschwelliger Form zum Ausdruck. Keine Rolle spielen hingegen nationalistische Einstellungen, die nur in vier von hundert Artikeln einmal Erwähnung finden. Somit kann festgehalten werden, dass tendenziell vor allem die positive Form der nationalen Identität (d.h. Patriotismus kombiniert mit Nationalstolz) in der medialen Berichterstattung der vier Tageszeitungen identifiziert werden konnte. Der Aspekt des Multikulturalismus als Teil der österreichischen Gesellschaft wird vergleichsweise selten innerhalb der Berichterstattung explizit thematisiert, nur knapp jeder zehnte Artikel enthält dazu zumindest eine Äußerung. Die Mehrheit dieser Äußerungen thematisiert Multikulturalismus als einen positiven Aspekt für die österreichische Nation (5,8%), während nur ein kleiner Teil der Gesamtberichterstattung (3,9%) eher xenophobe Einstellungen vermittelt. Dieser geringe Anteil an xenophoben Äußerungen stimmt mit dem geringen Anteil an nationalistischen Einstellungen überein, die innerhalb der vier Tageszeitungen im Untersuchungszeitraum vermittelt wurden und bestätigt dadurch eine eher positive Form der nationalen Identitätskonstruktion für Österreich.

Obwohl die allgemeinen Charakterisierungen Österreichs innerhalb der Berichterstattung nur eher selten aufzufinden sind, zeigen sie dennoch ebenfalls eine durchwegs positive Einschätzung. So wird Österreich vor allem als leistungsstark, aktiv, sportlich, Risiko vermeidend aber erstaunlicherweise auch als tendenziell eher arm oder auch kriminell dargestellt. Die ersten beiden Charakterdimensionen können relativ eindeutig als positive Eigenschaftszuschreibungen definiert werden. Die Charakterisierung „Risiko vermeidend" kann sowohl positiv als auch negativ eingestuft werden und bringt somit eine eher ambivalente Eigenschaft zum Ausdruck. Lediglich die Definition als „eher arm" ist relativ eindeutig als eine negative Eigenschaftszuschreibung zu sehen, die jedoch wenig mit der realen wirtschaftlichen Situation Österreichs zu tun hat (v.a. im Vergleich zu anderen Nationen). Daher liegt in diesem Zusammenhang die Vermutung nahe, dass diese Charakterzuschreibung innerhalb der Berichterstattung vor allem darin begründet liegt, dass tendenziell eher über Probleme berichtet wird, indem etwa über Budgetprobleme der österreichischen Regierung eher berichtet wird, als über das Vorhandensein von Geldreserven im Überfluss, bzw. eher über Kriminalfälle als über deren Abwesenheit[67].

In Bezug auf die unterschiedlichen geopolitischen Identifikationsebenen zeigt sich zunächst ein starker thematischer Bezug der Mehrzahl der Artikel auf Österreich insgesamt. Auf regionaler Ebene spiegeln sich ganz eindeutig die Herkunft der jeweiligen Zeitung wider, indem in den OÖN verstärkt Artikel mit Oberösterreich-Bezug vorkommen und in der Kleinen Zeitung jene Artikel dominieren, die Ereignisse in Kärnten thematisieren. Ein etwas differenzierteres Bild ergibt die Analyse der erwähnten Identifikationsebenen innerhalb eines Artikels, bei denen durchaus die Kombination von unterschiedlichen geopolitischen Ebenen möglich ist. Dabei zeigte sich, dass vier Fünftel aller Artikel regionale Bezüge erwähnen und drei Viertel die nationale Ebene erwähnen. Auf transnationaler Ebene erwähnt etwas weniger als die Hälfte der Artikel europäische Aspekte, sowie etwas weniger als ein Viertel der Beiträge globale Bezugspunkte. Diese Zahlen weisen bereits auf die häufige Kombination mehrere geopolitischer Identifikationsebenen innerhalb eines Artikels hin. Insgesamt am häufigsten vertreten

---

[67] vgl. Nachrichtenfaktoren: Negativismus, Konflikt

sind Artikel, die regionale und nationale Bezugsebenen kombiniert zum Ausdruck bringen, gefolgt von jenen Beiträgen, die diese rein Österreich-bezogene Perspektive noch durch eine europäische Erweiterung ergänzen. Kommt nur eine geopolitische Ebene innerhalb eines Beitrags vor, so sind es zumeist regionale Bezugspunkte.

Ein weiterer Hinweis für eine hohe Bedeutung regionaler und nationaler Verortung bietet die Analyse zur Nennungshäufigkeit von „Österreich", von Bundesländernamen sowie von Europa. Dabei zeigte sich, dass Bundesländernamen durchschnittlich zweimal innerhalb eines Artikels genannt wurden, während die Bezeichnung „Österreich" durchschnittlich einmal zu finden war und „Europa" nur in einem von drei Beiträgen einmal erwähnt wurde. Es bestätigt sich somit eine starke Konzentration auf rein regionale oder maximal nationale Belange in der österreichischen Berichterstattung.

Dies wird auch in der Analyse der innerhalb der Artikel genannten Akteure deutlich: Die absolute Mehrheit aller Artikel enthält ausschließlich (57%) oder zumindest überwiegend (25%) österreichische Akteure, wobei diese genannten Personen in der Mehrheit Politiker, Experten, Prominente im weitesten Sinne oder aber auch Betroffene des nicht-öffentlichen Lebens sind.

Beim Einsatz von regionalen, nationalen oder transnationalen Symbolen zeigte sich ebenfalls eine starke Konzentration auf regionale aber auch nationale Aspekte. Besonders häufig wurden regional bezogene Symbole innerhalb der Berichterstattung genannt, v.a. geographisch bezogene Symbole (65%), regionale Identifikationspersonen (v.a. Politiker; 47,1%), sonstige Symbole (24,9%). Auf nationaler Ebene dominieren nationale Identifikationsfiguren (54,6%), gefolgt von Abkürzungen (22,9%) und Sonstiges (22,6). Vergleichsweise selten verwendet werden hingegen transnationale Symbole bzw. Symbole anderer Nationen innerhalb der Österreich-bezogenen Berichterstattung: Lediglich geographische Hinweise (28,3%), Identifikationspersonen (18,1%) und Sonstiges (10,3%) kommen in erwähnenswertem Ausmaß vor. Dies spricht für einen verstärkten Symboleinsatz auf regionaler Ebene und in etwas abgeschwächter Form auch auf nationaler Ebene. Insgesamt enthält die Berichterstattung in den vier analysierten Tageszeitungen somit ein relativ vielfältiges und umfangreiches Repertoire an geopolitischen Symbolen, die somit einen integralen Bestandteil der journalistischen Identitätsvermittlung darstellen.

Forschungsfrage 1 *„Wie wird Österreich in der alltäglichen Presseberichterstattung insgesamt dargestellt?"* kann somit in Kurzform folgendermaßen beantwortet werden: Insgesamt wird von den analysierten Tageszeitungen trotz relativ neutrale Globalbeurteilung der österreichischen Nation ein tendenziell eher positiv, patriotisches Bild vermittelt, bei dem der Nationalstolz eine wichtige Rolle spielt. Die Multikulturalismus-Thematik spielt (zumindest im Untersuchungszeitraum trotz Asyllager-Debatte) eine eher untergeordnete Rolle und wird tendenziell eher in einer Pro-Multikulturalismus-Argumentation geführt. Auch der Einsatz von regionalen und in abgeschwächter Form auch nationalen Symbolen gehört zu einem integralen Bestandteil der Berichterstattung, wobei die österreichischen Regionen vor allem durch Landschaftsaspekte, die österreichische Nation insgesamt jedoch eher durch nationale Identifikationsfiguren repräsentiert werden. Insgesamt weisen die Tageszeitungen eine starke Konzentration auf eine rein österreichbezogene Berichterstattung auf, in die kaum transnationale Perspektiven integriert werden, weder auf Ebene der Akteure noch in Hinblick auf die Thematisierung der Europäischen Union oder der Auswirkungen der Globalisierung auf Österreich.

Welche Unterschiede aber zeigen sich zwischen den beiden analysierten Bundesländerzeitungen (OÖN und Kleine Zeitung) und den beiden überregionalen Blättern (Standard und Kronen Zeitung)? Grundsätzlich zeigt sich, dass in den Bundesländerzeitungen tendenziell in etwas geringerem Ausmaß patriotische Aussagen vorkommen als in den überregionalen Printmedien. Dies spricht dafür, dass Patriotismus offensichtlich eher auf nationaler Ebene angesiedelt ist und weniger in regional bezogener Berichterstattung zu finden ist. Im Zusammenhang mit Nationalismus und Nationalstolz zeigen sich hingegen keine eindeutigen Unterschiede zwischen den regionalen und den national ausgerichteten Zeitungsangeboten. Keinerlei Differenzen konnten auch in der Thematisierung des Multikulturalismus zwischen den Regionalzeitungen und den landesweiten Blättern identifiziert werden. Ein ähnliches Bild zeigt sich bei den Globalbeurteilungen Österreichs sowie bei den konkreten Charakterisierungen, bei denen ebenfalls kein Einfluss der regionalen oder nationalen Ausrichtung einer Zeitung aufgezeigt werden konnte.

Eindeutige Unterschiede zeigen sich jedoch beim Einsatz von Symbolen: Hier stechen die Bundesländerzeitungen mit dem stärksten Einsatz an regionalen Symbolen hervor, während die überregionalen Blätter tendenziell auch eher überregionale Symbole innerhalb ihrer Berichterstattung anführen.

Ebenso zeigen sich Abweichungen bei den geopolitischen Identifikationsebenen innerhalb der Artikel: Die Beiträge innerhalb von OÖN und Kleine Zeitung sind stärker rein Österreich-bezogen ausgerichtet, als dies bei Kronen Zeitung und Standard der Fall ist, die in stärkerem Maße auch andere Nationen in der Österreich-bezogenen Berichterstattung erwähnen. Bei den Bundesländerzeitungen gibt es hingegen den höchsten Anteil an Artikeln, die rein die regionale Bezugsebene thematisieren. Dies entspricht auch den Unterschieden in der Herkunft der Akteure. In den beiden regionalen Tageszeitungen gibt es einen deutlich höheren Anteil an Beiträgen, die ausschließlich österreichische Akteure erwähnen, als dies in den überregionalen Blättern der Fall ist.

Somit kann zusammenfassend für Forschungsfrage 2 *„Welche Unterschiede gibt es zwischen überregionalen und regionalen Tageszeitungen in der österreichischen Identitätskonstruktion?"* resümiert werden, dass tatsächlich in den regionalen Tageszeitungen (OÖN, Kleine Zeitung) eine verstärkt regionalisierte Identitätskonstruktion stattfindet und gleichzeitig in geringerem Ausmaß patriotische Äußerungen für Österreich vermittelt werden, als dies in den überregionalen Tageszeitungen (Standard, Kronen Zeitung) der Fall ist. Die österreichweit verbreiteten Zeitungen integrieren hingegen in stärkerem Maße auch transnationale Aspekte in ihre Österreich-bezogene Berichterstattung, indem zumindest verstärkt Akteure aus anderen Nationen Erwähnung finden bzw. auch auf europäischer oder sogar globaler Ebene Bezugspunkte genannt werden. Dies lässt den Eindruck zu, dass eine Glokalisierung der Zeitungsberichterstattung, bei der bewusst die Verbindung von regionalen und transnationalen Akteuren, Themen oder Bezugspunkten vorgenommen wird, auch im Jahr 2010 noch nicht stattgefunden hat. Im Rahmen der Befragungen gilt es somit zu klären, ob sich diese verstärkt regionale Orientierung der Bundesländerzeitungen auch in den persönlichen Einstellungen und der geopolitischen Verortung der Rezipienten widerspiegelt, ob somit ein wechselseitiger Zusammenhang zwischen Ausrichtung der Tageszeitung und den individuellen Identitätskonzepten der Rezipienten festgestellt werden kann.

In einem letzten Schritt sollen jeweils die regionalen und überregionalen Tageszeitungen intern verglichen werden, d.h. es soll einerseits überprüft werden, in welcher Form Unterschiede zwischen Qualitäts- und Boulevardzeitungen bestehen, und andererseits in welcher Form sich eine regionale Tageszeitung aus einem eher regional-patriotischen Bundesland (Kleine Zeitung) von einer Bundesländerzeitung, aus einer eher als neutral einzustufenden Region (OÖN) unterscheidet.

Für den ersten Vergleich Boulevard- vs. Qualitätszeitung zeigen sich einige durchaus relevanten Unterschiede: Im Zusammenhang mit den unterschiedlichen Ausprägungen nationaler Identität sticht vor allem die Kronen Zeitung mit nicht nur einem deutlich höheren Nationalismus hervor, sondern auch mit der negativsten Einstellung gegenüber Multikulturalismus von allen analysierten Tageszeitungen. Zudem weist das Boulevardblatt eine tendenziell eher negative Einstellung zur EU-Mitgliedschaft Österreichs auf. Im Gegensatz dazu zeigt die Qualitätszeitung überraschend hohe Werte bei der Vermittlung patriotischer Einstellungen. Es kann somit eindeutig festgehalten werden, dass das österreichische Boulevardblatt eine stärker nationalistische Komponente inklusiver xenophober Tendenzen zum Ausdruck bringt, während die Qualitätszeitung verstärkt auf die positive Form der nationalen Identität, nämlich Patriotismus, setzt.

Im Vergleich der geopolitischen Identifikationsebenen, die innerhalb der Artikel erwähnt werden, zeigt sich beim Standard eine überdurchschnittlich hohe Kombination von österreichbezogenen (regional + national) Perspektiven kombiniert mit europäischen und teilweise sogar globalen Sichtweisen. Bei der Kronenzeitung werden hingegen relativ häufig regionale Identifikationsebenen angesprochen, wobei vor allem Wien eine wichtige Rolle zu spielen scheint[68]. Somit zeigt die Qualitätszeitung eine verstärkte Integration transnationaler Bezugsebenen auf, während das Boulevardblatt verstärkt regionale Aspekte thematisiert.

Auch auf der Akteursebene weisen Standard und Kronenzeitung einige Unterschiede auf: Während die Boulevardzeitung häufiger eine ausgewogene Mischung von österreichischen und nicht-österreichischen Akteuren erwähnt, ist die Qualitätszeitung in ihrer Österreich-bezogenen Berichterstattung „überwiegend" bis hin zu „ausschließlich" österreichischen Akteuren konzentriert.

Einige Differenzen können auch beim Einsatz von Symbolen erkannt werden, indem etwa der Standard relativ häufig nationale und transnationale Symbole in die Berichterstattung einbaut, jedoch die Kronen Zeitung insgesamt unerwartet geringe Symbolverwendung aufweist.

Vergleicht man die Globalbeurteilung Österreichs zwischen den beiden überregionalen Zeitungen, so sticht die Kronen Zeitung mit einer überdurchschnittlich positiven Bewertung Österreichs hervor, beim Standard hingegen zeigen sich neben der überwiegenden Mehrheit an neutralen Berichten, eine leichte Tendenz Richtung negativer Beurteilung. Die Qualitätszeitung scheint somit die eigene Nation deutlich kritischer zu beurteilen, als dies im Boulevardblatt der Fall ist.

Als Fazit kann somit für Forschungsfrage 3 „*Welche Unterschiede gibt es zwischen Qualitäts- und Boulevardpresse?*" festgehalten werden, dass die Boulevardzeitung die eigene Nation deutlich positiver beurteilt, aber gleichzeitig auch deutlich höhere Werte bei Nationalismus und Xenophobie aufweist, als dies bei der Qualitätszeitung der Fall ist. Vorsichtig interpretiert kann diese überdurchschnittlich positive Beurteilung Österreichs als ein Ausdruck für die im Zusammenhang mit Nationalismus immer wieder thematisiert „Selbst-Überhöhung" sein, dank der die eigene Nation über andere Nationen gestellt wird. Weiters zeigen zwar beide überregionalen Tageszeitungen eine gewisse Integration von transnationalen Perspektiven in ihrer Berichterstattung, aber die Boulevardzeitung tendiert in deutlich stärkerem Maße zu einer Fokussierung auf rein regionale Berichterstattung als dies im Qualitätsblatt zu beobachten ist. Tendenziell kann somit die Boulevardzeitung stärker auf einer nationalistisch, xenophoben

---

[68] Der starke regionale Bezug der Kronenzeitung auf Wien ist jedoch vor allem dadurch begründet, dass die Wien-Ausgabe der Kronen Zeitung analysiert wurde.

Berichterstattungsseite mit eine verstärkten Konzentration auf regionale Belange positioniert werden, während die Qualitätszeitung eine patriotische Orientierung mit einer verstärkt transnationalen Ausrichtung kombiniert.

Unter der Vorannahme, dass in den Verbreitungsregionen der beiden analysierten Bundesländerzeitungen unterschiedlich stark ausgeprägte regionalpatriotische Gefühle bestehen, soll in einem Vergleich der beiden Bundesländerzeitungen überprüft werden, inwiefern Unterschiede in der geopolitischen Identitätskonstruktion bestehen.

Die erste Auffälligkeit, die sich bei der Analyse der nationalen Identitätskonzepte zeigt, ist die unterschiedlich hohe Bedeutung des Nationalstolzes in den beiden Zeitungen: Während dieser in der oberösterreichischen Zeitung überdurchschnittlich hohe Bedeutung bekommt, indem nationalstolze Äußerungen sehr häufig innerhalb der Berichterstattung identifiziert werden konnten, hat Stolz auf österreichbezogene Leistungen ein deutlich unterdurchschnittlichen Stellenwert in der Berichterstattung der Kleinen Zeitung. Auffällig ist zudem, dass die OÖN eine sehr positive Einstellung zur EU-Mitgliedschaft Österreichs ausdrücken, während die Kleine Zeitung überdurchschnittlich häufig positive Äußerungen zum Multikulturalismus innerhalb der österreichischen Gesellschaft zum Ausdruck bringt. In den zentralen Ausprägungen nationaler Identität, nämlich Patriotismus und Nationalismus, zeigen sich hingegen keinerlei Unterschiede zwischen den beiden Bundesländerzeitungen.

Bei einem Vergleich der jeweiligen inhaltlichen Bezugsebenen der Artikel zeigt sich, dass bei der oberösterreichischen Zeitung trotz Bundeslandorientierung eine Fokussierung auf Österreich-bezogene Beiträge herrscht, während bei der Kleinen Zeitung Artikel mit Bezug auf Kärnten dominieren. Die Kleine Zeitung scheint somit in deutlich stärkerem Ausmaß eine regionale Orientierung aufzuweisen, als dies bei der oberösterreichischen Zeitung der Fall ist. Dies bestätigt sich auch bei der Analyse der erwähnten geopolitischen Identifikationsaspekte innerhalb der Artikel, wobei die OÖN einen deutlich höheren Anteil an Artikeln aufweist, die sowohl regionale als auch nationale Aspekte beinhalten, als dies in der Kleinen Zeitung der Fall ist. Die Analyse der erwähnten Akteure ergibt für beide Bundesländerzeitungen eine starke Fokussierung auf rein österreichische Akteure.

Bei der Globalbeurteilung Österreichs zeichnet die oberösterreichische Zeitung ein deutlich positiveres Bild, als dies in der Kleine Zeitung der Fall ist, bei der sogar die negativen Einschätzungen die positiven überwiegen. Diese Tendenz spiegelt sich auch in den konkreten Charakterisierungen Österreichs wider: Während die Kleine Zeitung vor allem dadurch hervorsticht, dass sie Österreich als eher umweltverschmutzend, eher aggressiv und genauer einstuft als alle anderen Zeitungen, und die OÖN im Gegensatz dazu Österreich eher als weltoffen beschreiben, bestätigt sich einerseits eine durchaus negative Beurteilungstendenz in der Kleinen Zeitung und andererseits eine für eine Bundesländerzeitung erstaunlich weltoffene Orientierung bei den OÖN.

Beim Einsatz von Symbolen fällt vor allem die häufige Verwendung von geographischen Symbolen sowie nationalen Identifikationsfiguren in der Kleinen Zeitung auf, die in dieser Form in der oberösterreichischen Zeitung weniger stark aufzufinden sind.

Resümierend kann für Forschungsfrage 4 *„Welche Unterschiede gibt es zwischen einer Tageszeitung aus einem Bundesland mit nachweislich hohem Regionalstolz (Kleine Zeitung Kärnten) und einem Bundesland mit durchschnittlichem Regionalstolz (OÖN)?"* festgehalten werden, dass tatsächlich die Kleine Zeitung, die in einem Verbreitungsbereich publiziert wird, in dem tendenziell höhere regional-patriotische Einstellungen herrschen, auch in der Berichterstattung eine deutlich stärkere regionale Orientierung aufweist, als dies in der oberösterreichischen Tageszeitungen der Fall ist. Die OÖN zeigt neben einer naturgemäß ebenfalls ausgeprägten regionalen Orientierung eine relativ hohe nationale Ausrichtung, die teilweise auch Aspekte von transnationalen Perspektiven beinhaltet. Insgesamt lässt sich somit die Vermutung äußern, dass die geopolitischen Identitätskonzepte der jeweiligen Erscheinungsregionen tatsächlich in einem direkten Zusammenhang mit der inhaltlichen Ausrichtung der jeweiligen Regionalzeitung stehen. Inwiefern hier die jeweilige Zeitung die Meinungslage der Bevölkerung widerspiegelt oder umgekehrt diese (mit-)bedingt, muss an dieser Stelle noch offen gelassen werden. Denkbar wäre an dieser Stelle vor allem ein wechselseitiges Beeinflussungsmuster, indem sich die Tageszeitung bzw. deren Journalisten sehr wohl zu einem gewissen Grad an der Meinungslage der entsprechenden Leserschaft orientieren, umgekehrt aber durch ihre Berichterstattung bestehende Meinungsmuster aktualisieren und damit verfestigen können.

3. Geopolitische Identitätskonstruktion in „Facebook"

Während bei der Inhaltsanalyse der Zeitungsberichterstattung das Untersuchungsmaterial mit Festlegung des Untersuchungszeitraum, der zu untersuchenden Zeitungen sowie der Stichprobenziehung aus diesem Material bereits ohne größere Vor-Recherche für die Analyse bereitliegt, mussten für die Untersuchung der Österreich-bezogenen Facebook Gruppen und Fanseiten zunächst in einer Vor-Recherche die relevanten Angebote der Social Network Sites identifiziert und aufgelistet werden.

Der erste Schritt der Analyse der österreichbezogenen Facebook Gruppen oder Fanseiten bestand daher in der Identifikation und Auswahl der relevanten Angebote in Facebook. Zunächst wurden dazu mittels Suchfunktion innerhalb von Facebook jeweils für Gruppen und Seiten getrennt, Suchabfragen mit nationenbezogenen Begriffen und bundesländerbezogenen Wörtern durchgeführt. Ein großer Nachteil der Facebook-internen Suchanfrage bestand in der Ungeordnetheit der Ergebnisse. Die aufgelisteten Suchergebnisse waren weder nach Gruppen-/ Seitengröße noch alphabetisch nach Namen geordnet, was eine eigenständige Sortierung und die Durchsicht des Großteils der Suchergebnisse notwendig machte. Als Selektionskriterien wurden dabei folgende Aspekte festgelegt:

- Durchsicht der ersten 300 Einträge zu jedem Suchbegriff.[69]
- Auswahl aller Gruppen und Fanseiten, die
   o zum Erhebungstag mindestens 1000 Mitglieder hatten[70] und
   o eine explizite Thematisierung der österreichischen oder bundesländerspezifischen Identität aufwiesen. Gruppen und Seiten, die zwar einen Österreich- oder Bundesländer-Bezug aufwiesen, jedoch allein vom Namen her bereits eine eindeutige politische, wirtschaftliche oder sportliche Orientierung verrieten, wurden von der Analyse ausge-

---

[69] Die Durchnummerierung der Suchergebnisse wurde zum Zeitpunkt der Datenerhebung (Okt 2010) noch von Facebook durchgeführt. Später jedoch wurde diese Nummerierung durch einen Programm Relaunch aufgehoben.

[70] Durch die Mindestzahl an 1000 Mitgliedern sollte sichergestellt werden, dass innerhalb der Gruppen/Fanseiten eine ausreichend hohe Zahl an Interaktionspersonen zur Verfügung stehen, sodass tatsächlich interpersonale Diskussionen in Gang kommen können und die vermittelten Meinungen nicht nur auf einige wenige Personen zurückgehen.

schlossen, da hier vermutet wurde, dass das jeweilige Produkt, politische oder sportliche Akteure etc. im Mittelpunkt stehen und weniger die jeweilige geopolitische Identität. [71]

Die Identifikation der untersuchungsrelevanten Facebook Gruppen und Fanseiten wurde im September 2010 unmittelbar vor Beginn der ersten Befragungswelle von Facebook Nutzern durchgeführt. Für jede Gruppe/Seite wurden der exakte Name, der Link sowie die Anzahl der Mitglieder bzw. „Fans" abgespeichert. Zusätzlich wurden die Mitgliederzahlen noch ein zweites Mal am 17. November 2010, vor der Durchführung der zweiten umfangreicheren Befragung mit Facebook-Nutzern und Nicht-Nutzern, aktualisiert. Für die weiterführenden Berechnungen werden die aktualisierten Mitgliedszahlen der zweiten Erhebung im November 2010 herangezogen.

3.1. Die Auswahlgesamtheit

Insgesamt wurden 209 Facebook Gruppen identifiziert, die einen klaren Bezug zur nationalen oder regionalen Identität in Österreich aufwiesen, davon hatten 134 Gruppen klaren Bundesländerbezug, 75 Gruppen waren auf die nationale Identität Österreichs bezogen (Tabelle 18). Insgesamt tummelten sich in diesen Gruppen 1.220.700 Mitglieder, wobei jedoch mitbedacht werden muss, dass ein und derselbe Nutzer durchaus Mitglied in mehreren Gruppen sein kann, was auch relativ häufig der Fall zu sein schien. Im Schnitt hatte jede dieser Gruppen 5841 Mitglieder, bei den Nation-bezogenen Gruppen waren es mit durchschnittlich 10.516 Mitglieder deutlich mehr, als in den Bundesländer-Gruppen mit nur durchschnittlich 3.223 Mitgliedern, was sich jedoch durch die deutlich höhere Anzahl an regionalen Gruppen erklärt, wodurch die Facebook-Nutzer mehr Wahlmöglichkeiten auf regionaler Ebene haben, als auf nationaler.

Betrachtet man das Angebot rein auf Bundesländerebene so fällt auf, dass es hier deutliche Unterschiede in Hinblick auf die Anzahl der Gruppen als auch die Anzahl der Mitglieder gibt: Das Bundesland mit den meisten Facebook Gruppen mit über 1.000 Mitgliedern ist Tirol, auf das sich immerhin 27 Gruppen beziehen. An zweiter Stelle folgt Kärnten mit 23 Gruppen, dahinter liegen schon deutlich abgeschlagen Oberösterreich mit 18 Gruppen, Wien mit 14 Gruppen und das Burgenland mit 12 Gruppen. Die wenigsten Angebote finden sich für Salzburg und die Steiermark mit nur jeweils 9 Gruppen.

---

[71] So wurden beispielsweise sämtliche Gruppen und Seitenangebote von politischen Parteien von der Analyse ausgeschlossen, ebenso wie Fanseiten von Fußballvereinen oder Seiten von Unternehmen.

Tabelle 18: Facebook Gruppen mit Österreich- oder Bundesländer-Bezug

	Mitglieder	Anzahl Gruppen	durchschn. Mitglieder pro Gruppe
Österreich Gruppen national	**788.725**	**75**	**10.516**
Österreich Gruppen allgemein	656.901	54	12.165
Österreich Gruppen xenophob	24.833	6	4.139
Österreich Gruppen multikulturell	37.918	5	7.584
Österreich Gruppen Vergleich mit anderen Ländern	69.073	10	6.907
Bundesländergruppen gesamt	**431.975**	**134**	**3.224**
Wien	30.278	14	2.163
Niederösterreich	40.730	11	3.703
Burgenland	36.694	12	3.058
Oberösterreich	48.869	18	2.715
Salzburg	24.122	9	2.680
Kärnten	73.110	23	3.179
Steiermark	43.831	9	4.870
Tirol	102.311	27	3.789
Vorarlberg	32.030	11	2.912
Österreich Gruppen national + regional	**1.220.700**	**209**	**5.841**

Ein ähnliches Bild zeigt auch die Recherche bei den Facebook Fanseiten, wobei hier die Mitgliederzahlen sogar noch höher als bei den Gruppen ausfallen (Tabelle 19). Insgesamt konnten 61 Fanseiten mit mehr als 1.000 Mitgliedern identifiziert werden, in denen sich insgesamt 1.465.707 „Fans" versammelten. Davon waren 814.943 Mitglieder in den nationalen 16 identifizierten Fanseiten und 650.764 Fans in 45 Bundesländerseiten. Im Durchschnitt bestand eine Fanseite mit regionalem oder nationalem Österreichbezug aus 24.028 Mitgliedern. Auch bei den Fanseiten zeigte sich das Bundesland Tirol mit 15 Seiten als Spitzenreiter, gefolgt von Wien mit neun Seitenangeboten und Vorarlberg mit fünf Fanseiten. Bei der Anzahl der Fans dominierte Wien mit insgesamt 283.443 Mitgliedern, gefolgt von Tirol (92.515 Mitglieder) und der Steiermark (64.257 Mitglieder).

Tabelle 19: Facebook Fanseiten mit Österreich- oder Bundesländer-Bezug

	Mitglieder	Anzahl Seiten	durchschn. Mitglieder pro Seite
Österreich Seiten national	**814.943**	**16**	**50.934**
Bundesländerseiten gesamt	**650.764**	**45**	**14.461**
Wien	283.443	9	31.494
Niederösterreich	61.575	2	30.788
Burgenland	14.177	2	7.089
Oberösterreich	51.878	1	51.878
Salzburg	36.827	4	9.207
Kärnten	26.516	3	8.839
Steiermark	64.257	4	16.064
Tirol	92.515	15	6.168
Vorarlberg	19.576	5	3.915
Österreich Seiten national + regional	**1.465.707**	**61**	**24.028**

Diese ersten rein deskriptiven Zahlen zu nationalen oder bundesländerbezogenen Angeboten in Facebook zeigen bereits sehr eindrucksvoll, dass die Zugehörigkeit zu einer Nation bzw. auch in einem globalen Netzwerk wie Facebook keineswegs an Bedeutung zu verlieren scheinen, sondern dass sie vielmehr im virtuellen Online Netzwerk, das rein technisch gesehen die Raumverbundenheit auflöst, da die Nutzung unabhängig von Raum und Zeit möglich ist, aktiv rekonstruiert und zumindest von einem Teil der Nutzer zu einem Teil der eigenen (virtuellen) Selbstpräsentation wird.

Ausgehend von dieser Auswahlgesamtheit an Facebook Gruppen und Fanseiten wurden in der Folge sowohl für die Befragung als auch für die Inhaltsanalyse weitere Stichprobenkriterien definiert. Es wurden die 40 größten allgemeinen nationalen Facebook Gruppen ausgewählt, sowie jeweils die drei größten Gruppen mit xenophober, pro-multikultureller Orientierung und mit Ländervergleich, sowohl als Grundlage für die Verbreitung des Online-Fragebogens als auch für die Inhaltsanalyse, ausgewählt. Bei den Fanseiten wurde der Fragebogen in allen 16 identifizierten Österreich-Seiten gepostet und diese auch in ihrer Gesamtheit in die Inhaltsanalyse einbezogen. Auf Bundesländerebene wurde der Fragebogen-Link in den jeweils vier größten Gruppen pro Bundesland veröffentlicht und diese auch in die Inhaltsanalyse einbezogen. Bei den Bundesländerseiten konnte auf Grund der teilweise sehr geringen Angebotsanzahl (z.b. für Oberösterreich gab es nur eine einzige Fanseite mit über 1.000 Mitgliedern) kein so einheitliches Vorgehen durchgeführt werden. Als Lösungsansatz wurde schließlich entschieden, dass von allen Bundesländern, die mindestens drei Fanseiten aufweisen, jeweils die drei größten Seiten für die Befragung und Inhaltsanalyse herangezogen, bei allen mit weniger Seitenangebot wurden jeweils alle identifizierten Seiten in die Analyse einbezogen.

Insgesamt dienten somit 124 regionale bzw. nationale Facebook Gruppen (84 Gruppen) und Fanseiten (40 Seiten) als Analyse- bzw. Rekrutierungsgrundlage für die Inhaltsanalyse und die Online-Befragung. Die höhere Anzahl der Gruppen im Vergleich zu den Fanseiten entspricht dem höheren Angebot an österreichsspezifischen Gruppen, die vor allem darin begründet liegt, dass das Facebook-Tool der „Fanseite" deutlich später eingeführt wurde[72], als dies bei der „Gruppenfunktion" der Fall ist. Die Aktualisierung der Mitgliederzahlen im Zeitraum von September bis November 2010 hat dabei jedoch den deutlichen Trend gezeigt, dass die Fanseiten zunehmend auf Kosten der Facebook Gruppen an Bedeutung gewinnen dürften. Während die Mitgliederzahlen nahezu aller ausgewählten Gruppen allein im Verlauf eines Monats teilweise deutlich gestiegen sind, verzeichnen die Gruppen tendenziell eher sinkende Zahlen.

3.2. Analyse-Methode und Forschungsfragen

Die Analyse der Gruppen und Fanseiten erfolgte in einer Kombination aus qualitativen und quantitativen inhaltsanalytischen Auswertungsschritten. Zunächst wurden auf quantitativer Ebene vor allem formale Charakteristika der Facebook Angebote kodiert, wie dies etwa beim Einsatz von Fotos und Videos, den Interaktionsfrequenzen auf der Pinnwand oder in den Diskussionsforen sowie die verschiedensten Varianten von Verlinkungen innerhalb der Gruppe oder Fanseite der Fall war[73]. In einem zweiten qualitativen Schritt wurden die Inhalte der Diskussionsforen tiefergehend untersucht. Alle bis Ende Oktober 2010 veröffentli-

---

[72] Die Einführung der Fanseiten erfolgte im deutschsprachigen Raum erst im April 2010.
[73] Das verwendete Codebuch liegt im Anhang bei.

chen Diskussionsbeiträge, die einen Bezug zu Österreich aufwiesen[74], inklusive aller Kommentare, wurden aus der Social Network Site herauskopiert und separat abgespeichert. Bei der Materialsammlung in den Diskussionsforen zeigte sich, dass zwei Drittel der analysierten Gruppen und Seiten entweder kein Diskussionsforum anboten, keine Beiträge im Diskussionsforum enthielten oder aber keine Beiträge mit Österreich- oder Bundesländerbezug enthielten. Insgesamt gingen auf diese Weise 261 Diskussion-Threads aus 44 Facebook Gruppen und Fanseiten in die qualitative Analyse ein.

Nach Identifikation und Abspeicherung der relevanten Diskussionsbeiträge wurden diese als Datenfiles zur qualitativen Auswertung in die Auswertungssoftware *atlas.ti 6.0* implementiert und mittels dieser Software die Kodierungen vorgenommen. Diese Software bringt zwei große Vorteile für die Analyse mit sich: einerseits ermöglichte das Programm eine teilweise automatisierte Kodierung von festgesetzten Suchwörtern[75], was eine zuverlässige und vor allem zeitsparendere Durchführung der Inhaltsanalyse ermöglichte. Andererseits eröffnet das Programm die Möglichkeit eine qualitative und damit tiefergehende Analyse direkt am Text durchzuführen, aber gleichzeitig diese qualitativen Ereignisse in quantitative Daten überzuführen, die anschließend mittels statistischer Auswertungsverfahren weiterverarbeitet werden können. Exakt dieses Vorgehen wurde auch im Rahmen der Untersuchung durchgeführt, um auf diese Weise die Daten der formalen Analyse der Facebook Gruppen und Fanseiten mit jenen der qualitativen und in die Tiefe gehenden inhaltlichen Daten zu den Diskussionsforen zusammenführen zu können.

Es galt im Vorfeld die Frage zu klären, ob für die qualitative Auswertung eher ein induktives oder ein deduktives Vorgehen sinnvoller ist. Der zentrale Unterschied zwischen den beiden Verfahren wird von Lewins/Silver (2007) folgendermaßen auf den Punkt gebracht: Ein deduktives qualitatives Vorgehen unterscheidet sich von induktiven Analyseverfahren vor allem dadurch, dass hier vor der Analyse zumindest grobe Kategoriedimensionen definiert werden, die anschließend die Kodierung anleiten, während bei der induktiven Kodierung tatsächlich frei an den Text herangegangen wird und erst in der Folge ein Kategorieraster definiert wird (Lewins/Silver 2007: 86). Im Falle dieser Analyse, die in einem zweiten Schritt ganz gezielt mit den Ergebnissen der Inhaltsanalyse der Tageszeitungen verglichen werden soll, wäre ein derartig offenes Kodieren ohne jegliche Vorabdefinition zumindest grober Kategoriedimensionen wenig gewinnbringend. Aus diesem Grund wurde ganz bewusst der Ansatz der dedukti-

---

[74] Nicht für die Analyse berücksichtigt wurden etwa Diskussionsbeiträge, in denen primär Werbung bzw. ein Link zu anderen Angeboten gepostet wurde.
[75] Begriffe wie z.B. „Österreich", unterschiedliche Bundesländernamen, Namen öst. Politiker etc. konnten automatisch kodiert werden.

ven Kategoriebildung gewählt, bei dem erste Kategoriedimensionen in Anlehnung an die Zeitungs-Analyse bzw. die Online-Befragungen vorgeben waren, die Sub-Dimensionen jedoch großteils am Text festgelegt wurden.

Als grobe Kategoriedimensionen wurden somit folgende Themenbereich festgelegt: 1) Thematisierung anderer Ländern – Vergleich Österreich mit anderen Nationen, 2) Patriotismus, 3) Nationalismus, 4) Nationalstolz, 5) Xenophobie vs. Pro-Multikulturalismus, 6) Religion, 7) Identifikationsebenen (regional, national, transnational) und 8) regionale, nationale und transnationale Symbole. Zusätzlich wurden noch einige formale bzw. sprachliche Charakteristika der Diskussionsbeiträge festgehalten, wie etwa die unterschiedliche Verwendung von Dialekt- bzw. Umgangssprache (Dialektwörter, Wortverkürzungen in Anlehnung an die gesprochene Sprache, Anglizismen, Wortkürzel), Sprechakte (z.B. Widerspruch, Zustimmung, Kritik, Ironie/Sarkasmus, usw.), sowie die Nennung von Quellen, auf die innerhalb der Diskussion Bezug genommen wird.

Die Kodierung erfolgt somit einerseits händisch und ausgehend von einem an das Kategoriensystem der Zeitungsinhaltsanalyse angelehnten Kategorienrasters, andererseits auch mit Unterstützung von Autokodierungen, mit deren Hilfe vor allem das Auszählen von nationalen oder regionalen Bezeichnungen durchgeführt wurde. Durch diese Kombination konnte einerseits sichergestellt werden, dass tatsächlich eine tiefgehende Analyse anhand eines kontinuierlich weiterentwickelten Kategoriensystems durchgeführt wurde, andererseits konnte durch die Autokodierung eine sehr hohe Genauigkeit bei der Auszählung gewisser zentraler Begrifflichkeiten erreicht werden.

Nach der qualitativen Codierung wurden die identifizierten Kategoriendimensionen inklusive aller im Kodierprozess neu definierten Sub-Kategorien mittels atlas.ti Software so transformiert, dass sie auch auf quantitativer Ebene mittels der Statistik-Software PASW 18 (SPSS 18) ausgezählt und für weitere Analyseschritte mit den primär quantitativ erhobenen formalen Text- und Gruppen/Fanseiten-Merkmalen in Verbindung gesetzt werden konnten.

Für die Auswertung wurde als Analyse-Einheit jeweils die konkrete Facebook Gruppe oder Fanseite festgelegt, auch für die Analyse der Diskussionsbeiträge. Dieser Ansatz wurde gewählt, da weniger die einzelne Diskussion isoliert interessierte, sondern vielmehr der gesamte kommunikative Eindruck, den eine Gruppe oder Fanseite im Zusammenhang mit Österreich vermittelt.

Folgende zentrale Forschungsfragen waren dabei für die inhaltsanalytische Auswertung der Facebook Gruppen und Fanseiten anleitend:

FF1: Welchen Stellenwert hat geopolitische Zugehörigkeit zu Österreich in der Social Network Site?

FF2: Welches Bild wird von Österreich in der Social Network Site hergestellt?
FF3: Welche Unterschiede zeigen sich zwischen national-orientierten und regional-orientierten Facebook Angeboten?

Auf die konkrete Formulierung von Hypothesen wird an dieser Stelle bewusst verzichtet, da die Inhaltsanalyse stark explorativen Charakter hat und auf keine bereits in diesem Bereich durchgeführten Untersuchungen zu geopolitischen Identitätskonzeptionen in Social Network Sites zurückgegriffen werden kann. Die Auswertung soll demnach völlig frei von Vorerwartungen erfolgen und erste Hinweise auf zentrale Charakteristika der regionalen und nationalen Identitätskonzeptionen in Facebook Gruppen und Fanseiten liefern.

3.3. Stellenwert geopolitischer Verortung mit Österreich-Bezug

Die Beantwortung der ersten Forschungsfrage zur Bedeutung der geopolitischen Verortung mit Österreichbezug im Rahmen des Facebook Angebots kann zunächst unter Betrachtung der Anzahl der identifizierten Gruppen und Fanseiten, die sich explizit mit Österreich oder einer österreichischen Region befassen, erfolgen. Die oben angeführten tabellarischen Übersichten über regionale und nationale Facebook Angebote und die damit verbunden Mitgliedszahlen, sprechen eindeutig dafür, dass auch in dem globalen sozialen Netzwerk für eine Vielzahl an Nutzern der Ausdruck der eigenen nationalen oder regionalen Identität zu einem wichtigen Bestandteil der „virtuellen" Imagekonstruktion wird[76] und es dementsprechend viele Angebote im Bereich von Gruppen oder Fanseiten dazu gibt.

Werden die Mitgliederzahlen in den einzelnen Facebook Gruppierungen insgesamt in Bezug gesetzt mit der Gesamtbevölkerung Österreichs bzw. der Facebook Nutzerschaft in Österreich, so wird die hohe Bedeutung dieser virtuellen „Gemeinschaften" schnell deutlich. In einem Land mit rund 8,4 Millionen Einwohnern und zum Zeitpunkt der Analyse rund 2,2 Millionen Facebook-Nutzern (Socialbakers Nov. 2010), versammeln sich etwa in einer Fanseite mit dem Namen „I am from Austria" im November 2010 insgesamt 246.000 Mitglieder[77] und in einer Gruppe mit dem Namen „8.000.000 Österreicher auf Facebook!!!!! fast unmöglich????? =)" tummeln sich ebenfalls fast 204.000 Personen. Hochgerechnet auf die österreichische Gesamtnutzerschaft bedeutet dies, dass jeder

---

[76] Vergleiche Ergebnisse der Online-Befragungen zur Motivation der Mitgliedschaft in Österreich-spezifischen Facebook-Gruppen und Fanseiten (Teil II Kapitel 5.5.).
[77] Im April 2011 befinden sich bereits über 300.000 Mitglieder in dieser Fanseite.

zehnte österreichische Facebook-Nutzer Mitglied in zumindest einer dieser österreichspezifischen Gruppen ist.

Abgesehen von dieser rein deskriptiven Interpretation der Ergebnisse für Österreich wurde in einem länderübergreifenden Vergleich ermittelt, inwiefern diese Beitrittsbereitschaft zu regional- oder nationalbezogenen Facebook Gruppierungen auch in anderen Nationen zu beobachten ist.

Dazu wurde in einem etwas vereinfachten Suchprozedere[78] für Deutschland als deutschsprachige Vergleichsnation, die Schweiz zum Vergleich mit einem anderen Kleinstaat, Frankreich als ehemalige Kolonialmacht, Spanien als südeuropäischer Vergleichsmaßstab mit starken regionalen Besonderheiten (z.B. Katalonien usw.) sowie die USA als nicht-europäischer Vergleichsmaßstab ebenfalls das Angebot an nationalen und regionalen Facebook Gruppen und Fanseiten ermittelt. Vereinfacht wurde das Suchprozedere dadurch, dass auf regionaler Ebene als Suchwörter nur jeweils die drei größten Bundesländer/Regionen sowie die drei größten Städte einer Nation gesucht wurden[79]. Auf nationaler Ebene wurden keinerlei Einschränkungen vorgenommen. Alle Nationen-, Regionen- und Städtebezeichnungen wurden jeweils in der 1) Landessprache, 2) in Deutsch und 3) in Englisch als Suchwörter in die Facebook Suchfunktion eingegeben. Als Auswahlkriterien galten die gleichen Vorgaben, wie bei der detaillierten Auswertung für Österreich, d.h. es wurden nur alle Gruppen und Fanseiten mit mehr als 1.000 Mitgliedern vermerkt, und nur jene Angebote, die sich explizit mit der nationalen bzw. regionalen Identität einer Nation auseinandersetzen. Die vergleichende Erhebung wurde zusammen mit Studierenden einer Übung zur Kommunikationsforschung am Institut für Publizistik- und Kommunikationswissenschaft der Universität Wien im Winter-Semester 2010/11 durchgeführt[80]. Die Ergebnisse sollen dabei keine Vollerhebung aller länderspezifischen Angebote darstellen, sondern lediglich unter vergleichender Perspektive ein in Bezugsetzen der Angebote unterschiedlicher Nationen ermöglichen.

Die Ergebnisse
Der Vergleich der angeführten Nationen zeigt einige deutliche Unterschiede zwischen den einzelnen Ländern. Auffällig ist hier zunächst die überdurchschnittlich hohe Anzahl an Mitgliedern in nationenspezifischen Facebook Gruppen in Öster-

---

[78] Aus diesem Grund weichen auch die Zahlenwerte für die regionalen Angebote von Österreich von der oben angeführten detaillierten Gesamtauswertung ab.
[79] Wenn die größten Städte mit Regionen oder Bundesländern zusammenfielen, wie etwa in Österreich es für Wien der Fall ist, so wird jeweils die viertgrößte Stadt ergänzt, um die gleiche Anzahl von Suchwörtern für alle Nationen sicherzustellen.
[80] Mein Dank gilt an dieser Stelle den Studierenden, die in sehr engagierter und genauer Weise, diese Recherche-Arbeiten durchgeführt haben.

reich. In den identifizierten Gruppen tummeln sich insgesamt fast eine Million Nutzer. Auch wenn man an dieser Stelle wieder bedenken muss, dass die Mitgliedschaft in einer Facebook Gruppe nichts Exklusives ist, sondern ein und derselbe Nutzer durchaus Mitglied in mehreren Gruppen oder Fanseiten sein kann, stellt diese Zahl vor allem im Vergleich zu den anderen überwiegend deutlich bevölkerungsreicheren Nationen eine eindeutige Sonderstellung von Österreich dar (Tabelle 20).

Diese hohen Mitgliederzahlen gehen auch mit einer überdurchschnittlich hohen Anzahl an regionalen oder nationalen Facebook Gruppen einher. Nur das mehr als sieben Mal so große Spanien[81] weist ein höheres Angebot an Nation- oder Region-bezogenen Gruppen auf. Bei den Fanseiten sticht Österreich nicht in demselben Ausmaß hervor. Hier weisen alle Nationen eine deutlich höhere Anzahl an regional- oder nationalorientierten Fanseiten auf als Österreich, auch die Größen- und Einwohnerzahl-mäßig vergleichbare Schweiz bietet fast doppelt so viele entsprechende Fanseiten an. Lediglich in den Fanzahlen innerhalb dieser Seiten, liegt Österreich vor dem Nachbarland. Spitzenreiter bei den Fanseiten ist in diesem Vergleich das einwohnerstärkste Land, nämlich die USA. Aber auch Frankreich und Spanien weisen deutlich über 100 regional oder national orientierten Fanseiten auf. Wirklich aussagekräftig wird der Vergleich dieser Mitgliederzahlen und Anzahl an Gruppen und Fanseiten jedoch erst dadurch, dass diese Zahlen in Bezug zur Facebook-Nutzerschaft bzw. der Gesamtbevölkerung einer Nation gesetzt werden. Einschränkend muss man an dieser Stelle anführen, dass die nachfolgenden Prozentwerte nicht so interpretiert werden dürfen, dass sie tatsächlich angeben, wie viele Prozent der Facebook-Nutzer bzw. der Gesamtbevölkerung einer Nation Mitglied einer Gruppe oder Fanseite sind, sondern dass diese Prozentwerte primär für den Vergleich mit den anderen Nationen herangezogen werden sollen. Ein Grund, warum eine derartige Interpretation unzutreffend wäre, liegt in der schon mehrfach erwähnten Nicht-Exklusivität der Gruppen oder Fanseiten-Mitgliedschaft. Somit sind in den unten angeführten Mitgliedszahlen von Gruppen und Fanseiten mit großer Wahrscheinlichkeit ein Teil der Nutzer mehrfach erfasst, da diese in mehreren nationenspezifischen Facebook Angeboten gleichzeitig aktiv sind. Da eine Bereinigung derartiger Doppelnennungen aber nicht möglich ist, da nicht die gesamten Freundeslisten aller Facebook Gruppen und Fanseiten miteinander abgestimmt werden können, liegt der reale Anteil an Facebook-Nutzern bzw. an der Gesamtbevölkerung, die in einer nationenspezifischen Gruppe und Fanseite aktiv sind, für alle verglichenen Nationen deutlich unter den angeführten Prozentwerten. Diese sollen daher tat-

---

[81] Bemessen an der Gesamtbevölkerungszahl

sächlich rein als ein Maßstab für den nationenspezifischen Vergleich herangezogen werden.

Bei diesem Vergleich fällt zunächst auf, dass Österreich hier vor allem bei den Gruppenmitgliedschaften einen deutlich höheren Verbreitungsgrad unter den Facebook-Nutzern einer Nation sowie der Gesamtbevölkerung aufweist. Besonders gering fällt hingegen der Anteil der Gruppenmitgliedschaften in den USA, Frankreich und Deutschland aus. Dies erklärt sich vor allem dadurch, dass auch das zahlenmäßige Angebot an nationenspezifischen Gruppen oder Fanseiten in diesen drei Ländern im Vergleich zur Gesamtbevölkerungsgröße sehr gering ausfällt. Ein ähnliches Bild, aber in etwas abgeschwächter Form, zeigt sich beim Vergleich der Verbreitung von Fangruppen-Mitgliedschaften. Auch hier liegt Österreich anteilsmäßig deutlich vor allen anderen untersuchten Nationen. Relativ hoch ist die Verbreitung der Mitgliedschaften von Fanseiten auch in der Schweiz und in Spanien. Eine Erklärung kann für diese beiden Nationen vor allem in ihrer nationeninternen (sprach-)kulturellen Mischung gesehen werden. So weist die Schweiz mit ihrer viersprachigen Konzeption eine relativ hohe (sprach-)kulturelle Vielfalt auf. Ähnlich ist die Situation in Spanien, wo es innerhalb der Nation mehrere „autonome Gemeinschaften" (z.B. Katalonien, Baskenland, Galicien) gibt, die teilweise auch eigene Sprachen verwenden. Für Österreich lässt sich diese weite Verbreitung von Gruppen- und Fanseiten-Mitgliedschaften in Facebook jedoch nicht durch eine sprachliche oder kulturelle Vielfalt erklären. Es stellt sich somit die Frage, worin diese hohe Bereitschaft zu einer Mitgliedschaft in einer österreichspezifischen Gruppe oder Fanseite kommt. Um dies zu klären, werden die Ergebnisse der sechs analysierten Länder noch etwas detaillierter aufgeschlüsselt. Für diese detailliertere Analyse werden in der Folge die Anzahl und Mitgliederzahlen von Gruppen bzw. Fanseiten der verglichenen Nationen nach nationaler und regionaler Orientierung aufgeschlüsselt (Tabellen 21, 22).

Tabelle 20: Verbreitung von nationenbezogenen Facebook Angebote

	GER	CH	FR	USA	ESP	AUT
Anzahl Gruppenmit-	106.615	202.646	155.553	200.701	340.686	983.043
Anzahl Gruppen	45	83	59	83	148	132
Anzahl Fans	2.084.753	850.271	2.355.505	11.378.633	3.454.394	1.255.114
Anzahl Fanseiten	62	62	115	210	131	36
	GER	CH	FR	USA	ESP	AUT

Facebook-Nutzer	10.900.000	2.300.000	19.400.000	132.800.000	11.000.000	2.100.000
Bevölkerung gesamt	81.800.000	7.800.000	64.700.000	310.700.000	46.000.000	8.400.000
Penetrationsgrad	13,30%	29,20%	29,70%	43,10%	23,50%	25,20%
Durchschnittsalter	28,5 Jahre	29,7 Jahre	28,9 Jahre	33,2 Jahre	30,9 Jahre	27,8 Jahre
Prozentsatz Gruppenmitgliedern von Facebook-Nutzern*	0,98	8,81	0,80	0,15	3,10	46,81
Prozentsatz Fans an Facebook-Nutzer*	19,13	36,97	12,14	8,57	31,40	59,77
Prozentsatz Gruppenmitglieder an Gesamtbevölkerung*	0,13	2,60	0,24	0,06	0,74	11,70
Prozentsatz Fans an Gesamtbevölkerung*	2,55	10,90	3,64	3,66	7,51	14,94

* angenommen, dass jeder Nutzer/Person nur bei einer Seite Mitglied/Fan ist
Quellen: Facebook-Zahlen: Social Media Schweiz, Stand: 31. August 2010; Bevölkerungszahlen: EUROSTAT, Stand 2010

Im Zusammenhang mit der regionalen Orientierung muss dabei jedoch daran erinnert werden, dass hier keine Vollerhebung aller regionalen Seitenangebote einer Nation durchgeführt wurde, sondern die Auswahl jeweils auf die drei einwohnerstärksten Regionen/Bundesländer/Provinzen sowie die drei einwohnerstärksten Städte beschränkt war. Dennoch steht auch hier der Vergleich der sechs Nationen im Vordergrund, der dank Durchführung aller Erhebungen mit den gleichen Vorgaben, ohne Beschränkung möglich ist. Beim Vergleich der regionalen und nationalen Gruppen innerhalb der sechs untersuchten Länder zeigt sich zunächst eine weitere Besonderheit Österreichs: Während in allen anderen analysierten Nationen die Mehrheit der Gruppenangebote sowie die Mehrheit aller Gruppenmitglieder auf regionaler Ebene verortet sind, dominieren in Österreich national verortete Gruppen und Gruppenmitgliedschaften. Besonders deutlich wird dies bei den Mitgliederzahlen, indem in Österreich 80% aller ausgezählten Gruppenmitgliedschaften auf eine national orientierte Gruppe entfallen. Alle anderen Nationen weisen ausnahmslos exakt das gegensätzliche Modell auf, indem zwischen 70% (USA) und 89% (Schweiz) aller Gruppenmitgliedschaften auf regionaler Ebene angesiedelt sind.

Tabelle 21: Nationenvergleich – Facebook Gruppen regional vs. national

	Österreich		Deutschland		Schweiz	
GRUPPEN	national	regional	national	regional	national	regional
Anzahl Gruppen	75	57	11	34	13	70
Anzahl Mitglieder	788.725	194.318	28.539	78.076	23.278	180.368
Prozent Gruppen	56,82	43,18	25	77,27	15,66	84,34
Prozent Mitglieder	80,23	19,77	26,77	73,23	11,43	88,57
	Frankreich		USA		Spanien	
GRUPPEN	national	regional	national	regional	national	regional
Anzahl Gruppen	6	53	21	62	31	117
Anzahl Mitglieder	18.680	136.873	60.147	140.554	67.648	273.038
Prozent Gruppen	10,17	89,83	25,3	74,7	20,95	79,05
Prozent Mitglieder	12,01	87,99	29,97	70,03	19,86	80,14

Ein ähnliches Bild zeigt sich, aber wiederholt in deutlich abgeschwächter Form, bei den Fanseiten: Auch in diesem Aspekt weist Österreich eine deutlich höhere Konzentration auf national-orientierte Fanseiten als die übrigen Länder auf. Lediglich bei der Anzahl der Fanseiten gibt es auch in Österreich etwas mehr regional-ausgerichtete Angebote als national-orientierte. Bei den Mitgliederzahlen in diesen Gruppen, zeigt sich jedoch wieder eine Konzentration auf nationaler Ebene, was dafür spricht, dass die nationalen Fanseiten dafür umso höhere Mitgliederzahlen aufweisen. Die stärkste regionale Ausrichtung der Fanseiten findet sich in Frankreich, wo rund 90% aller festgestellten Seitenmitgliedschaften auf regionaler Ebene verortet sind, ähnlich hoch ist die regionale Ausrichtung in den USA (89% der Seitenmitgliedschaften). In Deutschland, Spanien und der Schweiz entfallen rund zwei Drittel aller Mitgliedschaften auf regionale Seiten.

Zusammenfassend können somit für Österreich in diesem Nationenvergleich folgende Punkte festgehalten werden:

a.) Es gibt ein vergleichsweise großes Angebot an Österreich-spezifischen Gruppen und Fanseiten in Facebook.
b.) Ein im Vergleich zu den anderen Nationen großer Anteil der Gruppen ist national ausgerichtet.[82]
c.) Ein vergleichsweise hoher Anteil aller Gruppenmitgliedschaften entfällt auf nationale Ebene.[83]
d.) Ein vergleichsweiser hoher Anteil aller Seitenmitgliedschaften entfällt auf nationale Ebene.[84]

Tabelle 22: Nationenvergleich – Facebook Fanseiten regional vs. national

	Österreich		DeutschlandFehler! Text-		Schweiz	
SEITEN	**national**	**regional**	**national**	**regional**	**national**	**regional**
Anzahl Seiten	17	24	14	48	18	44
Anzahl Fans	815.206	538.685	675.020	1.409.733	330.611	519.660
Prozent Seiten	41,46	58,54	22,58	77,42	29,03	70,97
Prozent Fans	60,21	39,79	32,38	67,62	38,88	61,12
	Frankreich		Amerika		Spanien	
SEITEN	**national**	**regional**	**national**	**regional**	**national**	**regional**
Anzahl Seiten	20	95	36	174	39	92
Anzahl Fans	229.437	2.126.068	1.234.044	10.144.589	1.211.791	2.242.603
Prozent Seiten	17,39	82,61	17,14	82,86	29,77	70,23
Prozent Fans	9,74	90,26	10,85	89,15	35,08	64,92

Als Fazit kann aus dem Nationenvergleich festgehalten werden, dass die geopolitische Verortung in Österreich auch im globalen Online Netzwerk eine wichtige Rolle spielt und dementsprechend viele Angebote dazu zu finden sind. Zudem erfolgt die Verortung bzw. die Zahl der Mitgliedschaften in einem deutlich höheren Anteil als in den Vergleichsländern auf nationaler Ebene, was dafür spricht,

---

[82] In der detaillierten Analyse zu Österreich verändert sich dieses Verhältnis bei der Anzahl der Gruppen jedoch wieder. Insgesamt gibt es nämlich in Österreich eine höhere Anzahl an regional orientierten Gruppen als an nationalen. Der Anteil der nationalen Gruppen wird in dieser Auswertung daher lediglich als Vergleichsmaßstab mit den anderen Nationen herangezogen, bei denen der gleiche Auswertungsmechanismus angewendet wurde.
[83] Dieses Verhältnis entspricht auch jenem der detaillierten Gesamtauswertung für Österreich.
[84] Dieses Verhältnis entspricht auch jenem der detaillierten Gesamtauswertung für Österreich.

dass offensichtlich innerhalb der Social Network Site vor allem die Zugehörigkeit zur Nation Österreich ausgedrückt wird, und erst an zweiter Stelle jene zum konkreten Bundesland bzw. Wohnort. Es zeigt sich somit, dass nationale und regionale Identitätskonzepte offensichtlich sehr wohl zu einem integralen Bestandteil der virtuellen Online-Identitäten eines Großteils der Nutzer werden.

Die erste Forschungsfrage zu diesem Auswertungsteil „*Welchen Stellenwert hat geopolitische Zugehörigkeit zu Österreich in der Social Network Site?*" kann somit rein auf Ebene dieser inhaltlichen Recherchen relativ eindeutig damit beantwortet werden, dass v.a. die Zugehörigkeit auf nationaler Ebene einen hohen Stellenwert für eine Vielzahl von österreichischen Facebook Nutzern zu haben scheint. Sowohl die Vergleiche mit anderen Nationen als auch die singulären Auswertungen der Nutzerzahlen von einzelnen österreichspezifischen Facebook-Angeboten, in denen sich mehr als jeder zehnte österreichische Facebook-Nutzer tummelt, können hierzu als eindeutige Belege betrachtet werden.

3.4. Die Selbstbeschreibung der Facebook-Angebote

Während bereits bei der Auswahl der für die Untersuchung herangezogenen Analyse vom Namen der Gruppe/Fanseite ausgehend, eine grobe Kategorisierung in allgemeine nationale Gruppen/Seiten, xenophob oder pro-multikulturell orientierte Gruppen/Seiten und Gruppen/Seiten mit Ländervergleich vorgenommen wurde, wurde bei der Analyse auf Grundlage der in den Gruppen/Seiten von deren Gründern vorgenommenen Selbstbeschreibung noch eine konkretere Analyse der grundsätzlichen Orientierung einer Gruppe/Seite vorgenommen.

Dabei zeigte sich, dass sowohl bei den Gruppen als auch den Fanseiten die Mehrheit eine patriotische Orientierung vertritt, d.h. die „positive" Form nationaler Identität. Insgesamt weisen 71% der analysierten Facebook-Angebote eine derartig patriotische Orientierung auf, wobei der Anteil bei den Gruppen deutlich höher ausfällt (77,4%) als bei den Fanseiten (57,5%). Bei den Seiten lässt sich zudem eine touristisch-werberische Orientierung[85] feststellen. Mehr als jede fünfte Fanseite (22,5%) weist eine derartige Ausrichtung auf, was durchaus dem Charakter einer „Fanseite" entspricht. Hier werden nicht nur die Inländer selbst angesprochen, sondern auch gezielt Personen aus dem Ausland, die eine positive Verbindung zu Österreich herstellen oder intensivieren sollen und durch ihre Mitgliedschaft in der Fanseite einerseits ihre Verbundenheit zu Österreich ausdrücken, andererseits aber auch Informationen erhalten und austauschen können, die für einen etwaigen Urlaubsaufenthalt wichtig sein können.

---

[85] Keine der Gruppen weist eine solche Orientierung auf.

Alle anderen Ausrichtungen wie etwa xenophob, pro-multikulturell und Vergleiche mit anderen Ländern treten tatsächlich auch in den Selbstbeschreibungen nur in dem Ausmaß auf, wie dies bereits bei der Recherche zur Auswahl der Gruppen/Seiten allein anhand des Gruppen/Seiten-Names festgestellt wurde. Eine geringe Rolle spielen auch nationalistische Orientierungen, die, wie theoretisch bereits ausführlich diskutiert, den negativen Aspekt der nationalen Identität ausdrückt, indem andere Nationen bzw. deren Anhänger sowie Minderheiten in der eigenen Gesellschaft abgewertet und gleichzeitig die eigene Nation überhöht dargestellt wird. Lediglich vier Facebook Gruppen und eine Fanseite weisen in ihrer Selbstbeschreibung eine nationalistische Orientierung auf. Weiters erwähnenswert sind noch fünf Facebook Gruppen, die zwar im Namen eine deutliche Identifikation mit Österreich bzw. einem Bundesland aufweisen, sich in der Selbstbeschreibung aber primär als Spaß-orientiert definieren.

3.5. Visualisierung der regionalen bzw. nationalen Identität

Gerade im Zusammenhang mit der Aktualisierung und Konstruktion von regionalen oder nationalen Identitäten spielen visuelle Symbole eine wichtige Rolle. Daher wurde im Rahmen der Analyse der Facebook-Gruppen und Seiten auch ermittelt, mit welchem „Profil"-Foto sich eine Gruppe oder Seite präsentiert. Dieses Foto ist daher von besonderer Bedeutung, weil es sowohl im Suchmodus von Facebook neben dem Gruppen-/Seitennamen aufscheint, als auch bei jeder Aktivität der Gruppe/Seite auf der „Neuigkeiten-Seite" in Facebook bei den Mitgliedern abgebildet wird.

Die Analyse zeigt, dass hier durchaus zu sehr traditionellen Symbolen gegriffen wird: Ein Drittel der Gruppen/Seiten wählt als visuelles Erscheinungsbild die österreichische Fahne (33,1%) oder aber die Fahne bzw. das Wappen des jeweiligen Bundeslandes (20,3%). Mehr als die Hälfte aller analysierten Facebook Angeboten greift somit auf das Symbol der National- bzw. Bundesländer-Fahne zurück. Die restlichen verwendeten Gruppen-/Seitenfotos (44,4%) weisen eine derartig große Vielfalt auf, die von Landschaftsbildern über Karikaturen reicht, dass sie nicht weiter in einzelne Kategorien zusammengefasst werden konnten, sondern jeweils für sich stehend analysiert wurden.

Neben dem Profilfoto können innerhalb der Gruppen und Fanseiten sowohl von den Gründern als auch von den Mitgliedern Fotos und Videos online gestellt werden. Im Rahmen der Analyse wurden nur jene Fotos und Videos herausgegriffen, die von den Gruppenmitgliedern bzw. Fans einer Seite veröffentlicht wurden, da diese primär Aufschluss darüber geben können, wie Nutzer, die sich derartigen virtuellen Gruppierungen anschließen, die eigene Nation bzw. das eigene Bundesland bzw. die Region sehen und in Bildern zum Ausdruck bringen.

Die Bedeutung von Fotos für die Identitätskonstruktion einer Gruppierung zeigt sich bereits in der hohen Zahl an Abbildungen, die von den Nutzern publiziert werden. Im Durchschnitt befinden sich auf jeder Gruppe oder Fanseite 55 Fotos. Wobei einige Gruppen und Seiten durch eine besonders hohe Anzahl an Fotos hervorstechen, wie etwa die bereits angeführte Seite „Österreich / Austria /Autriche", auf der insgesamt 1100 Fotos gepostet wurden, aber auch auf der Seite „I am from Austria" wurden immerhin 962 Fotos gepostet. Andererseits gibt es aber auch einige meist mitgliederschwächere Seiten und Gruppen, die keinerlei Fotos in ihren Seiten aufweisen. Insgesamt zeigt sich jedoch die eindeutige Tendenz, dass in den Fanseiten signifikant mehr Fotos gepostet werden (Durchschnitt 112 Fotos pro Seite) als in den Gruppen (Durchschnitt 28 Fotos pro Gruppe). Etwa die Hälfte der geposteten Fotos haben tatsächlich Österreich- oder Regionen-spezifischen Bezug, indem entweder eindeutig nationale oder regionale Personen, Symbole, Landschaften usw. abgebildet wurden, oder dies zumindest eindeutig mittels Fotokommentar dargelegt wurde.[86] Im Durchschnitt weisen somit 26 Fotos pro Gruppe oder Seite explizit nationalen oder regionalen Bezug auf. Im Bundesländervergleich stechen vor allem die Angebote aus Niederösterreich (104 Fotos pro Gruppe/Seite) und Oberösterreich (88 Fotos pro Gruppe/Seite) mit überdurchschnittlich vielen Fotos hervor. Unterdurchschnittlich viele Fotos gibt es hingegen auf den Angeboten vom Burgenland (20 Fotos pro Gruppe/Seite) und Vorarlberg (26 Fotos pro Gruppe/Seite).

Was aber wird auf den publizierten Bildern überhaupt abgebildet? Wird die visuelle Thematisierung Österreichs bzw. einzelner Regionen primär anhand von Symbolen wie der Fahne oder der national- bzw. ländertypischen Farben vorgenommen, so wie es bei den Profilfotos zu beobachten war, oder stehen hier eher Landschaftsbilder, Sehenswürdigkeiten oder bestimmte Persönlichkeiten, die mit der jeweiligen Nation oder Region in Verbindung gebracht werden, im Mittelpunkt?

Bei der Analyse wurde dabei differenziert zwischen Fotos mit regionalem Bezug und jenen, die tatsächlich die ganze Nation Österreich repräsentieren können. Als erste Erkenntnis zeigte sich dabei, dass die visuelle Darstellung innerhalb der Gruppen und Seiten von Facebook stark regional orientiert ist. Besonders beliebte Darstellungen sind dabei zuallererst landschaftliche bzw. geographische Aspekte wie etwa Berge, Seen, Flüsse aber auch Stadt- und Ortsbilder.

---

[86] Landschaftsfotos, die rein von der bildlichen Darstellung keine eindeutige Zuordnung zu einer Region oder der Nation erlaubten und keinen Fotokommentar enthielten, wurden nicht als explizite Darstellung österreichischer oder bundesländerspezifischer Aspekte gewertet, da hier nicht klar identifiziert werden konnte, woher die Aufnahme stammt.

Durchschnittlich 14 Fotos mit diesem landschaftlichen Bezug befinden sich in jeder Gruppe und Seite. An zweiter Stelle der visuellen Darstellungsformen finden sich Fotos von baulichen Sehenswürdigkeiten mit Regionalbezug, wie etwa Schlössern, Denkmälern oder Gebäuden. Etwas weniger als fünf Fotos dieser Art (5 Fotos) sind durchschnittlich in einer Gruppe oder Seite abgebildet. Deutlich abgeschlagen an dritter Stelle folgen schließlich die ersten nationenweiten Fotos in Form von Darstellungen der Nationalflagge oder des Bundeswappens, die sich durchschnittlich 2 Mal pro Gruppe und Seite auffinden lassen. Andere regionalen oder nationalen Symbole, wie etwa bekannte Persönlichkeiten, Kleidung und Tracht, typische Speisen und Getränke sowie die Darstellung von Traditionen spielen hingegen nur eine sehr untergeordnete Rolle und finden sich nur in einzelnen Gruppen und Fanseiten.

Im Bundesländervergleich zeigen sich auch einige Unterschiede in Hinblick auf die Veröffentlichungsfreudigkeit unterschiedlicher Fototypen: Die häufigste Abbildung der Landesfahne bzw. des Landeswappen findet sich etwa in Tirol (3 Fotos pro Gruppe/Seite), bei den Landschaftsbildern zeigt sich vor allem in Oberösterreich (57 Fotos pro Gruppe/Seite), Niederösterreich (32 Fotos pro Gruppe/Seite) und in Kärnten (17 Fotos pro Gruppe/Seite) eine sehr hohe Veröffentlichungsaktivität. Bei den regionalen Sehenswürdigkeiten dominiert wiederum die Bundeshauptstadt Wien (15 Fotos pro Gruppe/Seite), vor Niederösterreich, das ebenfalls mit 9 Fotos dieser Kategorie pro Gruppe oder Seite einen überdurchschnittlichen Wert aufweist. Beim regionaltypischen Essen und Trinken stechen Niederösterreich (28 Fotos pro Gruppe/Seite) und Kärnten (1 Fotos pro Gruppe/Seite) hervor. Die häufigste Darstellung von Traditionen und Bräuchen findet sich hingegen in Tirol (4 Fotos pro Gruppe/Seite). Alle Formen von visueller Nationendarstellung sind, wie zu erwarten war, vor allem in den national orientierten Facebook Gruppen und Seiten zu finden.

Deutlich weniger häufig werden hingegen Videos gepostet; so findet sich im Durchschnitt nur etwas mehr als 1 Video auf den Gruppen und Fanseiten. Die Mehrheit der geposteten Videos hat jedoch einen expliziten Bezug zu Österreich, indem etwa national oder regional spezifische Musikstücke gezeigt werden, aber auch Informationsfilme über Städte und ähnliches. Die Gruppe mit den meisten Videos, nämlich 18 geposteten Beiträgen trägt den Namen „*Die ÖSTERREICHER auf Facebook*" und ist die zweitgrößte österreichspezifische Gruppe in Facebook, mit einer stark patriotischen Ausrichtung. Unterschiede zwischen Gruppen und Seiten finden sich im Zusammenhang mit Videos kaum. Im Bundesländervergleich sticht lediglich Wien mit einer überdurchschnittlich hohen Zahl an veröffentlichten Videos (3 Videos pro Gruppe/Seite) hervor.

3.6. Dialektverwendung in Gruppen und Fanseiten

Ein weiteres Ausdrucksmittel regionaler aber auch nationaler Zugehörigkeit ist die Verwendung von Regionen- bzw. Nation-spezifischen Ausdrucksformen bzw. Dialektwörtern. Gerade in Social Network Sites wird auch immer wieder die eigentlich streng formalisierte Schriftsprache durch, an die gesprochene Sprache angepasste, dialektale Ausdrucksformen ersetzt oder zumindest ergänzt. Die bewusste Verwendung derartiger verschriftlichter dialektaler Kommunikationsweisen kann als ein Ausdruck dafür gesehen werden, dass die regionalen oder nationalen sprachlichen Besonderheiten als ein wichtiger Bestandteil der individuellen aber durchaus auch gemeinschaftlichen Persönlichkeit innerhalb des sozialen Netzwerkes gesehen wird (Eisenstein et al. 2010).

Aus diesem Grund wurde für alle Gruppen und Seiten einerseits erhoben, inwiefern sich schon im Gruppen- bzw. Fanseiten-Namen dialektale Ausdrucksformen wiederfinden, andererseits auch die Verwendung von Dialektausdrücken innerhalb der Seiten überblicksartig eingeschätzt. Die Ergebnissen zeigen dabei, dass offensichtlich beim Gruppen- bzw. Seitennamen nach wie vor noch eine gewisse Berücksichtigung traditioneller Sprachnormen im Sinne einer Einhaltung klassischer Schriftregeln stattfindet. Nur knapp jede zehnte Gruppe oder Seite (9,7%) trägt einen Namen, der Dialektformulierungen beinhaltet, wobei es bei den nationalen Gruppen nur in 6,1% der Fall ist, in den Bundesländergruppen hingegen in 13,8% der Fälle. Eines der wohl eindeutigsten Beispiele für diese Art von Gruppen- und Seitennamen ist die Gruppe „*do kau i mochn wos i wü, do bin i hea – do ghea i hin <3 Österreich*", eine stark patriotisch ausgerichtete Gruppe mit immerhin mehr als 13.500 Mitgliedern. Innerhalb dieser Gruppe wird auch auf der Pinnwand sehr häufig Dialekt verwendet. Unterschiedliche Tendenzen bei der Dialektverwendung im Namen finden sich zwischen Gruppen und Fanseiten keine. Im Bundesländervergleich sticht vor allem Kärnten hervor, wobei hier von den insgesamt sieben analysierten Gruppen und Seiten, gleich drei bereits im Namen Dialektverwendung aufweisen. Bei allen anderen Bundesländern sowie bei nationalen Gruppen und Seiten lassen sich hingegen nur wenige dialektale Gruppen- oder Seitennamen finden.

Etwas anders sieht das Bild bei der Verwendung von Dialektausdrücken auf der Pinnwand des jeweiligen Facebook-Angebots aus: Tendenziell scheint innerhalb der Gruppen die Verwendung von Dialektsprache eher gegeben zu sein, als dies in Fanseiten der Fall ist. Während in immerhin 45,3% aller Gruppen dialektale Ausdrücke relativ regelmäßig aufscheinen, ist dies nur bei 27,5% der Fanseiten der Fall. Auch hier dürfte eine Erklärung wieder in der stärker touristischen Ausrichtung mancher Fanseiten liegen sowie in der oftmals damit verbundenen intensiveren und auch professionellen Betreuung der dort veröffentlichten Inhalte. Die Dialektausdrücke kommen häufiger von den Mitgliedern selbst, als von den Inhabern der Gruppen und Seiten. Keinerlei signifikante Unterschiede gibt es hingegen zwischen österreichweiten (37,8%) und bundesländerbezogenen Gruppierungen (41,3%).

Im Bundesländervergleich zeigt sich, dass Dialektverwendung auf der Pinnwand vor allem bei den Tiroler Angeboten häufig zu finden ist. Von insgesamt sieben analysierten Gruppen und Fanseiten finden sich in fünf häufig Dialektausdrücke. In Oberösterreich ist dies in drei von fünf analysierten Angeboten der Fall. Aber auch in der Steiermark, Kärnten und Vorarlberg[87] ist dies in der Mehrheit der bundesländerbezogenen Angebote der Fall (57,1%). Vergleichsweise wenig Dialektverwendung auf der Pinnwand findet sich hingegen in Wien (28,6%), Burgenland (33%), sowie Niederösterreich und Salzburg, bei denen in keinem einzigen Angebot eine regelmäßige Dialektverwendung auf der Pinnwand festgestellt werden konnte.

3.7. Ergebnisse inhaltliche Thematisierung regionaler und nationaler Identität in Diskussionsforen

Nach diesen primär formalen Unterscheidungen, auf welche Weise und mit welchen Mitteln regionale und nationale Identität in diversen Facebook Gruppen und Seiten dargestellt und thematisiert wird, gilt es nun einen Schritt weiter zu gehen und die Diskussionsstrukturen innerhalb der Online Gruppierungen in Hinblick auf regionale und nationale Identitätszuschreibungen zu analysieren. Insgesamt wurden von 44 Facebook Gruppen und Fanseiten 261 Diskussionsverläufe für die Analyse herangezogen. Die Länge der einzelnen Diskussionsthreads[88] wies dabei eine große Variabilität auf und reichte von einzelnen unkommentierten Beiträgen bis hin zu vielschichtigen und umfangreichen Diskussionen über mehrere Internetseiten hinweg.

Wie bei der Online Befragung, der Zeitungsanalyse und der rein formalen Analyse der Facebook Gruppen und Fanseite wurde auch bei der inhaltlichen Analyse der Diskussionsbeiträge erfasst, ob die Beiträge regionale, nationale oder aber transnationale Bezüge aufweisen. Diese Bezüge wurden durch die Nennung von Bundesländernamen, den Landeshauptstädten sowie den vier größten Städten eines Bundeslandes[89] auf regionaler Ebene gemessen. Auf nationaler

---

[87] Die Bedeutung des Vorarlberger Dialekts für die Identitätskonstruktion wird auch bei Boehnke/Fuss (2008: 469) betont.
[88] Thread steht für die Folge von Diskussionsbeiträgen in Internetforen, Blogs etc.
[89] Diese Einschränkung wurde vorgenommen, da zu erwarten war, das bevölkerungsstärkere Städte auch mit höherer Wahrscheinlichkeit in den Foren erwähnt werden, da sie unter den Mitgliedern be-

Ebene war dafür die Nennung von „Österreich" oder auch in den englischen Beiträgen „Austria" sowie alle Umlegungen auf Angehörige der Nation (z.B. ÖsterreicherInnen, österreichisch) eine Maßzahl. Transnationale Bezüge wurden schließlich anhand von Nennungen anderer Nationen festgehalten.

Die Auswertung zeigte deutlich, dass vor allem die nationale Ebene relativ häufig in den Diskussionsbeiträgen genannt wird, nur in jedem zehnten Diskussionsforum (10,5%) wird Österreich[90] nie erwähnt. Diese Zahlen vermitteln jedoch nur einen Eindruck davon, wie viele Diskussionsforen einen expliziten Österreich-Bezug ausdrücken, sagen jedoch noch nichts darüber aus, wie intensiv dieser Eindruck vermittelt wird. Um diese detailliertere Auswertung über den Stellenwert eines österreichischen Bezugs innerhalb der Diskussionen festhalten zu können, wurde daher jeweils ermittelt wie häufig die relevanten Suchwörter im Durchschnitt innerhalb eines Forums verwendet wurden. Dabei zeigt sich zunächst auf nationaler Ebene, dass im Durchschnitt in einem Diskussionforum mehr als 33 Mal (33,5 Nennungen) „Österreich" genannt, weitere durchschnittlich sieben Mal (7,2 Nennungen) wird „Austria" erwähnt. Dabei ist die Spannweite sehr weit gefasst, wie dies beispielsweise bei der Gruppe *„8.000.000 Österreicher auf Facebook!!!!! fast unmöglich????? =)"* mit insgesamt 419 Nennungen von Österreich innerhalb aller Beiträge des Diskussionsforums der Fall ist.

Diese relativ hohe Anzahl an expliziter Nennung der Nation kann als durchaus überraschend eingestuft werden, wenn man bedenkt, dass die Diskussionen allesamt in den Foren von Facebook Gruppen und Fanseiten stattgefunden haben, die ohnehin explizit die österreichische Identität thematisieren, sodass eigentlich klar sein müsste, dass sich gewisse Themen primär auf Österreich beziehen und nicht auf andere Nationen. Eine Erklärung kann unter Umständen darin gesehen werden, dass durch die explizite Thematisierung der Nation Österreich das gegenseitige nationale Selbstverständnis diskutiert und damit gestärkt werden soll.

Auch auf Bundesländerebene zeigen sich teilweise hohe Nennungsfrequenzen von einzelnen Bundesländer- aber auch Städtebezeichnungen. Insgesamt enthalten zwei Drittel aller Diskussionsforen zumindest einen Bundesländernamen (66,1%). Hervorzuheben ist hier vor allem das Bundesland Tirol, in dem im Durchschnitt fast 12 Mal (11,7 Nennungen) das Wort „Tirol" in einem Diskussionsforum vorkommt, sowie zusätzlich noch durchschnittlich mehr als 3 Mal (3,3

---

kannter sind bzw. eine größere Anzahl der Mitglieder einen persönlichen Bezug zu diesen Städten aufweisen.
[90] Suchwörter waren „Österreich" (was Begriffe wie „ÖsterreicherIn" oder „österreichisch" beinhaltet) und die englische Entsprechung „Austria", da in einigen Foren auch englisch-sprachige Einträge aufzufinden waren.

Nennungen) die vier größten Tiroler Städte Erwähnung finden. Das zweithäufigst genannte Bundesland und in diesem Fall auch gleichzeitig Stadt ist Wien, das immerhin durchschnittlich fast neun Mal (8,6 Nennungen) pro Diskussionsforum erwähnt wird. An dritter Stelle liegt Kärnten (2,6 Nennungen), gefolgt von Niederösterreich (2,4 Nennungen) und Salzburg (1,8 Nennungen). Abgesehen von jenen Bundesländern, die denselben Namen tragen wie die jeweilige Landeshauptstadt, wie dies in Wien und Salzburg der Fall ist, werden bei den Landeshauptstädten vor allem Graz (1,3 Nennungen) und Linz (1,2 Nennungen) relativ häufig genannt. In den analysierten Facebook Gruppen und Fanseiten zeigen sich hier keinerlei signifikanten Unterschiede.

Insgesamt bestätigt sich dabei, mit einer Ausnahme, die Vermutung, dass jeweils das Bundesland, welches eine Gruppe oder Fanseite repräsentiert, auch am häufigsten in den Diskussionsforen dieser Facebook-Gruppierungen genannt wird. Die einzige Ausnahme stellt dabei Wien dar: Die Bundeshauptstadt bzw. das Bundesland wird am häufigsten in den allgemeinen Österreich-bezogenen Facebook-Angeboten erwähnt (durchschnittlich 12,2 Nennungen pro Forum), und auch in den Tiroler (9,7 Nennungen) und niederösterreichischen Seiten (5,3 Nennungen) wird Wien häufiger thematisiert als in den Wien-spezifischen Seiten (1 Nennung). Einerseits kann dies rein durch die relativ geringe Stichprobe in Bezug auf die Bundesländerverteilung erklärt werden, andererseits dürfte Wien als Bundeshauptstadt und somit als politisches, wirtschaftliches und kulturelles Zentrum der Nation auch einen anderen Status haben, als die Landeshauptstädte der übrigen Bundesländer, deren Wirkungsbereich tatsächlich überwiegend auf die jeweilige Region beschränkt ist.

Definiert man die transnationale Identifikation relativ eng und analog zur Zeitungsanalyse und zählt dazu nur die Erwähnungen von Europa bzw. der EU, so zeigt sich, dass knapp ein Drittel aller Diskussionsforen zumindest eine Erwähnung dazu erhalten (31,8%). Diese Zahl muss jedoch relativiert werden, da sie noch nichts über die Häufigkeit der Erwähnungen aussagen. Einen detaillierteren Einblick liefern daher die Zahlen zu den durchschnittlichen Nennungshäufigkeiten innerhalb der Foren. Dabei zeigt sich etwa, dass Europa vergleichsweise selten in den Diskussionsforen thematisiert wird. Im Durchschnitt enthält jedes Diskussionsforum nur etwas mehr als 2 Erwähnungen von Europa (2,1 Nennungen). Verglichen mit den Werten für regionale oder nationale Identifikationsebenen zeigt sich somit schon einmal eine offensichtlich deutlich geringere Bedeutung der europäischen Ebene in den Diskussionen auf Facebook.

Abgesehen von Europa als Zusammenschluss von mehreren Nationen wurde auch die Anzahl der Nennungen anderer Nationen bzw. Kontinente ermittelt. Dabei zeigen sich zwei recht unterschiedliche Tendenzen: Einerseits werden einige unmittelbare Nachbarländer von Österreich erwartungsgemäß häufig genannt, wie dies etwa für Italien (durchschnittlich 5,2 Nennungen pro Diskussionsforum) und Deutschland (4,1 Nennungen pro Forum) der Fall ist, andererseits werden aber auch relativ weit entfernte Länder bzw. Kontinente wie Amerika (4,5 Nennungen pro Forum) relativ häufig erwähnt. Eine Sonderstellung nimmt zudem die Türkei ein, die mit Abstand am häufigsten genannt wird (7,8 Nennungen pro Forum). Diese Sonderstellung kann der Türkei vor allem deswegen zugeschrieben werden, da sich die Mehrzahl der Erwähnungen nicht auf die Türkei als Nation bezieht, sondern eher auf türkisch-stämmige Personen, die aber in Österreich leben. Die Türkei wird somit überwiegend im Zusammenhang mit der Migrationsthematik erwähnt und dabei tendenziell eher negativ thematisiert.

3.8. Regionale, nationale und transnationale Identifikationsfiguren und Symbole

Ein weiterer wichtiger Aspekt für die Identifikation mit einer Region, einer Nation oder einem übernationalen Verbund sind Persönlichkeiten, die aufgrund ihrer Stellung oder Tätigkeit eine repräsentative Funktion für eine Nation ausüben. An erster Stelle stehen dabei Politiker, die eine Nation vor allem auch im Kontakt mit anderen Nationen vertreten müssen und dabei als Individuum für die Interessen einer ganzen Nation auftreten müssen. Ähnlich, nur in kleinerem Rahmen, geschieht dies auch im Verhältnis von Landeshauptleuten und der Bundesregierung. Auch hier fungiert ein Mann oder eine Frau als Vertreter eines ganzen Bundeslandes und hat die Aufgabe dessen Interessen zu vertreten.

Aus diesem Grund wurde im Rahmen der Analyse der Diskussionsbeiträge auch ermittelt, welche politischen Persönlichkeiten in den Diskussionen erwähnt wurden. Der Fokus lag dabei auf den Landeshauptleuten sowie auf nationaler Ebene auf den ranghöchsten Vertretern wie dem Bundespräsidenten und dem Bundeskanzler, sowie den übrigen vier Vertretern der größten politischen Parteien in Österreich.

Die Auswertung dieser Analysen zeigt zunächst, dass etwa ein Drittel aller Diskussionsforen regionale (34,5%) und/oder nationale Politiker (34,5%) zumindest einmal thematisieren. Diese Zahlen müssen jedoch wieder in Hinblick auf die Thematisierungsfrequenz innerhalb der Diskussionsforen analysiert werden. Dabei zeigt sich rasch eine durchwegs geringe Bedeutung regionaler oder nationaler Persönlichkeiten im Zusammenhang mit österreichischen Themen. Von den kodierten Politikern wird mit Abstand der Partei-Chef der FPÖ Heinz-Christian Strache am häufigsten genannt, nämlich durchschnittlich mehr als zweimal (2,3 Nennungen) pro Diskussionsforum. Deutlich abgeschlagen liegt der Bundespräsident Heinz Fischer mit durchschnittlich mehr als einer Erwähnung pro Forum (1,3 Nennungen) nur an zweiter Stelle. Kaum Erwähnung finden hingegen der Bundeskanzler Werner Faymann (0,1 Nennungen), sowie die übrigen Partei-Chefs auf nationaler Ebene. Auf regionaler Ebene werden lediglich der Tiroler Landeshauptmann Günter Platter (0,1 Nennungen), das Wiener Landesoberhaupt Michael Häupl (0,1 Nennungen) sowie der oberösterreichische Landeschef Josef Pühringer (0,02 Nennungen) zumindest einige Male erwähnt. Alle anderen Landeshauptleute kommen in keiner einzigen Diskussion vor und scheinen somit kein so zentraler Bestandteil der regionalen oder nationalen Identitätsdiskussion zu sein, wie dies ursprünglich angenommen worden war.

Neben Persönlichkeiten, die eine Region oder Nation repräsentieren, spielen auch eine Vielzahl anderer Symbole eine wichtige Rolle bei der alltäglichen Identifikation mit einer geopolitischen Einheit. Ähnlich wie bei der formalen Auswertung der in den Facebook Gruppen und Seiten veröffentlichten Fotos wurde auch in den schriftlichen Diskussionen ermittelt, welche Symbole hier sowohl auf regionaler, nationaler aber auch globaler Ebene erwähnt wurden. Bereits die erste überblicksartige Auswertung weist dabei klar die hohe Bedeutung von geopolitischen Symbolen innerhalb der Diskussionsforen nach. Knapp zwei Drittel (64,5) der analysierten Diskussionsforen enthielten jeweils zumindest ein regionales, nationales oder transnationales Symbol. Beginnend bei der transnationalen Ebene zeigt sich, dass hier nur wenige Symbole zum Einsatz kommen. Analysiert man zunächst den Anteil an Diskussionsforen, die eines der oben angeführten transnationaler Symbole beinhalten, so zeigt sich, dass der größte Anteil auf „Identifikationsfiguren aus anderen Nationen" und die Kategorie „Sonstiges" entfallen. Jeweils 15,9% aller Diskussionsforen beinhaltet zumindest eine Erwähnung derartiger Symbole. Erwähnenswert sind auch noch typische Speisen und Getränke für andere Nationen, die in immerhin 11,4% aller Foren Erwähnung finden. Abgesehen von der Auftrittswahrscheinlichkeit in Bezug auf alle Facebook Gruppierungen mit Diskussionsforum, wird auch die Thematisierungshäufigkeit innerhalb der Foren erhoben. Dabei zeigt sich, dass typische Speisen und Getränke aus anderen Nationen die häufigsten Erwähnungen finden, dies aber auch nur durchschnittlich 0,2 Mal pro Diskussionsforum. Alle anderen transnationalen Symbole werden noch seltener thematisiert.

Deutlich vielfältiger wird der Symboleinsatz jedoch, wenn man sich auf die nationale Ebene begibt. Auch hier wird zunächst ermittelt, welcher Anteil von Diskussionsforen die jeweiligen nationalen Symbole erwähnt. Dabei zeigt sich die hohe Bedeutung von nationalen Identifikationsfiguren, die in 40,9% aller Foren genannt werden, gefolgt von der Rubrik „Sonstiges", die vielfältige nationale Symbole vereint und in 29,3% aller Foren diskutiert wird. Erwähnenswert sind dazu noch nationaltypische Speisen und Getränke (22,7%) sowie die österreichischen Nationalfarben rot-weiß-rot (15,9%). Bei der näheren Analyse der Thematisierungshäufigkeiten innerhalb der Foren zeigt sich, dass auch hier nationentypische Speisen und Getränke dominieren, die durchschnittlich 2,6 Mal pro Forum genannt werden. Ebenfalls nennenswerte Erwähnung (0,7 Nennungen) finden nationaltypische Traditionen, wie das beispielsmäßig in Form von Tänzen, aber auch der Tradition Österreichs als Schifahrer-Nation thematisiert wird. Aber auch nationentypische Sehenswürdigkeiten (0,3 Nennungen) finden sich in der schriftlichen Diskussion.

Auf regionaler Ebene zeigt sich schließlich die enorme Bedeutung geographischer Symbole, wie etwa Berge, Flüsse, Täler aber auch konkrete Regionenbezeichnungen. 38,9% aller Diskussionsforen enthalten zumindest eine Erwähnung dieser geographischen Regional-Symbole. Ebenfalls wichtig erscheinen regionale Sehenswürdigkeiten (20,5%), regionale Identifikationsfiguren (18,2%) sowie die Kategorie „Sonstiges" (15,9%) und regionaltypische Speisen und Getränke (11,4%). Betrachtet man die interne Thematisierungshäufigkeit dieser regionalen Symbole, so zeigt sich, dass sich im Durchschnitt mehr als zehn Erwähnungen regionaler geographischer Merkmale (10,1 Nennungen) in einem Forum finden. Ebenfalls von Bedeutung, wenn auch mit großem Abstand, sind regionale Sehenswürdigkeiten, wie Burgen oder Schlösser, die durchschnittlich etwas weniger als einmal (0,9 Nennungen) pro Diskussionsforum vorkommen. Weiters thematisiert werden regionale Traditionen und Bräuche (0,7 Nennungen) sowie regionaltypische Speisen und Getränke (0,5 Nennungen).

Insgesamt lässt sich somit für die Verwendung von Symbolen in den Diskussionen von Online Social Websites die Tendenz festhalten, dass derartige Identifikationsaspekte desto häufiger zum Einsatz kommen, je kleinräumiger der Bezugspunkt ist, d.h. je regionaler und unmittelbarer der geopolitische Identifikationsraum ist, desto mehr Symbole werden zu dessen Illustration auch eingesetzt. Die Art des Facebook Angebots erscheint dabei irrelevant, so zeigen sich in Gruppen und in Fanseiten sehr ähnliche Verwendungsweisen von regionalen, nationalen oder transnationalen Symbolen.

3.9. Patriotismus – Nationalismus – Nationalstolz

In Anlehnung an die im Fragenbogen herangezogenen Fragenitems, die bereits international unter dem Konzept der Gruppenbezogenen Menschenfeindlichkeit (GMF, Heitmeyer 2007) eingesetzt wurden, wurde auch in der Inhaltsanalyse der Diskussionsbeiträge versucht, festzustellen, inwiefern diese abgefragten Indikatoren für Patriotismus, Nationalismus und Nationalstolz auch in diesen onlinebasierten Interaktionsformen spontan thematisiert werden.

Zunächst zeigt eine erste überblicksartige Auswertung, dass sich in der Mehrheit der Diskussionsforen zumindest eine Äußerung patriotischer, nationalistischer oder nationalstolzer Natur findet. So enthalten 80% aller Foren zumindest eine patriotische Äußerung, 73,3% zumindest eine nationalistische Aussage und 74,2% einen Ausdruck für Nationalstolz. Richtig interpretiert werden können diese Zahlen jedoch nur dann, wenn die Häufigkeit derartiger Äußerungen innerhalb der Diskussionsforen analysiert wird. Dabei zeigte sich, dass patriotische Äußerungen deutlich häufiger aufzufinden sind, als nationalistische. Während durchschnittlich zwei patriotische Meldungen die „Liebe zu österreichischen Landschaften" ausdrücken, und weitere 1,6 Mal ein „Nahverhältnis zu Angehörigen der eigenen Nation" ausgedrückt wird, finden sich die am häufigsten genannten nationalistischen Aussagen in Zusammenhang mit der Meinung, dass „Zwangsmittel gegen Menschen, die sich nicht an Recht und Ordnung halten" gefordert werden (0,9 Nennungen) sowie dass „die Überfremdung die eigene Nation gefährdet" (0,4 Nennungen).

Bildet man aus den einzelnen Indikatoren für Patriotismus und Nationalismus jeweils Summenindizes, so wird diese unterschiedliche Bedeutung noch offensichtlicher: Während in den Diskussionsforen durchschnittlich 4,5 Mal patriotische Äußerungen zu finden sind, finden sich nationalistische Statements nur knapp zweimal. Dieser Befund kann durchaus als ein demokratiepolitisch erfreuliches Zeichen gesehen werden, dass innerhalb der Online Gruppen und Fanseiten mit explizitem Österreich-Bezug offensichtlich eindeutig die positive Form der nationalen Identität, d.h. eine patriotische Einstellung, überwiegt und die negative Ausprägung in Form von Nationalismus vergleichsweise selten vorzufinden ist.

Bei der Ermittlung des Nationalstolzes scheint sich insgesamt eine eher zurückhaltende Position abzuzeichnen, indem lediglich in Hinblick auf die „sportlichen Leistungen Österreichs" (0, 4 Nennungen), die „österreichische Leistungen in Kunst und Kultur" (0,3 Nennungen) sowie „auf sozialstaatliche Leistungen Österreichs" (0,2 Nennungen) spontan Stolz artikuliert wird. Wirtschaft, Politik, aber auch die Demokratie Österreichs, das österreichische Bundesheer oder die Geschichte der Nationen lösen hingegen kaum oder keine Stolzgefühle aus. Fasst man alle möglichen „Stolz-Bereiche" zu einem Summenindex zusammen, so zeigt sich, dass immerhin eine stolzvermittelnde Äußerung in jeder Facebook Gruppe oder Fanseite zu finden ist. Dieser geringe Anteil an nationalstolzen Aussagen innerhalb von Facebook Gruppierungen, die ja grundsätzlich vor allem die Zugehörigkeit zu Österreich bzw. zu einem Bundesland und damit auch ein gewisses emotionales Nahverhältnis der Mitglieder zum Ausdruck bringen wollen, überrascht auf den ersten Blick. Möglicherweise liegt einer Erklärung für die vergleichsweise eher selten explizite Artikulation nationalstolzer Sichtweisen darin, dass ein gewisser Grundkonsens an Nationalstolz innerhalb der Mitgliedergruppe vorausgesetzt wird. Oftmals wird allein schon der Beitritt zu einer Österreich-spezifischen Gruppe als Ausdruck eines gewissen Nationalstolzes interpretiert. Die Mitglieder sehen sich somit innerhalb der Diskussionsforen als „vereint unter Gleichen", die alle durch ein gewisses Nahverhältnis zu Österreich verbunden sind und daher eine explizite Äußerung von Stolz auf nationale Leistungen als wenig relevant angesehen wird. Aus diesem Grund finden sich relativ selten „Jubel-Meldungen" über sportliche, kulturelle oder auch wirtschaftliche Erfolge Österreichs innerhalb der Diskussionsforen, wie dies etwa in der Tageszeitungsberichterstattung durchaus zu finden ist.

Vergleicht man die Anzahl patriotischer und nationalistischer Äußerungen zwischen Bundesländer-Gruppen und -Seiten und den nationenbezogenen Angeboten, so zeigt sich eindeutig, dass alle Indikatoren zu Patriotismus und Nationalismus vor allem in den Österreich-bezogenen Facebook Gruppierungen thematisiert wurden. Dies kann in die Richtung interpretiert werden, dass Patriotismus und Nationalismus tatsächlich primär auf der nationalen Ebene angesiedelt und von Bedeutung sind, weniger jedoch auf der stärker regionalisierten Bundesländerebene. Keinerlei signifikanten Unterschiede gibt es hingegen zwischen Facebook Gruppen und Fanseiten zu entdecken.

Während der Nationalstolz hoch signifikant mit Patriotismus zusammenhängt (Pearson $R=0{,}403$, $p<0{,}01$), zeigen sich keinerlei Zusammenhänge zwischen Nationalstolz und Nationalismus oder aber Nationalismus mit Patriotismus. Eine positive Form der österreichischen Identität scheint sich vor allem in dem Zusammenspiel von patriotischer Verbundenheit mit der eigenen Nation und einem dementsprechenden Stolzempfinden auf Leistungen der eigenen Nation auszudrücken. Stolz auf die Leistungen der eigenen Nation, bedeutet somit nicht automatische Herabsetzung anderer Nationen (vgl. Haller/Gruber 1996: 113). Nationalismus, die negative Form nationaler Identifikation, hängt hingegen hoch signifikant mit xenophoben Orientierungen zusammen (Pearson $R=0{,}430$, $p<0{,}01$). Dieser inhaltsanalytisch festgestellte Zusammenhang zwischen nationalistischem Selbstbild und xenophoben Einstellungen bestätigt die Befunde von einer Reihe von Befragungsstudien im Zusammenhang mit dem Konzept der Gruppenbezogenen Menschenfeindlichkeit (GMF, Heitmeyer 2007).

Eine positive Einstellung zur eigenen Nation zeigt sich im Vergleich mit anderen Nationen, bei dem Österreich nahezu immer als positiver eingestuft wird, als die jeweilige Vergleichsnation. Relativierend muss man jedoch anmerken, dass direkte Vergleiche in den Diskussionsforen eher selten gezogen werden, so finden sich etwa Vergleiche mit Deutschland und Vergleiche mit anderen nicht benachbarten Nationen durchschnittlich nur 0,3 mal pro Facebook Gruppe oder Seite.

3.10. Migranten – Teil oder Störfaktor der österreichischen Gesellschaft?

Österreich repräsentiert schon seit jeher einen Zuwanderungsstaat, was rein historisch gesehen die Durchmischung der österreichischen Gesellschaft zu einem integralen Bestandteil auch der nationalen Identität macht. Die Frage, die sich jedoch im Zusammenhang mit dem immer wieder von Politik, Medien aber auch der breiten Bevölkerung aufgegriffenen „Ausländerproblem" stellt, ist, inwiefern Personen mit nicht rein-österreichischen Wurzeln, als Bestandteil oder aber als Störfaktor der österreichischen Identität thematisiert werden. Dazu wurden einerseits im Rahmen der Online-Befragung die subjektiven Meinungen und Erfahrungen der Österreicher erhoben, andererseits soll aber auch die Analyse der Diskussionsbeiträge in Facebook Gruppen und Fanseite weiteren Aufschluss darüber geben, wie mit dem Faktor Multikulturalität innerhalb der österreichischen Gesellschaft umgegangen wird. Die Analyse der Diskussionsbeiträge lässt ein objektiveres und weniger durch sozial-erwünschtes Antwortverhalten verzerrtes Meinungsbild erwarten, als dies bei Befragungen zu diesem Thema möglich ist, da hier eine sehr offensive ausländerfeindliche Haltung kaum geäußert wird. In den Diskussionsforen sind die Nutzer aber teilweise „unter sich", in dem Sinne, dass allein schon die Gruppen- und Seitennamen eine gewisse Denkrichtung vorgeben können, und somit ist zu erwarten, dass hier durchaus auch radikale Ansichten, die in einer Befragung verschwiegen oder abgemildert würden, „nachgelesen" werden können.

Die Analyse der Diskussionsforen zeigt auch tatsächlich relativ klar, dass das Thema „Ausländer" einen durchaus vieldiskutierten Aspekt innerhalb Facebooks darstellt. Ein knappes Drittel (29,5%) aller Diskussionsforen enthält zumindest eine xenophobe Äußerung, etwas mehr als ein Viertel (27,3%) hingegen Aussagen, die Multikulturalismus als eine positive Entwicklung thematisieren. Rein von der Anzahl an Foren, die derartige Äußerungen enthalten, zeigt sich somit ein relativ ausgeglichenes Bild. Genauere Einblicke liefert jedoch auch in diesem Punkt, die Berechnung der durchschnittlichen Nennungshäufigkeit derartiger Aussagen innerhalb der Foren. Dabei zeigt sich, dass im Durchschnitt jede Gruppe oder Fanseite fast acht Äußerungen (7,9 Nennungen) enthält, die allein das Wort „Ausländer" bzw. „ausländisch" beinhalten. Wichtig ist in diesem Zusammenhang aber vor allem die Wertung, die mit diesen Äußerungen verbunden ist. Werden Migranten als Bereicherung oder allgemeiner gesagt als ein positiver Aspekt für die österreichische Gesellschaft gesehen, oder aber im Gegenteil eher als Belastung und negativer Teil?

Am häufigsten thematisierten die Diskussionen die Annahme „Ausländer sind kriminell", die durchschnittlich mehr als einmal (1,4 Nennungen) in jedem Forum vorkam. Die Gegenstimmen, die darauf hinweisen, dass Straftäter nicht nur unter Migranten zu finden sind, sondern „auch Inländer kriminell sind" (0,6 Nennungen) kommt deutlich seltener, aber immerhin auch explizit geäußert vor. Ebenfalls relativ häufig wird die Schuld für die „Migrationsproblematik" thematisiert und dabei überwiegend den österreichischen Politikern zugeschrieben (1,1 Nennungen). Wichtig erscheint auch die Frage der Integrationsbereitschaft, indem die Forderung genannt wird, dass sich „Ausländer an österreichische Traditionen anpassen" müssen (1 Nennung) und „deutsch sprechen müssen" (0,6 Nennungen). Die Anzahl an Migranten im eigenen Land wird als Problem gesehen und es wird resümiert, dass „es zu viele Ausländer in Österreich" gibt (0,7 Nennungen), die zudem „den österreichischen Staat belasten" (0,7 Nennungen). Andere Facebook Nutzer sind hingegen deutlich selbstkritischer, indem sie zum Ausdruck bringen, dass „Vorurteile den Blick auf die Realität erschweren und das Zusammenleben erschweren" (0,7 Nennungen). Interessant erscheint zudem der Einbezug der FPÖ und allen vor dessen Partei-Chef Heinz-Christian Strache in die Migrationsdiskussion. Hier prallen ganz offensichtlich in den Online Diskussionsforen politische Welten aufeinander: Während durchschnittlich 0,6 Mal pro Forum die Meinung vertreten wird, „die FPÖ ist die einzige Partei, die Österreich vor Ausländern schützt", zeigen fast gleich viele Aussagen (0,5 Nennungen pro Forum) genau die gegenteilige Meinung, nämlich dass die „FPÖ Ausländerhetze betreibt".

Insgesamt wurden 21 Aussagen-Kategorien identifiziert, die eindeutig ausländerfeindlich orientiert waren, sowie 17 Aussagen-Kategorien, die eine positive Einstellung zum Multikulturalismus ausdrückten bzw. mehr Rechte und Gerechtigkeit für Migranten fordern. Werden jeweils alle ausländerfeindlichen und alle ausländerfreundlichen Aussagen-Kategorien zu einem Summenindex zusammengefasst, so zeigt sich deutlich, dass doppelt so häufig ablehnende Aussagen zu Migranten vorkommen (8,6 Nennungen pro Forum) als positive (4,3 Nennungen). Eine leichte Relativierung dieses „Überangebotes" an ausländerkritischen Meldungen könnte darin gesehen werden, dass gemäß dem Motto „Only bad news is good news" häufiger und vor allem ausgiebiger über problembehaftete Meinungen und Einstellungen diskutiert wird, als dies bei positiver Einstellung zu einem Thema der Fall ist. Somit könnte angenommen werden, dass es weniger Beiträge gibt, die initiiert wurden, um die positiven Aspekte des Multikulturalismus zu diskutieren, sondern dass überwiegend der Diskussionsstart bei einer Problematisierung der Migrationsthematik lag. Die pro-multikulturellen Stimmen sind daher durchwegs als Reaktionen auf negative Statements zu verstehen, die wiederum eine Reihe von ablehnenden Reaktionen auf Seiten der eher xenophob veranlagten Diskussionsteilnehmer hervorrufen, was insgesamt die Wahrscheinlichkeit für negative Statements zur Migrationsthematik im Vergleich zu positiven Aussagen erhöht. Für diese Erklärung spricht auch, dass viele der identifizierten Aussagen-Kategorien jeweils in der positiven und negativen Form vorliegen, z.B. „Ausländer sind arbeitsfaul" vs. „Ausländer sind fleißig".

Bei einem Vergleich der Migrationsstatements in unterschiedlich ausgerichteten Facebook Gruppen oder Fanseiten, wie etwa primär patriotisch, nationalistisch, Spaß-orientiert etc., muss einschränkend festgehalten werden, dass hier aufgrund der starken Dominanz von patriotisch orientierten Facebook Gruppierungen keine eindeutigen Aussagen möglich sind. Tendenziell finden sich vor allem in den Spaß-orientierten Angeboten sowohl viele eher xenophob ausgerichtete Aussagen, als auch positiv-multikulturelle. In den nationalistisch ausgerichteten Angeboten dominieren naheliegenderweise eher xenophobe Statements, wobei aber auch durchaus pro-multikulturelle Gegenstimmen zu finden sind, was die oben angeführte These eines Aktion-Reaktions-Phänomens zu bestätigen scheint. Im Gegensatz dazu dominieren bei den pro-multikulturell ausgelegten Facebook Angeboten auch die pro-multikulturellen Aussagen in den Diskussionsforen. Nur wenige Statements positiver oder negativer Form finden sich allgemein in der großen Zahl der patriotisch orientieren Gruppen und Fanseiten. In den eher touristisch orientierten Seitenangeboten findet sich überhaupt keine Thematisierung der Migrationsthematik, was erneut ein Zeichen oder eine Folge davon sein dürfte, dass diese Fanseiten professionell betreut und regelmäßig redaktionell überarbeitet werden, wodurch etwa ausländerfeindliche Diskussionsbeiträge, die in Hinblick auf Tourismuswerbung für Österreich als wenig wünschenswert gelten dürften, von den Seiteninhabern regelmäßig gelöscht werden.

Im Vergleich regionaler und nationaler Facebook-Angebote zeigt sich zudem deutlich, dass die Migrationsthematik überwiegend in den national-orientierten Gruppen und Seiten diskutiert wird, während sich in den bundesländerspezifischen Angeboten kaum Aussagen zu diesem Themenbereich finden. Ähnlich wie die Thematisierung unterschiedlicher nationaler Identitätskonzepte bleibt auch die Migrationsthematik in erster Linie auf national-orientierten Facebook Angeboten konzentriert.

Im Zusammenhang mit nationaler Identitätsbildung aber auch im Zusammenhang mit der Frage nach den Möglichkeiten und Lebensweisen einer multikulturellen Gesellschaft spielt die Religion eine nicht zu verachtende Rolle. Aus diesem Grund wurde im Rahmen der Analyse der Diskussionsbeiträge auch die Kategoriendimension der Religion vorgesehen. Die Auswertung zeigt dabei sehr klar, dass Religion weniger im Zusammenhang mit der österreichischen Identitätskonstruktion Erwähnung findet, sondern vor allem im Kontext der Migrationsthematik genannt wird. Im Mittelpunkt steht dabei ganz eindeutig der Islam, der im Durchschnitt fast fünf Mal pro Diskussionsforum (4,7 Nennungen) thematisiert wird. Diskutiert wird zusätzlich vor allem über die Existenz bzw. die Errichtung von Moscheen oder Minaretten, was immerhin durchschnittlich 2,6

Mal pro Facebook Gruppe und Seite der Fall ist. Bei den Gläubigen werden häufiger Christen genannt (1 Nennung pro Forum), als Moslems bzw. Muslime (0,6 Nennungen pro Forum). Bei den konkreten Diskussionsthemen im Zusammenhang mit Religion fällt auf, dass vor allem die „Diskriminierung der Frauen durch den Islam" (0,3 Nennungen pro Forum) genannt wird, und einerseits die „freie Religionsausübung in Österreich" (0,3 Nennungen pro Forum) gefordert wird, aber andererseits auch die „freie Religionsausübung im Privaten, aber nicht in der Öffentlichkeit" (0,2 Nennungen) genannt wird. Ein wichtiger Punkt scheint zudem die Meinung, dass der „Islam radikal und terrororientiert ist" (0,3 Nennungen). Im Zusammenhang mit dem Bau von Moscheen zeigen sich zwei relativ gleich starke, aber konträre Meinungsstränge: Durchschnittlich finden sich in jedem Facebook Angebot jeweils 0,2 Aussagen, die „für den Bau von Moscheen und Minarette in Österreich" sind und jene, die die Meinung vertreten, es solle „keine zusätzlichen Moscheen oder Minarette in Österreich" geben. Genau diese konträre, aber relativ gleich berechtigte Diskussionsführung zeigt sich insgesamt beim Thema Religion in allen Diskussionsforen deutlich. Islamkritischen Stimmen, die darin eine Gefahr für Österreich sehen und daher dessen Beschränkung innerhalb der eigenen Nation fordern, stehen jene Positionen gegenüber, die sich für die Religionsfreiheit einsetzen und im Islam eine Religion wie jede andere sehen.

Für die österreichische Identitätsbildung lassen sich somit zwei Punkte festhalten: Nach wie vor scheint durchaus das Christentum als ein Referenzpunkt für die österreichische Identität zu gelten, wenn über Religionen diskutiert wird. Dass Österreich aber explizit als Christenland definiert wird, geschieht nur in den allerseltensten Fällen. Gleichzeitig zeigen sich aber auch Tendenzen, die eine Öffnung der österreichischen religiösen Traditionen in Richtung einer vielfältigeren Religionslandschaft fordern bzw. schon wahrnehmen.

3.11. Zwischenfazit: Geopolitische Identitätskonstruktion in Facebook

Abschließend soll noch einmal überblicksartig zusammengeführt werden, welches Bild von Österreich in der momentan meist genutzten Social Network Site Facebook von den Nutzern vermittelt wird. Grundsätzlich kann festgehalten werden, dass die regionale und nationale Identitätskonstruktion durch eine Kombination von visuellen und verbalen Aspekten vorgenommen wird. Auf visueller Ebene spielen vor allem klassische Symbole wie die Bundesländer- oder Nationalfahne eine große Rolle, aber ebenso, vor allem auf regionaler Ebene, die Abbildung von für die jeweilige Region typischen Landschaftsbildern, wie etwa Berge, Seen oder Täler.

Auf sprachlicher Ebene kann rein aus formaler Perspektive der Einsatz von Dialekt bzw. umgangssprachlichen Ausdrücken als eine Form des Identitätsausdrucks interpretiert werden. Derartige typisch regionale Ausdrücke, die ansonsten primär auf die mündliche Ausdrucksweise konzentriert sind, werden in den Facebook Gruppen und Fanseiten vor allem für die Kommunikation an der Pinnwand und in den Diskussionsforen verwendet. Im Namen einer Gruppe oder Fanseite finden sich derartige umgangssprachliche oder dialektale Wörter vergleichsweise selten, was dafür spricht, dass für den ersten Eindruck doch eher eine neutrale sprachliche Form bevorzugt wird.

Weitere Formen der verbalen geopolitischen Identitätskonstruktion finden sich in den Diskussionsforen. Hier zeigt sich rein anhand der Nennungshäufigkeit konkreter Bezeichnungen der österreichischen Nation bzw. der einzelnen Bundesländer eine relative hohe Bedeutung dieser geopolitischen Identifikationsebenen. Vergleichsweise wenig thematisiert wird hingegen Europa insgesamt oder die Europäische Union als politische transnationale Einheit. Auch Nennungen anderer Nationen, die ebenfalls einen verstärkten Blick über die eigenen regionalen oder nationalen Grenzen hinaus ausdrücken würden, finden sich im Vergleich zur rein österreichischen Thematisierung eher selten. Auffällig ist lediglich, dass jene Nationen, deren Angehörige einen relativ hohen Anteil an Migranten innerhalb Österreichs ausmachen (v.a. Türkei) von allen anderen Nationen am häufigsten genannt werden und dies überwiegend im Zusammenhang mit Themen der Zuwanderung bzw. Religion in Verbindung gebracht wird.

Neben der reinen Erwähnung regionaler, nationaler oder transnationaler Bezugsebenen, werden auch auf verbaler Ebene Symbole und Identifikationsfiguren eingesetzt. Einschränkend muss dazu jedoch festgehalten werden, dass Symbole auf verbaler Ebene offensichtlich nicht die Bedeutung haben, wie es auf visueller Ebene der Fall ist, da sie insgesamt ebenso wie die Identifikationsfiguren in den schriftlichen Diskussionseinträgen eher selten genannt werden. Politiker, aber auch andere mögliche Repräsentanten der österreichischen Nation bzw. einzelner Regionen wie etwa Sportler oder Künstler, spielen als Identifikationsfiguren insgesamt eine relativ geringe Rolle. Bei den Symbolen dominieren ähnlich wie bei der visuellen Darstellung Hinweise auf regionale, landschaftliche Besonderheiten. Darüber hinaus finden noch regionale und nationale Sehenswürdigkeiten, regionale und nationale Traditionen und Bräuche sowie regional und national typische Speisen und Getränke eine beachtenswerte Erwähnung als Symbole für eine Region bzw. Österreich insgesamt.

Im Zusammenhang mit den unterschiedlichen Ausprägungen nationaler Identität werden in den Diskussionsforen überwiegend eher patriotische Gefühle für Österreich vermittelt und deutlich seltener nationalistische Orientierungen zum Ausdruck gebracht. Erstaunlich gering fällt der verbale Ausdruck von Nationalstolz aus, der in den ausgewählten Österreich-orientierten Facebook-Gruppierungen vorab höher eingeschätzt wurde. Offensichtlich ist jedoch ein expliziter Ausdruck von Stolzgefühlen zur eigenen Nation kein zentrales Bedürfnis der Diskussionsteilnehmer oder aber sie sehen dieses Stolzempfinden bereits durch ihre Deklaration als Gruppenmitglied einer Österreich-spezifischen Gruppe ausreichend zum Ausdruck gebracht. Im Zusammenhang mit der Einstellung zu Multikulturalismus innerhalb der eigenen Nation, die in einem engen Zusammenhang mit der nationalen Identität steht, zeigt sich, dass sehr wohl positive und negative Stimmen zur kulturellen Durchmischung der österreichischen Gesellschaft diskutiert werden, aber insgesamt negative Aussagen zu Migranten doppelt so häufig aufzufinden sind, als positive Stimmen. Somit geht ein insgesamt eher patriotisch ausgerichtetes verbales Nationenbild mit einer tendenziell eher negativen Einstellung zur Migrationsthematik bzw. der multikulturellen Durchmischung Österreichs einher.

Forschungsfrage 2 *„Welches Bild wird von Österreich in der Social Network Site hergestellt?"* kann somit kurz zusammengefasst so beantwortet werden, dass sowohl auf visueller als auch auf verbaler Ebene ein überwiegend positiv patriotisches Bild Österreichs vermittelt wird, wobei vor allem regionale landschaftliche Besonderheiten als zentrale Ausdrücke regionaler oder nationaler Identifikation eingesetzt werden. Neben dieser positiven Bejahung der eigenen Nation scheint jedoch auch das Thema der multikulturellen Durchmischung Österreichs ein wichtiges Thema innerhalb der Österreich-spezifischen Facebook Gruppierungen zu sein, wobei tendenziell eher eine negative Einstellung zur Zuwanderung (v.a. im Zusammenhang mit türkischen Migranten) dominiert. Es scheint somit der Schluss nahezuliegen, dass für die Nutzer von Österreichisch-spezifischen Facebook Angeboten die regionale und nationale Identitätskonstruktion zu einem gewissen Teil immer auch den Aspekt des Multikulturalismus – sowohl in positiver als auch in negativer Hinsicht – beinhaltet.

Als letzter Schritt sollen im Rahmen dieser inhaltsanalytischen Untersuchung von Facebook Angeboten noch zusammenfassend die Unterschiede zwischen regional und national orientierten Österreich-spezifischen Facebook-Gruppierungen aufgezeigt werden. Auch hier zeigen sich wieder sowohl auf visueller als auch auf verbaler Ebene einige zentrale Unterschiede:

Auf visueller Ebene fällt vor allem auf, dass Fotos zur symbolischen Repräsentation österreichischer Besonderheiten vor allem in den national orientierten Facebook Gruppen und Fanseiten zu finden sind. Dies erstaunt insofern, da die Mehrheit der geposteten Fotos sich auf regionale Bezugspunkte beziehen, allem voran auf landschaftliche Besonderheiten einzelner Regionen. Auf nationaler Ebene werden in visueller Hinsicht vor allem klassische Symbole wie die Nationalfahne bzw. das Wappen der Republik Österreich abgebildet.

Auf verbaler Ebene zeigt sich eine deutlich unterschiedliche Verwendung von Dialekt- und umgangssprachlichen Ausdrücken in Bundesländer- und Nation-Gruppen und -Seiten. Diese sprachlichen Besonderheiten werden insgesamt häufiger in regional bezogenen Gruppen und Fanseiten verwendet, als in den national orientierten, wobei sich hier große Unterschiede zwischen den einzelnen Bundesländern zeigen. Während vor allem in den Gruppierungen mit Tirol-, Oberösterreich-, Steiermark-, Kärnten- und Vorarlberg-Bezug relativ häufig umgangssprachliche und/oder dialektale Ausdrücke verwendet werden, ist dies in den Angeboten mit Wien-, Burgenland-, Niederösterreich- und Salzburg-Orientierung deutlich seltener der Fall.

Bei der Erwähnung unterschiedlicher geopolitischer Identifikationsebenen zeigen sich nur insofern Unterschiede zwischen regionalen und nationalen Angeboten, dass in den Bundesländer-Gruppierungen das jeweilige Referenz-Bundesland am häufigsten genannt wird, d.h. in Facebook-Gruppen mit Oberösterreich-Bezug wird auch Oberösterreich vergleichsweise häufig als Identifikationsebene genannt. Eine Sonderstellung nimmt dabei Wien ein, das zugleich Bundesland aber auch Bundeshauptstadt ist. Aus diesem Grund wird Wien auch in anderen regional orientierten Gruppen und Fanseiten relativ häufig genannt. Insgesamt dominiert aber in regionalen und nationalen Facebook Angeboten die Erwähnung der nationalen Identifikationsebene Österreich und weniger ein rein regionaler Bezug.

Beim Vergleich des Symboleinsatzes auf verbaler Ebene lassen sich zwar aufgrund der eher geringen Anzahl an Diskussionsbeiträgen in den Bundesländergruppen und –Seiten nur vorsichtig Unterschiede formulieren, aber einige grundlegende Tendenzen sollen dennoch versucht werden, an dieser Stelle herauszustreichen: So scheinen etwa in den Tiroler und niederösterreichischen Facebook-Gruppierungen den landschaftlichen Besonderheiten der Region besonders hohe Bedeutung beigemessen zu werden, da sie deutlich häufiger als in allen anderen regionalen oder nationalen Gruppen und Fanseiten genannt werden.

Interessant erscheint auch, dass vor allem in den national orientierten Facebook-Angeboten regional typische Speisen und Getränke als Symbole genannt werden, während dies in den regionalen Angeboten vergleichsweise selten geschieht. Ein genau umgekehrter Effekt zeigt sich bei der Erwähnung nationaler (politischer) Identifikationsfiguren, die nicht wie zu erwarten wäre, in den überregionalen Angeboten am häufigsten Erwähnung finden, sondern vor allem in den Tiroler Facebook Gruppen und Fanseiten thematisiert werden.

In Hinblick auf die unterschiedlichen Ausprägungen nationaler Identität lässt sich hervorheben, dass Patriotismus, Nationalismus und Nationalstolz vor allem in den nationalen Facebook Gruppierungen thematisiert werden, deutlich seltener in den Bundesländer-Angeboten. Ähnliches zeigt sich im Zusammenhang mit Multikulturalismus bzw. Xenophobie, die ebenfalls durchwegs in den nationalen Gruppen und Fanseiten diskutiert werden, kaum jedoch in den regional ausgerichteten Angeboten. Dies bestätigt die enge Verbindung zwischen der Thematisierung der eigenen nationalen Identität und der Bedeutung des Multikulturalismus für diese auf einer nationalen Bezugsebene.

Forschungsfrage 3 *„Welche Unterschiede zeigen sich zwischen nationalorientierten und regional orientierten Facebook Angeboten?"* kann somit zusammenfassend so beantwortet werden, dass sich die regionalen Facebook Angebote vor allem durch einen vergleichsweise häufigen Einsatz von umgangssprachlichen und dialektalen Ausdrücken von den nationalen Angeboten abheben. Letztere aber wiederum weisen deutlich höhere Thematisierungen von nationaler Identität und Multikulturalismus und verstärkt Symbole auf visueller Ebene auf. Ansonsten sind wenige eindeutige Unterschiede zwischen regional und national ausgerichteten Angeboten zu erkennen. Insgesamt scheint somit für die regionalen Gruppierungen vor allem die sprachliche Besonderheit (Dialekt) ein wichtiges Ausdrucksmittel ihrer regionalen Identität zu sein, während in den nationbezogenen Gruppen und Fanseiten eher die Frage unterschiedlicher Formen nationaler Identität und der Stellenwert des Multikulturalismus innerhalb der eigenen Gesellschaft zentrale Ankerpunkte der nationalen Imagekonstruktion zu sein scheinen.

4. Vergleichende Analyse Teil 1: Geopolitische Identitätskonstruktion in Tageszeitungen und Facebook.

Im ersten vergleichenden Auswertungsteil sollen die inhaltsanalytischen Erkenntnisse aus der Tageszeitungs- und Facebook-Analyse miteinander verglichen werden und dabei folgende zentrale Fragestellungen beantwortet werden:

> Forschungsfrage 1: Welche Unterschiede zeigen sich zwischen der journalistisch gestalteten Printberichterstattung und der von nicht-professionellen Kommunikatoren vorgenommenen regionalen und nationalen Identitätskonstruktion?
>
> Forschungsfrage 2: Welche Parallelen lassen sich zwischen der journalistisch gestalteten Printberichterstattung und der von nicht-professionellen Kommunikatoren vorgenommenen regionalen und nationalen Identitätskonstruktion erkennen?

Im Zentrum steht bei diesem Vergleich die Überlegung, dass Journalisten rein aus ihren beruflichen Arbeitsmaximen heraus, zu einer objektiven Berichterstattung verpflichtet sind und daher erwartungsgemäß vorsichtiger mit der Artikulation von eindeutig identitätskonstituierenden Formulierungen sein dürften, als dies bei Nutzern von Social Network Sites der Fall ist, die innerhalb dieser sozialen Netzwerke im Normalfall als Privatperson auftreten und dementsprechend unproblematisch auch ihre ganz persönliche Sichtweise und geopolitischen Identitätskonzepte zum Ausdruck bringen können.

Damit soll im folgenden die Hypothese überprüft werden, dass in den Österreich-spezifischen Facebook Angeboten die regionale und nationale Identitätskonzeption offensiver thematisiert bzw. zum Ausdruck gebracht wird, als dies in der Tageszeitungsberichterstattung der Fall ist. Zudem gilt es zu überprüfen, inwiefern unterschiedliche Aspekte zur Identitätskonstruktion herangezogen werden bzw. ob in den Printmedien und den Facebook Angeboten unterschiedliche Schwerpunkte im Einsatz von Symbolen gelegt werden. Es wird bewusst der Vergleich zwischen zwei sehr verschiedenen „Medienformen" vorgenommen, um auf diese Weise einen Eindruck davon zu erhalten, welche vielfältigen „medial" vermittelten Formen geopolitischer Identitätskonzeptionen auf die modernen Mediennutzer „einwirken" können. Es soll dabei nicht die Darstellung einzelner konkreter Ereignisse oder Themen verglichen werden, sondern der von den Tageszeitungen bzw. den analysierten Facebook-Gruppen/Fanseiten vermittelte Gesamteindruck zum Bereich der regionalen, nationalen und transnationalen Identitätskonstruktion soll erfasst und verglichen werden.

4.1. Die Unterschiede

Die Analyse der Unterschiede zwischen massenmedialer und rezipientenbasierter geopolitischer Identitätskonzeption wird in der gleichen Logik wie die Einzel-Ergebnisdarstellungen angeführt, nämlich von den formalen Charakteristiken hin zu den inhaltlich-interpretativen Unterschieden.

Visuelle Symbole
Auf formaler Ebene zeigen sich zunächst Unterschiede im Einsatz von Fotos, die regionale oder nationale Bezüge explizit zum Ausdruck bringen. Während diese in der Zeitungsberichterstattung eine eher untergeordnete Rolle spielen und nur in rund 5% aller Artikel derartige Fotos vorkommen, stellen diese visuellen Ausdrucksformen regionaler oder nationaler Identität in der Social Network Site einen durchaus wichtigen Aspekt dar. Beispiele für derartige visuelle Ausdrucksformen sind in den Facebook Angeboten die Gruppen- und Seiten-Fotos, die häufig die österreichische oder Bundesland-spezifische Fahne bzw. das Wappen enthalten. Aber auch in den virtuellen Fotoalben innerhalb der Gruppen und Fanseiten finden sich viele Abbildungen, die explizit für die Illustration österreichischer oder Bundesländer-bezogener Besonderheiten genutzt werden. Dies kann als ein Zeichen dafür gesehen werden, dass rein auf visueller Ebene regional- bzw. nationaltypische Besonderheiten von den Social Network Site Nutzern offensiver zum Ausdruck gebracht werden, als dies von den Journalisten in den Tageszeitungen gemacht wird. Während in Facebook die Fotos als Repräsentationen regionaler und nationaler Identität eingesetzt werden und wenige darüber hinausgehende Zwecke erfüllen sollen, wird in den Tageszeitungen das Bildmaterial eher zur Illustration ganz konkreter Ereignisse verwendet und weniger zu einer allgemeinen Repräsentation regionaler oder nationaler Besonderheiten.

Die Sprachwahl
Neben visuellen Ausdrucksformen spielt auch die Sprachwahl eine wichtige Rolle um regionale oder nationale Besonderheiten implizit zum Ausdruck zu bringen. Da es sich sowohl bei der Zeitungsberichterstattung als auch bei der Kommunikation innerhalb der Social Network Site um schriftliche Kommunikationsformen handelt, können hier sehr direkte Vergleiche gezogen werden, wobei

jedoch einschränkend dazu gesagt werden muss, dass die Freiheiten für den Einsatz von dialektalen Wörtern innerhalb der massenmedialen Berichterstattung deutlich eingeschränkt sind. Aus diesem Grund wird bei der Analyse der Zeitungen vor allem auf den Einsatz von Austriazismen geachtet, d.h. auf Ausdrücke, die zwar sehr wohl der Hochsprache entsprechen, aber eine besondere Variante des Deutschen darstellen, indem diese Wörter nur in Österreich geläufig sind.

Ohne im Rahmen dieser Arbeit eine tiefgehende sprachwissenschaftliche Analyse der Berichterstattung auch nur versuchen zu wollen, zeigte bereits eine sehr oberflächliche Auszählung von Austriazismen, dass diese innerhalb der journalistischen Berichterstattung durchaus einen beachtlichen Stellenwert haben. Erstaunlicherweise kommt gerade in der überregionalen Qualitätszeitung Standard der höchste Anteil an solch Österreich-typischen Worten vor. So beachtlich dieser Anteil an Österreich-spezifischen Sprachvarianten innerhalb der professionellen Medienberichterstattung auch ist, so ist er dennoch nicht zu vergleichen mit jenem innerhalb der Facebook Gruppierungen. Vor allem in den regional bezogenen Gruppen wird sehr häufig in umgangssprachlicher oder dialektaler Form kommuniziert. In den national ausgerichteten Angeboten ist der Anteil etwas geringer, doch dennoch kommen diese von der Hochsprache abweichenden Ausdrucksformen deutlich häufiger vor als in allen analysierten Tageszeitungen. Somit bestätigt sich der rein von der unterschiedlichen Professionalisierung der Kommunikation vorbedingten Unterschied, dass innerhalb der Social Network Sites verstärkt auch mittels Regionen- oder Nation-spezifischer sprachlicher Besonderheiten eine gewisse Form geopolitischer Identität zum Ausdruck gebracht wird, während dies in Tageszeitungen zwar mittels Verwendung von Austriazismen ebenfalls versucht, aber nur in deutlich geringerem Ausmaß realisiert wird.

Regionale und nationale Identifikationsfiguren
Auch im Zusammenhang mit den innerhalb der Kommunikationsbeiträge erwähnten Persönlichkeiten, die mit einer Region oder Österreich insgesamt in Bezug stehen, zeigen sich einige grundlegende Unterschiede zwischen den Beiträgen innerhalb der Diskussionsforen von Österreich-spezifischen Facebook-Gruppen und der Tageszeitungsberichterstattung. Während in nahezu allen analysierten Zeitungen, mit einiger Ausnahme der Kronen Zeitung als Boulevardzeitung, regionale und nationale Politiker die wichtigsten Identifikationsfiguren innerhalb der Berichterstattung darstellen, haben diese innerhalb der Diskussion in dem sozialen Netzwerk kaum Bedeutung. In diesem Zusammenhang zeigt sich besonders deutlich die stark subjektive und individualisierte Sichtweise der Kommunikate innerhalb der Social Network Site, indem entweder keinerlei Identifikationsfiguren innerhalb der Diskussionen vorkommen oder aber die eigene

Person bzw. Personen aus dem persönlichen Lebensumfeld die hauptsächlichen „Repräsentanten" der Region oder Nation darstellen. Während somit in der massenmedialen Berichterstattung aus objektiver Sichtweise gewisse Handlungen und Ereignisse anhand meist offizieller Repräsentanten eines Bundeslandes oder der Nation insgesamt dargestellt werden, geschieht dies im sozialen Netzwerk aus der subjektiven Erfahrungswelt eines oder weniger Individuen. Dies zeigt sich auch darin, dass innerhalb der Diskussionsforen Themen überwiegend aus der „Ich-Perspektive" behandelt werden, während in den Tageszeitungen eine unpersönliche Darstellungsweise vorherrscht. Somit kann zusammenfassend festgehalten werden, dass innerhalb der Zeitungsberichterstattung offizielle Repräsentanten eines Bundeslandes oder der Nation insgesamt eine wichtige Funktion für die geopolitische Verortung innerhalb der Berichterstattung ausüben. Umgekehrt scheinen regionale oder nationale Identifikationsfiguren in der Social Network Site nur eine untergeordnete Rolle zu spielen, indem eher die eigene Person bzw. Sichtweise als Ausdruck österreichischer Mentalität ins Zentrum gerückt wird, weniger aber eine dritte Person des öffentlichen Lebens.

Der Einsatz geopolitischer Symbole
Der Vergleich der verwendeten regionalen, nationalen oder transnationalen Symbole weist neben einigen Parallelen zwischen der rezipientenorientierten und der journalistischen Identitätskonzeption, die später noch angeführt werden, auch einige grundlegende Unterschiede auf. Zu einem großen Teil spiegelt sich in diesem unterschiedlichen Einsatz von Symbolen die hohe Bedeutung politischer Akteure in der Zeitungsberichterstattung wider. So liegt auch im Bereich der symbolischen Repräsentation ein zentraler Unterschied zwischen massenmedialer und rezipientenorientierter Identitätskonzeption im Einsatz von politischen Parteien zur symbolischen Repräsentation eines Bundeslandes oder der Nation. Während politische Gruppierungen innerhalb der Tageszeitungsberichterstattung einen wichtigen Stellenwert einnehmen, werden diese in den Diskussionen innerhalb der Österreich-spezifischen Facebook Gruppierungen kaum erwähnt. Dafür werden im sozialen Netzwerk häufiger regional, national oder aber transnational typische Speisen und Getränke thematisiert. Insgesamt kann festgehalten werden, dass bei der Kommunikation innerhalb der Facebook Gruppierungen eine höhere Vielfalt an Symbolen auf allen geopolitischen Ebenen verwendet wird als in den Tageszeitungen (Tabellen 23, 24). Symbolische Ausdrucksformen scheinen somit im Zusammenhang mit geopolitischer Identitätskonzeption im Bereich der massenmedialen Vermittlung lediglich in Bezug auf regionale geographische Hinweise sowie auf Identifikationspersonen von besonderer Bedeutung zu sein.

Tabelle 23: Einsatz von Symbolen in den Diskussionsforen

Facebook			
N=124, Anteil aller Diskussionsforen, die Symbol beinhalten	regional	national	global
Farben	0	15,9	2,3
Fahne	0	4,6	0
Karte	0	0	0
geographische Symbole	38,6	6,8	2,3
Sehenswürdigkeiten	20,5	4,6	2,3
Essen & Trinken	11,4	22,7	11,4
Kleidung & Tracht	6,8	6,8	2,3
Traditionen	22,7	13,6	4,6
Sonstiges	15,9	29,5	15,9

Tabelle 24: Einsatz von Symbolen in den Tageszeitungen

Zeitungen			
N=711, Anteil aller Zeitungsbeiträge, die Symbol beinhalten	regional	national	global
Farben	0,1	3,2	0
Fahne	0,4	0,1	0,3
Karte	0,1	0,1	0
geographische Symbole	65	1,7	28,3
Sehenswürdigkeiten	13,6	2,4	1,7
Essen & Trinken	0,8	1	0,8
Kleidung & Tracht	0,3	0,3	0
Traditionen	4,1	5,6	1,3
Sonstiges	24,9	22,6	10,3

Nationale Identität

Auch im Zusammenhang mit den Äußerungen zur nationalen Identität zeigen sich einige interessante Unterschiede zwischen der Zeitungsberichterstattung und den Diskussionen in Facebook (Tabelle 25). Bereits der erste überblicksartige Vergleich über den Anteil jener Beiträge, die eine patriotische, nationalistische oder nationalstolze Äußerung enthalten, zeigt sehr deutlich, dass insgesamt in der

Social Network Site häufiger explizite Äußerungen hinsichtlich dieser drei Aspekte nationaler Identität auftreten als in der journalistisch professionell gestalteten Zeitungsberichterstattung. Selbst im Bereich des Nationalstolzes und des Patriotismus, die in der Zeitungsberichterstattung die beiden meist genannten Dimensionen nationaler Identität darstellen und in immerhin jeweils rund einem Drittel aller Artikel (Nationalstolz: 37%, Patriotismus: 32,2%) explizit zum Ausdruck gebracht werden, liegt die Tageszeitung noch deutlich hinter den Werten der Diskussionsforen. So finden sich etwa in knapp drei Viertel aller analysierten Diskussionsforen (74,2%) mindestens eine nationalstolze Äußerung und in 80% aller Foren lassen sich patriotische Aussagen finden. Auch Aussagen zu nationalistischen Einstellungen finden sich in den Diskussionsforen durchaus häufig (73,4%), was umgekehrt im Falle der Tageszeitung keineswegs der Fall ist, finden sich dort lediglich in 3,9% aller Artikel explizit nationalistische Äußerungen.

Tabelle 25: Nationale Identitätskonzepte in den Diskussionsforen

Prozentanteil an Diskussionsforen/Zeitungsartikeln, die ... enthalten.	Facebook (N=44)	Zeitung (N=711)
Patriotische Aussagen	80,0	32,2
Nationalistische Aussagen	73,4	3,9
Nationalstolze Aussagen	74,2	37,0

Rein von diesem Anteil an Diskussionsbeiträgen und Artikeln, die patriotische und nationalistische Aussagen enthalten, entsteht der Eindruck, dass sowohl die „positive" (Patriotismus) als auch die „negative" (Nationalismus) Form nationaler Identität nahezu die gleiche Bedeutung in den Diskussionsforen aufweisen. Dieser Eindruck relativiert sich jedoch, wenn die durchschnittliche Auftretenshäufigkeit von patriotischen und nationalistischen Aussagen berechnet wird. Dabei zeigt sich, dass patriotische Äußerungen doppelt so häufig getätigt werden (M=4,5 patriotische Aussagen pro Forum), als nationalistische (2 nationalistische Aussagen pro Forum). Nationalstolze Aussagen finden sich noch seltener, nämlich durchschnittlich nur einmal pro Diskussionsforum.

Im Vergleich Tageszeitung vs. Facebook Diskussionsgruppen zeigt sich somit, dass in der Tageszeitung vor allem die positiven Aspekte nationaler Identität vermittelt werden, wie etwa Stolz auf Leistungen der eigenen Nation oder aber auch ein gewisses Nahverhältnis mit der eigenen Nation, indem durchaus auch von „unserer Nation" bzw. „wir" gesprochen wird, wenn nationale Geschehnisse oder Entscheidungen vermittelt werden. Kein Thema sind hingegen nationalistische Aussagen innerhalb der journalistischen Berichterstattung; so wird Österreich nicht als anderen Nationen überlegen dargestellt bzw. werden andere Nationen abgewertet. Die Mediatisierung nationaler Identität erfolgt somit in der Zeitungsberichterstattung vor allem dadurch, dass zwar durchaus positive Aspekte der eigenen Nation hervorgestrichen werden, diese positive nationale Selbstdarstellung jedoch nicht im Vergleich mit oder der Abwertung von anderen Nationen bzw. Völkern erfolgt. Die Mediatisierung nationaler Identität erfolgt im Zeitungsjournalismus vor allem aus einer gemäßigt patriotisch und reflektiert nationalstolzen Perspektive.

In den Diskussionsforen der Österreich-spezifischen Facebook-Gruppierungen wird die nationale Identitätskonstruktion zwar ebenfalls auf eine positiv, nationalstolze Weise betrieben, aber auch durch problematischere, nationalistische Perspektiven ergänzt, bei denen Österreich als anderen Nationen überlegen dargestellt wird und andere Kulturen innerhalb der eigenen Gesellschaft abgewertet werden. Obwohl der Anteil der patriotischen Äußerungen innerhalb der Foren doppelt so hoch ausfällt wie jener der nationalistischen, lässt sich festhalten, dass die Mediatisierung nationaler Identität in der Social Network Site eindeutig ambivalenter ausfällt als in der Printberichterstattung. Während das traditionelle Massenmedium Tageszeitung somit durchwegs ein demokratisch wünschenswertes Verständnis nationaler Identität vermittelt, werden von den Nutzern des Social Networks durchaus auch weniger wünschenswerte, nämlich nationalistisch orientierte Konstruktionen von nationaler Identität diskutiert. Die Unterschiede lassen sich zum Teil durch gewisse strukturelle Einschränkungen innerhalb der Medienberichterstattung bzw. der potentiell grenzenlosen Meinungsäußerungsfreiheit innerhalb der Social Networks erklären: Während die Tageszeitungen allein auf Grund gewisser journalistischer Gestaltungsgrundsätze von der Veröffentlichung klar nationalistischer Aussagen Abstand nehmen müssen, gelten derartige Beschränkungen für Nutzer von Social Network Sites nicht.[91] Zudem kommt auch an diesem Punkt der grundsätzliche Unterschied zwischen einer der Objektivität verpflichteten Zeitungsberichterstattung und einer auf Subjektivität und Individualismus basierenden Kommunikation in Social Network Sites zum Tragen. Die Ergebnisse der vergleichenden Untersuchung weisen darauf hin, dass aus politischer und aus sozial-psychologischer Sicht die-

---

[91] Zwar gibt es auch in Social Network Sites ein Verbot zur Äußerung von rechtsradikaler, extremer Aussagen und jede Form von anstößigen Meldungen kann gemeldet und blockiert werden, dennoch erscheint dies in der Praxis vergleichsweise selten der Fall zu sein. Ein wichtiges Regulierungsmittel ist dabei eine Form der nutzergenerierten Selbstkontrolle, mittels derer etwa Gruppenmitglieder darauf aufmerksam gemacht werden, dass gewisse Kommentare oder Veröffentlichungen moralischen oder ethischen Grundsätzen widersprechen. Inwiefern derartige Selbstkontroll-Mechanismen auch in Gruppierungen funktionieren, die sich in der Selbstbeschreibung schon mehr oder weniger mit einer nationalistischen Grundorientierung definieren, ist jedoch fraglich.

se gruppeninternen Konstruktionen nationaler Identität im Blick behalten werden sollten, da hier Demokratie förderliche Initiativen aber auch demokratisch gefährdende Sichtweisen mobilisiert bzw. intensiviert werden können.

In einem weiteren Schritt wurden die Äußerungen zum Thema Migration sowie zur EU-Mitgliedschaft Österreichs erhoben. Dabei zeigt sich für Zeitungen und Diskussionsforen, dass xenophobe Aussagen häufig in Kombination mit nationalistischen Äußerungen auftreten. Aufgrund dieses Zusammenhangs erscheint es wenig überraschend, dass innerhalb der Tageszeitungen ausländerfeindliche Äußerungen kaum eine Rolle spielen, am ehesten sind sie noch in der Kronen Zeitung zu finden. Insgesamt beinhalten bei den Tageszeitungen 5,8% aller Artikel xenophobe Aussagen, was verglichen mit den Anteilen an nationalistischen Äußerungen (3,9%) zeigt, dass nicht alle ausländerfeindlichen Thematisierungen im Zusammenhang mit nationalistischen Perspektiven erfolgen.

Innerhalb der Facebook Diskussionsforen lässt sich, wie allein schon auf Basis der Ergebnisse in Bezug auf nationalistische Äußerungen zu vermuten war, beobachten, dass auch in diesem Fall deutlich häufiger xenophobe Äußerungen veröffentlicht werden, als dies in den Tageszeitungen der Fall ist. Insgesamt enthält fast jedes dritte Diskussionsforum zumindest eine ausländerfeindliche Meldung. Der Anteil liegt damit zwar noch weit unter den nationalistischen Äußerungen (73,4%), aber stellt dennoch ein gewisses Problempotential dar. Vorsichtig interpretierend kann in diesem Zusammenhang jedoch auch gesagt werden, dass offensichtlich eine nationalistische Sichtweise innerhalb der Social Networks nicht auch automatisch eine ausländerfeindliche Diskussion auslösen muss. Erwähnenswert ist zudem der ebenfalls relativ hohe Anteil an Diskussionsforen, die positive Aspekte des Multikulturalismus thematisieren. Mehr als jedes vierte analysierte Diskussionsforum enthält zumindest eine derartige pro-multikulturelle Aussage. Dies relativiert die hohe Anzahl an xenophoben Äußerungen zwar nicht, zeigt aber dennoch erneut auf, dass derartige Social Network Gruppierungen durchaus auch für demokratiepolitisch erwünschte Initiativen zugänglich sind. Während in den traditionellen Massenmedien, hier im Beispiel der Tageszeitungen untersucht, rein aus journalistisch professionellen Gründen das Thema Migration häufig entweder nur am Rande thematisiert oder aber jeglicher moralischer Positionsbezug vermieden wird, bringen Social Network Sites durchaus das Potential für eine kritische und vor allem deutlich vielfältigere Auseinandersetzung mit der Thematik, in der auch Positionen bezogen, diskutiert und im Anschluss eventuell revidiert werden können, mit sich.

Geopolitische Identifikationsebenen
Einige grundlegende Unterschiede zwischen nutzergenerierten Diskussionsbeiträgen und massenmedialer Berichterstattung zeigen sich auch im Zusammen-

hang mit der geopolitischen Verortung der Beiträge. Während bei den Tageszeitungen vor allem regionale Bezugspunkte erwähnt werden (62,3%), dominiert in Facebook eindeutig der nationale Bezug, indem in neun von zehn Diskussionsforen zumindest einmal eine Erwähnung von „Österreich" vorkommt (89,5%). Aber auch regionale Verortungen wie sie durch die Erwähnung von Bundesländernamen geschehen, spielen in fast zwei Drittel aller Diskussionsforen (66,1%) eine bedeutende Rolle in Facebook. Somit zeigen Zeitungen und Facebook Gruppierungen eine ähnliche Bedeutung regionaler Bezugsebenen, während sich auf nationaler Ebene große Unterschiede zwischen Tageszeitungen, bei denen die Herstellung eines gesamtnationalen Bezugs vergleichsweise geringe Bedeutung bekommt, und der Social Network Site, innerhalb dessen gerade dieser gesamtnationale Bezug die häufigste Verortungsvariante darstellt (Tabelle 26).

In Hinblick auf die transnationale Verortung, die durch die Messung der Nennungen von „Europa" bzw. der „EU" vorgenommen wurde, zeigen sich wiederum ähnliche Tendenzen, indem diese transnationalen Bezüge sowohl in der Social Network Site (31,8%) als auch noch deutlicher in der Tageszeitung (13,8%) eine untergeordnete Rolle spielen.

Tabelle 26: geopolitische Identifikationsebenen in Zeitungen und Facebook

	Zeitungen[92]	Facebook
regional	62,3%	66,1%
national	44,3%	89,5%
transnational	13,8%	31,8%

Zudem zeigt sich bei beiden Kommunikationsbereichen, dass die Lokalisierung eines „Medienangebots" stark beeinflusst, inwiefern regionale Verortungen vorgenommen werden. So dominiert etwa in den bundesländerbezogenen Diskussionsforen immer eine Verortung auf das jeweils konkrete Bundesland hin, d.h. in einer Facebook-Gruppe mit Oberösterreich-Bezug erfolgt auch eine verstärkte Konzentration der Diskussionsbeiträge auf einer rein oberösterreichischen Ebene. Ein ähnliches Bild zeigt sich bei den beiden analysierten regionalen Tageszeitungen: Auch hier dominiert innerhalb der Berichterstattung das jeweilige Bundesland, in dem die Zeitung erscheint, vor allen anderen Bundesländern. Dies mag für Tageszeitungen rein aus verkaufstechnischen Gründen von großer

---

[92] Innerhalb eines Artikels sowie innerhalb eines Diskussionsforums können durchaus mehrere Bezugsebenen erwähnt werden, daher ergänzen sich die Prozentwerte für Tageszeitung und Facebook nicht auf 100% sondern gehen darüber hinaus.

Notwendigkeit sein, innerhalb der Facebook Gruppierungen wäre so eine Ausrichtung auf den „Absatz-Markt" jedoch nicht notwendig, findet aber dennoch sehr eindeutig statt. Insgesamt kann somit festgehalten werden, dass in den Diskussionsforen von Facebook Gruppen mit Österreichbezug insgesamt deutlich stärkere Bezüge auf alle drei ermittelten geopolitischen Identifikationsebenen hergestellt werden, wobei die gesamtnationale Perspektive dominiert. Umgekehrt werden in der Zeitungsberichterstattung überwiegend regionale Verortungen vorgenommen und vor allem transnationale Bezüge spielen eine untergeordnete Rolle. Eine stärkere Regionalisierung wird sowohl in der Tageszeitung als auch in Facebook vor allem in den regionalisierten „Sparten"-Angeboten vorgenommen.

4.2. Die Parallelen

Der Einsatz von Symbolen
Im Zusammenhang mit dem Einsatz von Symbolen gibt es neben den oben schon genannten Unterschieden zwischen den Facebook Angeboten und der Zeitungsberichterstattung auch einige interessante Parallelen zu beobachten: Für beide Kommunikationsformate zeigt sich eine herausragend hohe Bedeutung von regional bezogenen Landschaftssymbolen, wie etwa Bergen, Flüssen und Tälern. Diese machen sowohl im sozialen Netzwerk als auch in der Tageszeitung den Großteil aller regionalen Symbole aus. Ebenfalls bei beiden analysierten Kommunikationsformen von Bedeutung sind regionale und nationale Sehenswürdigkeiten sowie Traditionen und Bräuche, die mit einer Region oder der Nation insgesamt in Verbindung gebracht werden.

Nationale Identität
Neben den im Kapitel „Unterschiede" angeführten abweichenden Thematisierungen zwischen Diskussionen in Facebook und der medialen Berichterstattung zur nationalen Identität Österreichs, zeigt sich auch eine grundlegende Übereinstimmung, nämlich die primäre Fokussierung nationaler Identitätskonstruktion auf Österreich-weite Angebote. So kommen patriotische, nationalistische und nationalstolze Äußerungen sowohl in der Tageszeitung als auch in der Social Network Site nur sehr selten in den regionalen Angeboten vor. Dies spricht dafür, dass die nationale Identität mit all ihren Facetten lediglich in überregionalen Kontexten von Relevanz ist. Auf der stärker lokalisierten Ebene scheint hingegen diese Frage der Definition der eigenen Nation, das damit verbundene Nahverhältnis, kombiniert mit dem Umgang mit anderen Nationen keine sehr zentrale

Bedeutung zu spielen, weder für die Leser der Regionalzeitungen noch für die Mitglieder von regional-bezogenen Facebook Gruppierungen.

4.3. Zusammenfassung intermedialer Vergleich

Als Resümee kann für den Vergleich von geopolitischer Identitätskonstruktion in sozialen Netzwerken und aktueller Tageszeitungsberichterstattung festgehalten werden, dass große Unterschiede auf formaler Ebene im Einsatz von Fotos zum Ausdruck regionaler oder nationaler Besonderheiten sowie der Verwendung von österreichspezifischen bzw. dialektalen Ausdrücken zu sehen sind. Diese können in der stärker subjektivierten und individuumszentrierten Kommunikation in Facebook Gruppierungen deutlich häufiger zum Ausdruck gebracht werden, als dies in der klassischen Medienberichterstattung möglich ist. Auf inhaltlicher Ebene zeigen sich vor allem Unterschiede, die durch eine verstärkte „Ich-Perspektive" innerhalb der Social Network Site und der primär auf die Berichterstattung aus der Perspektive Dritter konzentrierten Zeitungen ergeben. Aus diesem Grund werden in den Tageszeitungen auch Politiker häufig als zentrale Akteure und Repräsentanten der Österreich-bezogenen Berichterstattung angeführt, die jedoch in den Diskussionen innerhalb der einschlägigen Facebook Gruppierungen nahezu keine Bedeutung haben.

In Bezug auf die unterschiedlichen Formen nationaler Identitätskonstruktion zeigt sich innerhalb der Social Network Site eine deutlich höhere Bereitschaft explizite Äußerungen sowohl in Hinblick auf patriotische und nationalstolze Einstellungen, aber auch in Richtung Nationalismus und Xenophobie auszudrücken. Auffällig ist dabei, dass Nationalismus zwar in einem engen Zusammenhang mit xenophoben Orientierungen zu stehen scheint (vgl. Adorno et al. 1950, Becker et al. 2007, Blank/Schmidt 1993, 1997, 2003; De Figueiredo / Elkins 2003, Weiss 2003), jedoch nicht automatisch zu derartigen Äußerungen führen muss. Neben diesen eher problematischen Äußerungen zum Bereich nationaler Identität und der Migrationsthematik, werden in den Diskussionsforen aber auch regelmäßig pro-multikulturelle Aussagen verbreitet, die wiederum ein differenzierteres Bild auf die Migrationsthematik bezogen auf die Gesamtheit aller analysierten Facebook Angebote ermöglicht. Diese Ergebnisse weisen darauf hin, dass gerade aus sozialwissenschaftlicher aber auch politischer Hinsicht die Diskussionen innerhalb von Social Network Sites beobachtet werden sollten, um auf diese Weise gewisse Tendenzen innerhalb einer Gesellschaft erkennen zu können bzw. ergänzende Daten zu durchgeführten Befragungen erhalten werden. Durch die hohe Offenheit der Kommunikation innerhalb dieser Gruppierungen sowie eine grundsätzlich stark subjektive und individuumsbezogene Kommunikation können in diesen Kommunikationsplattformen auf sehr einfache und schnelle Weise sowohl förderliche als auch durchaus bedrohliche Impulse für die Ausbildung patriotischer aber auch nationalistischer und xenophober Meinungen verbreitet werden.

In Hinblick auf die eingangs genannte Frage nach dem „global village" bleibt zudem festzuhalten, dass zwar sehr wohl transnationale Ansätze in Tageszeitungen noch stärker als in den untersuchten Facebook-Gruppierungen zu erkennen sind, diese jedoch nach wie vor im Vergleich zu regionalen oder nationalen Bezugspunkten eine untergeordnete Rolle einnehmen. Ein Ausdruck einer „glokalisierten Identität", im Sinne einer starken regionalen Verortung und gleichzeitiger Öffnung für transnationale Facetten lässt sich in den mediatisierten Identitätskonzepten weder in den Tageszeitungen noch in den Facebook-Gruppierungen eindeutig erkennen.

5. Online-Befragung

5.1. Die Datengrundlage

Der für diese Auswertung herangezogene Datensatz setzt sich aus zwei separaten Online Surveys zusammen, die beide mit dem nahezu gleichen Fragebogen[93] durchgeführt wurden und im Abstand von 1,5 Wochen (Befragung 1: 28.9.2010-9.11.2010, Befragung 2: 18.11.2010-7.12.2010) mittels des Software-Pakets *Unipark* durchgeführt wurden. Der Befragungszeitraum der ersten Erhebung wurde bewusst weiter ausgedehnt, da hier wie unten noch genauer erläutert wird, mittels Selbstrekrutierung der Befragungsteilnehmer gearbeitet wurde. Im Gegensatz dazu wurde die zweite Erhebung mittels Quotenverfahren und persönlicher Kontaktierung der relevanten Personen[94] durchgeführt, sodass hier der Zeitraum der Fragebogen-Aktivierung kürzer gehalten werden konnte. Da sich die Fragenbögen lediglich in einigen wenigen Punkten in der Abfolge der Fragen und durch ein zusätzlich eingeführtes Item zur Differenzierung zwischen Facebook-Nutzern und Nicht-Nutzern bei der zweiten Untersuchung, die nicht über Facebook vermittelt wurde, unterschieden, war ein Zusammenspielen der Daten problemlos möglich.

Zentraler Unterschied zwischen den beiden Online Befragungen war, wie bereits erwähnt, der Zugang zu den Befragungspersonen und somit auch die Untersuchungspopulation an sich: Bei der ersten Online-Befragung wurde bewusst auf Nutzer der Social Network Site Facebook fokussiert, die in Gruppen oder Fanseiten aktiv oder zumindest Mitglied sind. Der Link zur Umfrage wurde dabei einerseits ganz gezielt in die Diskussionsforen von Gruppen oder Fanseiten gestellt, die explizit die regionale oder nationale Identität Österreichs im Namen enthielten, andererseits aber auch in Gruppen, die zwar deutlichen Österreich-Bezug hatten, wie etwa auf Seiten nationaler Medien, die jedoch keinerlei expli-

---
[93] Lediglich die Reihenfolge der Fragen wurde teilweise leicht variiert sowie beim zweiten Fragebogen, der nicht ausschließlich über Facebook vermittelt wurde, wurde auch eine Fragestellung zur Differenzierung zwischen Facebook-Nutzern und Nicht-Nutzern eingeführt.
[94] Der Dank gilt an dieser Stelle den Studierenden des Instituts für Publizistik- und Kommunikationswissenschaft der Universität Wien, die im Rahmen einer Übung zur Kommunikationsforschung im Wintersemester 2010/11 die Rekrutierung mittels Quotenverfahren tatkräftig unterstützt haben.

zite Thematisierung der regionalen oder nationalen Identität enthielten. Auf diese Weise wurden mit dem ersten Durchgang gezielt Nutzer von Social Network Sites angesprochen, dabei jedoch auf die Selbstrekrutierung vertraut, was aber naheliegenderweise den Effekt mit sich bringt, dass vor allem jene Personen an der Umfrage teilnehmen werden, die sich in irgendeiner Form besonders für den Aspekt nationaler Identität interessieren. Dies erscheint in diesem Fall jedoch nicht so problematisch, da ohnehin untersucht werden soll, inwiefern sich Mitglieder derartiger Online Network Angebote in ihrer Einstellung zur eigenen Nationen von jenen unterscheiden, die kein Mitglied derartiger Seiten sind.

Diese Gruppe der Nicht-Mitglieder wurde mit dem zweiten Befragungsdurchgang erreicht. Die Rekrutierung erfolgte nach einem festgelegten Quotenplan, wobei jeweils Geschlecht und Alter die zentralen Rekrutierungskriterien darstellten. Der Link wurde anschließend direkt an die nach Quotenplan ausgewählten Personen verschickt, sodass es sich hier um eine gezielte Auswahl an Befragungspersonen handelt. Dies hat den Vorteil, dass kein individuelles Interesse an der nationalen Identität die Teilnahmebereitschaft erhöht, sondern durchaus negative oder neutrale Positionen vertreten sein können.

Nach Zusammenspielen der Daten wurden noch jene Personen ausgeschieden, die weder österreichische Staatsbürgerschaft hatten, noch hier geboren sind, um auf diese Weise tatsächlich auf die sogenannte „Mehrheitsbevölkerung" Österreichs fokussieren zu können. Insgesamt setzte sich der endgültige Datensatz schließlich aus 651 Personen zusammen, die den Fragebogen komplett beantwortet haben und alle Kriterien der Herkunft bzw. Staatsangehörigkeit gemäß der Vorgaben für diese Untersuchung erfüllten. Die Daten wurden anschließend mittels des Software-Paketes *PASW 18.0 (SPSS 18.0)* ausgewertet.

5.2. Die Forschungsfragen

Im Rahmen der Auswertung werden einerseits jeweils die Ergebnisse für die Gesamtheit aller Befragungsteilnehmer angeführt, andererseits immer konkret nach Facebook-Nutzern und Nicht-Nutzern differenziert. Auf diese Weise sollen in den nachfolgenden Kapiteln folgende Forschungsfragen beantwortet werden:

Forschungsfrage 1: Welchen Stellenwert hat die geopolitische Zugehörigkeit für die Nutzer/Nicht-Nutzer von Social Network Sites?
Forschungsfrage 2: Wie wird Österreich von den Nutzern/Nicht-Nutzern charakterisiert?

Forschungsfrage 3: Welche Formen nationaler Identität zeigen sich bei den Nutzern/Nicht-Nutzern und wie wird mit Multikulturalismus und Globalisierung umgegangen?
Forschungsfrage 4: Welche Unterschiede zeigen sich zwischen Mitgliedern von Regionen- und Nationen-spezifischen Facebook-Gruppen/Fanseiten und Nicht-Mitglieder in Hinblick auf die nationale Identität?
Forschungsfrage 5: Gibt es einen Zusammenhang zwischen der Nutzung bestimmter Medienangebote (TV, Print, Internet) und der regionalen, nationalen bzw. globalen Identifikation mit bzw. Charakterisierung von Österreich?

5.3. Soziodemographie

Bevor mit den konkreten Auswertungen in Bezug auf die Forschungsfragen begonnen wird, soll zunächst eine deskriptive Darstellung der sozio-demographischen Merkmale der Befragungsteilnehmer einen ersten Einblick in die strukturellen Charakteristika der Auswertungspopulation vermitteln.

Alter: Die Befragten sind durchwegs eher jüngeren Alters, was damit begründet ist, dass auch die Nutzerschaft von Social Network Sites zum Zeitpunkt der Untersuchung noch eher jung ist. Im Herbst 2010 wurde das durchschnittliche Alter für einen österreichischen Facebook-Nutzer mit 27,8 Jahren (Social Media Schweiz, Stand: 31. August 2010) angesetzt. Das Durchschnittsalter in diesem Datensatz liegt mit 29,9 Jahren knapp darüber, was sich durch die beiden unterschiedlichen Rekrutierungsmethoden erklärt. Die Altersspanne reicht vom jüngsten Teilnehmer mit 9 Jahren bis hin zum ältesten Partizipanten mit 80 Jahren. Das Durchschnittsalter bei Männern (29,8 Jahre) und Frauen (29,9 Jahre) ist dabei nahezu gleich.

Für weitere Auswertungsschritte werden die Befragungspersonen in drei Altersgruppen eingeteilt, wobei die jüngste Gruppe in Anlehnung an die Definition der Weltgesundheitsorganisation (WHO) die Phase der Adoleszenz mit den Personen bis 21 Jahre abdeckt, die zweite Gruppe die jungen Erwachsenen zwischen 22 und 35 Jahren umfasst und die älteste Gruppe wird auf Grund der Fokussierung auf Social Network Site Nutzer schon ab 36 Jahren angesetzt. Die erwartungsgemäß am stärkste vertretene Altersgruppe ist die Gruppe der jungen Erwachsenen mit 47,7%, gefolgt von den über 35-Jährigen (25,1%) und den bis 21-Jährigen (24,3%).

Geschlecht: Wie es bei Befragungen, die (zumindest zum Teil) auf dem Prinzip der Selbstrekrutierung beruhen, häufig der Fall ist, zeigt sich auch in diesem Datensatz eine leichte Ungleichverteilung zwischen Männern und Frauen. Insgesamt haben 359 Frauen (56,3%) und nur 279 Männer (43,7%) an der Befragung teilgenommen. Aus diesem Grund wird für alle weiteren Auswertungen eine Gewichtung der Daten nach Geschlecht vorgenommen, sodass die Meinungen der Frauen nicht überrepräsentiert in den Ergebnissen aufscheinen. Somit werden alle Daten der Frauen mit dem Faktor 0,89 multipliziert, jene der Männer mit einem Faktor von 1,14.

Migrationshintergrund: Insgesamt zeigt sich eine relativ hoher Anteil an Personen, die Migrationshintergrund aufweisen. Migrationshintergrund wurde dabei am persönlichen Geburtsort bzw. an der Herkunft der Eltern bzw. Großeltern festgemacht. Alle Personen, die angaben, dass zumindest ein Elternteil- oder Großelternteil nicht in Österreich geboren ist, wurden als Person mit Migrationshintergrund definiert. Insgesamt weist ein knappes Drittel aller Befragungspersonen (32,3%) einen derartigen Migrationshintergrund auf, wobei die Verteilung bei Männern (30,4%) und Frauen (33,60%) sehr ähnlich ausfällt.

Bildung: Die Befragten weisen tendenziell ein eher überdurchschnittliches Bildungsniveau auf: Die größte Gruppe mit 42,9% hat zumindest eine höhere Schule mit Matura/Abitur absolviert, weitere 26,4% haben zudem einen Hochschulabschluss vorzuweisen. 8,3% haben eine höhere Schule ohne Matura/Abitur beendet, 10% einen Lehrabschluss und nur 7,5% haben lediglich einen Pflichtschulabschluss. Dieses überdurchschnittliche Bildungsniveau der Befragungsteilnehmer gilt es bei der Interpretation der Ergebnisse zu berücksichtigen.

Familienstand: Bei den Angaben zum Familienstand spiegelt sich das vergleichsweise junge Alter der Befragten wider: Die Mehrheit ist ledig und lebt entweder in einer Partnerschaft (37,1%) oder ohne Partnerschaft (35,3%). 21,8% sind verheiratet und 5% geschieden. Lediglich 5 Personen (0,8%) geben an, bereits verwitwet zu sein.

Politische Orientierung: Auch die politische Orientierung der Befragungsteilnehmer wurde mittels 10-stufiger Skala mit den Polen „linke Orientierung" (1) vs. „rechte Orientierung" (10) abgefragt. Insgesamt weist die Mehrheit der Befragten eine politische Orientierung nahe der Mitte (45%) auf, tendenziell sind eher linksorientierte Meinungen (32,8%) vertreten, als rechts orientierte (22,1%).

Herkunft und aktueller Wohnort: Wichtig für alle weiteren Auswertungen ist zudem die regionale Herkunft der Befragungsteilnehmer, wie in den Tabellen 27 und 28 angeführt. Fast ein Viertel aller befragten Personen wurde in der Bundeshauptstadt Wien geboren (24,8%), ein weiteres Viertel in Oberösterreich (25,7%). Ebenfalls relativ stark vertretene Bundesländer sind Niederösterreich mit 13,3%, die Steiermark (11,2%) und Tirol (7,3%). Vergleichsweise unterrepräsentiert sind Salzburg (6,4%), Kärnten (3%), Vorarlberg (3,5%) und das Burgenland (2,2%). Diese unterschiedliche Repräsentation der Bundesländer in der Umfragenpopulation muss für die Ergebnisinterpretation im Hinterkopf behalten werden.

Tabelle 27: Herkunft der Befragten

Geburtsort	Anzahl	Prozent
Wien	158	24,8
Niederösterreich	85	13,3
Burgenland	14	2,2
Oberösterreich	164	25,7
Salzburg	41	6,4
Steiermark	71	11,2
Kärnten	19	3,0
Tirol	46	7,3
Vorarlberg	22	3,5
Ich bin nicht in Österreich geboren	16	2,5
Gesamt	636	100,0

Tabelle 28: Wohnort der Befragten

Wohnort	Anzahl	Prozent
Wien	279	44,3
Niederösterreich	67	10,6
Burgenland	8	1,2
Oberösterreich	114	18,2
Salzburg	26	4,1
Steiermark	44	7,0
Kärnten	15	2,4
Tirol	42	6,7
Vorarlberg	10	1,6
Nicht in Österreich, sondern in:	24	3,8
Gesamt	630	100,0

Eine noch stärkere Dominanz der Bundeshauptstadt zeigt sich bei der Frage nach dem Wohnort: 44,3% geben an, in Wien zu leben, gefolgt von Oberösterreich (18,2%) und Niederösterreich (10,6%). Die Steiermark liegt mit 7% und Tirol mit 6,7% dahinter. Schlusslichter sind auch beim Wohnorte-Ranking Salzburg (4,1%), Kärnten (2,4%), Vorarlberg (1,6%) und das Burgenland (1,2%). Die starke Dominanz von Wien lässt sich in diesem Fall auch durch die vergleichsweise junge Altersstruktur der Befragten erklären, was die Vermutung nahe legt, dass viele davon unter anderem aus Ausbildungs- oder Arbeitsgründen aus den Bundesländern in die Hauptstadt gekommen sind.

5.4. Mediennutzung

Als nächster Schritt sollen die Auswertungen zu den Mediennutzungsgewohnheiten der Befragungsteilnehmer einen ersten Einblick in die individuellen Medienumgebungen geben, die in der Folge auf ihren Zusammenhang mit bzw. Einfluss auf die geopolitischen Identitätskonzeptionen der Mediennutzer überprüft werden.

Mediennutzungsdauer
Zunächst gilt es jedoch die allgemeinen Nutzungszeiten unterschiedlicher Medien zu eruieren, um auf diese Weise erste Einblicke in den Stellenwert unterschiedlicher Medienformen im Alltag der Nutzer zu bekommen. Dazu wurden die Teilnehmer befragt, wie lange sie an einem durchschnittlichen Tag die unterschiedlichen Medien ihrer Selbsteinschätzung nach nutzen würden (Tabelle 29). Dabei zeigte sich, die hohe Bedeutung des Internet im alltäglichen Medien-Mix[95]. Wie auch in der „Media-Analyse 2010" gezeigt wird, geht ein Drittel der Österreicher mittlerweile täglich online, bei den unter 30-Jährigen tun dies sogar mehr als die Hälfte. Insgesamt verbringen die Befragten an einem Tag durchschnittlich ca. 231,6min online (3h 51min). Am zweithäufigsten werden gleichermaßen das Fernsehen (inkl. Videos) und das Radio genutzt, wobei die Befragungsteilnehmer immerhin fast 2 Stunden (114min bzw. 1h54min) vor dem Fernseh- bzw. Radiogerät verbringen. Erstaunlich hoch fällt auch die Zeitaufwendung für Social Network Sites wie Facebook aus. Mit einer täglichen Nutzungsdauer von 91,5min (1h 31min) liegt es bei der alltäglichen Mediennutzung immerhin schon auf Platz 4[96]. Deutlich weniger Zeit wird für die Zeitungslektüre (35min) verwendet. Absolutes Schlusslicht in der Mediennutzungsliste stellen Magazine und Zeitschriften dar, in denen täglich nur für rund 17min gelesen wird. Insgesamt zeigt diese Zeittabelle, dass Social Network Sites bei ihren Nutzern immerhin schon mehr als ein Drittel der gesamten privaten und auch beruflichen Internetnutzung einnehmen. Dies kann als ein Hinweis dafür interpretiert

---

[95] Hierbei wurde die berufliche und private Nutzung explizit gemeinsam abgefragt, da sich diese beiden Anwendungsbereiche häufig stark überschneiden.
[96] Bei den Nutzern von Facebook. Jenen Personen, die angaben, Facebook nicht zu nutzen, wurde diese Frage nach der Nutzungsdauer auch nicht gestellt.

werden, dass Online Netzwerke auch zunehmend zu einer wichtigen Informations-, Kommunikations- und Unterhaltungsquelle werden können, die nur mehr etwas weniger häufig genutzt werden, als die klassischen Massenmedien Fernsehen und Radio.

Tabelle 29: Mediennutzungsdauer

	Minuten
Mediennutzung: Zeitung	35,0
Mediennutzung: Magazine/Zeitschriften	17,4
Mediennutzung: Radio	114,5
Mediennutzung: TV/Videos	114,4
Mediennutzung: Internet (beruflich und privat)	231,6
Mediennutzung: Facebook	91,5

Fernsehsender-Präferenzen
Zusätzlich wurden die Untersuchungsteilnehmer auch nach ihren Senderpräferenzen im Fernsehen befragt, um auf diese Weise später Rückschlüsse auf den Zusammenhang zwischen Fernsehsender-Nutzung und Einstellungen zur regionalen, nationalen oder transnationalen Identität ziehen zu können (Tabelle 30).

Dabei zeigen sich sehr klare Präferenzen für eher unterhaltungsorientierte Senderangebote, wie sie etwa mit dem ersten österreichischen Fernsehprogramm (ORF1) oder aber auch den dank weitverbreiteter Satelliten- oder Kabelangebote auch in Österreich häufig empfangbaren deutschen Privatsendern (z.B. Pro7, RTL, SAT1 usw.) angeboten werden.

Die Befragten konnten auf einer 4-stufigen Skala von „nie" bis „täglich" angeben, wie häufig sie die konkreten Fernsehangebote nutzen. Aus diesen Angaben wurde anschließend ein Punktindex für jeden Sender errechnet, indem je nach Häufigkeit der Nutzung unterschiedlich Punkte vergeben wurden[97] und diese mit der Anzahl der Personen multipliziert wurden, die die jeweilige Häufigkeit für einen Sender angegeben hatten.[98] Diese Summe wurde anschließend noch durch die Anzahl aller Personen dividiert, die eine Antwort zu dieser Frage gegeben hatten, sodass schlussendlich ein durchschnittlicher Punktewert pro Person

---

[97] Nie=0 Punkte, 1x pro Woche oder weniger=1 Punkt, mehrmals pro Woche=2 Punkte, täglich=3 Punkte.
[98] Beispiel: ORF1 wird von 3 Nutzern nie, von 5 Nutzer 1xpro Woche oder weniger, von 3 Nutzern mehrmals pro Woche und von 10 Nutzern täglich verwendet, so ergibt dies einen Punktewert von 3*0+5*1+3*2+10*3=41

vorliegt, der den Stellenwert des jeweiligen Fernsehsenders in der Gesamtfernsehnutzung anzeigen kann.

Tabelle 30: Ranking der TV-Sender-Nutzung

	Punkte	Durchschnitt pro Person
ORF1	1217	1,97
ORF2	892	1,45
Öst. Privat-sender	917	1,5
Dt. öffentlich-rechtliche Sender	729	1,19
Dt. Privat-sender	1043	1,75
Schweizer Sender	164	0,33
englisch, italienisch, französisch sprachige Sender	249	0,45
türkische Sender	4	0,01
Sender aus Ex-Jugoslawien	10	0,02
Sonstige Sender	137	0,89

Mit Abstand den höchsten Nutzungswert zeigt ORF 1 (1,97 Punkte), gefolgt von den deutschen Privatsendern (1,75 Punkte). Die österreichischen Privatsender (1,5 Punkte) und ORF2 (1,45 Punkte) liegen nahezu gleich auf. Deutlich seltener werden hingegen die deutschen öffentlich-rechtlichen Sender (1,19 Punkte)[99], oder englisch-, italienisch- oder französisch-sprachige Sender (0,45) gesehen. Schweizer Sender (0,33) werden noch deutlich häufiger als Sender aus dem ehemaligen Jugoslawien (0,02 Punkte) oder der Türkei (0,01 Punkte) genutzt.

Bei den Sendervorlieben spielen Altersaspekte eine wichtige Rolle. Wie mittels linearer Regression gezeigt wird, spielt das Alter v.a. bei der Nutzung von ORF2, deutschen öffentlich-rechtlichen und privaten Sendern sowie bei Schweizer Sendern eine wichtige Rolle. Abgesehen von den deutschen Privatsendern gilt hierbei, mit zunehmendem Alter steigt auch die Nutzungshäufigkeit dieser Sender. Bei den deutschen Privatsendern verhält es sich jedoch genau umgekehrt, diese werden vor allem von den jüngeren Sehern genutzt und mit stei-

---

[99] Die Daten der Media-Analyse 2010 weichen nur leicht von diesen Sender-Präferenzen der Befragungsteilnehmer ab: Laut Media-Analyse 2010 stellt ORF 2 mit einer Verbreitung von 39,5% das meist genutzte Programm dar, gefolgt von ORF 1 mit 31,4%. Bei den deutschen Privatsendern liegen RTL (Österreich: 12,1%), SAT1 (Österreich: 13,6%), Pro7 (Austria: 13,0%) nahezu gleich auf. Ähnliche Bedeutung haben auch die deutschen öffentlich-rechtlichen Sender ARD (12,9%) und ZDF (13,3%). (Quelle: media-analyse.at 2010)

gendem Alter nimmt die Nutzungshäufigkeit signifikant ab. Diese Befunde decken sich auch mit den Ergebnissen der Media-Analyse 2010, wo ebenfalls eindeutig festgestellt wird, dass sich mit zunehmendem Alter vor allem die Nutzung von ORF 2, aber auch der deutschen öffentlich-rechtlichen Sendern kontinuierlich steigert (vgl. Media-Analyse 2010). Diese Altersunterschiede werden an späterer Stelle im Vergleich zwischen Facebook Nutzern und Nicht-Nutzern noch detaillierter vorgestellt.

Ebenfalls interessant erscheinen die unterschiedlichen Präferenzen für diverse Fernsehgenres, indem die Vermutung besteht, dass Personen, die eher informationsorientierte Nutzer sind, andere Einstellungen und Sichtweisen zur nationalen Identität aufweisen, als Personen mit primär unterhaltungsorientierter Präferenz (Tabelle 31).

Tabelle 31: TV-Genre Vorlieben der Befragten

	Mittelwert	Rang
Nachrichten (ZIB, ATV Aktuell, Austria Top News, RTLaktuell usw.)	3,94	1
Lustige Spielfilme/Serien/Comedy-Shows (SitComs, Komödien usw.)	3,66	2
Politische Magazinsendungen/Politische Diskussionsrunden (Thema, Report, Pressestunde usw.)	3,29	3
Actionfilme (Krimis, Thriller, Science Fiction, Western usw.)	3,24	4
Sportsendungen (Sport-Liveübertragungen usw.)	2,70	5
Boulevard-Magazine/Infotainmentmagazine (Explosiv, Seitenblicke, Taff, Extra usw.)	2,48	6
Romantische Spielfilme/Tele-Novelas (Liebes- und Schicksalsfilme usw.)	2,33	7
Quiz und Ratespiele (Millionenshow, Wer wird Millionär, usw.)	2,28	8
Horrorfilme/Serien (Grusel, Horror, Splatter usw.)	2,07	9
Reality TV: Soziales/Gefühl/Verbrechen (Tausche Familie, Bauer sucht Frau, Big Brother, Aktenzeichen XY usw.)	2,01	10

Skala: 1=interessiert mich überhaupt nicht, 5=interessiert mich sehr stark

Insgesamt weisen die Nutzer eine überdurchschnittliche Vorliebe für Nachrichtensendungen auf, indem sich 46,9% der Befragten stark, weitere 31,1% sogar sehr stark dafür interessieren. Etwas relativiert werden, müssen diese Zahlen auf Grund der Tendenz zu sozial erwünschten Antworten, da es in der heutigen Informationsgesellschaft als durchaus gesellschaftlich wünschenswert eingestuft wird, Interesse für Informationsangebote im Fernsehen zu artikulieren. An zweiter Stelle der beliebtesten Genres liegen humorvolle Angebote, wie etwa lustige

Spielfilme oder Serien aber auch Comedy-Shows. Für diese interessieren sich 44,9% der Befragten stark, weitere 23,9% sogar sehr stark. An dritter Stelle liegt ebenfalls ein primär informationsorientiertes Genre, nämlich politische Magazinsendungen oder Diskussionsrunden, die bei 39,4% der Befragten auf starkes und bei 14,7% sogar auf sehr starkes Interesse stoßen. Auch hier gilt wieder der Aspekt der sozialen Erwünschtheit mitzubedenken. Ebenfalls gern gesehen werden Actionfilme: 39% sind daran stark, 12,9% sogar sehr stark interessiert. Mit doch deutlicherem Abstand folgen schließlich Sportsendungen (20,6% stark, 15,8% sehr stark), Boulevard-Magazine und Infotainmentmagazine (22,5% stark, 4,6% sehr stark), romantische Spielfilme und Telenovelas (18,9% stark, 5,7% sehr stark) sowie Quiz- und Ratespiele (18,5% stark, 1,5% sehr stark). Auf den letzten Plätzen der Beliebtheitsskala liegen Horrorfilme oder -serien (10,7% stark, 6% sehr stark) und Reality TV (14,5% stark, 2,9% sehr stark).

Insgesamt geben die Befragten somit ein überwiegend informationsorientiertes Fernsehverhalten zu Protokoll, wobei im Unterhaltungssegment vor allem lustige oder actiongeladene Sendeangebote bevorzugt werden.

Für weiterführende Auswertungen wurden die Genres in vier Genre-Typen zusammengefasst, nämlich in 1) unterhaltungsorientierte Formate (Boulevard-Magazine, Reality-TV, Romantische Spielfilme, Quiz- und Ratespiele, Lustiges Spielfilme), 2) informationsorientierte Formate (Nachrichten, Politische Magazinsendungen), 3) actionorientierte Formate (Horror- und Actionfilme) sowie 4) Sportsendungen. Sportsendungen werden vor allem deswegen als separate Kategorie behandelt und nicht wie etwa ebenfalls denkbar den informations- oder aber auch unterhaltungsorientierten Formaten zugeordnet, da sich gerade bei sportlichen TV-Beiträge die Frage stellt, inwiefern etwa Übertragungen von internationalen aber auch nationalen Wettkämpfen mit unterschiedlichen Ausprägungen im Zusammenhang mit nationaler Identität bzw. regionaler, nationaler oder transnationaler Identifikation stehen[100].

Zeitungsnutzung
Wie bei der Fernsehnutzung wurde auch für die Tageszeitungen erhoben, welche Zeitungen wie häufig genutzt werden. Auch diese Variablengruppe wird in der Folge als unabhängige Variable zur Erklärung unterschiedlicher geopolitischer Identifikationsebene sowie unterschiedlicher Ausprägungen nationaler Identität herangezogen werden.

Insgesamt spiegelt sich in der Rangreihe der meist genutzten Tageszeitungen, das überdurchschnittliche Bildungsniveau sowie die tendenziell eher links orientierte politische Einstellung der Befragten wider (Tabelle 32): Am deut-

---

[100] Vergleiche Kapitel 6.10. „Sport und nationale Identität"

lichsten zum Ausdruck kommt dies etwa in der ungewöhnlich hohen Bedeutung der Tageszeitung „Der Standard", der die Rangliste der beliebtesten Tageszeitungen mit deutlichem Abstand anführt. Immerhin 19% der Befragten nutzen den Standard mehrfach pro Woche, 15,5% sogar täglich. Erst an zweiter Stelle liegt in diesem Sample die auflagenstärkste Zeitung in Österreich[101], die Kronen Zeitung. 9,9% der Befragten geben an sie mehrfach pro Woche zu lesen, 8,4% täglich. Auf Platz drei und nahezu gleichauf mit der „Kronenzeitung" folgt mit „Der Presse", die zweite Qualitätszeitung Österreichs. Sie wird von 13,7% der Befragten mehrfach pro Woche und von 7,9% täglich gelesen. Auf den weiteren Plätzen liegen mit der Gratiszeitung „Heute" (14,3% mehrfach pro Woche, 7,8% täglich), dem Midmarket-Paper „Kurier" (9,6% mehrfach pro Woche, 3,9% täglich) und dem Boulevardblatt „Österreich" (7,9% mehrfach pro Woche, 3% täglich) tendenziell eher weniger anspruchsvolle Zeitungsangebote.

Auffällig ist zudem, dass regionale Tages- oder Wochenzeitungen erst ab Platz 7 genannt werden, was sich einerseits in der großen regionalen Verbreitung der Kronenzeitung mit einer Vielzahl an Lokalredaktionen erklären lässt, andererseits auch mit dem hohen Anteil von Personen, die in Wien geboren sind oder aber zumindest augenblicklich dort wohnen. Die Bundeshauptstadt ist der Hauptsitz der Redaktionen überregionaler Medien und es gibt abgesehen von der Wiener Zeitung, die jedoch eine relativ geringe Verbreitung aufweist, keine bedeutenden ausschließlich regionalen Angebote am Wiener Tageszeitungsmarkt.

Die am häufigsten genannte Bundesländerzeitung sind die „Oberösterreichischen Nachrichten", die von 5% mehrfach pro Woche und von 7,1% täglich gelesen werden. Auf den weiteren Plätzen liegen die „Kleine Zeitung" (3,6% mehrfach pro Woche, 5,5% täglich) und die Salzburger Nachrichten (5,3% mehrfach pro Woche, 1,9% täglich). Vergleichsweise wenig bedeutend sind in diesem Untersuchungssample die „Tiroler Tageszeitung" (1,7% mehrfach pro Woche, 3,6% täglich), die „Niederösterreichischen Nachrichten" (1,2% mehrfach pro Woche, 0,2% täglich) sowie die Vorarlberger Tageszeitung (1,4% mehrfach pro Woche, 0,8% täglich). Diese geringen Nutzungszahlen stehen aber in direktem Zusammenhang mit der vergleichsweise geringen Anzahl an Personen in der Stichprobe, die in diesen Bundesländern geboren sind oder dort wohnen, d.h. die einen gewissen persönlichen Bezug zu dem jeweiligen Bundesland aufweisen und/oder durch eine geographische Nahbeziehung auch die praktische Möglichkeit zum Bezug der jeweils aktuellen Tageszeitung aus dem Bundesland haben.

Wenig Bedeutung haben in dieser Stichprobe auch ausländische Zeitungen, wobei Zeitungsangebote aus dem deutschsprachigen Ausland noch die höchste

---

[101] Marktanteil „Kronen Zeitung" laut „Media-Analyse" im Jahr 2010: 38,9% , Standard: 5,3%, „Heute": 12,0%, „Kleine Zeitung": 12%, „Österreich": 9,6%, „Kurier": 8,1%, „Oberösterreichische Nachrichten": 4,8%.

Nutzung aufweisen (4,1% mehrfach pro Woche, 2,4% täglich). Türkische Zeitungen (99,6% nie) oder Zeitungen aus dem ehemaligen Jugoslawien (99,5% nie) werden von den Befragten fast überhaupt nicht benutzt.

Um ein klareres Bild auf die Bedeutung der Bundesländerzeitungen zu bekommen, wurde zusätzlich die Bedeutung der einzelnen Zeitungen im gesamten Zeitungsmix pro Bundesland berechnet. Dazu wurde zunächst genau wie bei dem Punkteindex für die Fernsehsender ein Punkteindex für jede Zeitung pro Bundesland[102] errechnet und daraus anschließend Prozentwerte entwickelt.

Tabelle 32: Nutzungsvorlieben bei Tageszeitungen

	Mittelwert	Rang
Der Standard	2,10	1
Kronen Zeitung	1,76	2
Die Presse	1,76	3
Heute	1,73	4
Kurier	1,56	5
Österreich	1,47	6
andere regionale Tages- oder Wochenzeitungen	1,42	7
Oberösterreichische Nachrichten	1,41	8
Kleine Zeitung	1,34	9
Salzburger Nachrichten	1,32	10
deutschsprachige Zeitungen aus dem Ausland	1,31	11
englischsprachige Zeitungen	1,28	12
Tiroler Tageszeitung	1,18	13
Niederösterreichische Nachrichten	1,11	14
Vorarlberger Tageszeitung	1,08	15
türkische Zeitungen	1,01	16
Zeitungen aus dem ehemaligen Jugoslawien	1,01	17

Skala: 1 = nie, 2 = 1x pro Woche oder weniger, 3 = mehrfach pro Woche, 4 = täglich

Dabei zeigte sich ein deutlich differenzierteres Bild, als es sich bei der oben angeführten Auswertung für Gesamt-Österreich zeigte (Tabelle 33): Bei einer Auslistung der Tageszeitungsnutzung nach Bundesland zeigt sich ganz klar die star-

---

[102] Nie=0 Punkte, 1x pro Woche oder weniger=1 Punkt, mehrmals pro Woche=2 Punkte, täglich=3 Punkte.

ke Bedeutung der jeweils spezifischen Bundesländerzeitung in den Ländern außer in den östlichen Regionen Wien, Niederösterreich und Burgenland. Besonders deutlich wird die Dominanz der jeweiligen Bundesländerzeitung in Vorarlberg, wo die „Vorarlberger Tageszeitung" (27%) mehr als ein Viertel der gegesamten Tagezeitungsnutzung ausmacht, ebenso wie in Tirol mit der „Tiroler Tageszeitung" (26,51%) oder Kärnten mit der „Kleinen Zeitung" (24,77%). Etwas weniger deutlich ist die Dominanz in Salzburg mit den „Salzburger Nachrichten" (21,93%) sowie in Oberösterreich mit den „Oberösterreichischen Nachrichten" (19,86%).

Anderes sieht das Bild, wie schon erwähnt, in der Bundeshauptstadt und den daran nächstgelegenen Bundesländern Niederösterreich und Burgenland aus: Hier dominieren jeweils überregionale Zeitungen, was im Burgenland auf das Fehlen einer eigenen Bundesländerzeitung zurückzuführen ist, in Niederösterreich durch das lediglich wöchentliche Erscheinen der „Niederösterreichischen Nachrichten" und in Wien, einerseits durch die eher geringe Verbreitung der „Wiener Zeitung" sowie das sehr umfangreiche Wien-spezifische Angebot in den „überregionalen Zeitungen", die in der Mehrheit ihre Redaktionen in der Bundeshauptstadt haben.

Ausländische Zeitungen, selbst deutschsprachige, spielen eine untergeordnete Rolle. Lediglich in der Gruppe jener Personen, die außerhalb von Österreich geboren sind, d.h. vor allem Personen mit Migrationshintergrund, zeigt sich eine vergleichsweise hohe Nutzung von englischsprachigen bzw. deutschsprachigen Zeitungen aus dem Ausland. Türkische Zeitungen bzw. Zeitungen aus dem ehemaligen Jugoslawien werden hingegen von den hier befragten Personen kaum genutzt.

Als Fazit lässt sich somit eindeutig festhalten, dass die regionalisierte Berichterstattung in den Bundesländerzeitungen von hoher Bedeutung für die meisten Bewohner außerhalb des Umkreises Wien, Niederösterreich und Burgenland ist. Sie nutzen diese regionalen Informationsangebote deutlich stärker, als die überregionalen Zeitungen, selbst wenn diese jeweils einen bundeslandspezifischen Chronikteil enthalten. Dies wird in der Folge ein wichtiger, zu prüfender Punkt sein, inwiefern sich diese starke Bedeutung regionaler Zeitungsangebote auch in einer eventuell verstärkten regionalen Orientierung der Bundesländer auszeichnet bzw. inwiefern Bewohner von Bundesländern, in denen eher überregionale Zeitungsangebote genutzt werden, eher zu einer nationalen oder eventuell transnationalen Perspektive neigen.

Tabelle 33: Tageszeitungsnutzung im Bundesländervergleich

Prozent der Punkte pro Bundesland	W	NÖ	BL	OÖ	SA	ST	KN	TI	VO	Ausland
Kronen Zeitung	10,4	11,1	10,3	15,0	11,9	8,1	138	12,8	2	8,0
Österreich	9,7	8,3	6,5	6,2	3,7	3,6	3,7	5,03	6	10,6
Kurier	11,1	13,0	14,0	4,8	5,6	6,9	6,4	6,0	8	8,0
Der Standard	18,5	14,8	21,5	13,6	18,2	15,8	14,7	16,8	22	15,9
Die Presse	14,2	12,3	10,3	9,3	6,7	13,0	11,0	8,4	11	9,7
Salzb. Nachrichten	3,8	4,7	6,5	2,6	21,9	3,2	2,8	3,02	2	2,7
Heute	14,6	15,6	8,4	10,4	5,6	5,9	3,7	3,4	14	8,0
OÖN	1,4	1,0	1,9	19,9	3,7	0,4	0,9	0,7	0	0,9
Kleine Zeitung	1,6	1,2	6,5	1,9	3,7	21,3	24,8	3,4	0	3,5
Tiroler TZ	0,9	0,2	0	0,3	1,1	1,0	0	26,5	1	4,4
NÖN	1,4	6,1	2,8	0,3	1,1	1,0	0	0	0	0
Vorarl. TZ	0,1	0	0	0,5	1,1	2,0	0,9	0,3	27	0,9
andere regionale TZ	3,1	4,9	7,5	8,5	6,3	7,3	10,1	5,4	2	7,1
Deutsche Zeitungen	5,3	4,0	1,9	3,6	3,7	4,9	2,8	5,4	4	8,9
Engl. Zeitungen	3,88	2,78	1,87	3,28	5,58	4,73	4,59	3,02	1	10,6
Gesamt	100	100	100	100	100	100	100	100	100	100

5.5. Geopolitische Identitätskonstruktion in Social Network Sites

Neben den klassischen Massenmedien gewinnen zunehmend auch die stark auf interpersonellen Kontakt ausgerichteten Social Network Sites als Informations- aber auch Unterhaltungsquelle an Bedeutung (vgl. Livingstone 2008, Willems/Pranz 2008: 189). Gerade für die Konstruktion, Aktualisierung und Vermittlung (nationaler) Identitätskonzepte ermöglichen derartige online basierte Personennetzwerke eine Vielzahl an neuen und interessanten Möglichkeiten (Manago et al. 2008, Mikkola et al. 2008, Siibak 2009, Strano 2008, Krämer/Winter 2008, Raacke/Bond-Raacke 2008). Eine zentrale Besonderheit im Vergleich zu klassischen Massenmedien ist dabei einerseits die hohe Bedeutung des Individuums als Entwickler und Vermittler konkreter regionaler, nationaler aber auch transnationaler Identitätskonzepte sowie die öffentliche Diskussion über Nationenbilder, sowie andererseits die hohe Interaktivität und Wechselseitigkeit bei derartigen Identitätskonzeptionen. Aus diesem Grund wurden das individuelle Nutzungsverhalten sowie die dahinterstehenden Motive sehr konkret erhoben: Diese Aspekte werden in der Folge eine Reihe von unabhängigen Variablen bilden, die als Erklärungs- bzw. Einflussgrößen für die nationale Identität bzw. geopolitische Verortung einer Person eingesetzt werden.

Da sich die Stichprobe aus zwei unterschiedlich konzipierten Online-Befragungen zusammensetzt, wobei eine ausschließlich auf Facebook-Nutzer ausgerichtet war, da diese Gruppe noch weiter nach ihren Nutzungsgewohnheiten innerhalb des sozialen Netzwerkes untersucht werden sollten, erstaunt es wenig, dass insgesamt drei Viertel aller Befragten (76,7%) bei Facebook registriert sind. Betrachtet man jedoch den Datensatz jener Online-Umfrage, die nicht primär auf Facebook ausgerichtet und mittels Posting in Facebook Gruppen und Fanseiten verbreitet wurde, sondern mittels Rekrutierung anhand eines Quotenplans erfolgt ist, so zeigt sich ebenfalls eine enorm hohe Verbreitung an Facebook-Nutzern, indem auch in dieser Umfrage zwei Drittel der Befragten (66,8%) angaben, bei Facebook aktiv zu sein. Große Unterschiede lassen sich dabei im Altersvergleich (Tabelle 34) feststellen, vor allem bei der jüngsten Gruppe bis 21 Jahren gehört Facebook offensichtlich schon nahezu zur „Grundausstattung" der jugendlichen Identität, indem 93,6% aller Befragten bis 21 Jahre angaben, in Facebook aktiv zu sein. Auch bei der mittleren Altersgruppe (22-35 Jahre) fällt der Mitglieder-Anteil mit 83,8% noch durchaus beachtlich aus. Und sogar bei der ältesten Gruppe, den über 35-Jährigen, sind immerhin fast die Hälfte in Facebook aktiv (47,5%)[103].

Diese Nutzungszahlen bestätigen die Annahme, dass Social Network Sites, vor allem bei den unter 35-Jährigen, einen derartig wichtigen Kommunikationskanal darstellen, dass dieser gerade für Fragestellungen geopolitischer Identitätskonstruktion, die sich aus einem sozialen, interindividuellen Teil sowie einem

---

[103] Auch die Daten des Social Media Radar Austria zeigen deutlich, dass 90% aller österreichischen Facebook Nutzer in die Gruppe der 14-49 Jährigen fallen. Die am anteilsmäßig am stärksten vertretene Gruppe sind die 20-29-Jährigen mit rund 860.000 Facebook Nutzern im Frühjahr 2011, gefolgt von den 13-19-Jährigen mit 673.000 Facebook Mitgliedern und den 30-39-Jährigen mit 496.000 Facebook Anwendern. (Social Media Radar Austria 13.4.2011)

subjektiv, individuellen Teil zusammensetzt, nicht mehr ausgeklammert werden können.

Tabelle 34: Altersverteilung Facebook Nutzer vs. Nicht-Nutzer

		bis 21 Jahre	22-35 Jahre	über 35 Jahre	Gesamt
Nicht-Nutzer	Anzahl	10	49	84	143
	Prozent	6,40%	16,20%	52,50%	23,10%
Nutzer	Anzahl	146	254	76	476
	Prozent	93,60%	83,80%	47,50%	76,90%
Gesamt	Anzahl	156	303	160	619
	Prozent	100,00%	100,00%	100,00%	100,00%

Um feststellen zu können, inwiefern es sich bei den Befragten um aktive Nutzer oder einfach nur passiv registrierte User handelt, wurde die Nutzungshäufigkeit der Social Network Site erfragt. Dabei zeigt sich, dass die Mehrheit sehr aktiv und regelmäßig Facebook nutzt. Zwei von fünf Befragten (41,2%) gaben an, Facebook mehrfach täglich zu nutzen, ein weiteres Drittel (34,4%) tut dies immerhin noch täglich. Weitere 18,1% nutzen Facebook zumindest mehrmals pro Woche, 4,6% mehrfach im Monat und nur 1,7% aller Personen, die angaben bei Facebook registriert zu sein, nutzen das Netzwerk weniger als einmal im Monat.

Zudem stellte sich die Frage, ob die Befragten in mehreren Social Network Sites aktiv sind, oder tatsächlich Facebook zum dominanten Netzwerk geworden ist, das (nahezu) exklusiv genutzt wird. Letztere Überlegung bestätigte sich ansatzweise, indem fast zwei Drittel (60,7%) der Befragten angaben, dass sie keine andere Social Network Site nutzten. Als beliebtestes „Zweit-Netzwerk" kristallisierte sich das Businessnetwork „Xing" heraus, das von immerhin 13,8% der befragten Facebook-User genutzt wird. Weitere zusätzlich genutzte Netzwerke sind StudiVz bzw. MeinVz (7,8%), Twitter (6,0%) oder MySpace (5,3%). Insgesamt lässt sich somit festhalten, dass Facebook die momentan am weitesten verbreitete und meist genutzte Social Network Site in Österreich darstellt und somit auch als beispielhaftes Analysematerial für die Untersuchung der geopolitischen Identitätskonzepte in Social Network Sites bestens geeignet erscheint.

Geopolitische Verortung in Facebook
Interessant im Zusammenhang mit der geopolitischen Lokalisierung einer Person bzw. der Ausprägung von regionalen, nationalen oder transnationalen Identitäten

in Online Social Websites ist auch, welche Angaben die Nutzer von sich in ihren Profilen angeben. Hierbei gibt es eine breite Diskussion über Datenschutz-Probleme bzw. die unterschiedliche Bereitschaft der Nutzer private Daten von sich im Internet preiszugeben (vgl. u.a. Barnes 2006, Buhl/Müller 2010, Heidemann 2009, Reimer 2009, Zheleva/Getoor 2009). Dennoch scheint ein Blick darauf lohnenswert, inwiefern Nutzer Daten zu ihrer lokalen, nationalen oder transnationalen Verortung in Facebook anführen und welche Bedeutung diese zu anderen personenbezogenen Daten (z.B. den Namen, das Geburtsdatum, Telefonnummer) haben.

Tabelle 35: Veröffentlichung persönlicher Daten in Facebook

	Prozent-Anteil jener, die diese Angaben veröffentlicht haben
Vollständiger und richtiger Name	62,1
Geburtsdatum	61,1
Derzeitiger Wohnort	39,7
Heimatstadt (Geburtsort)	37,1
Email	35,6
Bundesland	29,1
Herkunftsland	25,8
Telefonnummer	3,0
Exakte Anschrift der Wohnadresse	1,7

Tabelle 35 zeigt zunächst, dass für knapp zwei Drittel der befragten Facebook Nutzer der vollständige und richtige Name (62,1% führen ihn an) sowie das Geburtsdatum (61,1%) persönliche Daten sind, die sie ohne große Bedenken in ihrem Profil anführen. Deutlich weniger Nutzer posten hingegen auch ihre geopolitische Verortung im Profil, wobei jedoch auffällt, dass stark regionalisierte Angaben, wie der derzeitige Wohnort (39,7%) sowie die Heimatstadt (Geburtsort) (37,1%) deutlich häufiger angeführt werden, als Angaben, die sich bereits auf einen größeren Bezugsraum beziehen, wie etwa das Bundesland (29,1%) oder das Herkunftsland (25,8%). Einzige Ausnahme dabei ist die exakte Anschrift der Wohnadresse (1,7%), die den am stärksten lokalisierten Aspekt darstellt, jedoch vermutlich aus Gründen einer solch konkreten Offenlegung direkter Kontaktdaten von den meisten Nutzern vermieden wird. Aus diesem Grund muss diese geringe Veröffentlichung der exakten Wohnadresse gesondert betrachtet werden. Insgesamt drückt die unterschiedliche Bereitschaft zur Veröffentlichung persönlicher Daten aber eine eindeutige Tendenz dahingehend aus, dass in der Social Network Site offensichtlich die stärker lokalisierte Bezugsebene für die Nutzer von höherer Bedeutung ist, als die Bundesländer- oder Nationenebene. Vergleicht man diese Zahlen mit jenen Angaben, welche die Befragten in einem persönlichen Gespräch im Rahmen der gegenseitigen Vorstellung mit einer bisher unbekannte Person von sich preisgeben würden (Tabelle 36), so zeigen sich einige Parallelen aber auch grundlegende Unterschiede:

Tabelle 36: persönliche Angaben bei der Vorstellung

Angaben, die im persönlichen Gespräch bekanntgegeben werden	Anzahl angegeben	Prozent angegeben
Vorname	616	96,6
Beruf	403	63,2
Alter	401	62,9
Nachname	356	55,8
Persönliche Interessen	333	52,3
Wohnort	316	49,6
Nationalität	288	45,1
Herkunft Bundesland	249	39,0
Familienstand	164	25,7
Religion	25	4,0
Gesamt	638	

Nahezu immer bekanntgegeben wird der eigene Vorname (96,6%), aber auch Beruf (63,2%), Alter (62,9%) und der Nachname (55,8%) sowie persönliche Interessen (52,3%) werden genannt. Nur weniger als jeder Zweite gibt seinen Wohnort (49,6%) bekannt, ebenso scheint die eigene Nationalität (45,1%) oder noch weniger das Herkunfts-Bundesland (39%) von vergleichsweise geringer Relevanz bei der gegenseitigen Vorstellung zu sein. Es zeigt sich somit, dass zwar im direkten Gespräch allgemein eine deutlich höhere Bereitschaft besteht, allgemeine persönliche Informationen von sich preiszugeben, dass aber auch hier regionale oder nationale Verortungen eine vergleichsweise geringe Bedeutung haben. Interessant ist in diesem Vergleich vor allem die veränderte Reihenfolge von nationaler und regionaler Verortung: Während in der Social Network Site das Herkunftsbundesland noch häufiger genannt wird als die Nationalität, ist dies im direkten Gespräch genau der umgekehrte Fall. Dies erscheint interessant, da eigentlich zu erwarten gewesen wäre, dass die stärker regionalisierte Herkunft in einem direkten Gespräch, das eine gewisse Übereinstimmung von Raum und Zeit voraussetzt, damit die Interaktion überhaupt möglich wird und somit in der Situation selbst schon eine gewisse regionale Verortung beinhaltet ist, eher auftritt als in der Social Network Site, das gerade durch seine Ortsungebundenheit und seine globale Vernetzung gekennzeichnet ist, wodurch auch die Interaktion mit entfernt lebenden Personen, für die wiederum unter Umständen eine eher grobe und auf nationaler Ebene angelegte Verortung aussagekräftiger wäre, möglich wird.

Mitgliedschaft in regional- oder nationalbezogenen Facebook Gruppen und Fanseiten
Eine weitere Möglichkeit seine regionale, nationale oder transnationale Verortung in Facebook auszudrücken, ist der Beitritt zu einer Vielzahl an Facebook Gruppen oder Fanseiten[104], die explizit die Identität bzw. Zugehörigkeit zu einer Stadt, einer Region, einem Bundesland aber auch einer ganzen Nation zum Ausdruck bringen. Aus diesem Grund wurde erhoben, ob die Befragten Mitglied in einer derartigen Gruppe oder Fanseite sind und inwiefern diese eine Regionalisierung zum Ausdruck bringen.

Insgesamt gaben ein Viertel der Befragten (24,7%) an, Mitglied in einer Gruppe oder Fanseite mit Österreich Bezug zu sein, 14,1% gaben an sowohl Mitglied in Gruppen/Fanseiten mit Österreich Bezug als auch in Gruppen/Fanseiten mit einer stärker regionalen Verortung zu sein. Weitere 7,8% sind Mitglied in Gruppen/Fanseiten mit reinem Bundesländer-Bezug. Etwas mehr als die Hälfte der befragten (53,4%) Facebook-Nutzer sind keine Mitglieder in derartigen Gruppen oder Fanseiten. Diese Aufteilung ermöglicht einen guten Vergleich zwischen Personen, die ihre Zugehörigkeit oder Sympathie zu Österreich oder einem Bundesland explizit in Facebook durch ihre Mitgliedschaften zum Ausdruck bringen, und jenen Menschen, die dies nicht tun. Diese Aufteilung wurde unter anderem durch die unterschiedlichen Rekrutierungszugänge sichergestellt, indem einerseits Personen direkt in den regionalen oder nationalen Facebook-Angeboten angesprochen wurden, andererseits aber auch auf neutralen Seiten und Gruppen der Befragungslink online gestellt wurde, sowie der Rekrutierung mittels Quotenplans, der vollkommen unabhängig von ihrer Facebook-Mitgliedschaft Personen zur Teilnahme an der Befragung gebracht hat. Männer und Frauen verteilen sich gleichmäßig auf jene Personen, die Mitglied einer derartigen Gruppe/Fanseite sind und jenen, die keine Mitglieder sind. Im Altersver-

---

[104] Wie im Kapitel zur Inhaltsanalyse der Facebook Gruppierungen angeführt wird, konnten im Untersuchungszeitraum allein 210 Facebook Gruppen und weitere 63 Facebook Fanseiten identifiziert werden, die sich explizit auf die regionale oder nationale Identität Österreichs insgesamt bzw. eines österreichischen Bundeslandes bezogen, und über 1.000 Mitglieder aufwiesen.

gleich zeigt sich, dass die Angehörigen der mittleren Altersgruppe (63,1% kein Mitglied) am seltensten Mitglied in einer regionalbezogenen oder nationalen Facebook Gruppe oder Fanseite sind. Anders ist dies bei der jüngsten (bis 21 Jahre: 40,4% kein Mitglied) und der ältesten Gruppe (über 35 Jahre: 42,9% kein Mitglied).

Insgesamt weisen 21,9% der Befragten einen regionalen Bezug mittels Mitgliedschaft in einer entsprechend ortsbezogenen Gruppe auf, wobei sich unmittelbar die Frage stellt, welche Bundesländer dabei die am meisten genutzten Facebook Gruppen oder Seiten aufweisen. Dazu wurde ausgehend von allen Personen, die eine Mitgliedschaft in einer Bundesländer Gruppe oder Seite angegeben haben, berechnet, welches Bundesland am häufigsten genannt wird (Tabelle 37).

Tabelle 37: Verteilung aller Gruppenmitglieder auf Bundesländer

(N=107)	Prozent an Personen, die in regionaler Gruppe/Seite Mitglied sind
Wien	19,6
Niederösterreich	16,0
Burgenland	12,4
Oberösterreich	38,1
Salzburg	14,9
Steiermark	20,2
Kärnten	15,2
Tirol	29,3
Vorarlberg	11,4

Dies kann als ein erster, vorsichtiger Indikator dafür gesehen werden, welches Bundesland besonders hohe Sympathiewerte bei den Facebook Nutzern aufweist bzw. für welches Bundesland der Ausdruck der regionalen Verortung besonders wichtig erscheint. Die unten angeführte Tabelle zeigt auf den ersten Blick eine hohe Bedeutung von Facebook Gruppen oder Seiten, die einen Oberösterreich Bezug zum Ausdruck bringen. 38,1% der Befragten, die angaben Mitglied eines Bundesländer Angebots zu sein, sind zumindest in einer Gruppe/Seite mit Oberösterreich Bezug vertreten. Schon deutlich abgeschlagen auf Platz 2 liegt Tirol mit (29,3%), gefolgt von der Steiermark (20,2%) und Wien (19,6%). Deutlich weniger Nutzer haben die anderen Bundesländer (Niederösterreich 16%, Kärnten 15,2%, Salzburg 14,9%, Burgenland 12,4%, Vorarlberg 11,4%).

Etwas relativiert werden diese Prozentwerte, wenn man die Herkunft bzw. den aktuellen Wohnort der jeweiligen Nutzer bei dieser Aufteilung unterschiedlicher Bundesländer-Gruppen/Seiten berücksichtigt. Dazu wurde zunächst ermittelt, wie viele Personen einen gewissen Bezug zu einem Bundesland aufgrund von Geburt oder aber von ihrem aktuellen Wohnort haben. Es wurden somit die Anzahl jener Personen eines Bundeslandes, die dort geboren sind und auch heute noch dort wohnen, mit jenen Personen kombiniert, die in einem anderen Bundesland aufgewachsen sind, aber nun in dem jeweiligen Bundesland leben, kombiniert. Dieser Zahlenwert drückt aus, wie viele Personen einen gewissen emotionalen (Geburtsort, Herkunft, Ort des Aufwachsens) und/oder einen aktuellen Bezug (Wohnort) aufweisen und dementsprechend ein konkretes Motiv für die Mitgliedschaft in der jeweiligen Bundesländergruppe haben.

Von diesem Gesamtwert ausgehend, wird anschließend für jedes Bundesland der Prozentsatz an Personen ermittelt, die einen Bezug zum Bundesland haben und diesen auch durch eine Gruppen- oder Seitenmitgliedschaft in Facebook zum Ausdruck bringen. Die dabei ermittelten Prozentwerte dienen primär der Vergleichbarkeit der Bundesländer, wobei jedoch immer mitbedacht werden sollte, dass durchaus auch eine Motivation zum Beitritt einer anderen Bundesländergruppe gegeben sein kann, ohne dass dabei ein persönlicher Bezug im Sinne von Geburtsort oder Herkunft gegeben ist. Denkbar ist dies etwa bei Bundesländern, die im Tourismusbereich besonders beliebt sind, da hier durch die Mitgliedschaft unter Umständen auch einfach ein Ausdruck der Sympathie aufgrund persönlicher positiver Erfahrungen im jeweiligen Bundesland gegeben sein kann.

Unter Berücksichtigung dieser Interpretationseinschränkung gilt es nun einen Vergleich der Gruppenmitgliedschaften über die Bundesländer zu ziehen (Tabelle 38): Die Interpretation der oben angeführten Zahlenwerte muss zusätzlich mit etwas Vorsicht geschehen, da vor allem für die Bundesländer Burgenland (20 Personen), Vorarlberg (24 Personen) und Kärnten (24 Personen) nur relativ wenige Personen unter der Befragungspopulation sind, die einen Bezug zum jeweiligen Bundesland haben. So ist etwa der Anteil von 65% an Burgenländern, die in einer burgenlandspezifischen Facebook Gruppierung registriert sind, nur relativiert zu interpretieren. Erkennbar wird aus der angeführten Tabelle jedoch die Tendenz, dass sich vergleichsweise wenige Personen mit Wien-Bezug auch in einer Wien spezifischen Facebook Gruppe oder Fanseite wiederfinden (7%), was erstaunen mag, da man gerade für die Bundeshauptstadt durchaus eine höhere Bindung erwarten hätte können. Umgekehrt sind von den Befragungsteilnehmern mit Oberösterreich-Bezug rund ein Viertel auch Mitglied in einer Oberösterreich-spezifischen Gruppe (24%). Auch der sehr hohe Prozentsatz von Personen mit Tirol-Bezug in einer Tirol-spezifischen Gruppe (55%), kann als ein

Hinweis darauf gesehen werden, dass in diesem westlichen Bundesland eine relativ hohe Bindung an das eigene Bundesland vorherrscht. Ein sehr ähnliches Bild zeigt sich in Salzburg (35%) und der Steiermark (26%), wo es ebenfalls eine relativ hohe Bindung an die regionale Identität zu geben scheint. Bei den Personen mit Niederösterreich-Bezug fällt hingegen das artikulierte Bindungsgefühl an das „eigene" Bundesland vergleichsweise gering aus (15%).

Tabelle 38: Mitgliedschaft in Bundesländer-Gruppierungen in Abhängigkeit vom persönlichen Bezug

Geburtsort	Personen, die im Bundesland leben, aber nicht hier geboren sind	Summe an Personen, die hier geboren sind oder nun hier leben, trotz anderem Geburtsbundesland	Personen, die Mitglieder in Bundesland-bezogenen Gruppen/Seiten sind	Anteil jener Personen mit Bundeslandbezug, die in einer Bundesland-Gruppe/Seite registriert sind
Wien	158	148	306	21	6,9
Niederösterreich	85	28	113	17	15,1
Burgenland	14	6	20	13	65,1
Oberösterreich	164	7	171	41	24,0
Salzburg	41	5	46	16	34,9
Steiermark	71	14	85	22	25,8
Kärnten	19	5	24	16	66,9
Tirol	46	10	56	31	55,1
Vorarlberg	22	2	24	12	49,5
Summe	620	225	845	189	22,4

Insgesamt scheint sich somit ein relativ eindeutiges West-Ost-Gefälle abzuzeichnen, indem die regionale Bindung in den östlichen Bundesländern Österreichs (Wien; Niederösterreich, Burgenland) deutlich geringer ausfällt, als dies in den Regionen im Westen von Österreich der Fall ist. Erklärungen dafür können vielfälti ausfallen, denkbar ist etwa ein höheres Bindungsgefühl der westlichen Bundesländer in Folge einer gezielten Abgrenzung von der Bundeshauptstadt.

Was aber bringt Facebook Nutzer überhaupt dazu, derartigen Bundesland- oder Nationen-bezogenen Gruppen oder Fanseiten beizutreten? Um diese Frage beantworten zu können, wurden allen Facebook Nutzern, die angaben in einer nationalen oder Bundesländerbezogenen Gruppe/Seite registriert zu sein, sechs Aussagen mit Gründen, warum sie einer Gruppe/Seite beigetreten sind, zur persönlichen Einschätzung vorgelegt. Dabei zeigten sich zwei Motive als besonders ausschlaggebend für den Beitritt zu derartigen Gruppen/Seiten: 1. Die Nutzer treten bei, „um mit der Mitgliedschaft in dieser Gruppe/Seite die Zugehörigkeit zu Österreich auszudrücken" (m=2,95[105]) und 2. „weil der Name der Gruppe/Seite gefallen hat" (m=2,84[106]). Das erste Motiv drückt dabei ganz explizit die Absicht aus, durch den Beitritt zur Gruppe/Seite öffentlich zu signalisieren, dass man sich mit der Gruppe/Seite bzw. den anderen Mitgliedern identifiziert bzw. ein Teil davon ist. Als drittes Motiv wird eine Form des (virtuellen) Gruppenzwangs genannt, indem nur deswegen beigetreten wird, weil „Freunde dazu eingeladen haben" (m=2,18[107]). Weniger bedeutend erscheinen dafür primär informativ oder kommunikativ ausgerichtete Motive, wie etwa „um Informationen über Österreich zu erhalten" (m=1,93[108]), „um mit anderen ÖsterreicherInnen zu kommunizieren" (m=1,91[109]) oder „um politische Diskussionen zu führen" (m=1,66[110]).

Auch eine Faktorenanalyse (Hauptkomponenten Analyse mit Varimax Rotation, KMO=0,694) bestätigt diese Aufteilung auf einerseits auf die Gruppenidentität und -zugehörigkeit ausgerichtete Motive und andererseits die primär kommunikativ-informativen Absichten. Dieses Bild bestätigt sich auch 1:1, wenn die Befragten nicht nach ihren persönlichen Gründen für den Beitritt zu einer Bundesländer- oder Nationen-bezogenen Facebook Gruppe/Seite gefragt werden, sondern nach ihrer Einschätzung, weshalb andere Nutzer beitreten. Auch hier dominieren die Motive der Gruppenzugehörigkeit, vor jenen mit Informations- oder Kommunikationsabsicht.

Wahrnehmung der nationalen Darstellung
Neben den Motiven zum Beitritt zu Nationen-bezogenen Gruppen oder Seiten stellt sich auch die Frage, wie die Nutzer das in den Gruppen/Seiten vermittelte Österreich-Bild wahrnehmen und einschätzen (Tabelle 39). Dabei zeigte sich insgesamt eine sehr positive Wahrnehmung: Fast die Hälfte der Nutzer (47,9%), die in einer Gruppe/Seite registriert sind, gab an, dass die Darstellung von Öster-

---

[105] 4-stufige Skala: 1 = trifft überhaupt nicht zu, 4 = trifft voll und ganz zu
[106] 4-stufige Skala: 1 = trifft überhaupt nicht zu, 4 = trifft voll und ganz zu
[107] 4-stufige Skala: 1 = trifft überhaupt nicht zu, 4 = trifft voll und ganz zu
[108] 4-stufige Skala: 1 = trifft überhaupt nicht zu, 4 = trifft voll und ganz zu
[109] 4-stufige Skala: 1 = trifft überhaupt nicht zu, 4 = trifft voll und ganz zu
[110] 4-stufige Skala: 1 = trifft überhaupt nicht zu, 4 = trifft voll und ganz zu

reich in Facebook realistisch sei, nur 12,8% stuften sie als unrealistisch ein, 39,4% zeigen keine eindeutige Tendenz an. Zwei Drittel vertreten die Meinung (66,2%), dass Österreich positiv dargestellt wird, nur 7% sehen eher eine negative Darstellung (26,9% ambivalente Meinung). Und in Bezug auf die reale Situation in Österreich, sind 38% der Meinung, dass Österreich in den Gruppen positiver dargestellt wird als in Realität, 7,3% sehen ein negativeres virtuelles Österreichbild, und mehr als die Hälfte (54,7%) vertritt die Meinung, dass es weder positiver noch negativer ist als das reale Bild. Insgesamt scheint also ein durchaus wohlwollendes Bild von Österreich in den Facebook Gruppen und Seiten vermittelt zu werden, das der realen Situation als sehr gut entsprechend wahrgenommen und tendenziell als eher positiv eingestuft wird.

Tabelle 39: Einschätzungen zur Österreich-Darstellung in Facebook Angeboten

Einschätzung der Darstellung Österreichs in Gruppen/ Seiten	Prozent		Prozent		Prozent
unrealistisch	12,8	negativ	6,9	negativer als in Realität	7,3
weder noch	39,3	weder noch	26,9	weder noch	54,7
realistisch	47,9	positiv	66,2	positiver als in Realität	38,0
Summe	100,0		100,0		100,0

Dialekt als Ausdruck regionaler/nationaler Zugehörigkeit
Auch auf sprachlicher Ebene kann die Zugehörigkeit zu einer regionalen oder nationalen Gruppe durchaus allein durch die Verwendung von umgangssprachlichen Ausdrücken bzw. eines dialektalen Einschlags bis hin zur Verwendung tatsächlich regional-typischer Wörter zum Ausdruck gebracht werden[111]. Diese Dialektverwendung ist dabei nicht auf den verbalen sprachlichen Ausdruck beschränkt, sondern kann durchaus auch auf schriftliche Weise vermittelt werden. Mit der rasanten Verbreitung von SMS, Social Network Sites und anderen computervermittelten Formen der interpersonalen Kommunikation, die teilweise traditionelle Kommunikationskanäle wie etwa das Telefon abgelöst oder aber zumindest ergänzt haben, zeigt sich zunehmend die Tendenz, dass die schriftliche Sprache innerhalb dieser interpersonalen Kommunikationsformen immer mehr der sprachlichen Ausdrucksweise angeglichen wird, indem etwa die klassische

---

[111] Vergleiche Teil I Kapitel 5.4. „Sprache und nationale Identität"

Rechtschreibung deutlich aufgelockert wird und die Schreibsprache die gesprochene Sprache nachahmt (vgl. Eisenstein et al. 2010).

Aus diesem Grund wurde auch die Einstellung zur Dialektverwendung für die Kommunikation in Facebook ermittelt (Tabelle 40). Dabei zeigte sich, dass der Einsatz von dialektalen Ausdrucksformen in der schriftlichen Interaktion in der Social Network Site leicht ambivalent eingestuft wird: Während zwei Drittel der Befragten (66,8%) die Verwendung von Dialekt in Facebook als „sehr gut" (27,5%) oder „gut" (39,3%) einstuften, empfindet dies ein anderes Drittel als „eher nicht gut" (21,8%) oder „gar nicht gut" (11,3%). Dementsprechend verwendet auch mehr als ein Drittel der Befragten (38,4%) selbst eher keine Dialektausdrück bei der Kommunikation in Facebook. 22,8% tun dies zumindest „manchmal", 27,8% „oft" und immerhin 11% schreiben fast immer in Dialektform. Es zeigt sich dabei ein sehr klarer Zusammenhang zwischen der Eigenverwendung von Dialekt in der schriftlichen Online Kommunikation und der Einschätzung desselben.

Tabelle 40: Bewertung der eigenen Dialektverwendung in Facebook

Dialekt-bewertung	Eigenverwendung Dialekt					Ges.
	nie	selten	manchmal	oft	immer	
gar nicht gut	46,6%	12,6%	0,9%	0,0%	0,0%	11,3%
eher nicht gut	35,2%	55,8%	17,0%	1,5%	0,0%	21,8%
eher gut	14,8%	26,3%	67,0%	51,5%	17,0%	39,3%
sehr gut	3,4%	5,3%	15,1%	47,0%	83,0%	27,5%
Gesamt	100%	100%	100%	100%	100%	100%

Männer und Frauen weisen bei der Dialektverwendung und -bewertung durchwegs ähnliche Meinungen auf. Hoch signifikant negativen Einfluss auf die Eigenverwendung von Dialektausdrücken, wenn auch in nicht allzu starker Form, zeigt hingegen das Alter: Je älter eine Person ist, desto seltener setzt sie selbst Dialekt in der Kommunikation in der Social Network Site ein (Beta=-0,151, p<0,01).

Neben diesen österreichweiten Einstellungsbildern zur Dialektverwendung, lohnt sich auch eine Aufspaltung nach Bundesländern (Tabelle 41), die sehr deutlich illustriert, dass hier regional hoch signifikante Unterschiede (Cramer-V=0,210, p<0,001) gegeben sind.

Auffällig ist dabei vor allem, dass sich hier eine ähnliche Zweiteilung findet, wie bei der Bedeutung der Bundesländerzeitungen: Während in Wien, Niederösterreich und dem Burgenland rund die Hälfte der Befragten selbst keinen Dialekt in der Kommunikation in Facebook verwenden, sind in den übrigen Bundesländern abgesehen von der Steiermark, wo eine sehr ambivalente Situation der Dialektverwendung herrscht (41,4% nie oder selten, 36,2% oft oder immer), deutlich weniger Ablehner von Dialekt zu finden.

Tabelle 41: Eigenverwendung Dialekt in Abhängigkeit vom Herkunfts-Bundesland

In Prozent	nie	selten	manchmal	oft	immer
Wien	26,4	20,9	22,7	27,3	2,7
NÖ	18,8	37,5	15,6	20,3	7,8
Burgenland	14,3	28,6	35,7	14,3	7,1
OÖ	14,9	17,5	25,4	32,5	9,6
Salzburg	15,6	12,5	28,1	34,4	9,4
Steiermark	20,7	20,7	22,4	25,9	10,3
Kärnten	20	0	20	26,7	33,3
Tirol	12,8	10,3	28,2	23,1	25,6
Vorarlberg	0	5	10	45	40
Nicht in Öst. geboren	45,5	27,3	18,2	9,1	0
Gesamt	18,9	19,9	22,9	27,5	10,9

Das Bundesland mit der stärksten Dialektverwendung ist Vorarlberg, wo 85% der Befragten angaben, „oft" oder sogar „immer" in Facebook in Dialektform zu schreiben. Dies kann als ein Indiz dafür gesehen werden, dass die Besonderheit des Vorarlbergisch im Vergleich zur allgemeinen österreichischen Hochsprache offensichtlich für die Nutzer von besonderer Bedeutung ist (vgl. Boehnke/Fuss 2008: 469). Nicht ganz so hohe, aber dennoch große Bedeutung scheint der regionale Dialekt in Kärnten (26,7% oft, 33,3% immer) und in Tirol (23,1% oft, 25,6% immer) zu haben, wo ebenfalls jeweils über die Hälfte der befragten Nutzer Dialektausdrücke in der Online Kommunikation verwenden. Nur knapp dahinter liegen Salzburg (34,4% oft, 9,4% immer) und Oberösterreich (32,5% oft, 9,6% immer). Auch in Bezug auf die Dialektverwendung lässt sich somit tendenziell ein West-Ost-Gefälle erkennen, indem vor allem in den westlichsten Bundesländern Vorarlberg und Tirol die regionalen sprachlichen Besonderheiten von deutlich höherer Bedeutung sind, als dies in Ostösterreich der Fall ist.

Auch die Bewertung der Dialektverwendung ist in den Bundesländern – zwar etwas weniger signifikant – aber durchaus unterschiedlich ausgeprägt (Tabelle 42). Zwar wird in allen Bundesländern die Dialektverwendung tendenziell eher als gut befunden, doch während in Vorarlberg, Kärnten und Tirol der Prozentanteil der Befürworter beeindruckend hoch ist, liegen die Werte vor allem in Wien, Niederösterreich, aber auch im Burgenland, Oberösterreich und Steiermark niedriger.

Tabelle 42: Bewertung der Dialektverwendung im Bundesländervergleich

In Prozent	nicht gut	gut	Gesamt
Wien	40,2	59,8	100
NÖ	39,1	61	100
Burgenland	35,7	64,3	100
OÖ	35,1	64,9	100
Salzburg	21,2	78,8	100
Steiermark	35,6	64,4	100
Kärnten	13,3	86,6	100
Tirol	23,1	76,9	100
Vorarlberg	5,3	94,7	100
Nicht in Öst.	54,6	45,5	100
Gesamt	33,5	66,6	100

5.6. Auslandserfahrungen

Einen wichtigen Einfluss auf das Bild, das jemand von seiner eigenen Nation hat, übt auch jede Form der Auslandserfahrung aus (vgl. Schweiger 1988: 67). Bereits der Kontakt mit anderen Ländern und Kulturen im Rahmen eines Erholungsurlaubes kann durchaus den Blick auf die eigene Nation verändern, ganz zu schweigen von längerfristigen Auslandsaufenthalten im Rahmen von Bildungs- oder Arbeitszwecken, bei denen auch verstärkt das alltägliche Leben in einem anderen Land erlebt und teilweise selbst praktiziert wird. Durch derartige Auslandserfahrungen werden neue Vergleichsmöglichkeiten gewonnen, d.h. neue Referenzpunkte, an der die eigene Nation gemessen wird. Dies ist für die Bewertung einer Nation besonders entscheidend, da – wie bereits eingangs erwähnt – das Nationenbild immer in einem Spannungsfeld von Selbstbild und dem Vergleich zu anderen Nationen gebildet wird. Somit können unterschiedliche Vergleichsnationen auch unterschiedliche Bewertungen und Einstufungen von Österreich hervorrufen.

Aus diesem Grund wurde zunächst das Urlaubsverhalten der Befragten ermittelt, sowohl in Hinblick auf Auslandsurlaube, als auch auf Urlaube in Österreich, was durchaus auch als ein Zeichen für eine besondere Verbundenheit und Vorliebe für die eigene Nation interpretiert werden kann. Tabelle 43 zeigt, dass die Befragungsteilnehmer reisefreudige Personen sind und dazu auch gerne ins Ausland verreisen. Nur etwa jeder Zehnte (10,4%) gibt an, in einem durchschnittlichen Jahr kein einziges Mal im Ausland gewesen zu sein. Etwas mehr als ein Viertel (26,3%) fährt zumindest einmal ins Ausland, 22,5% nennen zwei Auslandsreisen und 15,8% fahren drei Mal ins Ausland. Ein weiteres Viertel der Befragten hat sogar mehr als drei Auslandsreisen vorzuweisen.

Tabelle 43: durchschnittliche Anzahl an Auslandsreisen pro Jahr

	Anzahl	Prozent
keine Auslandsreisen	59	10,4
1 Auslandsreise	149	26,3
2 Auslandsreisen	128	22,5
3 Auslandsreisen	90	15,8
mehr als 3 Auslandsreisen	142	25,0
Gesamt	568	100,0

Bei den Urlaubsaufenthalten in Österreich (Tabelle 44) wurde nicht nach einer durchschnittlichen Anzahl gefragt, sondern wie oft der Befragte in den vergangenen drei Jahren einen Urlaubsaufenthalt in Österreich gemacht hat. Der Grund für diese leicht veränderte Fragestellung liegt primär darin, dass die Befragungsgruppe tendenziell eher jüngeren Alters ist, wobei in dieser Gruppe der Urlaubsaufenthalt in Österreich weniger häufig der Fall ist (vgl. Zellmann/Mayrhofer 2010), sodass hier nicht nach dem Zeitraum eines Jahres, sondern gleich für die Spanne von drei Jahren befragt wurde. Die Ergebnisse in Tabelle 49 zeigen, dass Urlaub in Österreich durchaus ein Thema für die Mehrheit der Befragten ist: Fast ein Drittel (32,2%) war in den letzten 3 Jahren mehr als dreimal auf Urlaub in Österreich, d.h. mehr als einmal im Jahr wird Urlaub in der eigenen Nation genossen. Ein weiteres Fünftel (21,3%) hat dies dreimal in den vergangenen drei Jahren gemacht, 16,7% zumindest zweimal, 13,5% hat einen Urlaub in Österreich verbracht und nur 16,4% war in den vergangenen drei Jahren kein einziges Mal im eigenen Land auf Urlaub.

Insgesamt zeigen diese Zahlen, dass zwar tendenziell für Urlaube eher eine Auslandsreise bevorzugt wird, aber auch der Aufenthalt im eigenen Land eine nach wie vor nicht zu unterschätzende Urlaubsalternative darstellt bzw. ein Urlaub im Ausland keineswegs bedeutet, dass kein Urlaub im eigenen Land gemacht wird. Mittels Regressionsgleichung kann zudem klar gezeigt werden, dass je häufiger jemand Urlaub im Ausland macht, desto größer ist auch die Wahrscheinlichkeit für einen Urlaubsaufenthalt im eigenen Land (Beta =0,193, p<0,001). Zudem wirkt sich das Alter auf die Urlaubshäufigkeit im Ausland aus: Auf den ersten Blick etwas überraschend zeigt sich, dass mit steigendem Alter auch die Anzahl an Auslandsreisen zunimmt (Beta=0,129, p<0,001). Dies kann dadurch erklärt werden, dass ältere Personen einerseits meistens mehr Geld und andererseits oft auch mehr Zeit zur Verfügung haben und dadurch unkomplizierter Auslandsreisen antreten können, die meistens mit einem höheren Zeit- und Geldbedarf verbunden sind. Keinerlei Alterseffekt zeigt sich hingegen bei Inlandsreisen, wobei hier offensichtlich dieser Aspekt des Geld- und Zeitfaktors aufgrund der relativen Nähe des Urlaubsortes wegfällt. Geschlechtsspezifische Unterschiede lassen sich hingegen weder bei Inlands- noch bei Auslandsreisen feststellen.

Tabelle 44: Anzahl Österreich-Urlaube in den vergangenen 3 Jahren

	Anzahl	Prozent
kein Urlaub in Österreich	91	16,4
1 Urlaub	75	13,5
2 Urlaube	93	16,7
3 Urlaube	118	21,3
mehr als 3 Urlaube	179	32,2
Gesamt	556	100,0

Neben diesen meist auf kurze Zeit beschränkten Urlaubsaufenthalten, wurden die Untersuchungsteilnehmer auch zu längerfristigen Auslandsaufenthalten befragt. Insgesamt hat bereits mehr als ein Viertel der Befragten (28,5%) zumindest einen Auslandsaufenthalt von mindestens drei Monaten absolviert. Die beliebtesten Länder dafür sind Amerika und Deutschland mit jeweils 30 Nennungen, gefolgt von Großbritannien (22 Nennungen), Frankreich (21 Nennungen) und schon deutlich abgeschlagen Spanien (12), Canada und Schweiz (je 10) sowie Italien (9) und Australien und Niederlande (je 8).

Jene Personen, die bereits eine derartige längere Ausländerfahrung gemacht hatten, wurden zudem befragt, inwiefern sie Österreich im Vergleich zu ihrem jeweiligen Aufenthaltsland positiver oder negativer einstufen würden. Dabei zeigt sich eine überwiegend positive Einstufung Österreichs im Vergleich zu den kurzfristigen Aufenthaltsländern: Immerhin fast zwei Fünftel der Befragten (39,4%) sieht die Situation in Österreich besser als in dem jeweiligen Vergleichsland, 43,3% sieht die Situation in etwa gleich und nur 17,3% schätzen Österreich im Vergleich zur anderen Nation als schlechter ein. Jene Personen, die Österreich im Vergleich zum jeweiligen Referenzland negativer einschätzen, waren überwiegend in Ländern, die vom Lebensstandard her, westlichen Standards genügen, nämlich Amerika und Schweiz (je 5 Nennungen), Deutschland (4 Nennungen) und Australien (3 Nennungen).

Interpretiert man diese Ergebnisse, in Bezug auf die Gesamtnennungen für ein Land, so zeigt sich, dass tendenziell die schlechteste Bewertung für Österreich von jenen Personen kommt, die längere Zeit in der Schweiz waren. Jeder Zweite von ihnen, bewertet Österreich schlechter als die Schweiz. Auch bei jenen mit längerem Australienaufenthalt bewerten immerhin noch ein Drittel (37,5%) Österreich schlechter als den „fünften Kontinent". Nur mehr ein Fünftel der Italien- (22,2%) und Canada-Besucher (20,0%) bewerten Österreich schlechter als ihr zeitweiliges Aufenthaltsland. Bei jenen mit Amerika-Aufenthalt sind es schließlich nur mehr 16,7%, bei Deutschland-Aufenthalt 13,3%, bei Frankreich nur 9,5% und England 9,1% bis hin zum absoluten Schlusslicht Spanien, wo nur noch 8,3% der Personen mit längerem Spanienaufenthalt Österreich schlechter einstufen als die südeuropäische Nation.

Das exakt gegensätzliche Bild zeigt sich bei der positiven Einschätzung Österreichs im Vergleich zu den individuellen Aufenthaltsländern: Mehr als die Hälfte jener Personen (55,6%), die längere Zeit in Italien gelebt haben, sowie jeweils 50% jener mit Aufenthalt in Großbritannien oder Spanien bewerten Österreich im Vergleich eindeutig positiver. Von jenen Personen, die längere Erfahrungen in Deutschland sammeln konnten, bewerten 43,3% Österreich positiver als den Nachbarstaat, 36,7% der Amerika-Besucher, ein Viertel der Australienbesucher (25,0%), gefolgt von Frankreich (23,8%), Canada (20,%) und der Schweiz (10%).

Es zeigt sich somit sehr klar, dass die Bewertung der eigenen Nation durchaus vom jeweiligen Referenzland abhängt, aber auch, dass die Österreicher ein überwiegend positives Bild von der eigenen Nation haben und andere Nationen im Vergleich durchwegs schlechter eingestuft werden (vgl. Fleiß et al. 2009).

5.7. Geopolitische Identifikationsebenen

Eine zentrale Fragestellung dieser Arbeit liegt darin, festzustellen, auf welchen geopolitischen Ebenen sich die Österreicher selbst einordnen, d.h. inwiefern sie regionale, nationale oder aber transnationale Identitäten aufweisen.

Dazu wurden die Befragten gleich zu Beginn des Fragebogens mittels 5-stufiger Skala[112] gebeten, anzugeben, inwiefern sie sich mit 1.) ihrem Bundesland/ihrer Region 2.) Österreich, 3.) Europa, 4.) einer anderen Nation als Österreich identifizieren.

Dabei zeigt sich eine durchwegs starke Identifikation der Befragten mit Österreich (Tabelle 45): Mehr als vier Fünftel (84,4%) geben an, dass sie sich „stark" bis „sehr stark" Österreich zugehörig fühlen. Ebenfalls sehr hoch ausgeprägt ist die Identifikation mit dem Bundesland bzw. der Region, die immerhin drei Viertel der Befragten (75,8%) verspüren. Bemerkenswert, im Vergleich zu Ergebnissen von Eurobarometer Umfragen zur EU-Einstellung der Österreich, ist das durchaus beachtliche Zugehörigkeitsgefühl zu Europa. Zwei von drei Befragten (66,2%) fühlen sich „stark" bis „sehr stark" als Europäer. Einer anderen Nation als Österreich fühlen sich hingegen nur 9,4% der Befragten zugehörig. Dies spricht dafür, dass offensichtlich eine bi-nationale oder multi-nationale Identität zumindest unter den befragten Personen keine besonders wichtige Rolle spielt.

Tabelle 45: geopolitische Identifikationsebenen der Befragten

	keine Identifikation	weder noch	Identifikation
Europa	15,3	18,5	66,2
Österreich	6,5	9,1	84,4
andere Nation	79,4	11,2	9,4
Bundesland/Region	12,0	12,2	75,8

Ähnlich wie bei der Untersuchung von Boehnke/Fuss (2008) über die geopolitischen Identifikationsebenen europäischer Jugendlicher zeigt sich somit sehr klar, dass eine hohe Identifikation mit der eigenen Nation nicht im Widerspruch stehen muss mit einer hohen Identifikation mit einer geopolitisch übergeordneten Ebene, wie dies etwa im Falle einer europäischen Identifikation der Fall ist. Vielmehr zeigt sich eine hoch signifikante Korrelation zwischen der Identifikation mit Österreich und der Identifikation mit Europa (Pearson R=0,122, p<0,01).

---

[112] 5-stufige Skala: 1= überhaupt nicht zu, 5 = sehr stark

Boehnke/Fuss (2008: 475), Reiterer (2004: 110) sowie Haller (2009) kommen in ihrer Untersuchung zu ähnlichen Ergebnissen und sehen dies als ein Indiz dafür, dass die unterschiedlichen Ebenen geopolitischer Identität in keinem Antagonismus zueinander stehen. Dies kann als ein Ausdruck für das Konzept der „nested identities" (Medrano/Gutiérrez 2001) gesehen werden, bei dem davon ausgegangen wird, dass die einzelnen geopolitischen Identitätsebenen sich gegenseitig überlappen bzw. ineinander verwoben sind. Interessant ist in diesem Zusammenhang, dass jedoch kein signifikanter Zusammenhang zwischen der Identifikation mit einer bestimmten Region und Europa besteht, obwohl die Identifikation mit der Region und der Nation eine hoch signifikante und stark ausgeprägte Korrelation aufweisen (Pearson R=0,519, p<0,01). Somit scheint die Region zwar eindeutig gewisse Teilaspekte der nationalen Identität zu beinhalten, aber ist darüber hinaus auch relativ deutlich abgegrenzt von einer europäischen Identität.

Tabelle 46: Geopolitische Identifikationsebenen in Abhängigkeit vom Migrationsstatus

	keine Identifikation		weder noch		Identifikation	
Prozentanteil	mit Migrationshintergrund	ohne Migrationshintergrund	mit Migrationshintergrund	ohne Migrationshintergrund	mit Migrationshintergrund	ohne Migrationshintergrund
Europa	18,1	14,1	18,7	18,9	63,2	67,0
Österreich	11,9	3,9	11,4	8,3	76,7***	87,9***
andere Nation	68,9	83,3	14,5	10,0	16,1***	6,3***
Bundesland/ Region	18,7	9,2	10,9	13,3	71,0**	77,7**

Signifikante Unterschiede zeigen sich bei Personen mit und ohne Migrationshintergrund (Tabelle 46): Lediglich bei der Identifikation mit Europa können keine signifikanten Unterschiede festgestellt werden, was interessant erscheint, da offensichtlich ein Leben mit Migrationshintergrund keineswegs dazu führt, eine verstärkt europäische Identifikation auszubilden, sondern nach wie vor regionale und nationale Zugehörigkeiten von größerer Bedeutung bleiben. Höchst signifikant ist hingegen der Unterschied bei der Identifikation mit Österreich (Cramer-V=0,248, p<0,001) sowie bei der Identifikation mit einer anderen Nation (Cramer-V=0,220, p<0,001) und immerhin noch hoch signifikant bei dem Zugehörigkeitsgefühl zu einem Bundesland oder einer Region (Cramer-V=0,149, p<0,01). Personen mit Migrationshintergrund fühlen sich demnach signifikant weniger mit Österreich bzw. der jeweiligen Region verbunden, dafür jedoch deutlich stärker mit einer anderen Nation verbunden, als dies Österreicher ohne Migrationshintergrund tun. Personen mit Migrationshintergrund weisen somit in deutlich stärkerem Maße eine bi- oder multinationale Identität auf. Dies beweist, welchen Einfluss einerseits die persönliche Herkunft, der Geburtsort der Eltern und die damit verbundenen, im Rahmen der Sozialisation vermittelten, regionalen, nationalen und transnationalen Bezugsgrößen haben.

Tabelle 47: geopolitische Identifikationsebenen im Geschlechtervergleich

	Geschlecht	N	Mittelwert[113]	Sig.
Identifikationsebene: Ich fühle mich Europa zugehörig.	männlich	315	3,59	
	weiblich	320	3,75	
Identifikationsebene: Ich fühle mich Österreich zugehörig.	männlich	317	4,24	
	weiblich	319	4,28	
Identifikationsebene: Ich fühle mich einer anderen Nation als Österreich zugehörig.	männlich	312	1,83	*
	weiblich	316	1,65	
Identifikationsebene: Ich fühle mich meiner Region / meinem Bundesland zugehörig.	männlich	317	4,02	
	weiblich	319	4,01	

Im Geschlechtervergleichen zeigen Männer und Frauen sehr ähnliche Identifikationen mit Europa, Österreich und dem Bundesland bzw. der Region (Tabelle 47). Lediglich bei dem Zugehörigkeitsgefühl zu einer anderen Nation als Österreich zeigen sich signifikante Unterschiede: Männer zeigen hier eine höhere Tendenz sich mit noch einer anderen Nation zu identifizieren als Frauen, d.h. die Bereitschaft zu einer bi- oder multinationalen Identifikationsebene scheint für Männer eher gegeben zu sein als für Frauen.

Der Bildungsstand hat dabei keinen Einfluss auf die Identifikationsstärke auf regionaler, nationaler oder transnationaler Ebene. Wichtiger erscheint hingegen das Alter. Erstaunlicherweise zeigt sich lediglich bei der Identifikation mit Europa kein signifikanter Einfluss des Alters einer Befragungsperson. Sehr wohl jedoch zeigen sich bei linearen Regressionen signifikante und teilweise sogar höchst signifikante Einflüsse des Alters auf regionale, nationale Identifikation sowie das Zugehörigkeitsgefühl zu anderen Nationen, die jedoch eher schwach ausfallen. Grundsätzlich gilt dabei, je älter eine Person ist, desto stärker fühlt sie sich Österreich (Beta=0,157, p<0,001) und dem eigenen Bundesland (Be-

---

[113] 5-stufige Skala: 1= überhaupt nicht zu, 5 = sehr stark

ta=0,116, p<0,01) zugehörig und desto weniger fühlt sie sich einer anderen Nation als Österreich (Beta=-0,118, p<0,01) verbunden. Dies ist ein Zeichen dafür, dass mit steigendem Alter sowohl die Verbundenheit mit der eigenen Nation als auch mit der unmittelbaren Umgebung und dem Bundesland steigt (vgl. Reiterer 2004: 109), während jüngere Menschen eher zu bi-nationalen oder multinationalen Identifikationsmustern fähig sind. Zudem können auch unterschiedliche historische Erfahrungen dazu führen, dass ältere Personen sich eher auf regionale und nationale Ebenen konzentrieren und ein stärkeres Bindungsgefühl zu diesen geopolitischen Ebenen empfinden, als dies bei jüngeren der Fall ist.

Auch die regionale Herkunft spielt bei der Stärke des Zugehörigkeitsgefühls zu geopolitischen Ebenen eine wichtige Rolle (Tabelle 48): In Bezug auf das Zugehörigkeitsgefühl mit Europa zeigen jene Personen, die in der Steiermark (81,4% fühlen sich Europa zugehörig) und in Vorarlberg (78,3%) geboren sind, überdurchschnittliche hohe Zustimmungswerte. Gerade in Vorarlberg erscheint dies zunächst erstaunlich, da gleichzeitig eine weit überdurchschnittliche Identifikation mit Österreich (95,5%) vorliegt. Dies scheint darauf hinzuweisen, dass sich die Vorarlberger und auch die Steirer zwar als Österreicher sehen, aber auch den größeren Rahmen Europas schätzen, was vermutlich u.a. durch ihre grenznahe Lage begründet sein kann. So haben auch Weiss/Strodl (2003: 242) im Rahmen einer Untersuchung zur Einstellung der EU-Osterweiterung zeigen können, dass sich Bewohner von „Grenzregionen" gleichzeitig stark mit der eigenen Nation und Europa identifizieren können. Als Erklärung führen Weiss/Strodl vor allem die verstärkten Kontaktsituationen mit Personen aus den Regionen außerhalb der Landesgrenzen an, die zu einem Abbau an Fremdenfeindlichkeit und einer positiveren Einstellung gegenüber einer europäischen Gemeinschaft führen würden (Weiss/Strodl 2003: 243). Und Boehnke/Fuss (2008: 369) erklären die Sonderstellung Vorarlbergs folgendermaßen: „Due to its geographical location in the Austrian-Swiss-German triangle it is often perceived as more European than other Austrian regions." (Boehnke/Fuss 2008: 369)

Deutlich überdurchschnittliches Zugehörigkeitsgefühl zu Österreich zeigen zudem Oberösterreicher (91,4%), Salzburger (90,2%) und auch in schwächerer Form Kärntner (89,5%) sowie Steirer (88,7%). Unterdurchschnittlich ist hingegen die Identifikation mit Österreich bei den Wienern ausgeprägt (78,3%), was unter anderem durch die höhere kulturelle Durchmischung und den höheren Anteil an Personen mit Migrationshintergrund in der Bundeshauptstadt erklärt werden kann. Diese höhere Offenheit für andere Nationen bei den Wienern zeigt sich auch bei der Identifikationsebene mit anderen Nationen, der immerhin 16% der Wiener zustimmen. Noch stärker ausgeprägt ist dieses Zugehörigkeitsgefühl zu einer anderen Nation als Österreich in Tirol (20%). Hier dürfte vor allem die hohe Verbundenheit mit Südtirol eine wichtige Rolle spielen, das zwar geopolitisch zu Italien gezählt wird, aber kulturell und teilweise emotional gerne mit Tirol verbunden wird. Gleichzeitig ist in Tirol auch die Verbundenheit mit dem eigenen Bundesland bzw. der Region am stärksten ausgeprägt (91,1%).

Tabelle 48: geopolitische Identifikationsebenen im Bundesländervergleich

Identifikation mit…	W	NÖ	BL	OÖ	SA	ST	KN	TI	VO	Ausland
Europa	63,3	66,3	64,3	66,7	58,5	81,4	57,9	58,7	78,3	62,5
Österreich	78,3	85,9	85,7	91,4	90,2	88,7	89,5	68,9	95,5	46,7
anderer Nation	16,0	8,3	7,1	2,5	7,5	4,3	11,1	20,0	0,0	26,7
Bundesland Region	72,2	67,1	64,3	81,6	75,6	84,7	52,6	91,1	77,3	53,3
Anzahl	157	85	14	163	41	71	19	45	22	15

Ebenfalls deutlich überdurchschnittlich fällt die Identifikation mit dem eigenen Bundesland bzw. der jeweiligen Region in der Steiermark (84,7%) und Oberösterreich (81,6%) aus. Deutlich unterdurchschnittlich ist das Zugehörigkeitsgefühl hingegen in Kärnten, wo sich nur etwas mehr als die Hälfte der dort geborenen Befragten zu ihrem Bundesland bzw. ihrer Region zugehörig fühlen (52,6%). Dieses geringe Zugehörigkeitsgefühl ist schwierig eindeutig zu erklären und muss zudem aufgrund der geringen Anzahl an befragten Personen aus Kärnten vorsichtig interpretiert werden. Denkbar ist dabei unter Berücksichtigung der politischen und wirtschaftlichen Geschehnisse (v.a. Hypo-Skandal, stark rechtsorientierte politische Führung durch Jörg Haider bzw. dessen Partei BZÖ) der unmittelbaren Vergangenheit eine zunehmende Distanzierung der Kärntner von diesen Geschehnissen und damit auch von der eigenen Region.

Es bestätigt sich somit, dass das Zugehörigkeitsgefühl nicht nur auf eine Ebene beschränkt sein muss, sondern durchaus eine Kombination aus regionaler, nationaler und transnationaler Identifikation möglich ist. Dies drückt sich in signifikanten Korrelationen zwischen den vier Identifikationsbereichen aus (Tabelle 49): Die stärkste Korrelation findet sich dabei zwischen dem Zugehörigkeitsgefühl mit der Nation und dem Bundesland bzw. der Region (Pearson R=0,519, p<0,01). Je stärker sich eine Person mit einem dieser Bereiche identifiziert, desto stärker ist auch das Zugehörigkeit zur jeweils kleineren oder größeren Bezugsgröße. Zwar etwas schwächere, aber dennoch bemerkenswerte negative Zusammenhänge bestehen zwischen dem Zugehörigkeitsgefühl zu Österreich und dem zu einer anderen Nation (Pearson R=-0,346, p<0,01) sowie der Identifikation mit dem eigenen Bundesland bzw. der Region und einer anderen Nation (Pearson R=-0,218, p<0,01). Dies spricht dafür, dass ein bi- oder multinationales Zugehörigkeitsgefühl eher selten realisiert wird. Interessant sind zudem noch, die sehr schwachen, aber dennoch vorhandenen signifikanten positiven Korrelationen zwischen der Verbundenheit mit Österreich (Pearson R=0,122, p<0,01) oder dem Bundesland/Region (Pearson R=0,091, p<0,05) und Europa. Dies bestätigt Studienergebnisse, die zeigen konnten, dass eine positive Identifikation mit Europa bzw. der EU durch eine positive Einstellung und Identifikation mit regionalen und nationalen Bezugsgrüßen verstärkt wird (vgl. Haller 2009).

Tabelle 49: Korrelationen der geopolitischen Identifikationsebenen

Zugehörigkeit zu…	Europa	Österreich	andere Nation als Österreich	Region / Bundesland
Europa	1	0,122**	0,091*	0,008
Österreich	0,122**	1	-0,346**	0,519**
andere Nation als Österreich	0,091*	-0,346**	1	-0,218**
Region / Bundesland	0,008	0,519**	-0,218**	1

Pearsons R

5.8. Nationale Identität

Als weiterer Schritt wird nun näher auf die unterschiedlichen Ausprägungen nationaler Identität eingegangen. In Anlehnung an die bereits mehrfach durchgeführten Untersuchungen zur „Gruppenbezogenen Menschenfeindlichkeit" (Heitmeyer 2007) wurden im Rahmen der Befragung auch mittels der dort verwendeten Fragestellungen, Werte für Patriotismus, Nationalstolz und Nationalismus jedes Befragten ermittelt. Für Patriotismus und Nationalismus wurden dabei jeweils sechs Aussagen und für Nationalstolz neun Aussagen vorgelegt und die Untersuchungsteilnehmer konnten auf einer 5-stufigen Skala[114] ihre Ablehnung bzw. Zustimmung artikulieren. Anschließend wurden diese Items jeweils mittels Faktorenanalyse ausgewertet, wobei sich klar bestätigte, dass die Items zu Patriotismus und Nationalismus jeweils nur die eine beabsichtigte Dimension beinhalten, während beim Nationalstolz zwei Faktoren identifiziert

---

[114] 1= Ich stimme überhaupt nicht zu, 5 = Ich stimme voll und ganz zu

wurden, wobei einer eher materielle Leistungen widerspiegelte, der andere eher immaterielle Leistungen. Anschließend wurde aus den Itembatterien zu Patriotismus, Nationalismus und Nationalstolz Indizes berechnet, welche die unterschiedlichen Facetten der drei Phänomene zusammenführen und für weitere Auswertungen herangezogen werden.

Als weitere Dimensionen wurden zusätzlich noch zwei Aspekte mittels gezielter Itembatterien abgefragt, die die nationale Identität und die oben anführten drei Dimensionen, Patriotismus, Nationalismus und Nationalstolz mitbeeinflussen können, nämlich einerseits der Grad der Xenophobie einer Person sowie die Einstellung zur EU-Mitgliedschaft Österreichs. Beide Aspekte können sowohl als Gefahr als auch als Bereicherung für die nationale Identität Österreichs interpretiert werden. Xenophobie wurde mittels zehn abwechselnd positiv und negativ gepolter Items abgefragt, ebenso wie die Einstellung zur EU-Mitgliedschaft Österreichs mit insgesamt sechs unterschiedlich gepolten Items. Auch hier konnten die Befragten wieder mit der bereits für Patriotismus, Nationalismus und Nationalstolz verwendeten 5-stufigen Skala[115] ihre Zustimmung oder Ablehnung artikulieren. Auch aus diese beiden Itembatterien wurde anschließend mittels Faktorenanalyse überprüft, ob sie tatsächlich nur eine einzige Dimension repräsentieren, und nach positiver Überprüfung ein Index für Xenophobie bzw. die Einstellung zur EU-Mitgliedschaft Österreichs berechnet, der für alle weiteren Auswertungen herangezogen wird.

Tabelle 50: Nationale Identitätskonzepte

	N	Mittelwert[116]
Patriotismus	625	3,84
Nationalismus	627	2,48
Nationalstolz	616	3,26
Xenophobie	627	2,78
EU Index	629	3,17

Eine erste Analyse dieser erstellten Indizes gibt bereits ein sehr interessantes Bild über die nationale Identität der Österreicher (Tabelle 50): Ähnlich wie bereits in anderen auch international vergleichenden Studien festgestellt (vgl. z.B.: Smith/Kim 2006), zeichnen sich die Österreicher durch eine sehr patriotische Einstellung (M=3,84[117]) und hohen Nationalstolz (3,26[118]) aus. Nationalismus

---

[115] 1= Ich stimme überhaupt nicht zu, 5 = Ich stimme voll und ganz zu
[116] Skala 1=überhaupt nicht, 5=voll und ganz
[117] Skala 1=überhaupt nicht, 5=voll und ganz

liegt hingegen mit einem Mittelwert von 2,48[119] eher im ablehnenden Bereich. Auch die Ausländerfeindlichkeit scheint bei den befragten Personen nicht besonders stark ausgeprägt zu sein (M=2,78[120]), wobei jedoch bei beiden dieser Dimensionen immer auch die Tendenzen zu sozial-erwünschtem Antwortverhalten berücksichtigt werden sollte. Erstaunlich positiv fällt die Einstellung zur EU-Mitgliedschaft Österreichs im Vergleich zu anderen Studien aus (M=3,17[121]) (z.B. Eurobarometer).

Tabelle 51: Nationale Identitätskonzepte im Geschlechtervergleich

		N	Mittelwert	Signifikanz
Patriotismus Index	männlich	316	3,8682	
	weiblich	310	3,8147	
Nationalismus Index	männlich	312	2,6502	***
	weiblich	314	2,3154	
Nationalstolz Index	männlich	307	3,3135	
	weiblich	310	3,2155	
Xenophobie Index	männlich	311	2,9231	**
	weiblich	316	2,6479	
EU Index	männlich	313	3,1770	
	weiblich	315	3,1629	

Dabei zeigen sich bei Nationalismus und Xenophobie höchst- bzw. hochsignifikante Unterschiede zwischen Männern und Frauen (Tabelle 51). Männer sind signifikant stärker nationalistisch eingestellt als Frauen und weisen zudem eine signifikant höhere Ausländerfeindlichkeit auf.

Auch das Alter wirkt sich auf alle fünf Dimensionen aus, wie lineare Regressionsmodelle zeigen. Grundsätzlich gilt dabei, je älter eine Person ist, desto höher ist Patriotismus (Beta=0,198, p<0,001), Nationalismus (Beta=0,190, p<0,001) und Nationalstolz (Beta=0,185, p<0,001). In Bezug auf Xenophobie lässt sich nur ein geringer signifikanter Alterseinfluss feststellen (Beta=0,097, p<0,05). Bei der Einstellung zur EU-Mitgliedschaft Österreichs besteht der einzige negative Zusammenhang mit dem Alter, d.h. je älter eine Person ist, desto negativer wird die Mitgliedschaft Österreichs in der Europäischen Union beurteilt (Beta=-0,163, p<0,001).

Ebenso spielt der Bildungsstatus hierbei eine wichtige Rolle. Je höher der Bildungsstatus einer Person ist, desto geringer sind die Werte bei Patriotismus

---

[118] Skala 1=überhaupt nicht, 5=voll und ganz
[119] Skala 1=überhaupt nicht, 5=voll und ganz
[120] Skala 1=überhaupt nicht, 5=voll und ganz
[121] Skala 1=überhaupt nicht, 5=voll und ganz

(Beta=-0,107, p<0,01), Nationalismus (Beta= -0,260, p<0,001), Nationalstolz (Beta=-0,145, p<0,001) und Xenophobie (Beta=0,309, p<0,001). Dafür zeigt höhere Bildung einen positiven Einfluss auf die Einstellung zur EU-Mitgliedschaft Österreichs (Beta=0,269, p<0,001).

Tabelle 52: Nationale Identitätskonzepte im Bundesländervergleich

Herkunft	Patriotismus Index	Nationalismus Index	Nationalstolz Fehler! Text.	Xenophobie Index	EU Index
Wien	3,66	2,48	3,08	2,72	3,20
Niederösterreich	3,87	2,51	3,29	2,75	3,23
Burgenland	3,90	2,64	3,32	2,85	3,20
Oberösterreich	4,03	2,61	3,39	3,00	3,04
Salzburg	3,75	2,25	3,29	2,63	3,05
Steiermark	3,87	2,34	3,22	2,60	3,35
Kärnten	4,01	2,54	3,35	2,95	2,93
Tirol	3,78	2,60	3,27	2,94	3,05
Vorarlberg	3,83	2,14	3,48	2,62	3,44
Ausland	3,58	2,12	3,21	2,03	3,57
Insgesamt	3,84	2,48	3,26	2,78	3,17

Im Bundesländervergleich fallen ebenfalls zumindest leichte Unterschiede auf (Tabelle 52): So weisen etwa Personen, die in Wien geboren wurden, unterdurchschnittliche Werte bei Patriotismus und Nationalstolz auf. Auch Salzburger und nicht in Österreich geborene Personen zeigen sich unterdurchschnittlich patriotisch. Die patriotischsten Landesbürger sind die Oberösterreicher und die Kärntner, wobei erstere auch überdurchschnittlich hohen Nationalismus, Nationalstolz und Xenophobie aufweisen. Überdurchschnittlich ausländerfeindlich zeigen sich auch die Kärntner und Tiroler, unterdurchschnittlich Steiermark, Vorarlberg und Salzburg. Die positivste Einstellung zur EU-Mitgliedschaft vertreten die Vorarlberger, was mit ihrem starken Zugehörigkeitsgefühl zu Europa übereinstimmt, ähnlich wie bei den Steirern.

Wichtig erscheint zudem, ob und wie die Dimensionen Patriotismus, Nationalismus, Nationalstolz, Xenophobie und Einstellung zur EU-Mitgliedschaft Österreichs zueinander in Beziehung stehen. Es bestätigten sich dabei einerseits sehr naheliegende Zusammenhänge, sodass zum Beispiel Patriotismus relativ stark positiv mit Nationalstolz korreliert; aber auch mit Nationalismus und Xenophobie zeigen sich Zusammenhänge. Schwach negativ korreliert Patriotismus hingegen mit der Einstellung zur EU-Mitgliedschaft. Deutlich höher fällt dieser negative Zusammenhang jedoch zwischen Nationalismus und der Einstellung zur EU-Mitgliedschaft Österreichs aus. Besonders auffällig ist zudem die ausgesprochen hohe Korrelation zwischen Nationalismus und Xenophobie (Pearson=0,779, $p<0,001$), die deutlich zeigt, dass die überhöht positive Bewertung der eigenen Nation stets eine gewisse Abwertung und Exklusion von Angehörigen anderer Nationen oder Kulturen beinhaltet (vgl. z.B.: Heyder/Schmidt 2002: 73, Dann 1996: 20). Selbst der Nationalstolz korreliert zumindest schwach positiv mit Xenophobie. Lediglich eine positive Einstellung zur EU-Mitgliedschaft zeigt einen negativen Zusammenhang mit Ausländerfeindlichkeit, d.h. je positiver jemand die EU-Mitgliedschaft für Österreich beurteilt, desto weniger Ablehnung gegenüber Ausländern vertritt diese Person. Eine positive Einstellung zur EU ist wiederum negativ korreliert sowohl mit Patriotismus, als auch mit Nationalismus und Nationalstolz. Dies mag etwas erstaunlich wirkt, da sich bei der Frage des Zugehörigkeitsgefühls durchaus gezeigt hat, dass eine Identifikation mit der Nation oder Region die Identifikation mit Europa nicht ausschließen. Erklärung für diese abweichenden Erkenntnisse könnte unter anderem sein, dass Europa und die EU unterschiedliche Definitionsbereiche ansprechen: Während mit Europa lediglich der geopolitische Lebensraum gemeint ist, so wie man ihn eben auf Landkarten kennt, spricht die EU eine stark politische und auch wirtschaftliche Ebene an, bei der Österreich neben positiven durchaus auch negative Erfahrungen seit dem Beitritt zur Europäischen Union machen musste.

Bezieht man zudem die geopolitische Bezugsebenen mit ein, so zeigt sich, dass lediglich ein Zugehörigkeitsgefühl zu Europa in keinem signifikanten Zusammenhang mit Patriotismus und Nationalsstolz steht, alle anderen Bezugsebenen haben durchwegs hoch signifikante Zusammenhänge (Tabelle 53): So zeigt sich etwa, dass ein Zugehörigkeitsgefühl zu Österreich in einem deutlich positiven Zusammenhang mit Patriotismus (Pearson=0,603, $p<0,001$), Nationalstolz (Pearson=0,470, $p<0,001$) und abgeschwächt aber doch mit Nationalismus (Pearson=0,301, $p<0,001$) sowie Xenophobie (Pearson=0,297, $p<0,001$) steht. Schwach negativ fällt hingegen der Zusammenhang zwischen der Österreich-Zugehörigkeit und der Einstellung zur EU-Mitgliedschaft aus (Pearson=-0,125, $p<0,001$).

Das Zugehörigkeitsgefühl zum Bundesland bzw. der jeweiligen Region zeigt ein ganz ähnliches Muster: Die Korrelation zwischen Zugehörigkeitsgefühl zum Bundesland bzw. der Region und Patriotismus fällt zwar etwas schwächer aus als beim Zugehörigkeitsgefühl zur Nation, aber ist dennoch höchst signifikant (Pearson=0,430, p<0,001). Auch mit Nationalstolz (Pearson=0,368, p<0,001), Nationalismus (Pearson=0,317, p<0,001) und Xenophobie (Pearson=0,255, p<0,001) bestehen positive Korrelationen. Auch hier fällt lediglich der Zusammenhang mit der Einstellung zur EU-Mitgliedsschaft negativ aus (Pearson=-0,177, p<0,001).

Tabelle 53: Korrelationen geopolitische Identifikationsebenen und nationale Identitätskonzepte

	Europa	Österreich	And. Nation	Bundesland/ Region	Patriotismus	Nationalismus	Nationalstolz	Xenophobie	EU
Europa	1	0,12 **	0,09 *	0,01	0,01	0,32 ***	0,06	-0,34 ***	0,48 ***
Österreich	0,12 **	1	-0,35 ***	0,52 ***	0,60 ***	0,30 ***	0,4 ***	0,30 ***	-0,13 **
andere Nation	0,09 *	-0,35 ***	1	-0,22 ***	-0,27 ***	-0,19 ***	-0,16 ***	-0,18 ***	0,13 **
Bundesland/ Region	0,01	0,52 ***	-0,22 ***	1	0,43 ***	0,32 ***	0,37 ***	0,26 ***	-0,18 ***
Patriotismus	0,01	0,60 ***	-0,27 ***	0,43 ***	1	0,44 ***	0,68 ***	0,38 ***	-0,15 ***
Nationalismus	-0,32 ***	0,30 ***	-0,19 ***	0,32 ***	0,44 ***	1	0,36 ***	0,78 ***	-0,49 ***
Nationalstolz	0,06	0,47 ***	-0,16 ***	0,37 ***	0,68 ***	0,36 ***	1	0,28 ***	-0,01
Xenophobie	-0,34 ***	0,30 ***	-0,18 ***	0,26 ***	0,38 ***	0,78 ***	0,28 ***	1	-0,55 ***
EU	0,48 ***	-0,13 ***	0,13 **	-0,18 ***	-0,17 ***	-0,49 ***	-0,01	-0,55 ***	1

Genau umgekehrt verhält sich das Bild bei Zugehörigkeitsgefühl zu einer anderen Nation: Hier sind alle Korrelationen mit Patriotismus, Nationalismus, Nationalstolz und Xenophobie negativ, dafür aber mit der Einstellung zur EU-Mitgliedschaft positiv.

Insgesamt lässt sich somit festhalten, dass alle Aspekte der nationalen Identität sowie das Zugehörigkeitsgefühl zu unterschiedlichen geopolitischen Ebenen sehr eng miteinander verbunden sind. Dies weist auch darauf hin, dass eine Veränderung von einem dieser Aspekte durchaus auch eine Veränderung eines anderen Aspekts bewirken könnte. Eine derartiges Wirkungsgefüge ist vor allem im Zeitalter zunehmender globaler Vernetzung und der damit verbunden zunehmenden kulturellen Durchmischung ein bedeutendes Forschungsfeld, um auf diese Weise Prognosen und Ansätze dafür zu entwickeln, in welcher dieser Dimensionen regionaler, nationaler oder transnationaler Identität man am besten ansetzen sollte, um Probleme wie Ausländerfeindlichkeit und/oder nationalistische Bewegungen besser in den Griff zu bekommen.

5.9. Charakterisierung Österreichs

Die Charakterisierung Österreichs wurde im Rahmen des Fragenbogens einerseits in einer offenen Eingangsfrage nach den fünf Spontanassoziationen mit Österreich abgefragt, andererseits aber auch durch ein semantisches Differential mit insgesamt 25 gegensätzlichen Eigenschaftspaaren.

Als Einstieg in den Online-Fragebogen wurde mittels offener Frage nach den fünf Spontanassoziationen gefragt, welche die Untersuchungsteilnehmer mit Österreich bzw. den Österreichern verbinden. Auf diese Weise sollte erreicht werden, dass bereits bevor konkrete vorformulierte Fragestellungen zur geopolitischen Identitätskonstruktion gestellt wurden, ein möglichst unverfälschtes Nationenbild Österreichs von allen Befragten erhoben werden konnte. Insgesamt wurden dabei 3982 Äußerungen zur Charakterisierung Österreichs genannt. Dabei kristallisieren sich sehr klar einige Eigenschaften bzw. Besonderheiten Österreichs heraus, die von einer Vielzahl an Befragungsteilnehmer gleichermaßen spontan genannt werden. Allen voran liegt die Nennung der „Berge" von Österreich, die von 40% aller Befragten spontan mit Österreich assoziiert werden. Österreich scheint somit tatsächlich als das „Land der Berge" in den Köpfen der Bürger präsent zu sein. Ebenfalls von hoher Bedeutung bei den Spontanassoziationen ist die Bundeshauptstadt Wien, die von fast jedem Fünften spontan mit Österreich verbunden wird (19%). Die positive Prägung des Selbstbildes zeigt sich schließlich dadurch, dass 16% der Befragten mit Österreich „Schönheit" bzw. „schöne" Aspekte sowie weitere 14% etwas „Gutes" verbinden. Eine starke Bindung an die Nation wird zudem dadurch deutlich, dass auch das Wort „Heimat" von 16% der Befragten unter den fünf Spontanassoziationen mit Österreich genannt wird. Zudem ist Österreich als eine Schifahrer-Nation in den Köpfen präsent, indem 15% der Befragten spontan die Wintersportart mit der eigenen Nation verbinden. In Bezug auf Charakterzuschreibungen werden vor allem die „Gemütlichkeit" der Österreicher (12%), ein gewisses „Traditionsbewusstsein" (7%), die „Sicherheit" (6%), die „Freundlichkeit" (4%), aber gleichzeitig ein gewisser Hang zu „konservativen Einstellungen" (4%) genannt. Neben den Bergen scheinen auch andere landschaftliche Aspekte eine sehr zentrale Rolle für das Selbstbild der Österreicher einzunehmen, so werden etwa „Landschaften" (11%) explizit genannt, aber auch „Seen" (9%), die „Alpen" (7%) sowie die „Natur" im Allgemeinen (7%). Auch der Bereich der Speisen und Getränke scheint eine Rolle für das nationale Selbstverständnis zu spielen; so assoziieren 7% der Befragten spontan „gutes Essen" mit Österreich, 8% nennen explizit das „Schnitzel" als Teil Österreichs, weitere 4% gehen auf die österreichische „Bierkultur" und 3% auf die „Weinkultur" ein. Als wichtigste Identifikationsfigur wird „Mozart" genannt (7%) und auch traditionelle Kleidung und Tracht werden mit dem „Dirndl" (3%) und der „Lederhose" (3%) spontan im Zusammenhang mit Österreich genannt. Ähnlich hohe Bedeutung haben auch die Nationalfarben „rot-weiß-rot" (3%).

Abbildung 3: Spontan-Assoziationen mit Österreich (Erstellung mit „Wordle")

Neben dieser Vielfalt an eher positiven bzw. neutralen Assoziationen mit Österreich werden aber durchaus auch negative Charakterisierungen genannt, wie etwa eine gewisse Neigung der Österreicher zum „grantig sein" (4%), zur „Ausländerfeindlichkeit" (3%), zum „Nörglertum" (3%) sowie eine gewisse „Engstirnigkeit" (2%). Insgesamt dominieren aber eindeutig positive Assoziationen das Selbstbild der befragten Österreicher, wobei vor allem landschaftliche Aspekte[122], aber auch positive Charaktereigenschaften bzw. typisch österreichisches Essen sehr häufig mit der eigenen Nation verbunden werden. Diese Spontanassoziationen decken sich sehr gut mit den Ergebnissen von Kurz (2008: 238f), der ebenfalls als die „Imagestärken" Österreichs bzw. der Österreicher die schönen Landschaften, aber auch gutes Essen, Gastfreundschaft, historische Bauwerke sowie den Charme der Österreicher feststellte, aber gleichzeitig auch negativere Bewertungen wie ein Hang zur Engstirnigkeit, aber auch politische und wirtschaftliche Skandale erwähnt (Kurz 2008: 238f).

Abbildung 3, welche die Spontanassoziationen als „Word Cloud"[123] darstellt, soll die Charakterisierung Österreichs noch einmal visuell zusammenfassen. In einem weiteren Schritt wurde gezielt auf die Charakterbeschreibung der Österreicher bzw. der Nation eingegangen und die Befragten gebeten, anhand eines semantischen Differentials zu entscheiden, welche Charakterdimensionen sie Österreich bzw. den Österreichern zuschreiben würden. Bei der Auswertung dieser Charakterisierungsitems ergab sich folgendes Profil für Österreich (Abbildung 4): Die Österreicher charakterisieren das eigene Land als sympathisch, reich, gemütlich, kunstinteressiert, fleißig und leistungsstark. Es werden durchwegs die positiven Pole der Eigenschaftspaare für Österreich ausgewählt, was für ein positives Selbstbild spricht. Das einzige Eigenschaftspaar, bei dem die Mehrheit eher zum negativen Pol tendiert, ist die Charakterdimension optimistisch – pessimistisch. Österreich wird dabei eher als pessimistische Nation eingestuft.

Interessant wird dieses Charakterbild Österreichs zusätzlich, wenn man unterschiedliche Bevölkerungsgruppen vergleicht. In Hinblick auf die Fragestellung, inwiefern Nutzer von Social Network Sites eine andere Einstellung zur eigenen Nation haben könnten als Nicht-Nutzer, zeigte sich, dass dies nur in einigen wenigen Charakterdimensionen tatsächlich der Fall ist: Facebook-Nutzer schätzen Österreich als signifikant rationaler, fortschrittlicher, fauler, geiziger und sogar hoch signifikant sturköpfiger ein, als dies Nicht-Nutzer der Social Network Site tun. Es werden hier also einerseits in einigen Bereichen positivere Wahrnehmungen gezeigt (rational, fortschrittlich), in anderen Bereichen aber auch negativere Einschätzungen (faul, geizig, sturköpfig).

---

[122] Dies entspricht auch den Ergebnissen der Untersuchung von Reiterer (1988), wonach Österreicher ein hohes Stolz-Empfinden auf die landschaftlichen Besonderheiten der Nation aufwiesen.
[123] Die „Word Cloud" wurde erstellt mit Hilfe des Online-Tools „Wordle" (www.wordle.net)

Auch zwischen Männern und Frauen zeigen sich in einigen Punkten unterschiedliche Einschätzungen: So charakterisieren Männer Österreich in stärkerem Ausmaß als atheistisch, weltoffen, mutig, großzügig und sogar höchst signifikant häufiger als fortschrittlich als Frauen. Männer zeichnen somit insgesamt ein tendenziell positiveres Bild von Österreich als dies Frauen tun.

Abbildung 4: Charakterprofil Österreichs bei den Befragten

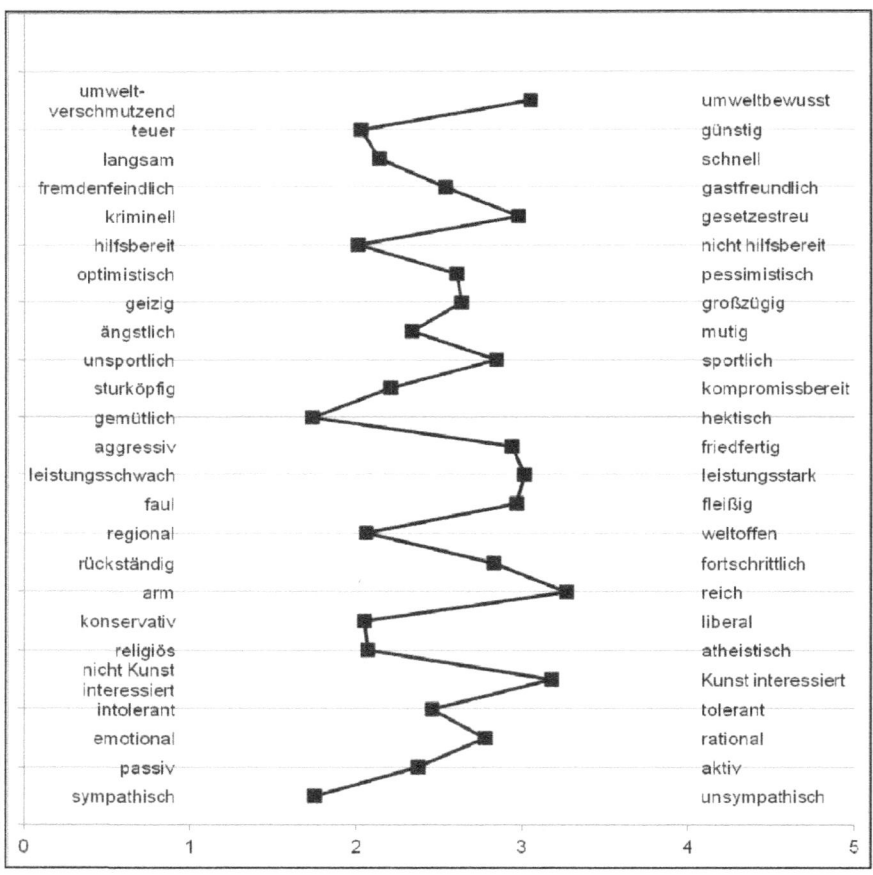

Aber auch das Alter spielt eine Rolle, wie Österreich eingeschätzt wird. Mit zunehmendem Alter wird Österreich eher als emotional (Beta=-0,141, p<0,001), ärmer (Beta=-0,080, p<0,05), fleißiger (Beta=0,187, p<0,001), leistungsstärker (Beta=0,101, p<0,05), gemütlicher (Beta=-0,085, p<0,05), nachgiebiger (Beta=0,136, p<0,01), großzügiger (Beta=0,207, p<0,001), und weniger hilfsbereit (Beta=-0,098, p<0,05) eingeschätzt.

5.10. Mediennutzung von Facebook-Nutzer und -Verweigerer

Bevor konkrete Vergleiche zwischen den regionalen, nationalen und transnationalen Identitäten von Facebook-Nutzern und Verweigerern getroffen werden können, lohnt sich ein Blick auf die soziodemographischen Eigenschaften dieser beiden Befragungsgruppen. Dabei zeigt sich der zu erwartende Alterseffekt, indem das Durchschnittsalter in der Gruppe der Facebook-Nutzer höchst signifikant niedriger ist, als in der Gruppe der Nicht-Nutzer. Der durchschnittliche Facebook-Nutzer ist in dieser Untersuchung 27,1 Jahre alt, was nahezu exakt mit dem österreichweiten Altersschnitt der Facebook-Nutzerschaft übereinstimmt[124]. Die Facebook-Verweigerer weisen hingegen in dieser Studie ein Durchschnittsalter von 39,2 Jahren auf, sind somit 12 Jahre älter als die Nutzer der Social Network Site. Keinerlei signifikanten Unterschiede lassen sich hingegen im Geschlechtervergleich feststellen, 76,4% der Männer sind in Facebook aktiv und 77,1% der Frauen. Auch in Bezug auf den Bildungsfaktor kann keine eindeutige Zu- oder Abnahme der Facebook-Mitgliedschaft mit steigendem Bildungsniveau festgestellt werden, ebenso wenig in Abhängigkeit von der Herkunft.

Festzuhalten bleibt somit der höchst signifikante Alterseinfluss auf die Frage, ob jemand Facebook Mitglied ist oder aber nicht. Je älter eine befragte Person ist, desto höher ist auch die Wahrscheinlichkeit, dass sie das soziale Netzwerk nicht nutzt, während hingegen bei den jüngeren Nutzern, die Nicht-Nutzer in der absoluten Minderheit sind. So sind bei der jüngsten Altersgruppe, den unter 21-Jährigen, 93,6% der Befragten Mitglied bei Facebook, bei den 22-35-Jährigen sind es immerhin noch 83,8%. In der ältesten Altersgruppe, den über 35-Jährigen, sind hingegen weniger als die Hälfte (47,5%) in Facebook registriert. Diese Ungleichverteilung muss bei allen vergleichenden Auswertungen zwischen Facebook-Nutzern und –Verweigerern berücksichtigt und die Altersvariable jeweils konstant gehalten werden.

Ein Vergleich zwischen Nutzern von Facebook und den Verweigern ist aus mehrerlei Hinsicht durchaus interessant. Einerseits gilt es zu überprüfen, inwiefern die Nutzung von Social Network Sites auch mit einer systematisch anderen

---

[124] Laut Social Media Schweiz betrug das Durchschnittsalter des österreichischen Facebook-Nutzers zum Untersuchungszeitraum 27,8 Jahre (Stand: 31. August 2010).

Gesamtmediennutzung einher geht, andererseits können derartige Unterschiede unter Umständen auch Hinweise auf zukünftige Entwicklungstendenzen im Bereich der Mediennutzung geben, indem die User von Social Network Sites tendenziell noch eher jung und als „early adopters" neuen Medienangeboten aufgeschlossen reagieren. Eine Verhaltensweise, der durchaus andere Generationen noch nachfolgen werden, im Sinne von Late Adopters. Aus diesem Grund werden das allgemeine Mediennutzungsverhalten sowie gewisse Genrepräferenzen von Facebook- Nutzern mit jenem der Nicht-Nutzer verglichen.

Als erster Schritt gilt es einen Vergleich der allgemeinen Mediennutzungsdauer zwischen Facebook- Nutzern und Nicht-Nutzern durchzuführen, um auf diese Weise erste Hinweise darauf zu bekommen, inwiefern die Facebook-Nutzung eventuell zu einem Nutzungsrückgang klassischer Massenmedien führt oder aber umgekehrt eine zusätzliche Medienvariante im Rezeptionsprozess darstellt und auf diese Weise die Nutzungsdauer insgesamt erhöht (Tabelle 54).

Signifikante Unterschiede zwischen Nutzern und Verweigerern zeigen sich im Rahmen eines Mittelwertvergleichs lediglich im Bereich der Internet-Nutzung allgemein. Hier weisen – wenig überraschend – die Facebook-Mitglieder höchst signifikant höhere Werte auf (M=249,8min) als die Nicht-Mitglieder (M=168,8min). Bei den traditionellen Massenmedien wie Fernsehen, Zeitungen und Zeitschriften sowie Radio zeigen sich hingegen keine signifikanten Unterschiede. Dies weist bereits darauf hin, dass die Facebook-Zuwendung keineswegs zu einer Reduktion traditioneller massenmedialer Rezeption führt, sondern vielmehr eine Erweiterung dieser darstellt.

Besonders deutlich wird diese Erweiterung der Mediennutzungszeit, wenn man die durchschnittliche Nutzungszeit aller Medien (zunächst ohne Facebook) berechnet (Tabelle 55).

Tabelle 54: Mediennutzungsdauer Facebook Nutzer vs. Nicht-Nutzer

	Facebook	N	Mittelwert	Standardabweichung	Sig.
Zeitung	Nicht-Nutzer	140	32,25	34,08	
	Nutzer	462	35,83	35,33	
Magazine/ Zeitschriften	Nicht-Nutzer	123	15,08	22,25	
	Nutzer	406	17,90	25,02	
Radio	Nicht-Nutzer	135	117,49	149,94	
	Nutzer	442	113,80	170,49	
TV/Videos	Nicht-Nutzer	142	112,20	76,90	

	Nutzer	461	115,28	100,98	
Internet (beruflich und privat)	Nicht-Nutzer	142	168,78	165,41	***
	Nutzer	470	249,82	185,37	
Facebook	Nutzer	461	90,28	101,86	

Insgesamt verwenden Facebook-Nutzer täglich rund 8h52min mit der Rezeption bzw. Nutzung von traditionellen Massenmedien und Internet (ohne Facebook), bei den Facebook-Verweigerern beträgt die gesamte tägliche Mediennutzungsdauer im Durchschnitt 7h25min, also 1h37min weniger als jene der Facebook-Mitglieder. Wird bei den Usern der Social Network Site auch noch die Nutzungsdauer innerhalb dieser Anwendung dazugerechnet, so kommen sie auf eine durchschnittliche tägliche Nutzungsdauer von stolzen 10h22min und somit auf fast 3h mehr tägliche Mediennutzung als die Facebook Nicht-Nutzer.

Tabelle 55: Gesamt-Mediennutzungszeit Facebook Nutzer vs. Nicht-Nutzer

Gesamt-Nutzungszeit	in min	in h
Facebook-Nicht-Nutzer	445,8	7h25min
Facebook- Nutzer	532,6	8h52min
plus Facebook-Nutzung	+ 90,3	+ 1h30min
Gesamt Facebook-Nutzer	622,9	10h22min

Diese Zahlen belegen eindrucksvoll, dass traditionelle Massenmedien keineswegs die Konkurrenz der Social Network Sites fürchten müssen, sondern es zeigt sich im Gegenteil sogar ein gewisses Steigerungspotential, indem die Nutzer der Social Network Sites ein insgesamt überdurchschnittliches Mediennutzungsverhalten aufweisen.

Interessant erscheinen in diesem Zusammenhang auch noch Unterschiede zwischen den drei definierten Altersgruppen und inwiefern sich hier die Facebook-Mitgliedschaft in unterschiedlichen Mediennutzungszeiten ausdrückt. Ein höchst signifikanter Unterschied zwischen Facebook Nutzern und Nicht-Nutzern zeigt sich in der Gruppe der über 35-Jährigen in Bezug auf ihre allgemeine Internetnutzung: Die über 35-Jährigen Facebook-Nutzer verbringen täglich höchst signifikant mehr Zeit im Internet (238min) als die gleichaltrigen Nicht-Nutzer (130min). Dies scheint die These zu stärken, dass vor allem in der älteren Gruppe der Internet-User jene Personen, die allgemein regelmäßig das Internet nutzen und dementsprechend versiert im Umgang damit sind, auch häufiger Mitglied in der Social Network Site sind. Weitere aber deutlich schwächere Unterschiede zeigen sich in der Gruppe der 22-35-Jährigen in Bezug auf die Tageszeitungsnutzung: Facebook-Nutzer dieser Altersschicht verwenden signifikant mehr Zeit für die tägliche Zeitungslektüre (40min), als dies bei den Nicht-Nutzern (27min) der Fall ist. Keinerlei Unterschiede zwischen Facebook-Mitgliedern und Verweigerern finden sich hingegen in der jüngsten Altersgruppe (bis 21 Jahre), was jedoch zum großen Teil darin begründet ist, dass der Anteil der Nicht-Nutzer in dieser Gruppe unter 7% liegt.

Werden die Fernsehvorlieben von Facebook-Nutzern und Nicht-Nutzern ohne Berücksichtigung möglicher Alterseffekte verglichen, so zeigen sich einige zum Teil sogar höchst signifikanten Unterschiede (Tabelle 56). So nutzen Social Network Site Nutzer ORF2 und deutsche öffentlich-rechtliche Sender höchst signifikant seltener als Nicht-Nutzer. Letztere nutzen zudem hoch signifikant häufiger Schweizer Sender, und signifikant häufiger österreichische Privatsender. Sender aus dem ehemaligen Jugoslawien werden hingegen signifikant häufiger von den Facebook Nutzern rezipiert.

Insgesamt scheint sich hiermit ein doch teilweise sehr unterschiedliches Fernsehnutzungsverhalten aufzuzeigen. Es stellt sich jedoch auch in diesem Zusammenhang die Frage, inwiefern sich die unterschiedlichen Altersstrukturen innerhalb der Facebook-Nutzer verglichen mit den Nicht-Nutzern ebenfalls in diesen unterschiedlichen TV-Sendervorlieben widerspiegeln. Aus diesem Grund wurden die oben angeführten Mittelwertsvergleiche jeweils getrennt in den drei identifizierten Altersgruppen durchgeführt. Es gilt damit zu überprüfen, ob sich die oben dargestellten Unterschiede auch innerhalb der jüngsten, mittleren und ältesten Befragungsgruppe in gleicher oder zumindest ähnlicher Form zeigen.

Die Analyse dieser nach Altersgruppen getrennten Auswertungen bestätigt sehr deutlich den unterstellten Alterseffekt: So können etwa in der jüngsten und mittleren Altersgruppe (bis 21 Jahre; 22-35 Jahre) keinerlei signifikante Unterschiede zwischen Facebook Nutzern und Nicht-Nutzern festgestellt werden. In der ältesten Befragungsgruppe treten hingegen sehr wohl signifikante Unterschiede zwischen Nutzern und Nicht-Nutzern der Social Network Site auf. Hier bestätigen sich vor allem die höchst signifikant stärkere Nutzung von ORF2, sowie die hoch signifikant höhere Präferenz für deutsche öffentlich-rechtliche Sender und einer signifikant höheren Verwendung von österreichischen Privatsendern der Nicht-Nutzer im Vergleich zu Facebook-Anwendern. Zusätzliche signifikante Unterschiede zeigen sich bei der Zuwendung zu ORF 1, das ebenfalls von den Nicht-Nutzern in stärkerem Maße genutzt wird als von den Facebook-Mitgliedern.

Dieses Verschwinden signifikanter Unterschiede in Abhängigkeit von Facebook Mitgliedschaft vs. Nicht-Mitgliedschaft in der jüngsten und mittleren Altersgruppe kann unterschiedlich interpretiert werden. Einerseits kann vermutet werden, dass insgesamt in diesen Altersgruppen das Fernsehverhalten eher homogen ausgeprägt ist und sich unterschiedliche Senderpräferenzen erst im höheren Alter ausprägen. Andererseits kann auch vermutet werden, dass ein unterschiedliches Fernsehverhalten erst in höheren Altersgruppen in einem Zusammenhang dazu steht, ob sich jemand auch den Social Network Sites zuwendet oder nicht.

Tabelle 56: TV-Sender Nutzung Facebook Nutzer vs. Nicht-Nutzer

	Facebook	N	Mittelwert	Standardabweichung	Sig.
ORF 1	Nicht-Nutzer	142	3,03	0,993	
	Nutzer	475	2,95	0,936	
ORF 2	Nicht-Nutzer	143	3,04	1,077	***
	Nutzer	470	2,28	0,970	
österreichische Privatsender	Nicht-Nutzer	142	2,66	0,965	*
	Nutzer	469	2,45	0,930	
öffentlich-rechtliche deutsche Sender	Nicht-Nutzer	139	2,67	1,015	***
	Nutzer	473	2,05	0,834	
deutsche Privatsender	Nicht-Nutzer	137	2,67	1,019	
	Nutzer	456	2,78	1,010	
Schweizer Sender	Nicht-Nutzer	120	1,50	0,743	**
	Nutzer	377	1,28	0,585	
englisch-, italienisch und/oder französischsprachige Sender	Nicht-Nutzer	124	1,46	0,761	
	Nutzer	424	1,45	0,709	
türkische Sender	Nicht-Nutzer	115	1,01	0,099	
	Nutzer	376	1,01	0,146	
Sender aus dem ehemaligen Jugoslawien	Nicht-Nutzer	113	1,00	0,000	*
	Nutzer	371	1,03	0,227	

Skala: 1=nie, 2=1x pro Woche oder weniger, 3=mehrmals pro Woche, 4=täglich

5.11. Geopolitische Identitätskonzepte von Facebook-Nutzern vs. Nicht-Nutzern

Vergleicht man die Mittelwerte der geopolitischen Identifikation von Facebook-Mitgliedern im Vergleich zu Facebook Nicht-Mitgliedern unabhängig von soziodemographischen Merkmalen so zeigt sich lediglich bei der Identifikation mit der eigenen Region bzw. dem eigenen Bundesland ein schwach signifikanter Unterschied. Tendenziell fühlen sich Nicht-Nutzer von Facebook stärker mit der regionalen Ebene verbunden, als dies bei Nutzern des sozialen Netzwerkes der Fall ist. Diese Zahlen müssen jedoch vorsichtig interpretiert werden, da es – wie oben angeführt – große Unterschiede in der Altersstruktur der beiden Vergleichsgruppen gibt. Zudem wurde ebenfalls bereits gezeigt, dass sich das Alter signifikant auf die geopolitische Identifikation einer Person auswirkt. Um also die Unterschiede zwischen Facebook Nutzern und Verweigerern unabhängig von Alterseffekten vergleichen zu können, wurde das Alter konstant gehalten, indem jeweils für die drei festgelegten Altersgruppen getrennte Mittelwertsvergleiche zwischen Facebook Nutzern und Nicht-Nutzern in Hinblick auf die Stärke ihrer geopolitischen Identifikation vorgenommen wurden. Dabei zeigten sich in keiner der drei Altersgruppen signifikante Unterschiede zwischen den Facebook-Mitgliedern und den Verweigerern. Die im Vergleich ohne Altersberücksichtigung festgestellte geringere regionale Identifikation von Facebook Nutzern, verschwindet, sobald der Alterseffekt konstant gehalten wird. Es zeigt sich somit, dass zwar das Alter Einfluss darauf hat, wie stark sich eine Person mit der Region, Nation, einer zweiten Nation bzw. einer transnationalen Einheit identifiziert, der Aspekt der Facebook-Mitgliedschaft oder Nicht-Mitgliedschaft hierbei hingegen keinerlei Unterschiede begründet.

Auch in Bezug auf die unterschiedlichen Formen nationaler Identität sowie den Umgang mit Multikulturalismus und der Einstellung zur EU zeigt zunächst ein Vergleich ohne die Berücksichtigung unterschiedlicher Altersstrukturen einen signifikanten Unterschied in den nationalistischen Ausprägungen, wobei die Nicht-Nutzer von Facebook signifikant höhere Nationalismus-Werte aufweisen, als dies bei den Facebook Mitgliedern der Fall ist. Doch auch an dieser Stelle muss die Frage angeführt werden, inwiefern sich diese Unterschiede auch dann noch zeigen, wenn das Alter konstant gehalten wird (Tabelle 57). Auch hierfür wird wieder jeweils für die einzelnen Altersgruppen getrennt mittels Mittelwertsvergleich überprüft, inwiefern sich Facebook-Nutzer und Nicht-Nutzer signifikant in ihren Ausprägungen nationaler Identität unterscheiden.

Während sich in der jüngsten (bis 21 Jahre) und ältesten Altersgruppe (über 35 Jahre) keinerlei statistisch relevanten Differenzen zwischen Mitgliedern des Social Network Sites und Nicht-Mitgliedern zeigen, treten in der Gruppe der jungen Erwachsenen (22-35 Jahre) sowohl im Zusammenhang mit Patriotismus als auch mit dem Nationalstolz hoch signifikante bzw. signifikante Unterschiede zwischen Facebook Nutzern und Nicht-Nutzern auf: Demnach erweisen sich Facebook-Mitglieder als hoch signifikant stärker patriotisch ($M_{user}=3,8$; $M_{non-user}=3,5$) und als signifikant stolzer ($M_{user}=3,2$; $M_{non-user}=3,0$) als Nicht-Mitglieder. Der im altersunabhängigen Vergleich festgestellte höhere Nationalismuswert von Facebook-Verweigerern verschwindet wiederum in der Auswertung mit Konstanthaltung des Alters.

Tabelle 57: nationale Identitätskonzeption Facebook Nutzer vs. Nicht-Nutzer mit Alterseffekt

Mittelwerte		Facebook Nutzer	Facebook Nicht-Nutzer
Patriotismus Index	bis 20 Jahre	3,82	3,61
	21-25 Jahre	3,72	3,37
	26-35 Jahre	3,96	3,57
	über 35 Jahre	4,15	4,02
	Gesamt	3,87	3,80
Nationalismus Index	bis 20 Jahre	2,44	3,00
	21-25 Jahre	2,27	2,64
	26-35 Jahre	2,45	2,46
	über 35 Jahre	2,88	2,72
	Gesamt	2,45	2,65
Nationalstolz Index	bis 20 Jahre	3,29	3,17
	21-25 Jahre	3,14	2,96
	26-35 Jahre	3,30	3,03
	über 35 Jahre	3,59	3,41
	Gesamt	3,28	3,24
Xenophobie Index	bis 20 Jahre	2,96	2,84
	21-25 Jahre	2,57	2,74
	26-35 Jahre	2,75	2,50
	über 35 Jahre	3,00	3,04
	Gesamt	2,77	2,86
EU Index	bis 20 Jahre	3,21	3,36
	21-25 Jahre	3,34	3,20
	26-35 Jahre	3,16	3,26
	über 35 Jahre	2,86	2,97
	Gesamt	3,19	3,08

Dies lässt differenzierte Interpretationen zu: Einerseits zeigt sich, dass nationalistische Einstellungen vom Alter beeinflusst werden und weniger von der Tatsache, ob jemand Nutzer oder Nicht-Nutzer von Facebook ist. Andererseits zeigt die nähere Analyse der Altersgruppen, dass es offensichtlich in der Gruppe der jungen Erwachsenen durchaus eine Rolle für die patriotische und nationalstolze

Einstellung spielt, ob jemand in Social Network Sites aktiv ist oder nicht. Hierbei scheinen die Nutzer von Facebook im Alter zwischen 22-35 Jahren patriotischer zu sein und höheren Stolz auf die eigene Nation zu empfinden, als dies bei den Alterskollegen der Fall ist, die die Social Network Site nicht nutzen.

5.12. Mediennutzung und nationale Identität

Wie sich bereits in der deskriptiven Analyse gezeigt hat, teilt sich die Stichprobe der beiden Befragungsdurchgänge nahezu Hälfte-Hälfte in Personen, die Mitglieder in Bundesländerbezogenen oder Österreich-bezogenen Facebook Gruppen und Fanseiten sind und jenen Nutzern, die keinerlei derartige Mitgliedschaft aufweisen. Diese Verteilung ermöglicht nun einen direkten Vergleich der nationalen Identitätsaspekte von jenen Menschen, die in Social Network Sites bewusst Regionen- und Nationen-spezifischen Gruppierungen beitreten, und jenen, die dies nicht machen.

Als erster Schritt wurde dazu ein Mittelwertvergleich dieser beiden Nutzergruppen in Bezug auf Patriotismus, Nationalismus, Nationalstolz, Xenophobie und ihrer Einstellung zur EU berechnet. Dabei zeigten sich sowohl bei den beiden zentralen Dimensionen der nationalen Identität (Patriotismus und Nationalismus) als auch bei den erweiternden Aspekten (Nationalstolz, Xenophobie und EU-Einstellung) höchst signifikante Unterschiede zwischen den Angehörigen von Österreich-spezifischen Facebook Gruppierungen und den Nicht-Mitgliedern dieser (Tabelle 58).

Tabelle 58: nationale Identitätskonzeption Gruppenmitglieder vs. Nicht-Mitglieder

	Mitglied in Österreich Facebook Gruppe	N	Mittelwert	Standardabweichung	Sig.
Patriotismus Index	Ja, Mitglied	220	4,13	0,54	***
	Nein, kein Mitglied	256	3,62	0,72	
Nationalismus Index	Ja, Mitglied	221	2,74	1,02	***
	Nein, kein Mitglied	258	2,18	0,86	
Nationalstolz Index	Ja, Mitglied	220	3,50	0,53	***
	Nein, kein Mitglied	251	3,08	0,73	
Xenophobie Index	Ja, Mitglied	223	3,14	1,03	***
	Nein, kein Mitglied	257	2,44	0,94	
EU Index	Ja, Mitglied	223	2,93	0,95	***
	Nein, kein Mitglied	258	3,42	0,87	

Dabei lassen sich sowohl im Bereich der positiven Form nationaler Identität, d.h. in Hinblick auf die patriotische Einstellung, als auch im Bereich negativer nationaler Identität (Nationalismus) bei den Mitgliedern der Österreich- oder Bundesland-bezogenen Gruppen und Seiten höchst signifikant höhere Werte erkennen (M_{pat}=4,1 ; M_{nat}=2,7), als bei den Nicht-Mitgliedern (M_{pat}=3,6 ; M_{nat}=2,2). Gleiches gilt für den Nationalstolz der ebenfalls bei den Mitgliedern höher ausfällt (M_{stolz}=3,5), als bei den Nicht-Mitgliedern (M_{stolz}=3,1). Gleichzeitig zeigt sich aber auch eine signifikant höhere Tendenz Richtung xenophober Einstellungen bei den Mitgliedern der Österreich- und bundeslandspezifischen Gruppierungen (M_{xeno}=3,1) als bei den Nicht-Mitgliedern (M_{xeno}=2,4). Hingegen weisen bei der Einstellung zur EU-Mitgliedschaft Österreichs die Nicht-Mitglieder höchst signifikant positivere Werte (M_{eu}=3,4) auf als die Mitglieder von regionalen oder nationalen Gruppen und Seiten (M_{eu}=2,9).

Einen weiteren Hinweis, inwiefern ein Zusammenhang besteht zwischen der Mitgliedschaft in regionalen und nationalen Facebook Angeboten und der Identifikation mit Österreich, dem Bundesland aber auch transnationalen Aspekte, liefern die Antworten zu den vier festgelegten Identifikationsebenen.

Tabelle 59: geopolitische Identifikationsebene Gruppenmitglieder vs. Nicht-Mitglieder

	Mitglied in regional nationaler Facebook Gruppe/Seite (ja-nein)	N	Mittelwert	Standard abweichung	Sig.
Identifikationsebene: Ich fühle mich Europa zugehörig.	ja Mitglied	226	3,56	1,13	*
	nein, kein Mitglied	259	3,80	0,97	
Identifikationsebene: Ich fühle mich Österreich zugehörig.	ja Mitglied	226	4,53	0,80	***
	nein, kein Mitglied	260	3,99	1,04	
Identifikationsebene: Ich fühle mich einer anderen Nation als Österreich zugehörig.	ja Mitglied	222	1,65	1,00	*
	nein, kein Mitglied	258	1,89	1,10	
Identifikationsebene: Ich fühle mich meiner Region / meinem Bundesland zugehörig.	ja Mitglied	227	4,33	0,92	***
	nein, kein Mitglied	259	3,66	1,24	

Auch hier zeigen sich bei allen vier Ebenen signifikante Unterschiede zwischen den beiden Nutzergruppen (Tabelle 59). In Übereinstimmung zu den Befunden in Bezug auf die nationale Identität weisen auch bei den Zugehörigkeitsgefühlen zu Österreich (Mitglieder M=4,5; Nicht-Mitglieder M=4) und zur eigenen Region bzw. zum eigenen Bundesland (Mitglieder M=4,3; Nicht-Mitglieder M=3,7) die Mitglieder von Regionen- und Österreich-spezifischen Facebook-Angeboten höchst signifikant höhere Werte auf als die Nicht-Mitglieder. Genau umgekehrt verhält es sich bei den beiden transnationalen Identifikationsebenen, indem hier die Nicht-Mitglieder deutlich höhere Werte aufweisen. Sie fühlen sich signifikant stärker Europa zugehörig (M=3,8) als Nichtmitglieder (M=3,6) ebenso wie sie sich signifikant stärker mit einer anderen Nation als Österreich verbunden fühlen (Mitglieder M=1,7; Nicht-Mitglieder M=1,9).

Diese beiden Vergleiche zeigen, dass sich in den Bundesländer- und Österreich-bezogenen Facebook Gruppen und Fanseiten v.a. jene Personen tummeln, die sowohl ein starkes Zugehörigkeitsgefühl zur regionalen bzw. nationalen Ebene empfinden, als auch eine gut ausgeprägte nationale Identität besitzen, wobei hier sowohl positive Formen nationaler Identität in Form von patriotischen Orientierungen zu finden sind, als auch negative Formen in Form von nationalistischen und xenophob orientierten Einstellungen. Dies geht mit den Befunden einher, dass Regionen und Nationen-bezogenen Gruppen vor allem aus dem Grund beigetreten wird, damit der Nutzer innerhalb des Online Netzwerkes seine Zugehörigkeit zu einer Nation oder Region zum Ausdruck bringen kann. Der Beitritt zu einer derartigen Gruppe oder Fanseite wird zu einem Statement der eigenen Einstellungen, Orientierungen und emotionalen Verwurzelung in geopolitischer Hinsicht. Gleichzeitig wird durch das öffentliche Aufscheinen der Gruppenzugehörigkeit bzw. des Fanstatuses bei einer regional- oder national-verorteten Seite, diese regionale oder nationale Identität zu einem integralen Bestandteil der eigenen Imagekonstruktion innerhalb des Netzwerkes. Ähnlich wie die persönlichen Angaben innerhalb des Profils verrät ein Blick in die Gruppen- und Seitenmitgliedschaften eines Nutzers, interessante Details über das Zugehörigkeitsgefühl einer Person, und wie sich zeigt auch über seine Vorstellung nationaler Identität. Dies ist wiederum ein weiteres Argument dafür, die Entwicklungen derartiger Regionen- und Nation-bezogenen Gruppen und Seiten im Blick zu behalten. Zum jetzigen Zeitpunkt lässt sich vor allem für Österreich eine enorme Bedeutung derartiger Facebook Gruppen und Seiten beobachten. Wenn in einer Nation wie Österreich mit insgesamt rund 8,4 Millionen Einwohnern und davon ca. 2,1 Millionen Facebook-Nutzern sich rund 250.000 in einer einzigen Fanseite[125] versammeln, die sich rein mit der nationalen Zugehörigkeit zu Österreich beschäftigt, so muss dies gerade im Zeitalter der Netzwerkgesellschaft als ein wichtiges Signal für die nach wie vor große Bedeutung von regionalen und nationalen Wurzeln gesehen werden, wenn diese sogar in einem globalen Netzwerk wie Facebook derartigen Zuspruch finden.

---

[125] Siehe Teil II, Kapitel 5.1. „Die Datengrundlage"

5.13. Mediennutzertypologien und geopolitische Identitätskonzepte

Nach diesen deskriptiven Analysen zum Mediennutzungsverhalten einerseits und der Intensität von geopolitischen Identifikationskonzepten sowie nationaler Identität, stellt sich nun die Frage, inwiefern sich Zusammenhänge zwischen Mediennutzungsvorlieben und geopolitischen Identitätskonzepten erkennen lassen.

Dazu wurden zunächst mittels Clusteranalysen einerseits Mediennutzungstypen identifiziert, andererseits auch eine Typologie geopolitischer Identitäten erstellt. Diese beiden Typologien werden zunächst getrennt voneinander dargestellt, und in einem zweiten Schritt aufeinander bezogen. Auf diese Weise soll einerseits ein Eindruck davon entstehen, wie sich Mediennutzungstypen bzw. die Typen geopolitischer Identitätskonzepte in Hinblick auf soziodemographische Merkmale charakterisieren und wie die Verteilung der einzelnen Typen in der Untersuchungsstichprobe ausfällt, andererseits soll gezeigt werden, welche Zusammenhänge zwischen den beiden Typisierungen besteht.

Mediennutzertypologie
Für die Ermittlung der Mediennutzertypen wurden bewusst nur jene Fragenbatterien herangezogen, die sich konkret mit TV-Sendervorlieben, TV-Genre-Vorlieben sowie Tageszeitungs-Vorlieben beschäftigen, da diese drei Aspekte durchaus differenzierte Charakterisierungen der Mediennutzer zu versprechen schienen. Die Dauer der Mediennutzung wurde dabei nicht einbezogen, da sich diese zumindest teilweise ohnehin schon in den jeweiligen Vorlieben widerspiegeln, d.h. wenn etwa eine Person eine sehr geringe Nutzung von Tageszeitungen aufweist, so wird sich diese auch in den einzelnen Aussagen zu den konkret abgefragten Zeitungstiteln abgebildet.

Folgende Items wurden schließlich im Rahmen einer hierarchischen Clusteranalyse (Ward-Methode; quadrierten euklidischen Distanz) zu Erstellung von Mediennutzertypen herangezogen:

TV-Sender: ORF 1, ORF 2, öst. Privatsender, deutsche öffentlich-rechtliche Sendern, deutsche Privatsender, Schweizer Sender, andere nicht-deutschsprachige Sender
TV-Genres: Information, Unterhaltung, Action, Sport
Tageszeitungen: Qualitätszeitung, Boulevardzeitung, Mid-Market-Paper, Regionalzeitung, ausländische Zeitungen

Die Clusteranalyse legt eine 4 Cluster Lösung nahe, die folgendermaßen zu charakterisieren sind:

Cluster 1 „Sport- und informationsorientierte TV-Nutzer mit hohem Österreich-Bezug": Diese Nutzergruppe verwendet überdurchschnittlich häufig die österreichischen öffentlich-rechtlichen Sender ORF 1 und ORF 2, zudem wird auch vergleichsweise häufig auf nicht-deutschsprachige Sender zugegriffen. Bei der Tageszeitungsnutzung zeigt diese Gruppe kein hervorstechendes Nutzungsverhalten.

Cluster 2 „Unterhaltungs- und Action-orientierte Rezipienten": Diese Nutzergruppe weist eine überdurchschnittlich intensive Nutzung von österreichischen und deutschen Privatsendern auf, nutzt gleichzeitig ORF 2 und deutsche öffentlich-rechtliche Fernsehangebote unterdurchschnittlich häufig, ebenso werden Qualitätszeitungen kaum genutzt. Dieses Mediennutzungsverhalten spiegelt sich auch direkt in den Genre-Vorlieben wider, indem eine starke Unterhaltungs- und Actionorientierung zu erkennen ist, gleichzeitig jedoch ein unterdurchschnittliches Informationsbedürfnis zum Ausdruck kommt.

Cluster 3 „informationsorientierte Rezipienten": Diese Nutzergruppe ist vor allem durch eine überdurchschnittliche Nutzung von ORF 2 und deutschen öffentlich-rechtlichen TV-Sendern charakterisiert. Zudem werden vergleichsweise häufig Qualitätszeitungen gelesen, was mit einer hohen Informationsorientierung einhergeht. Gleichzeitig werden Action- und sportorientierte Fernsehgenres eher abgelehnt.

Cluster 4 „wenig interessierte Mediennutzer": Die vierte Nutzergruppe zeigt insgesamt eher geringes Interesse an der Mediennutzung, sowohl was das Fernsehen betrifft als auch die Nutzung von Tageszeitungen. Dieses allgemeine Desinteresse bestätigt sich auch in den Genre-Vorlieben, die sowohl im Unterhaltungs- und Actionbereich, als auch bei Information und Sport unterdurchschnittlich stark ausgeprägt sind.

Innerhalb der Stichprobe konnten insgesamt 341 Personen für diese Clusterbildung herangezogen werden, die restlichen Teilnehmer hatten bei den Mediennutzungsfragestellungen fehlende Angaben gemacht, sodass sie nicht für die Clusterbildung herangezogen wurden. Jeweils etwa ein Drittel der Befragten gehören entweder der Gruppe der „Sport- und informationsorientierte TV-Nutzer mit hohem Österreich-Bezug" (36,2%) an oder aber der Gruppe der „informationsorientierten Rezipienten" (33,5%). Das restliche Drittel verteilt sich nahezu gleichmäßig auf die Gruppe der „unterhaltungs- und actionorientierten Rezipienten" (15,6%) und die „wenig interessierten Mediennutzer" (14,8%) (Tabelle 60).

Innerhalb dieser identifizierten Mediennutzertypen zeigen sich zudem höchst signifikante Unterschiede zwischen Männern und Frauen, die zumindest teilweise traditionellen Geschlechterrollen entsprechen (Tabelle 61). Während fast die Hälfte der befragten Männer der Gruppe der „Sport- und informationsorientierte TV-Nutzer mit hohem Österreich-Bezug" angehört (48,3%), findet sich nahezu die Hälfte der Frauen in der Gruppe der „informationsorientierten Rezipienten" (49,1%) wieder. Diese Unterscheidung dürfte vor allem durch die durchschnittlich höhere Begeisterung von Männern für sportliche TV-Angebote liegen. Gleichzeitig weist sie aber auch darauf hin, dass für Frauen der Informationsaspekte eine wichtige Rolle spielt und sie bewusst jene TV- und Zeitungsangebote nutzen, die diese Informationsfunktion versprechen. Schwache geschlechtsspezifische Unterschiede zeigen sich auch noch im Zusammenhang mit dem zweiten Nutzertypus, den „unterhaltungs- und actionorientierten Rezipienten", dem immerhin ein Fünftel der Männern angehören (20,1%) jedoch nur jede zehnte Frau (10,8%). Bei der Gruppe der „wenig interessierten Rezipienten" halten sich Männer und Frauen nahezu die Waage.

Tabelle 60: Mediennutzertypologie

	Prozent	N
Typ 1: Sport- und informationsorientierter TV-Nutzer mit hoher Österreich-Orientierung	36,2	124
Typ 2: unterhaltungs- und action orientierter Rezipient	15,6	53
Typ 3: informationsorientierter Rezipient	33,4	114
Typ 4: wenig interessierter Mediennutzer	14,8	50
Gesamt	100,0	341

Tabelle 61: Mediennutzer-Typologie im Geschlechtervergleich

N=341 / in Prozent	Männer	Frauen	Gesamt
Sport und Info orientierter TV Fan mit hoher Österreich Orientierung	48,3	23,4	36,1
Unterhaltungs- und Action orientierter TV-Fan	20,1	10,8	15,5
informationsorientierter Rezipient	18,4	49,1	33,4
wenig interessierter Rezipient	13,2	16,8	15,0
Gesamt	100,0	100,0	100,0

Auf die vier Mediennutzungstypen aufgeteilt, lässt sich zudem festhalten, dass die ersten beiden Typen („Sport- und informationsorientierte TV-Nutzer mit hohem Österreich-Bezug" 68,3%; „unterhaltungs- und actionorientierten Rezipienten" 66%) jeweils rund zwei Drittel aus Männern bestehen, während beim dritten und vierten Typus („informationsorientierte Rezipienten" 71,9%; „wenig interessierte Rezipienten" 54,9%) jeweils die Frauen dominieren.

In Bezug auf den Bildungsaspekt zeigt sich, dass sich vor allem in der Gruppe der „unterhaltungs- und actionorientierten Rezipienten" Personen mit vergleichsweise niedrigerem formalem Schulabschluss (Pflichtschule, Lehrabschluss) wiederfinden. Personen mit Matura oder Hochschulabschluss gehören überwiegend der Gruppe der „Sport- und informationsorientierte TV-Nutzer mit hohem Österreich-Bezug" oder den „informationsorientierten Rezipienten" an. Auch altersspezifische Unterschiede lassen sich zwischen den Nutzertypen erkennen. Je jünger ein Nutzer ist, desto eher gehört er der Gruppe der „unterhaltungs- und actionorientierten Rezipienten" an. Bei den 22-35 Jährigen dominiert der Typus der „Sport- und informationsorientierte TV-Nutzer mit hohem Österreich-Bezug" (36,1%) gefolgt vom „informationsorientierten Rezipienten" (32,5%). Ein ähnliches Bild zeigt sich bei der ältesten Gruppe der über 35-Jährigen, jedoch in genau umgekehrter Reihenfolge („informationsorientierten Rezipienten" 45,5%, „Sport- und informationsorientierte TV-Nutzer mit hohem Österreich-Bezug" 40,9%). Den höchsten Anteil an „wenig interessierten Mediennutzern" findet sich in der mittleren Altersgruppe (18,9%).

Interessant ist zudem der Vergleich zwischen Facebook Nutzern und Nicht-Nutzern und wie sich diese auf die vier identifizierten Nutzer-Typen aufteilen. So wurden auch in diesem Zusammenhang wieder für die Altersgruppen getrennt voneinander die Zusammenhänge zwischen Facebook Mitgliedschaft und den Mediennutzungstypen berechnet. Dabei zeigen sich für die zwei jüngeren Altersgruppen (bis 21 Jahre, 22-35 Jahre) keinerlei signifikanten Unterschiede zwischen Facebook Nutzern und Nicht-Nutzern, wobei jedoch die in beiden Gruppen sehr geringen Fallzahlen der Nicht-Nutzer Interpretations-beschränkende Wirkung hat. Ausgeglichener ist hingegen das Verhältnis zwischen Facebook Anwendern und Verweigerern in der Gruppe der über 35-Jährigen. Hier ist das Verhältnis in der Gegenüberstellung aller für die Typenbildung herangezogenen Befragungspersonen aus dieser Altersklasse nahezu ausgeglichen, sodass auch in statistisch sinnvoller Weise ein Vergleich gezogen werden kann. Dabei zeigen sich signifikante Unterschiede in der Aufteilung der Nutzer und Nicht-Nutzer auf die vier Mediennutzungstypen: Während mehr als die Hälfte der über 35-jährigen Facebook-Verweigerer der Gruppe der Sport- und informationsorientierten TV-Fans mit hohem Österreich-Bezug angehören (55,8%; Facebook Nutzer = 26,7%), tummeln sich die über 35-jährigen Facebook Mitglieder vor allem in der Gruppe der informationsorientierten Rezipienten (57,8%; Nicht-Nutzer: 32,6%). Bei den anderen Mediennutzungstypen dominieren bei den unterhaltungsorientierten Nutzern die Facebook-Mitglieder, wobei hier jedoch nur drei der über 35-jährigen dieser Gruppe angehören. Bei den wenig interessierten Rezipienten zeigen sich keine klaren Unterschiede zwischen Facebook-Anwendern und Verweigerern. Diese Mediennutzungsgruppe scheint bei den über 35-

Jährigen allgemein eher weniger stark vertreten zu sein. Insgesamt kann vor allem aus diesem Vergleich innerhalb der ältesten Befragungsgruppe festgehalten werden, dass offensichtlich Facebook-Nutzer tendenziell eher der Gruppe der allgemein informationsorientierten Medienrezipienten angehören, während die Nicht-Nutzer zusätzlich eine starke Sportorientierung und einen verstärkten Österreich-Bezug innerhalb ihrer Mediennutzung erkennen lassen.

Geopolitische Identitätskonzepte
In ähnlicher Weise wie bei den Mediennutzungscharakteristiken wurde auch bei der geopolitischen Identität versucht, eine gewisse Typologie zu identifizieren. Dazu wurden folgende Itembatterien mittels hierarchischer Clusteranalyse (Ward-Methode, quadrierte euklidische Distanz) zur Typenbildung herangezogen:

Identifikation: Identifikation mit der Region/Bundesland, Identifikation mit Österreich, Identifikation mit Europa, Identifikation mit einer anderen Nation als Österreich
Nationale Identität: Patriotismus, Nationalismus, Nationalstolz, Xenophobie, Einstellung zur EU-Mitgliedschaft Österreichs

Es wurden dabei ebenfalls vier Typen identifiziert, die folgendermaßen charakterisiert sind:

Typ 1 „wenig geopolitisch Verwurzelte": Diese Gruppe ist durch eine insgesamt geringe Identifikation mit allen vier Ebenen geopolitischer Identität gekennzeichnet, sowie durch eine insgesamt unauffällig ausgeprägte nationale Identität.
Typ 2 „regional und national Verbundene": Diese Gruppe zeichnet sich durch ein überdurchschnittlich starkes Zugehörigkeitsgefühl zur eigenen Nation sowie zum eigenen Bundesland bzw. der Region aus. Zudem weisen sie überdurchschnittliche Werte bei Patriotismus, Nationalismus und Nationalstolz sowie bei Xenophobie auf und haben gleichzeitig eine eher negative Einstellung zur EU-Mitgliedschaft von Österreich.
Typ 3 „Die Glokalisierten"[126]: Diese Gruppe zeigt gleichermaßen ein hohes Zugehörigkeitsgefühl zu Europa, wie zur eigenen Region bzw. dem Bundesland. Dies entspricht genau dem Konzept der „Glokalisierung" (vgl. Meckel 2001:

---

[126] Auch Bonfadelli (2008) kommt in seiner Studie zu den Identitäten jugendlicher Migranten in der Schweiz zu dem Schluss, dass es „glokalisierte" Identitäten gibt, indem Personen zwar einerseits stark regional verwurzelt sind, andererseits aber durchaus Interessen bzw. Bezugspunkte über die regionale und nationale Ebene hinaus bestehen.

171, Robertson 1998), bei dem einerseits eine zunehmende transnationale Orientierung zu beobachten ist, gleichzeitig jedoch regionale Besonderheiten nicht an Bedeutung verlieren und in das transnationale Konzept eingegliedert werden. Zudem kennzeichnet sich die Gruppe der „Glokalisierten" durch einen geringen Nationalismus und geringe xenophobe Orientierungen, dafür jedoch einer positiven Einstellung zur EU-Mitgliedschaft Österreichs aus.

Typ 4 „Transnational Verbundene": Diese Gruppe zeichnet sich durch ein hohes Zugehörigkeitsgefühl zu Europa und anderen Nationen als Österreich aus. Damit einhergehend zeigen die Mitglieder dieser Gruppe, ähnlich wie die „Glokalisierten", eine positive Einstellung zur EU-Mitgliedschaft Österreichs, geringen Nationalismus und Xenophobie.

Die meisten Österreicher gehören dabei der Gruppe der „Regional und national Verbundenen" (37,5%) an, gefolgt von den „Glokalisierten" (31,2%), den „wenig geopolitisch Verwurzelten" (17,7%) und den „transnational Verbundenen" (13,5%). Dies zeigt erneut, dass vor allem die regionale Verwurzelung für viele Österreicher eine wichtige Rolle spielt, denn diese bildet einen zentralen Bestandteil in den beiden am häufigsten besetzen Typen (Tabelle 62).

Im Geschlechtervergleich zeigt sich, dass die größte Gruppe der Männer den „regional und national Verbundenen" (41,2%) angehört, gefolgt von den „Glokalisierten" (26,1%) und den „wenig-geopolitisch Verwurzelten" (18%). Bei den Frauen hingegen dominieren die Typi der „Glokalisierten" (36,4%) sowie der „regional und national Verbundenen" (33,9%), gefolgt von den „wenig geopolitisch Verwurzelten" (17,5%) (Tabelle 61).

Tabelle 62: Typologie geopolitischer Identitätskonzepte

N=570 / in Prozent	Männer	Frauen	Gesamt
wenig geopolitisch Verwurzelte	18,0	17,5	17,7
Regional und national Verbundene	41,2	33,9	37,5
Glokalisierte	26,1	36,4	31,2
transnational Verbundene	14,8	12,2	13,5
Gesamt	14,8	12,2	13,5

Signifikante Unterschiede zeigen sich auch zwischen den Altersgruppen: Die stärkste Konzentration auf einen geopolitischen Identifikationstypus weist bei die

Gruppe der über 35-Jährigen auf, von denen mehr als die Hälfte (54,4%) den „regional und national Verbundenen" angehören. In den beiden jüngeren Altersgruppen sind dies hingegen nur jeweils ein knappes Drittel (bis 21 Jahre: 31,6%, 22-35 Jahre: 31,8%). In der jüngsten Altersgruppe ist der Typ der „Glokalisierten" am stärksten besetzt (37,5%), bei den 22-35-Jährigen liegt dieser Typ mit den „regional und national Verbundenen" nahezu gleich auf (31,1%). Die „wenig geopolitisch Verwurzelten" sind am stärksten in der Gruppe der mittleren Altersgruppe vertreten (23,2%), spielen bei den bis 21-Jährigen (14,7%) sowie bei den über 35-Jährigen (10,3%) hingegen eine vergleichsweise untergeordnete Rolle.

Auch in Hinblick auf den Bildungsaspekt zeigen sich signifikante Unterschiede zwischen den verschiedenen schulischen Bildungsniveaus (Tabelle 63). Auffällig erscheint dabei vor allem, dass die Personen mit den höchsten Bildungsniveaus (Matura oder Hochschulabschluss) jeweils in signifikant höherem Ausmaß zu den „Glokalisierten", den „wenig geopolitisch Verwurzelten" sowie zu den „transnational Verbundenen" gehören, als bei den unteren Bildungsschichten (Pflichtschulabschluss, Lehre), die vor allem in der Gruppe der „regional und national Verbundenen" zu finden sind. Es scheint also mit wachsendem Bildungsniveau einerseits die Konzentration auf rein national und regionale Bezugspunkte zu sinken, andererseits aber auch eine gewisse Tendenz Richtung allgemeiner Bedeutungsverlust von geopolitischer Verortung sichtbar zu werden.

Tabelle 63: Typologie geopolitischer Identitätskonzepte im Bildungsvergleich

N=540/ in Prozent	Pflicht-schule	Lehrab schluss	höhere Schule ohne Matura	Höhere Schule mit Matura	Hoch-schule	Ges.
wenig geopolitisch Verwurzelte	11,9	10,9	8,9	21,6	20,3	18,3
regional und national Verbundene	57,1	70,9	55,6	28,2	30,1	37,6
Glokalisierte	23,8	12,7	31,1	32,7	35,3	30,6
transnational Verbundene	7,1	5,5	4,4	17,6	14,4	13,5
Gesamt	100,0	100,0	100,0	100,0	100,0	100,0

Wie aber verteilen sich diese Typen geopolitischer Identitätskonzepte über die Gruppen der Facebook Nutzer und Verweigerer? Zunächst wird diese Frage ohne Berücksichtigung möglicher Alterseffekte untersucht, indem jeweils die Verteilung von Facebook Mitglieder und Nicht-Mitgliedern in den vier Typen verglichen wird. Die direkte Gegenüberstellung zwischen Anwendern der Social Network Site und den Verweigerern zeigt zunächst keine signifikanten Unterschiede innerhalb der vier Typen geopolitischer Identitäten. Sowohl bei Facebook Nutzern als auch bei den Nicht-Nutzern dominiert die Gruppe der „regional und national Verbundenen", gefolgt von den „Glokalisierten" und mit deutlichem Abstand den „wenig geopolitisch Verwurzelten" sowie den „transnational Verbundenen".

Auch hier soll in einem zweiten Schritt das Alter konstant gehalten werden und für die drei definierten Altersgruppen jeweils getrennt die Aufteilung auf die vier Identitätstypen berechnet werden. Dabei zeigen sich aber ebenso wie im altersunabhängigen Vergleich keinerlei signifikanten Zusammenhänge zwischen den Typen geopolitischer Identitätskonzepte und der Mitgliedschaft oder Nicht-Mitgliedschaft in Facebook. Es scheinen somit soziodemographische Merkmale deutlich mehr Einfluss darauf auszuüben, welchem Typus der geopolitischen Identität eine Person angehört, als die Frage der Facebook Nutzung.

Mediennutzungstypen und ihre geopolitische Identitätskonzepte
Nachdem die beiden Typologien zunächst rein deskriptiv anhand gewisser soziodemographischer Merkmale näher beleuchtet wurden, soll nun die zentrale Frage geklärt werden, in welchem Zusammenhang gewisse Mediennutzungstypen mit den jeweiligen geopolitischen Identitätskonzepten stehen. Dazu werden die beiden Typologien mittels Kreuztabellierung in Zusammenhang gesetzt (Tabelle 64).

Tabelle 64: Typologie geopolitischer Identitätskonzepte in Abhängigkeit vom Mediennutzer-Typ

N=306 / in Prozent	Sport- und informationsorientierte TV-Nutzer mit hohem Österreich-Bezug	Unterhaltungs- und Action orientierter Rezipient	informationsorientierter Rezipient	wenig interessierter Rezipient	Ges.
wenig geopolitisch Verwurzelte	13,2	4,3	17,5	45,2	17,6
regional und national Verbundene	43,0	59,6	30,1	14,3	37,3
Glokalisierte	29,8	25,5	43,7	26,2	33,3
transnational Verbundene	14,0	10,6	8,7	14,3	11,8
Gesamt	100,0	100,0	100,0	100,0	100,0

Bereits auf den ersten Blick zeigen sich dabei durchaus unterschiedliche geopolitische Identitätskonzepte zwischen den vier identifizierten Mediennutzertypen. Während bei den „Sport- und informationsorientierten TV-Nutzern mit hohem Österreich-Bezug" (43%) und den „Unterhaltungs- und Action orientierten Rezipienten" (59,6%) der größte Anteil zu den „regional und national Verwurzelten" gehören, findet sich die größte Gruppe der „informationsorientierten Rezipienten" (43,7%) bei den „Glokalisierten" und die „wenig interessierten Mediennutzer" (45,2%) sind auch bei ihren Identitätskonzept eher in der Gruppe der „wenig geopolitisch Verwurzelten" zu finden.

Ein ähnlicher Zusammenhang zeigt sich auch, wenn man im Rahmen dieser Kreuztabellierung die abhängige und unabhängige Variable vertauscht (Tabelle 65). So wird als nächster Schritt nicht mehr wie oben angeführt die Mediennutzertypen als unabhängige Variable betrachtet, die sich auch die geopolitischen Identitätskonzepte auswirkt, sondern umgekehrt wird untersucht, welche Zusammenhänge sich zeigen, wenn die geopolitischen Identitätskonzepte als Einflussfaktor auf die Mediennutzertypen eingesetzt wird. Hierbei zeigt sich, dass jeweils ein gutes Drittel der „wenig geopolitisch Verwurzelten" zu den [99]„informationsorientierten Rezipienten" (33,3%) und den „wenig interessierten Mediennutzern" (35,3%) gehören. Bei den „regional und national Verbundenen" dominiert der Mediennutzertyp der „Sport- und informationsorientierte TV-Nutzer mit hohem Österreich-Bezug" (43%), während bei den „Glokalisierten" vor allem „informationsorientierte Rezipienten" (44,1%) zu finden sind. Bei der Gruppe der „transnational Verbundenen" gehören wiederum die meisten zu den „Sport- und informationsorientierte TV-Nutzer mit hohem Österreich-Bezug" (44,4%).

Tabelle 65: Mediennutzertypologie in Abhängigkeit vom geopolitischen Identitätstyp

N=306 / in Prozent	wenig geopolitisch Verbundene	regional und national Verbundene	Glokalisiert Verbundene	transnational Verbundene	Gesamt
Sport- und informationsorientierte TV-Nutzer mit hohem Österreich-Bezug	27,8	43,0	33,3	44,4	37,3
Unterhaltungs- und Action orientierter TV-Fan	3,7	24,6	11,8	13,9	15,4
informationsorientierter Rezipient	33,3	27,2	44,1	25,0	33,7
wenig interessierter Rezipient	35,2	5,3	10,8	16,7	13,7
Gesamt	100,0	100,0	100,0	100,0	100,0

Es zeigt sich somit, dass eine geringe geopolitische Verwurzelung durchaus mit zweierlei verschiedenen Mediennutzungsarten einhergehen kann: Einerseits finden sich in dieser Gruppe Personen, die insgesamt eher geringes Interesse an diversen Medienangeboten aufweisen, andererseits gehören aber auch viele informationsorientierte Rezipienten der Gruppe an. Eine Erklärung für letzteres kann darin gesehen werden, dass eine informationsorientierte Mediennutzung auch ein sehr breites Spektrum an internationalen Informationen eröffnet, was für die Nutzer eine konkrete geopolitische Verortung als eher unwichtig erscheinen lässt.

Interessant erscheint auch die hohe Bedeutung von Sport- und Informations-orientierten Medienbeiträgen (v.a. in den beiden österreichischen öffentlich-rechtlichen Fernsehsendern) für die „regional und national Verbundenen" ebenso wie für die „transnational Verbundenen". Es ist zu vermuten, dass die Genre-Vorliebe für Sport hier eine besonders wichtige Rolle spielt, indem er Identifikation mit regionalen, nationalen aber auch europäischen Bezugsflächen ermöglicht. Gerade in diesem TV-Genre werden regionale und nationale Zugehörigkeiten sowohl auf visuelle Weise, wie etwa durch das Auftreten der Athleten mit den Nationalflaggen, auf auditive Weise, durch das Abspielen der jeweiligen Nationalhymnen bei Siegerehrungen, aber auch auf verbale Weise, wie etwa die explizite Erwähnung der regionalen oder nationalen Herkunft eines Sportlers, regelmäßig zum Ausdruck gebracht. Gleichzeitig stellen neben den jeweiligen nationalen Athleten auch Sportler aus anderen Ländern einen fixen Bestandteil der Sportberichterstattung dar, sodass die Vielfalt an Nationalitäten offengelegt und gleichzeitig den Rezipienten auch mit diesen Personen oder Mannschaften Identifikation oder Sympathiegefühl ermöglicht wird. Somit dürften Nutzer mit eher überdurchschnittlicher Vorliebe für mediale Sportberichterstattung entweder ein patriotisches Mitfiebern mit Athleten der eigenen Nation anstreben oder aber auch eine Fokussierung auf Sportler aus anderen Nationen ausleben können, welches für die transnational Verbundenen eine wichtige Rolle spielen dürfte.

Die verhältnismäßig hohe Informationsorientierung der „Glokalisierten" erscheint ebenfalls als ein durchaus interessanter Zusammenhang, zeigt er doch, dass diese Personengruppe tatsächlich primär darauf bedacht ist, möglichst vielfältige Informationen zu sammeln, sei es nun auf regionaler Ebene im Rahmen von Sendungen aus den Bundesländern oder lokalen Zeitungen, als auch auf internationaler Ebene im Rahmen von Weltnachrichten bzw. internationalen Zeitungen.

Als Fazit lässt sich festhalten, dass sich ein eindeutiger Zusammenhang zwischen den unterschiedlichen Mediennutzungstypen und den geopolitischen Identitätskonzepten identifizieren lässt. Dieser Zusammenhang wird auch mittels Korrespondenzanalyse (symmetrische Normalisierung) auf visuelle Weise sehr eindrucksvoll zum Ausdruck gebracht, wie Abbildung 5 illustrieren soll. Die Korrespondenzanalyse eignet sich als ein Verfahren der multidimensionalen Skalierung besonders gut für eine überschaubare Darstellung von Zusammenhängen kategorialer Daten (vgl. Backhaus 2006: 686).

Abbildung 5: Korrespondenzanalyse Mediennutzertypen und geopolitische Identitätstypen

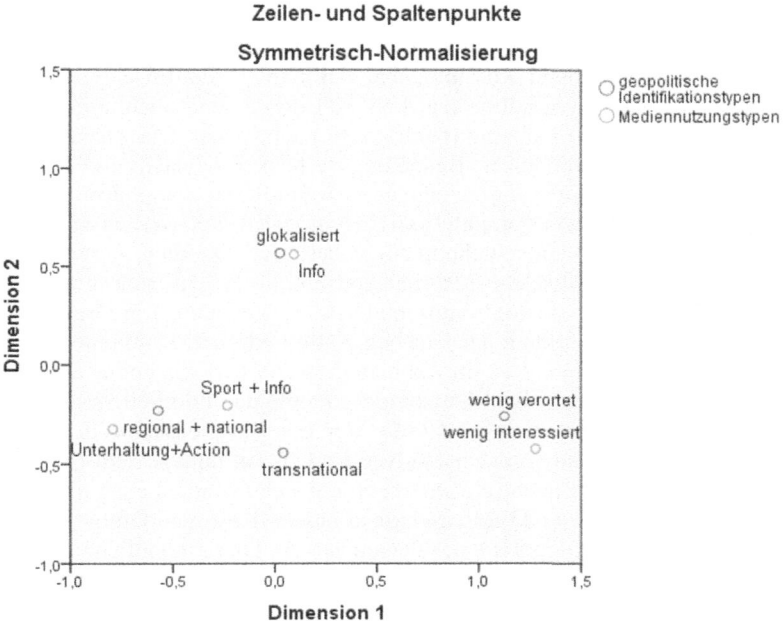

Aus der oben angeführten graphischen Darstellung lassen sich noch einmal eindrucksvoll die engen Verbindungen zwischen
    a.) einer „glokalisierten" geopolitischen Identitätskonstruktion und einer „informationsorientierten Mediennutzung",
    b.) einer „geringen geopolitischen Verwurzelung" und einer „wenig interessierten Mediennutzung",
    c.) sowie in etwas weniger eindeutiger Form die Zusammenhänge zwischen einer „regional und national verbundenen" geopolitischen Identitätskonstruktion und einer „Sport- und Informationsorientierten TV-Nutzung mit starkem Österreich-Bezug" sowie einer „Unterhaltungs- und Actionorientierten Rezeption",

d.) aber auch der Verbindungen zwischen „transnationaler Verbundenheit" und einer „Sport- und Informationsorientierten TV-Nutzung mit starkem Österreich-Bezug" erkennen.

5.14. Zwischenfazit: Mediennutzung und geopolitische Identität

Während somit unterschiedliche Formen klassischer Massenmedien-Nutzung durchaus einen eindeutigen Zusammenhang mit der geopolitischen Identitätskonzept eines Rezipienten aufweisen, ließ sich dieser, wie oben angeführt, bei der Social Network Site Nutzung (noch) nicht nachweisen. Die These einer Intensivierung globaler und eines Bedeutungsverlusts regionaler und nationaler Identitäten begründet durch die zunehmende Verbreitung von weltweiten Computernetzwerken bzw. von computerbasierten sozialen Netzwerken hat sich somit im Rahmen dieser Untersuchung nicht bestätigt. Deutlich stärkere Unterschiede in der geopolitischen Identitätskonzeption zeigen sich hingegen in Abhängigkeit von der Nutzung traditioneller Massenmedien. Ein Grund für die nicht feststellbare Auswirkung der Facebook-Mitgliedschaft kann unter Umständen darin gesehen werden, dass im Rahmen dieser Arbeit der Fokus ausschließlich auf die Nutzung bzw. Nicht-Nutzung der momentan mitgliederstärksten Social Network Site gelegt wurde. Würde hier die Mitgliedschaft in mehreren unterschiedlichen Formen von sozialen Netzwerken mit unterschiedlicher inhaltlicher Ausrichtung berücksichtigt werden, würde sich eventuell auch hier ein Zusammenhang zwischen der Mitgliedschaft in einem derartigen Online Netzwerk und der geopolitischen Identität einer Person zeigen. Diese inhaltliche Angebotsvielfalt repräsentieren momentan nach wie vor die Massenmedien, allen voran das Fernsehen. Hier zeigt sich sehr klar, dass sich unterschiedliche Senderpräferenzen durchaus unmittelbar auch in unterschiedlichen geopolitischen Identitätsentwürfen der Rezipienten widerspiegeln. Offensichtlich sagt also die reine Nutzung einer Medienart, wie etwa Fernsehen allgemein oder eben auch die Mitgliedschaft in Social Network Sites noch nichts über die geopolitische Einordnung eines Menschen aus. Aussagekräftige Zusammenhänge lassen sich erst dann erkennen, wenn auf die internen Differenzierungen innerhalb einer Medienart näher eingegangen ist, wie dies etwa bei der Vielfalt an Fernsehsendern oder Genrepräferenzen der Fall ist. Erst die Zuwendung zu dem einen Angebot und die Abwendung von dem anderen stehen in einem direkten Zusammenhang mit der individuellen geopolitischen Einordnung einer Person. Diese These der Bedeutung eines differenzierten Medienangebots für die Feststellung unterschiedlicher geopolitischer Identitätskonzepte wird auch damit bestätigt, dass zwar allgemein keine Zusammenhänge zwischen der Facebook Mitgliedschaft und einer konkreten geopolitischen Einstellung festgestellt werden konnten, sehr wohl jedoch zwischen den Mitgliedern von unterschiedlichen Gruppenangeboten innerhalb von Facebook. Auch hier zeigt sich, dass sich Personen mit unterschiedlicher regionaler, nationaler oder transnationaler Identität in unterschiedlichem Maße unterschiedlichen Gruppierungen innerhalb des sozialen Online-Netzwerkes anschließen.

5.15. Multiple Einflussfaktoren auf nationale Identitätskonzepte

Zum Abschluss dieser multivariaten Auswertung der Befragungsdaten soll in einer Art Gesamtmodell überprüft werden, welche Zusammenhänge zwischen soziodemographische Faktoren (Alter, Bildung + politische Orientierung), medienbedingte Faktoren (Nutzung Tageszeitungen, TV-Sender, Radio, Internet, Facebook) sowie Faktoren der Auslands- bzw. Inlandserfahrungen (Reiseintensität) sowie die Mitgliedschaft in einer Österreich-spezifischen Gruppe in Facebook und den zentralen Aspekten nationaler Identitätskonstruktion bestehen. Mittels multipler Regression kann überprüft werden, welche Faktoren auch im Zusammenspiel mit den anderen Einflussvariablen signifikante bzw. die höchsten Zusammenhänge haben. Die Analyse erfolgte mittels schrittweiser Regression, bei der „die Auswahl der Variablen automatisch (durch einen Algorithmus gesteuert) erfolgt" (Backhaus et al. 2006: 106). Dabei werden „die unabhängigen Variablen einzeln nacheinander in die Regressionsgleichung einbezogen, wobei jeweils diejenige Variable ausgewählt wird, die ein bestimmtes Gütekriterium maximiert" (Backhaus et al. 2006: 106). Auf diese Weise können möglichst „sparsame" Modelle entwickelt werden, in denen nur die Zusammenhänge mit tatsächlich relevanten Einflussgrößen berechnet werden.

Folgende Variablen wurden als unabhängige Variablen in die Analysen einbezogen:

Sozio-demographische bzw. politische Merkmale: Alter, Bildung, politische Orientierung, Migrationshintergrund
Persönliche Erfahrungen: Reisehäufigkeit Inland, Reisehäufigkeit Ausland
Zeitungs-Nutzung: Qualitätszeitungen, Boulevardzeitungen, Regionalzeitungen, ausländische Zeitungen
TV-Nutzung: ORF 1, ORF 2, österreichische Privatsender, deutsche öffentlich-rechtliche Sender, deutsche Privatsender, andere nicht-deutschsprachige TV-Sender
Radionutzung: Radio-Nutzungsdauer

Internet: Internet-Nutzungsdauer, Facebook-Nutzungsdauer, Mitgliedschaft in einer Österreich-spezifischen Facebook-Gruppe/Fanseite

Einflussfaktoren auf Patriotismus
Die schrittweise Regressionsanalyse identifizierte aus diesen unabhängigen Variablen insgesamt sieben, welche in einem signifikanten Zusammenhang mit Patriotismus stehen. Die Erklärungskraft dieses Modells mit sieben Regressoren liegt in einem für sozialwissenschaftliche Untersuchungen durchaus annehmbaren Bereich (R^2=0,369), was zeigt, dass mit dem Modell immerhin 36% des Ausmaßes an patriotischer Einstellung einer Person erklärt werden kann. Den stärksten Einfluss auf Patriotismus übt in dem Modell die politische Orientierung eines Befragten aus (Beta=0,279, p<0,001); je weiter politisch rechts orientiert eine Person ist, desto stärker fällt auch die patriotische Orientierung aus. Aber auch die Nutzung einzelner Medienangebote zeigt beachtenswerte Zusammenhänge mit der patriotischen Einstellung, allen voran die Nutzung von Regionalzeitungen (Beta=0,182, p<0,01), aber auch die Nutzung österreichischer Privatsender (Beta=0,161, p<0,01). Je häufiger Regionalzeitungen und österreichische Privatsender genutzt werden, desto stärker fällt die patriotische Einstellung aus. Einen bedeutsamen Einfluss übt zudem, wie im Rahmen dieser Arbeit schon mehrfach thematisiert, auch das Alter aus (Beta=0,184, p<0,01). Je älter eine Person ist, desto höher ist der Patriotismus. Auch die Mitgliedschaft in einer Österreich-spezifischen Facebook Gruppe oder Fanseite (Beta=0,178, p<0,01) steht in einem höchst signifikanten Zusammenhang mit dem Patriotismus einer Person. Negative Wirkung auf Patriotismus zeigen hingegen das Vorhandensein von Migrationshintergrund (Beta= -0,153, p<0,05) sowie die Nutzung von ausländischen Zeitungen (Beta= -0,120, p<0,05). Alle anderen Faktoren üben hingegen keinen signifikanten Einfluss in diesem Modell auf Patriotismus aus. So spielen etwa persönliche Erfahrungen im Rahmen von Reisen ins Ausland oder Inland keine entscheidende Rolle bei der Stärke des Patriotismus. Ebenso wenig steht die Internet- oder Facebook-Nutzung allgemein in einem bedeutsamen Zusammenhang mit der patriotischen Orientierung des Menschen.

Einflussfaktoren auf Nationalismus
Welchen Einfluss üben diese unabhängigen Variablen jedoch auf Nationalismus aus? Kristallisieren sich hier dieselben Faktoren als wichtig heraus oder treten andere Aspekte in den Vordergrund? Um diese Frage zu klären, wurde das gleiche schrittweise Regressionsmodell mit der abhängigen Variable Nationalismus berechnet. Die Erklärungskraft dieses Modells fällt noch deutlich höher aus als dies für das Patriotismus-Modell der Fall war, indem die Modellvariante mit sie-

ben Regressoren insgesamt 55,1% (R^2=0,551) aller Einflüsse auf Nationalismus erklären kann. Auch in diesem Modell erweist sich wieder die politische Orientierung eines Befragten als die am stärksten erklärende Variable (Beta=0,527, p<0,001), wobei sich in noch stärkerem Maße als beim Patriotismus zeigt, dass je weiter politisch rechts orientiert eine Person ist, desto nationalistischer ist diese auch eingestellt. Der zweitwichtigste Erklärungsfaktor für die Stärke nationalistischer Orientierungen liegt in der Bildungsvariable (Beta= -0,236, p<0,001), wobei hier ein negativer Zusammenhang besteht, d.h. je höher die formale Ausbildung einer Person, desto geringer ist die nationalistische Einstellung. Mit dem Alter (Beta=0,200, p<0,001) stellt schließlich eine weitere sozio-demographische Variable eine wichtige Einflussgröße dar, wobei hier wie beim Patriotismus gilt, dass mit steigendem Alter die nationalistische Einstellung zunimmt. Weiters sind auch Medieneffekte zu erkennen, v.a. im Bereich der TV-Sender Vorlieben: So weisen Personen, die häufiger österreichische Privatsender (Beta=0,100, p=0,059) nutzen, zumindest tendenziell höheren Nationalismus auf, als dies bei Wenigsehern von österreichischen Privatsendern der Fall ist. Umgekehrte Einflüsse zeigt sich bei der Nutzung von deutschen öffentlich-rechtlichen Sendern (Beta= -0,170, p<0,01), bei denen sich eine höhere Nutzung mit einem geringeren Grad an Nationalismus ausdrückt. Im Printmedienbereich stechen vor allem die Boulevardzeitungen (Beta=0,103, p<0,05) hervor, bei denen eine erhöhte Nutzung auch zu einer erhöht nationalistischen Einstellung bei den Rezipienten führt. Auch die Radionutzung (Beta=0,114, p<0,05) wirkt sich verstärkend auf Nationalismus aus. Es bestätigt sich somit die Annahme, dass nationalistische Einstellungen vor allem mit einer politisch rechts-orientierten Einstellung, einer geringeren Bildung, dem höheren Alter sowie einer verstärkt auf Unterhaltung orientierten Mediennutzung (Boulevard und Privatsender) einhergeht.

Einflussfaktoren auf Xenophobie
Diese Befunde des Nationalismus-Modells bestätigen sich zu großen Teilen, wenn das gleiche Modell für Xenophobie berechnet wird. Dieses Modell erreicht mit vier herangezogenen Regressoren sogar eine Erklärungskraft von 58,3% (R^2=0,583), was für sozialwissenschaftliche Untersuchungen als ein hoher Wert angesehen werden kann. Hier zeigen sich sehr ähnliche Einflussmuster wie bei dem Nationalismus-Modell, indem die politische Orientierung (Beta = 0,650, p<0,001) sogar in noch stärkerem Ausmaß dafür ausschlaggebend ist, wie xenophob eine Person eingestellt ist. Je weiter rechts orientiert, desto stärker zeigen sich auch ausländerfeindliche Meinungen bei den Befragten. Auch hier stellt die Bildung (Beta= -0,166, p<0,01), nicht jedoch das Alter einen wichtigen Einflussfaktor dar. Je höher gebildet eine Person ist, desto geringer ist die Ausländerfeindlichkeit ausgeprägt. Im Bereich der Mediennutzungzeigen sich hingegen

einige Abweichungen vom Modell des Nationalismus, indem sich in Bezug auf Xenophobie vor allem die Printmedien als wichtige Einflussgrößen erweisen: Dabei zeigt sich, dass je häufiger Qualitätszeitungen (Beta= -0,179, p<0,01) rezipiert werden, desto geringer ist auch die Ausländerfeindlichkeit einer Person. Ein umgekehrter Zusammenhang lässt sich jedoch bei der Nutzung von Regionalzeitungen (Beta=0,117, p<0,05) feststellen, die sich bei erhöhter Nutzung auch in einer höheren xenophoben Einstellung ausdrücken.

Interessant erscheint in diesem Zusammenhang, dass kein Einfluss der Boulevardzeitungen auf die Ausländerfeindlichkeit der Mediennutzer nachgewiesen werden konnte, obwohl diese in Hinblick auf nationalistische Einstellungen in durchaus beachtlichem Maße als Einflussgröße identifiziert werden konnten. Die Boulevardzeitungen scheinen somit in erster Linie aus einer auf Österreich bezogenen Perspektive abwertende Haltungen gegenüber anderen Nationen zu vermitteln (= Nationalismus), aber in geringerem Ausmaß ausländerfeindliche Einstellungen ohne konkreten Bezug auf die eigene Nation. Positive Effekte auf eine verstärkt pro-multikulturelle Einstellung scheinen hingegen von den Qualitätszeitungen auszugehen, die offensichtlich am ehesten die Perspektive für eine offene, multikulturell orientierte Einstellung fördern können.

Zusammenfassung der Einflussfaktoren
Die untersuchten Regressionsmodelle zu Patriotismus, Nationalismus und Xenophobie haben deutlich gezeigt, dass in allen drei Aspekten teilweise unterschiedliche Komponenten als Einflussgrößen ausschlaggebend werden. Alle drei Modelle machen jedoch auch den großen Zusammenhang zwischen der politischen Orientierung und der nationalen Identitätskonzeption sowie der Einstellung zu anderen Kulturen innerhalb der eigenen Gesellschaft einer Person deutlich. Die Bildungsvariable spielt vor allem im Zusammenhang mit nationalistischen und xenophoben Einstellungen eine wichtige Rolle: Je höher das formale Bildungsniveau einer Person ist, desto geringer sind nationalistische oder ausländerfeindliche Tendenzen ausgeprägt. Patriotismus scheint hingegen von einem Bildungseffekt unabhängig zu existieren. Wichtig für den Grad der patriotischen Orientierung ist hingegen das Alter, das auch beim Nationalismus eine verstärkende Rolle spielt. Zudem zeigt sich der Migrationshintergrund als weiterer sozio-demographischer Einflussfaktor auf den Bereich des Patriotismus, nicht jedoch auf Nationalismus oder Xenophobie. Dies kann als Hinweis dafür gesehen werden, dass auch bei Personen mit nicht-österreichischen Wurzeln durchaus ausländerfeindliche Einstellungen vertreten sein können.

Im Bereich der Medien als Einflussfaktoren auf die nationalen Identitätskonzepte sowie die Xenophobie zeigen sich hingegen sehr unterschiedliche Bedeutungen der herangezogenen Mediennutzungsgrößen. Während etwa Regionalzeitungen in einem positiven Zusammenhang mit Patriotismus und Xenophobie stehen, wirkt sich die Nutzung von österreichischen Privatsendern positiv auf Patriotismus und Nationalismus aus. Besondere Zusammenhänge zeigen sich bei der Nutzung von Boulevardzeitungen, die sich verstärkend auf Nationalismus auswirken, nicht jedoch den erwarteten Zusammenhang mit xenophoben Orientierungen zeigen. Qualitätszeitungen wirken sich hingegen reduzierend auf ausländerfeindliche Orientierungen aus, was ihnen gewisses integrationsförderndes Potential zuspricht. Eine weitere besondere Einflussgröße zeigt sich bei der Mitgliedschaft in Österreich-spezifischen Facebook Gruppen oder Fanseiten, die sich positiv auf patriotische Einstellungen auswirken. Das Radio wiederum ist in einem positiven Zusammenhang mit Nationalismus zu sehen. Tabelle 66 soll die teilweise übereinstimmenden, teilweise voneinander abweichenden sozio-demographischen sowie medialen Einflussfaktoren auf Patriotismus, Nationalismus und Xenophobie noch einmal im Überblick darstellen. Eine detaillierte Tabelle mit den Ergebnissen aller Regressionsmodelle findet sich zudem im Anhang.

Tabelle 66: Einflussfaktoren auf Patriotismus, Nationalismus und Xenophobie

Patriotismus	Nationalismus	Xenophobie
Medieneinflüsse: - Regionalzeitung (+) - Öst. Privatsender (+) - Ausländische Zeitung(-) - Mitglied in Öst.-spezifischen Facebook Gruppe (+)	Medieneinflüsse: - Deutsche öffentlich rechtlich TV-Sender (-) - Öst. Privatsender (+) - Radio (+) - Boulevard-Zeitung (+)	Medieneinflüsse: - Qualitätszeitung (-) - Regionalzeitung (+)
Patriotismus	Nationalismus	Xenophobie
Sozio-demographische Einflüsse: - Alter (+) - Politische Orientierung (je weiter rechts, desto stärker) - Migrationshintergrund (-)	Sozio-demographische Einflüsse: - Alter (+) - Politische Orientierung (je weiter rechts, desto stärker) - Bildung (-)	Sozio-demographische Einflüsse: - Politische Orientierung (je weiter rechts, desto stärker) - Bildung (-)

Zudem haben die Modelle auch gezeigt, dass persönliche Erfahrungen im Rahmen von Reisen im In- und Ausland offensichtlich keine so zentrale Rolle für geopolitische Identitätskonzeptionen spielen. Ebensowenig lässt sich ein signifikanter Einfluss der Internet- und Facebook-Nutzungshäufigkeit auf die drei analysierten Einstellungs-Bereich feststellen.

Zusammenfassend konnte somit gezeigt werden, dass neben den mittlerweile im Rahmen einer Vielzahl von Studien ermittelten sozio-demographischen und politischen Einflussfaktoren durchaus auch Zusammenhänge zwischen der Mediennutzung und der nationalen Identitätskonzeption sowie die Einstellung gegenüber Migranten innerhalb der eigenen Gesellschaft nachgewiesen werden können. Die Ergebnisse liefern Indizien dafür, dass die Form der Medienberichterstattung durchaus Auswirkungen auf die, auf Seiten der Rezipienten vorherrschenden, Vorstellungen bzw. Formen der individuellen Bindung an die Nation als auch den Umgang mit Migranten haben können. Wie bei allen Querschnittsuntersuchungen muss an dieser Stelle jedoch auch darauf hingewiesen werden, dass die Richtung der Kausalität der Einflussgrößen mit einiger Vorsicht zu interpretieren ist, und zukünftige Longitudinal- bzw. Panel-Untersuchung erst den letzten Aufschluss darüber geben können, inwiefern tatsächlich die Medien die Einstellungen der Rezipienten beeinflussen, oder ob jedoch umgekehrt, die individuelle Mediennutzung durch die persönlichen nationalen Identitätskonzepte vorformiert ist. Es ist insofern auch denk, dass etwa eine Person mit hohem Patriotismus eher zu einer Regionalzeitung als zu einer ausländischen Zeitung greift, weil sie dort ihr Bedürfnis nach Lokalberichterstattung bzw. nach Informationen zur eigenen Region oder Nation eher befriedigt sieht als bei einer internationalen Zeitung. Ausgehend von den theoretischen Überlegungen und den Erkenntnissen aus den inhaltsanalytischen Untersuchungen erscheint es naheliegend, dass hier vor allem von einem wechselseitigen Einfluss ausgegangen werden kann. Die Medienrezeption wird durch gewisse geopolitische Dispositionen vorbestimmt, gleichzeitig wirkt sich jedoch die Medienrezeption ebenfalls auf die geopolitischen Identitätskonzepte einer Person aus. Die Wirkungsgefüge dürften hier sehr eng ineinander verschränkt sein und lassen sich endgültig nur mittels experimentellem Untersuchungsdesigns überprüfen. Abgesehen von dieser Beschränkung konnte diese Arbeit jedoch klar zeigen, dass über die individuelle Mediennutzung durchaus interessante Rückschlüsse auf die individuelle Identitätskonzept auf nationaler Ebene sowie die Einstellung zur Migrationsthematik gezogen werden können.

Grundsätzlich hat sich im Rahmen der Untersuchung bestätigt, dass die Österreicher ein relativ enges Verhältnis mit der eigenen Nation und Region haben, was sich sowohl in Hinblick auf das Zugehörigkeitsgefühl mit den unterschiedlichen geopolitischen Identifikationsebenen zeigt, als auch im Zusammenhang mit der nationalen Identitätskonstruktion zum Ausdruck kommt. Im Zusammenhang mit der individuellen geopolitischen Verortung sehen sich die Österreicher vor allem mit der Nation insgesamt (84%) aber auch einer konkreten Region bzw. ihrem Bundesland (76%) verbunden. Erstaunlich hoch fällt auch das Zugehörigkeitsgefühl mit Europa aus, von dem immerhin zwei Drittel aller Befragten

(66%) berichten. Grundsätzlich scheint zudem das Zugehörigkeitsgefühl zur Region und Nation mit dem Alter noch zu steigen, während eine bi- oder transnationale Identifikation, wie sie durch das Zugehörigkeitsgefühl zu einer anderen Nation als Österreich zum Ausdruck gebracht werden kann, eher nachlässt. Auch innerhalb von Österreich zeigen sich unterschiedliche Tendenzen im Zusammenhang mit der geopolitischen Verortung der Menschen. So weisen etwa Personen, die aus dem Bundesland bzw. der Bundeshauptstadt Wien abstammen, im Vergleich zu Personen aus den übrigen Bundesländern eine deutlich geringere Identifikation mit der österreichischen Nation auf, jedoch gleichzeitig deutlich höhere Zugehörigkeitsgefühle zu Europa insgesamt oder anderen Nationen. Umgekehrt scheint für Oberösterreicher, Steirer und Tiroler die Zugehörigkeit zu Österreich aber auch zum eigenen Bundesland von sehr hoher Bedeutung zu sein.

In Bezug auf die erste Forschungsfrage *„Welchen Stellenwert hat die geopolitische Zugehörigkeit für die Nutzer/Nicht-Nutzer von Social Network Sites?"* kann somit zunächst allgemein festgehalten werden, dass vor allem die nationale als auch die regionale Zugehörigkeit für die Österreicher von hoher Bedeutung ist. Aber auch eine gewisse Integration einer europäischen Verortung lässt sich mittlerweile bei den Österreichern erkennen. Dies spricht deutlich dafür, dass eine starke Identifikation mit der eigenen Region und Nation keineswegs ein Hindernis für eine gleichzeitig ebenfalls starke Identifikation mit Europa insgesamt ist. Der Vergleich zwischen Facebook Nutzern und Nicht-Nutzern zeigt dabei unter Berücksichtigung des Alterseffekts jedoch keine signifikanten Unterschiede. Die Präsenz im globalen Online Netzwerk steht offensichtlich in keinem Zusammenhang mit geopolitischen Identitätsmustern.

Dieses hohe Zugehörigkeitsgefühl zu österreichischen Regionen oder der Nation insgesamt spiegelt sich auch in einer insgesamt sehr positiven Selbst-Charakterisierung wider: Österreich wird als sympathisches, tendenziell eher reiches Land gesehen, in dem Gemütlichkeit großgeschrieben wird und Kunst und Kultur geschätzt werden. Zudem werden die Österreicher als fleißiges und leistungsstarkes Volk beschrieben. Einziger eher negativer Charakterzug ist ein gewisser Pessimismus, der den Österreichern zugeschrieben wird. Werden Facebook Nutzer und Nicht-Nutzer in Bezug auf ihre Charakterisierung von Österreich verglichen, so sehen die Anwender des sozialen Netzwerkes die eigene Nation bzw. die Österreicher insgesamt eher als rationale Menschen, als fortschrittliche Nation, aber durchaus auch als fauler, geiziger und sturköpfiger als dies die Facebook-Verweigerer tun. In diesem Unterschied spiegeln sich jedoch auch altersbedingte Veränderungen der Einschätzung wider, sodass dem Aspekt der Facebook Nutzung oder Nicht-Nutzung kein zentraler Einfluss auf die Selbst-Charakterisierung der Österreicher zugeschrieben werden kann. Die Forschungsfrage 2 *„Wie wird Österreich von den Nutzern/Nicht-Nutzern charakteri-*

siert?" kann somit so beantwortet werden, dass beide Gruppen ein durchwegs positives Bild von Österreich zeichnen, wobei Männer tendenziell noch positivere Charakterisierungen vornehmen, als dies Frauen tun und sich gewisse Alterseffekte bei der Einschätzung ergeben. Insgesamt bestätigt sich im Zusammenhang mit der durchwegs positiven Charakterisierung Österreichs durch die eigenen Bürger, ein gewisses Nahverhältnis, das bereits bei der geopolitischen Verortung der Befragten erkennbar wurde. Dennoch schließt dieses Nahverhältnis auch einzelne eher negativ konnotierte Einschätzungen der eigenen Nation nicht aus, was für eine durchaus selbstkritische Reflexion der eigenen Nationalität spricht.

Diese Bereitschaft für eine gewisse Form von Selbstkritik stellt zudem einen zentralen Unterscheidungspunkt zwischen zwei bereits im theoretischen Teil differenzierten Formen von nationaler Identität dar, nämlich Patriotismus und Nationalismus. Während erstere ein gewisses Nahverhältnis mit der eigenen Nation zum Ausdruck bringt, bei dem aber auch durchaus kritische Aspekte zu einem Teil der Selbstcharakterisierung gehören, zeichnet sich der Nationalismus zwar ebenfalls durch das Nahverhältnis zur eigenen Nation aus, bei dem jedoch eine eindeutig überhöhte positive Selbsteinschätzung ohne jede Form von kritischer Selbstreflexion mit einer Abwertung anderer Vergleichsnationen bzw. von Minoritäten innerhalb der eigenen Nation einhergehen. Somit ergibt sich allein in der Kombination der Ergebnisse zur geopolitischen Verortung und der Charakterisierung Österreichs die Vermutung, dass ein relativ hoher Patriotismus-Wert bei den Befragten festzustellen sein wird. Zur Überprüfung der Forschungsfrage 3 *„Welche Formen nationaler Identität (Patriotismus, Nationalismus, Nationalstolz) zeigen sich bei den Nutzern/Nicht-Nutzern und wie wird mit Multikulturalismus und Globalisierung umgegangen?"* wurden die unterschiedlichen Aspekte nationaler Identität mittels international erprobter Fragenitems erhoben. Die daraus errechneten Indizes bestätigen eindeutig einen sehr hohen Patriotismus bei den befragten Österreichern. Dies wird noch dadurch verstärkt, dass auch sehr nationalstolze Einstellungen zum Ausdruck gebracht werden. Die „negative" Form nationaler Identität, d.h. Nationalismus, ließ sich jedoch vergleichsweise selten im Antwortverhalten der Befragungsteilnehmer erkennen. Dies bestätigt sich auch durch die relativ geringen Werte im Zusammenhang mit xenophoben Einstellungen, die häufig mit nationalistischen Orientierungen einhergehen. Die tendenziell eher positive Einstellung zur Mitgliedschaft Österreichs in der Europäischen Union geht wiederum einher mit den im Zusammenhang mit der geopolitischen Verortung geäußerten hohen Zugehörigkeitsgefühlen zu Europa insgesamt.

Der Vergleich zwischen den Facebook-Nutzern und Nicht-Nutzern zeigt bei Berücksichtigung des Alterseffekts lediglich bei den jüngeren Erwachsenen (22-

35 Jahre) signifikante Unterschiede. Damit drückt sich die Tendenz aus, dass Nutzer der Social Network Site patriotischer und nationalstolzer sind als die gleichaltrigen Nicht-Nutzer. Dies spricht dafür, dass die Mitgliedschaft in dem global vernetzten Online Netzwerk keineswegs zu einer Minderung patriotischer und nationalstolzer Gefühle führt, sondern eher im Gegenteil, die Mitglieder dieses globalen Netzwerkes sich durch höheren Patriotismus und Nationalstolz auszeichnen als diese Personen aufweisen, die sich aus diesem weltumspannenden sozialen Netz heraushalten. Die These, dass in der Netzwerkgesellschaft regionale und nationale Identitäten an Bedeutung verlieren würden, kann somit zumindest für die im Rahmen dieser Untersuchung befragten Facebook-Nutzer falsifiziert werden.

Interessant erscheinen in diesem Zusammenhang auch Vergleiche zwischen unterschiedlichen Gruppen von Facebook-Nutzern, konkret der Vergleich zwischen Personen, die in Facebook Mitglied in einer oder mehrerer Gruppen oder Fanseiten sind, die sich explizit auf die österreichische Identität bzw. jener einer österreichischen Region beziehen, und jenen Nutzern, die in keiner derartigen Gruppierung registriert sind. Grundsätzlich zeigt sich dabei eine relativ hohe Bereitschaft unter den befragten österreichischen Facebook-Anwender derartigen Facebook Gruppen oder Seiten beizutreten, indem nahezu die Hälfte aller Befragungspersonen zumindest in einer derartigen Gruppierung registriert ist. Auch die multiple Regressionsanalyse bestätigt diesen Einfluss der Mitgliedschaft in Österreich-spezifischen Facebook Angeboten auf den Grad an Patriotismus einer Person. Bei der Überprüfung von Forschungsfrage 4 *„Welche Unterschiede zeigen sich zwischen Mitgliedern von Regionen- und Nation-spezifischen Facebook-Gruppen/Fanseiten und Nicht-Mitglieder in Hinblick auf die nationale Identität?"* zeigt sich klar, dass Mitglieder in derartigen Österreich-bezogenen Facebook Gruppierungen tatsächlich signifikant höheren Patriotismus und Nationalstolz aufweisen, d.h. positive Ausprägungen nationaler Identität aufweisen, aber gleichzeitig auch höheren Nationalismus und Xenophobie, was für die negative Form nationaler Identität steht. Auch die Einstellung zur EU-Mitgliedschaft Österreichs fällt bei Gruppen- bzw. Seitenmitgliedern deutlich negativer aus, als dies bei österreichischen Facebook-Nutzern der Fall ist, die nicht in derartigen regional oder national bezogenen Gruppen sind. Dieses Bild bestätigt sich auch im Vergleich der geopolitischen Verortung von Mitgliedern und Nicht-Mitgliedern. Erstere weisen eine signifikant höhere Identifikation mit der Region und/oder Nation auf, gleichzeitig aber signifikant geringere Zugehörigkeitsgefühle zu Europa und/oder einer anderen Nation als Österreich. Es teilt sich somit die österreichische Facebook-Nutzerschaft in eine Gruppe, die sich sehr stark mit einer österreichischen Region oder der Nation insgesamt verbunden fühlt und dazu sowohl positive als auch negative Ausprägungen nationaler Identitätskonzepte vertreten, und die demnach auch bewusst solchen Gruppierungen beitritt, mit denen sie auch innerhalb des globalen Online Netzwerkes die Zugehörigkeit, den Stolz und die Identifikation mit ihrer Region bzw. Österreich insgesamt zum Ausdruck bringen können, sowie einer anderen Gruppe von Nutzern, für die die regionale und nationale Zugehörigkeit von geringerer Bedeutung ist, und welche diese demnach auch nicht innerhalb des Netzwerkes durch eine aussagekräftige Mitgliedschaft darstellen wollen. Dies spricht dafür, dass die Gruppenmitgliedschaften von Facebook-Nutzer sehr eng mit ihren persönlichen Einstellungen verbunden sind. Somit können die aufgelisteten Facebook Gruppen und Fanseiten innerhalb eines Nutzer-Profils auch dazu herangezogen werden, (vorsichtige) Einschätzungen über gewisse politische, soziale und psychologische Dispositionen eines Nutzers vornehmen zu können.

Als letzte Fragestellung wurde schließlich der Zusammenhang zwischen bestimmten Mediennutzungstypen und ihrer geopolitischen Identitätskonzeption formuliert. Dabei zeigten sich im Rahmen von Kreuztabellierungen der vier identifizierten Mediennutzungstypen und der vier Typen geopolitischer Identitätskonzeption sowie den Regressionsanalysen durchaus signifikante Zusammenhänge. Forschungsfrage 5 *„Gibt es einen Zusammenhang zwischen der Nutzung bestimmter Medienangebote (TV, Print, Internetnd der regionalen, nationalen bzw. globalen Identifikation bzw. Charakterisierungon Österreich?"* kann somit zusammenfassend folgendermaßen beantwortet werden: Tatsächlich zeigen sich eindeutige Zusammenhänge zwischen der Mediennutzungsart und der individuellen geopolitischen Identitätskonzeption. Während etwa Personen, die zur Gruppe der „Glokalisierten" gezählt werden, d.h. die zugleich eine starke regionale als auch eine starke Identifikation mit Europa aufweisen, sich durch eine informationsorientierte Mediennutzung auszeichnen, geht eine geringe geopolitische Verwurzelung auch mit einer allgemein eher wenig interessierten Mediennutzung einher. Die „regional und national Verbundenen" sowie die eher „transnational Verbundenen" zeigen beide eine starke Sport- und informationsorientierte TV-Nutzung, was jeweils aus unterschiedlichen Motiven heraus erfolgen dürfte, vor allem in Hinblick auf die starke Sportorientierung. Während Erstere ihre Gratifikationen aus dem Mitfiebern mit österreichischen Athleten ziehen können, liegt für Letztere die primäre Motivation in Mitfiebern mit Athleten anderer Nationen bzw. an internationalen Wettbewerben. Bei den „regional und national Verbundenen" zeigt sich zudem noch die stärkste Unterhaltungs- und Actionorientierung in der Mediennutzung. Diese Ergebnisse bestätigen sich auch im Rahmen der multiplen Regressionsanalysen zu den Einflussfaktoren auf Patriotismus, Nationalismus und Xenophobie. Auch hier erweisen sich neben sozio-demographischen Aspekten die individuellen Mediennutzungsweisen als erklärende Faktoren für das Ausmaß an patriotischen, nationalistischen und xenophoben Einstellungen.

6. Medienbilder vs. Rezipienteneinstellung

Den Abschluss dieser Arbeit soll eine Zusammenführung der Ergebnisse der inhaltsanalytischen Untersuchungen mit den eben vorgestellten Befragungendaten bilden. Auf diese Weise wird der zentralen Frage nachgegangen, inwiefern die medial und von Facebook Nutzern vermittelten geopolitischen Identitätskonzeptionen mit den individuellen Verortungen und Identifikationsebenen der befragten Personen übereinstimmen.

Charakterisierung Österreichs
Vergleicht man die Charakterisierungen, die innerhalb der Zeitungsberichterstattung zu Österreich genannt werden und jene, die von den Befragten als Eigenschaften Österreich zugeordnet wurden, so zeigen sich teilweise beachtliche Unterschiede zwischen den Einschätzungen. Das nachfolgende semantische Differential zeigt mit der durchgezogenen Linie die Charakterisierungen Österreichs an, die im Rahmen der Online-Befragung von Österreicherinnen und Österreichern genannt wurden, die strichlierte Linie steht für die Charakterisierungen aus der Inhaltsanalyse der Tageszeitungen. Große Differenzen zwischen den beiden Profilen zeigen sich vor allem bei den Eigenschaftspaaren kriminell-gesetzestreu, sportlich – unsportlich, streitsuchend/aggressiv – friedfertig/sanftmutig, regional orientiert – weltoffen, arm-reich sowie emotional-rational und passiv-aktiv (Abbildung 6).

Insgesamt wird Österreich in den Zeitungen krimineller, streitsuchender bzw. aggressiver, sportlicher, weltoffener, emotionaler und aktiver dargestellt als die befragten Österreicher dies tun. Diese sehen jedoch die eigene Nation als deutlich umweltbewusster als dies in den Zeitungen vermittelt wird. Sehr ähnlich ist hingegen die Einschätzung der Tageszeitungsdarstellung und der individuellen Meinung der Befragten dabei, dass Österreich eher ein teures Land ist, weder besonders geizig noch besonders großzügig ist, sehr leistungsstark und fortschrittlich ist, Religion zumindest eine gewisse Rolle spielt, großes Kulturinteresse herrscht und Österreicher zu einer gewissen Intoleranz tendieren können.

Es zeigt sich somit, dass sich teilweise die medial vermittelten Charakterisierungen Österreichs sehr gut mit der individuellen Wahrnehmung der Österreicher decken, jedoch in einigen Punkten auch deutliche Abweichungen zu finden sind.

Abbildung 6: Charakterprofil Österreich Zeitung vs. subjektive Einschätzung

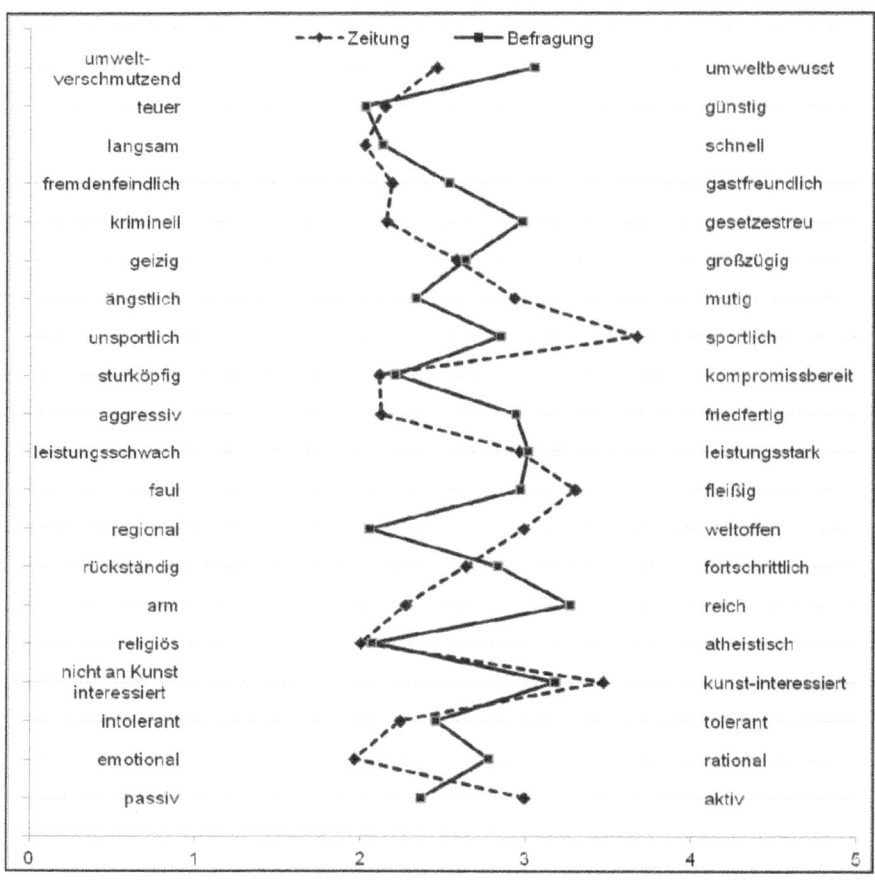

Einige dieser Abweichungen lassen sich auf journalistische Nachrichtenfaktoren bzw. redaktionelle Strukturen zurückführen, wie etwa die deutlich höhere Einschätzung Österreichs als „kriminell" (Nachrichtenfaktor: Negativismus) sowie die höhere Zuschreibung von „Streitsucht bzw. Aggression" (Nachrichtenfaktor: Konflikt) aber auch die hohe „Sportlichkeit" Österreichs bzw. das hohe kulturellen Interesse (Sport-Ressort und Kultur-Ressort fokussieren geradezu auf diese Charakterdimensionen) in der Zeitungsberichterstattung. Die stärkere mediale Darstellung Österreich als „arm" lässt sich vor allem dadurch begründen, dass in der Medienberichterstattung auch häufig über Budgetprobleme der Regierung bzw. von Bundesländern oder Gemeinden berichtet wird (Nachrichtenfaktor: Negativismus), sodass hier verstärkt ein Eindruck der mangelnden finanziellen Ressourcen vermittelt wird. Andere Unterschiede, wie etwa die stärker regionale Charakterisierung im Rahmen der Befragung, weisen darauf hin, dass offensichtlich die Befragten die regionale Bedeutung innerhalb Österreichs sehr hoch einschätzen, während in der Zeitungsberichterstattung sogar innerhalb der österreichbezogenen Berichterstattung durchaus Bezüge zu anderen Nationen hergestellt werden, die wiederum der Nation eine weltoffenere Charakterisierung bescheren, als dies in der subjektiven Einschätzung der Österreicher der Fall ist.

Geopolitische Verortung
Beim Vergleich der geopolitischen Verortung der analysierten Artikel, Diskussionsbeiträge in Facebook und der subjektiven Beschreibung der Untersuchungsteilnehmer zeigt sich, dass sowohl die inhaltsanalytische Untersuchung der Diskussionsbeiträge als auch die Antworten der Befragten in erster Linie auf eine nationale Verortung hinweisen, relativ eng gefolgt von einer regionalen Verortung. Umgekehrt verhält es sich bei der Tageszeitungsberichterstattung, bei der die regional verorteten Berichte etwas häufiger vorkommen als die national verorteten Beiträge. Diese stärker regionale Bezugnahme der Zeitungsberichte kann einerseits darin begründet gesehen werden, dass durch die gezielte Ausrichtung auf bestimmte regionale Verbreitungsgebiete auch die Berichterstattung dementsprechend stärker lokalisiert ist, andererseits dürften gewisse Ereignisse, wie sie etwa im Chronik-Ressort häufig zu finden sind (z.B. Unfälle, Überfälle etc.), stets auf eine regionale Ebene bezogen bleiben, da sie meist keine gesamtnationalen Auswirkungen mit sich bringen. Umgekehrt erstaunt die primär nationale Verortung der befragten Österreicher sowie der analysierten Diskussionsbeiträge auf den ersten Blick. Ursprünglich war zu erwarten gewesen, dass das unmittelbare Lebensumfeld die primäre Identifikationsebene darstellt und erst an zweiter Stelle die weitergefasste Verortung auf Ebene der Nation stattfindet. Bei den Diskussionsforen kann diese verstärkte Bedeutung der nationalen Verortung dadurch erklärt werden, dass innerhalb national orientierten Gruppen deutlich intensiver über die nationale Verortung diskutiert wurde, als dies etwa in regional ausgerichteten Gruppen in Hinblick auf die regionale Verortung der Fall ist. Die transnationale Verortung spielt hingegen weder in den Diskussionsforen in Facebook, noch in der Zeitungsberichterstattung oder den subjektiven Einstellungen der befragten Österreicher eine große Rolle.

Insgesamt lässt sich somit festhalten, dass sich die Diskussionen in Facebook und die im Rahmen der Befragung geäußerten Selbsteinordnungen der Österreicher sehr gut übereinstimmen. Die mediale Berichterstattung weicht davon zumindest tendenziell ab, indem hier verstärkt eine regionale Verortung der Beiträge vorgenommen wird und weniger gesamt-national bezogene Beiträge zu finden sind. Während in den Facebook Gruppen also vor allem auf nationaler Ebene diskutiert wird, was auch den individuellen Verortungen der befragten Österreicher entspricht, erfolgt die Berichterstattung in den Tageszeitungen verstärkt auf regionaler Ebene (Tabelle 67).

Tabelle 67: Geopolitische Verortung Zeitung – Facebook – Befragung

Zeitungsanalyse	Facebook Analyse	Befragungs-Daten
Geopolitische Verortung: - Regionale Verortung (80,5%) - Nationale Verortung (75%) - Transnationale Verortung (42,6%)	**Geopolitische Verortung:** - Nationale Verortung (89,5%) - Regionale Verortung (66,1%) - Transnationale Verortung (31,8%)	**Geopolitische Verortung:** - Nationale Verortung (84,4%) - Regionale Verortung (75,8%) - Transnationale Verortung (66,2%)

Nationale Identität
Vergleicht man die Darstellungsformen der Zeitungen bzw. innerhalb der Diskussionsforen und die Einstellungen der Befragten in Hinblick auf die unterschiedlichen Formen nationaler Identität kombiniert mit der Einstellung zu Migranten innerhalb der eigenen Gesellschaft, so zeigt sich ein tendenziell übereinstimmendes Bild bei allen drei Untersuchungseinheiten. Lediglich die Stärke der Ausprägungen bzw. die Häufigkeit der Thematisierungen unterscheiden sich. Sowohl in der Zeitungsanalyse als auch in der Untersuchung der Diskussionsbeiträge in den Österreich-spezifischen Facebook Gruppierungen werden patriotische und nationalstolze Aussagen jeweils in ähnlichen Anteilen genannt, wobei jedoch darauf hingewiesen muss, dass bei der Zeitungsberichterstattung insgesamt seltener direkte Thematisierungen aller ermittelten Formen nationaler Identitätsausprägung genannt werden. Auffällig ist bei diesem Medienvergleich vor allem, dass in der Tageszeitung kaum nationalistische Aussagen vermittelt werden (3,9%), während diese in immerhin fast drei Viertel (73,3%) aller untersuchten Diskussionsforen zumindest einmal zu finden sind. Ein ähnliches Bild zeigt sich bei xenophoben Äußerungen, die ebenfalls in der Tageszeitung kaum vorkommen (3,9%), in der Social Network Site jedoch zumindest in fast einem Drittel aller Foren (29,5%) genannt werden. Gleichzeitig weisen die Diskussionsforen aber auch eine deutlich höhere Zahl an pro-multikulturellen Aussagen auf (27,3%), während auch diese positiven Darstellungen der Migrationssituation in

den Tageszeitungen kaum zu finden sind (5,8%). Auf Befragungsebene zeichnet sich ein ähnliches Bild ab, wie dies aus der Medienberichterstattung, aber auch aus den Diskussionen in Facebook gezeigt hat: Die befragten Österreicher erweisen sich in erster Linie als patriotisch und nationalstolz, während nationalistische Aussagen durchwegs eher abgelehnt werden. Im Hinblick auf die Migrationsthematik erweisen sich die Befragten tendenziell eher pro-multikulturell eingestellt, wobei der Mittelwert dieser Skala um den Mittelpunkt streut, sodass sich hier die Pro- und Kontra-Stimmen, die v.a. in den Facebook Foren festgestellt werden konnten, vermutlich gegenseitig ausgleichen, sodass eine derartige „neutrale" Einstellung auf Befragungsebene zum Ausdruck kommt.

Zudem zeigen sich bei allen drei Untersuchungsbereichen teilweise starke Korrelationen der einzelnen Dimensionen nationaler Identität. So korrelieren sowohl im Rahmen der Inhaltsanalyse der Tageszeitungen und der Diskussionsforen als auch bei den Befragungsdaten Patriotismus und Nationalstolz stark miteinander, was dafür spricht, dass eine nationalstolze Einstellung nicht automatisch zu einer überhöht positiven Einstellung gegenüber der eigenen Nation führen muss, sondern durchaus auch eine reflektiert-kritische Bindung an die eigene Nation, wie dies im Patriotismus geschieht, zulässt. Außerdem zeigen sich starke und hoch signifikante Zusammenhänge zwischen Nationalismus und Xenophobie, was hervorstreicht, dass das Thema Migration im Zusammenhang mit nationalistischen Äußerungen häufig sehr negativ vermittelt wird und andere Nationen und Kulturen im Vergleich zur eigenen idealisierten Nation stark abgewertet werden (Tabelle 68).

Tabelle 68: Nationale Identitätskonzeption Zeitung – Facebook – Befragung

Zeitungsanalyse	Facebook Analyse	Befragungs-Daten
Nationale Identität:	**Nationale Identität:**	**Nationale Identität:**
- Nationalstolz (37%) - Patriotismus (32,3%) - Nationalismus (3,9%) - Xenophobie (3,9%) - Pro-Multikulturalismus (5,8%)	- Patriotismus (80%) - Nationalstolz (74,2%) - Nationalismus (73,3%) - Xenophobie (29,5%) - Pro-Multikulturalismus (27,3%)	- Patriotismus (M=3,84) - Nationalstolz (M=3,26) - Nationalismus (M=2,48) - Xenophobie (M=2,78)

Fazit dieses Vergleichs der nationalen Identitätsdimensionen kann festgehalten werden, dass sich die Einstellungen der befragten Österreicher zwar tendenziell sehr wohl auch in der Zeitungsberichterstattung wiederfinden, aber in nur abgeschwächter Form. Die in den Diskussionsforen der Social Network Site geäußerten Einstellungen spiegeln jedoch in ihrer Gesamtheit auch sehr gut die Einstellungsmuster der befragten Österreicher wider. Daraus kann geschlossen werden, dass die Beobachtung derartiger Diskussionen in Online Netzwerk durchaus als ein guter Indikator dafür gesehen werden kann, welche Einstellungen und Meinungsklimata auch über einen längeren Zeitraum in der Bevölkerung vorherrschen.

Die Bedeutung regionaler und nationaler Symbole
Ein weiterer wichtiger Aspekt für die geopolitische Identitätskonstruktion sind die Symbole, die dafür verwendet werden bzw. die damit assoziiert werden. Der Vergleich der medial vermittelten Symbole im Zusammenhang mit Österreich, den von den Social Network Nutzern in den Diskussionsforen geäußerten Symbolen und den bei der Befragung spontan mit Österreich verbundenen Aspekten zeigt sehr klar, dass einzelne Symbole in allen drei Bereichen eine herausragende Rolle spielen (Tabelle 69). Allen voran scheinen geographische Symbole wie v.a. die Berge Österreichs, aber auch Seen bzw. bestimmte Landschaften eine ganz zentrale Funktion für die symbolische Darstellung der Regionen bzw. der Nation einzunehmen. Diese geographischen Symbole stellen sowohl in der Zeitungsberichterstattung als auch bei den Spontanassoziationen der befragten Österreicher die meistgenannte Rubrik dar, in den Diskussionsforen liegen sie immerhin noch auf Platz 2. Ebenfalls wichtig und innerhalb der Foren am häufigsten genannt sind regionale oder nationale Identifikationsfiguren. Während diese in den Tageszeitungen die zweithäufigste Symbolrubrik darstellen und dabei vor allem Politiker als Repräsentationen der Region oder Nation eingesetzt werden, rangieren Identifikationsfiguren bei der Liste der Spontanassoziationen erst an vierter Stelle und sind verstärkt auf den kulturellen bzw. sportlichen Bereich bezogen. Ebenfalls in allen drei Bereichen genannt sind regional oder national typische Traditionen, wobei diese vor allem im Rahmen der Spontanassoziationen von besonders hoher Bedeutung sind (Tageszeitung Rang 6, Facebook Rang 6, Befragung Rang 2). Typische Speisen und Getränke stellen hingegen nur in den Diskussionsforen sowie in den Spontanassoziationen der Befragten eine wichtige Symboldimension dar, während sie in der Tageszeitungsberichterstattung – wenig überraschend – kaum Bedeutung hat. Umgekehrt nehmen in der Zeitungsanalyse politische Parteien aber auch regional oder nationalbezogene Kürzel (z.B. ÖGB, ORF) eine wichtige symbolische Rolle ein, die jedoch in den Diskussionsforen bzw. den Spontanassoziationen kaum zu finden sind. Auch Sehenswürdigkeiten werden vor allem im Rahmen der Zeitungsberichterstattung als auch in den Foren als Symbole Österreichs eingesetzt, im Rahmen der Spontanassoziationen werden sie ebenfalls ge-

nannt, aber in vergleichsweise unbedeutendem Ausmaß[127]. Die Nationalfarben rot-weiß-rot spielen hingegen in den Diskussionsforen und bei den Spontanassoziationen eine beachtenswerte Rolle als symbolische Darstellung Österreichs, in den Tageszeitungen finden sie lediglich im Sportressort relativ häufig Verwendung[128].

Tabelle 69: Symboleinsatz Zeitung – Facebook – Befragung

Zeitungsanalyse	Facebook Analyse	Befragungs-Daten
Symbole (regionale & nationale Symbole kombiniert):	**Symbole (regionale & nationale Symbole kombiniert):**	**Symbole (regionale & nationale Symbole kombiniert):**
1. Geographische Symbole	1. Identifikationsfiguren	1. Geographische Symbole
2. Identifikationsfiguren	2. Geographische Symbole	2. Traditionen
3. Politische Parteien	3. Speisen und Getränke	3. Speisen und Getränke
4. Typische Abkürzungen	4. Sehenswürdigkeiten	4. Identifikationspersonen
5. Sehenswürdigkeiten	5. Nationalfarben	5. Kleidung und Tracht
6. Traditionen	6. Traditionen	6. Nationalfarben

Insgesamt zeigt sich somit beim Symboleinsatz, dass es durchaus einige übergreifende Symbole, wie etwa geographische Besonderheiten Österreichs, Identifikationsfiguren und Traditionen, gibt, die in unterschiedlichsten Anwendungsbereichen häufig mit Österreich verbunden werden. Andererseits scheint das Massenmedium Zeitung noch einige spezifische Symbole Österreichs relativ häufig in der Berichterstattung einzusetzen (z.B. politische Parteien oder bestimmte Abkürzungen), die jedoch auf Seiten der Medienrezipienten nicht aktiv in Diskussionsforen oder bei der Frage nach den Spontanassoziationen mit Österreich genannt werden. Dafür spielen auf der nicht-professionellen Kommunikationsebene Symbole wie typische Speisen und Getränke aber auch die Nationalfarben eine deutlich höhere Rolle als symbolischer Ausdruck für Österreich. In allen drei Bereichen zeigt sich jedoch deutlich, dass es eine große Vielfalt an Symbolen als Ausdruck der österreichischen Identität gibt, die je nach Kontext unterschiedlich intensiv eingesetzt werden.

---

[127] Die spontan am häufigsten genannte Sehenswürdigkeit Österreichs ist der Stephansdom, der von knapp 3% der Befragten genannt wurde.
[128] z.B.: „das rot-weiß-rote Team", „rot-weiß-roter Triumph" usw.

7. Schlusswort – Verortung in der globalisierten Netzwelt

Der Terminus des „globalen Dorfes" wurde im Rahmen dieser Arbeit als Ausgangspunkt der theoretischen und empirischen Überlegungen herangezogen und es wurde gezeigt, dass auch ein im Zeitalter der „Internetgesellschaft" derartig vielstrapazierter Begriff der gesellschaftlichen Realität nur mit Einschränkungen gerecht werden kann. Besinnt man sich auf die ursprüngliche Konnotation der Metapher des „globalen Dorfs", so geht man dabei zunächst von einer technikbezogenen Perspektive aus. McLuhan verwendete den Terminus, um seine Vision eines „elektronischen Nervensystems", das früher oder später alle Menschen miteinander vernetzen und dadurch ein „globales Dorf" entstehen lassen würde, zum Ausdruck zu bringen. Während dieses „elektronische Nervensystem" zum Zeitpunkt der Veröffentlichung von McLuhans „The Gutenberg Galaxy" (1962) noch überwiegend von der Vorstellung einer Vernetzung mittels Telefon oder Print- bzw. Rundfunkmedien getragen wurde, erlebte die Metapher des „Global Village" vor allem mit der Verbreitung des Internets eine wahre Renaissance, indem das World Wide Web als die „Inkarnation" von McLuhans weltumspannenden „elektronischen Nervensystems" gesehen wird. Von einer technischen Perspektive aus betrachtet, geschieht dies auch durchaus zu recht, kann schließlich das globale technisch-vernetzte „Dorf" als (nahezu) realisiert angesehen werden. Die weltweite Vernetzung ist in der westlichen Welt weit vorangeschritten und auch in den übrigen Regionen lässt sich ein kontinuierlicher Ausbau der global vernetzten Informations- und Kommunikationsmöglichkeiten feststellen. Wird also der Begriff des „global village" von einer primär technologischen Perspektive aus beleuchtet, so spricht tatsächlich alles für eine auf globaler Ebene angesetzte, technisch-initiierte, kommunikative „Vergemeinschaftung", die zunehmend losgelöst von kleinräumigen geographischen Bezugspunkten von statten geht.

Die inflationäre Verwendung von McLuhans Metapher hat jedoch auch zu einer Ausweitung seiner Begrifflichkeit geführt. Der Terminus des „globalen Dorfes" wurde zunehmend auch zur Versinnbildlichung von Globalisierungsprozessen auf politischer, wirtschaftlicher oder kultureller Ebene herangezogen. Ausgehend von den neuen technologischen Möglichkeiten, die sich durch das weltumspannende „elektronische Nervensystem" eröffnen, haben sich zunehmend auch auf wirtschaftlicher und politischer Ebene globale Vernetzungsprozesse ausgebildet, indem regional oder national stattfindende politische Entscheidungen und wirtschaftliche Entwicklungen oftmals sehr unmittelbare Konsequenzen auf internationaler Ebene für andere Staaten haben. Gleichzeitig beeinflussen internationale politische und wirtschaftliche Ereignisse das alltägliche Leben auf regionaler und nationaler Ebene. Ähnliches zeigt sich im kulturellen Bereich, indem etwa durch die wachsende Bedeutung internationaler Medienkonsortien ein- und dieselben kulturellen Angebote an ein potentielles „Weltpublikum" vermittelt werden können. Diese Angebote globaler „Mainstream-Kultur" treten in Konkurrenz mit stärker lokalisierten Traditionen, kulturellen Besonderheiten bzw. Interessensfelder einzelner Regionen oder Nationen. Inwiefern jedoch tatsächlich von der Existenz eines „globalen Dorfes" in politischen, wirtschaftlichen und kulturellen Bereichen gesprochen werden kann, gilt es, wie die im Rahmen dieser Arbeit dargestellten theoretischen Ansätze bzw. empirischer Forschungsergebnisse nahelegen, kritisch in Frage zu stellen. Beginnend mit dem politischen Bereich lässt sich am Beispiel internationaler Politik illustrieren, dass zwar einerseits ein globales politisches Dorf durchaus besteht, indem etwa auf Ebene der Europäischen Union politische Entscheidungen getroffen werden, die über nationale Politiken hinausreichen bzw. diese beeinflussen. Andererseits bedeutet dies keineswegs eine Auflösung nationaler, regionaler oder lokaler politischer Aktionsebenen, im Gegenteil. Sehr ähnlich verhält sich das Bild im wirtschaftlichen Bereich. Zwar lassen sich auf der einen Seite fortschreitende Expansionsbestrebungen internationaler Unternehmen beobachten, auf der anderen Seite ist parallel dazu jedoch auch ein wachsendes Bewusstsein für die Bedeutung regionaler Absatzmärkte zu erkennen. Und auch im kulturellen Bereich zeichnen sich zwei gegenläufige Entwicklungstendenzen ab: Einerseits werden v.a. im Unterhaltungsbereich Medieninhalte zunehmend international verwertet, andererseits verlieren regionalisierte Bräuche und kulturelle Vorlieben im Alltag der Menschen kaum an Bedeutung. Der nach wie vor hohe Stellenwert von nationalen und regionalen Informationsangeboten in den Medien kommt, wie im Rahmen dieser Arbeit gezeigt wurde, v.a. bei den Tageszeitungen aber auch bei anderen Medienangeboten deutlich zum Ausdruck. Sie decken Bedürfnisse nach ortsbezogenen Informationen ab und bieten gleichzeitig den Rezipienten wichtige Bausteine für die Ausbildung einer lokalen, regionalen oder auch nationalen Identität innerhalb einer vermeintlich globalisierten Netzwerkgesellschaft.

In allen drei genannten Bereichen zeichnen sich somit zwei an sich gegenläufige Entwicklungen ab, nämlich einerseits eine überwiegend technologisch ermöglichte bzw. bedingte Loslösung von traditionellen Orts- und Raumkonzepten, andererseits eine nach wie vor hohe Bedeutung ortsbezogener Referenzpunkte. Auch diese auf den ersten Blick widersprüchlichen Entwicklungen werden unter einem mittlerweile vielfältig strapazierten Begriff diskutiert, nämlich dem Schlagwort der „Glokalisierung". Politik, Wirtschaft und Kultur ereignen sich zwar unbestrittenermaßen im großen Rahmen eines „globalen Dorfes", in dem jedoch nationale oder regionale Abgrenzungen nur situationsbedingt verschwinden und vielmehr im Alltag nach wie vor relevant bleiben. Das „global village" kann somit für Politik, Wirtschaft und Kultur nur unter Vorbehalten als existent bezeichnet werden.

Auf der dritten Ebene, die ich an dieser Stelle nennen möchte, stellt sich die Frage nach der Existenz des „globalen Dorfes" wohl so dringlich wie kaum sonst wo, nämlich auf sozialer Ebene. Erleben wir mittlerweile tatsächlich eine Entwicklung hin zum „total vernetzten Weltbürger", der vollkommen losgelöst von jeglicher Form geographischer bzw. geopolitischer Verortung durch das globale Dorf spaziert? Existieren mittlerweile tatsächlich Individuen, die im Rahmen ihrer personalen und sozialen Identitätskonstruktion komplett auf den Einbezug von geographischen bzw. geopolitischen Elementen verzichten können, weil diese für sie keine Relevanz mehr aufweisen? Ausgehend von aktuellen Forschungsergebnissen und der im Rahmen dieser Arbeit vorgestellten empirischen Befunde lässt sich diese Frage (zumindest momentan noch) mit einem klaren Nein beantworten. Wie anhand des Fallbeispiels Österreich gezeigt wurde, spielen bei der großen Mehrheit der Bevölkerung im Alltag regionale und nationale Bezugspunkte eine sehr bedeutende Rolle. Das alltägliche Leben ist nach wie vor im Bewusstsein der Menschen untrennbar mit konkreten geographischen bzw. geopolitischen Orten und Räumen verbunden. Die technologisch realisierte globale Vernetzung spiegelt sich somit nicht 1:1 auch in einer globalen Vernetzung sozialer Beziehungen und sozialer Identitätsmuster wider. Zwar lässt sich eine durch Mobilisierungstendenzen verstärkte Öffnung zu interpersonalen Kontakten über Staatsgrenzen oder Kontinente hinweg feststellen. Die damit verbundenen Interaktionsprozesse finden jedoch nicht in einem ortslosen Raum statt, sondern sind in unterschiedlich starkem Maße von den konkreten Ortsbezügen der Interaktionspartner geprägt. Das Bedürfnis nach individueller Verortung auf einer kleinräumigen Ebene ist, wie auch die Ergebnisse dieser Untersuchung klar gezeigt haben, sowohl in der „realen" Welt als auch in der Online-Umgebung nach wie vor ungebrochen. Die technologischen Möglichkeiten des „globalen Dorfes" werden von den Individuen geschätzt und für einen im wahrsten Sinne des Wortes grenzenlosen Austausch von Informationen und Kommunikationsinhalten genutzt. Im alltäglichen Miteinander bzw. für die persönliche Identitätskonstruktion haben jedoch regionale und/oder nationale Bezugspunkte nichts an Bedeutung eingebüßt. Die technologisch ermöglichte Loslösung von räumlichen Beschränkungen wird zum Teil von den Nutzern dieser Technologien in einem aktiven Prozess sogar wieder aufgehoben, indem innerhalb des elektronischen Netzwerkes geopolitische Strukturen reproduziert werden. Im einfachsten Fall geschieht dies bereits durch die Angabe persönlicher Herkunfts- oder Wohnorte im individuellen Profil innerhalb von sozialen Online Netzwerken oder aber auch bei der Gründung virtueller Gruppen, die sich explizit der Zugehörigkeit zu einer bestimmten Region oder Nation widmen. Diese ortsbezogenen Manifestationen in der potentiell raumlosen Kommunikationssphäre Internet illustrieren diese zwei zunächst widersprüchlich anmutenden und dennoch unmittelbar miteinander verbundenen Entwicklungen der Existenz eines globalen Dorfes auf der einen und einem deutlichen Bestreben der Etablierung bzw. Erhaltung von konkreten Ortsbezüge innerhalb desselben auf der anderen Seite.

Lokal global vernetzt – So könnte man als Fazit die Situation der modernen Netzwerkgesellschaft beschreiben. Technologisch global vernetzt lebt die Mehrheit der Menschen in der westlichen Welt tatsächlich in einem globalen Dorf, innerhalb dessen sich das alltägliche Leben jedoch nach wie vor auf regionaler und nationaler Ebene abspielt und ortsbezogene Referenzpunkte einen stabilen Bestandteil individueller und vor allem auch sozialer Identitätsentwürfe darstellen, von denen ausgehend die Ausflüge in die globale Netzwelt vollzogen werden. Selbst in der scheinbar ortslosen Umgebung des Internets bleiben somit eindeutige Verortungen unabdingbare Voraussetzungen für die gesellschaftliche Kommunikation und in weiterer Folge für die Orientierung in den globalen Kommunikationsnetzen. Es erscheint somit zielführender das Konzept des „global village" durch ein vielschichtigeres Modell zu ersetzen, indem das „globale Dorf" auf oberster Ebene existiert, sich darunter aber eine Vielzahl kleiner und unterschiedlich stark ausdifferenzierter „Dorfabschnitte" befinden, die je nach Situation eher unabhängig von den übrigen „Abschnitten" agieren oder aber sich auch mit anderen Teilen des Dorfes zu einem größeren Abschnitt zusammenschließen. Das „globale Dorf" lässt sich somit als ein sehr veränderliches Netzwerk darstellen, innerhalb dessen eine Menge an unterschiedlich großen Knotenpunkten bestehen, die sich ihrer Existenz und damit ihrer Identität sehr klar bewusst sind. Technologisch gesehen sind sie mit allen anderen Knotenpunkten des Netzwerkes verbunden, in der sozialen Realität werden für die einzelnen Mitglieder aber nur bestimmte Verbindungen relevant und daher auch aktiviert, während andere technologisch verfügbaren Verbindungslinien nicht genutzt werden. Das moderne Individuum ist in diese Struktur des Netzwerkes eingebettet, kann zwischen einzelnen Knotenpunkten im Laufe seines Lebens wechseln und wird dennoch bestimmten Knotenpunkten langfristig treu bleiben, da mit diesen (emotionale) Zugehörigkeitsgefühle verbunden sind und sie somit ein stabiler Bestandteil individueller aber auch sozialer Identitätsentwürfe in der Netzwerkgesellschaft bleiben.

Literatur

Aboud, Frances E. (2003): The formation of in-group favoritism and out-group prejudice in young children: are the distinct attitudes? In: Development Psychology, 39, 48-60.
Adorno, Theodor. / Frenkel-Brunswik, Else/ Levinson, Daniel J./ Sanford, Nevitt R. (1950): The authoritarian personality. New York: Harper.
Ahlzweig, Claus (1994): Muttersprache – Vaterland. Die deutsche Nation und ihre Sprache. Opladen: Westdeutscher Verlag.
Akgün, Lale (1995): Ausländerinnen in Sportvereinen. Die perfekte Illusion von der vollzogenen Integration. In: Jütting, Dieter H. / Lichtenauer, Peter (Hrsg.): Ausländer im Sport. Bericht über die 2. Sommeruniversität Münster: Lit, 120-126.
Albrow, Martin (1998): Abschied vom Nationalstaat. Staat und Gesellschaft im Globalen Zeitalter. Frankfurt am Main: Suhrkamp (Edition Zweite Moderne, herausgegeben von Ulrich Beck).
Alter, Peter (1985): Nationalismus. Frankfurt am Main: Suhrkamp.
Altgeld, Wolfgang (1992): Katholizismus, Protestantismus, Judentum. Über religiös begründete Gegensätze und national-religiöse Ideen in der Geschichte des deutschen Nationalismus. Mainz: Matthias-Grünewald-Verlag.
Anderson, Benedict (1991): Imagined Communities. London: Verso.
Anderson, Benedict (2005): Die Erfindung der Nation. Zur Karriere eines erfolgreichen Konzepts. 3., erweiterte Auflage. Frankfurt/New York: Campus Verlag.
Ang, Ian (1999/1990): Kulturund Kommunikation. Auf dem Weg zu einer ethnographischen Kritik des Medienkonsums im transnationalen Mediensystem. In: Bromley, Roger / Göttlich, Udo / Winter, Christian (Hrsg.): Cultural Studies: Grundlagentexte zur Einführung. Lüneburg: zu Klampen, 317-340.
Ang, Ien (1991): Global media/Local meaning. In: Media Information Australia, Vol. 62, 4-8.
Anholt, Simon (2007): Competitive identity: The new brand management for nations, cities and regions. Basingstoke (u.a.): Palgrave Macmillan.
Appadurai, Arjun (1998): Modernity at large. Cultural Dimension of Globalization. Minneapolis, London: University of Westminster Press.
Archetti, Eduardo P. (1994): Masculinity and football: The formation of national identity in Argentina. In: Giulianotti, Richard / Williams, John: Game Without Frontiers. Football, identity and modernity. Hants: Arena, 225-243.
Assmann, Aleida /Friese, Heidrun (Hrsg.) (1998): Identitäten. Erinnerung, Geschichte, Identität 3, Frankfurt am Main: Suhrkamp.
Assmann, Jan (1988): Kollektives Gedächtnis und kulturelle Identität. In: Assmann, Jan / Hölscher, Tonio (Hrsg.): Kultur und Gedächtnis. Frankfurt am Main: Suhrkamp, 9-19.
Bachmann-Medick, Doris (2006): Spatial Turn: in: Bachmann-Medick, Doris (Hrsg.): Cultural Turns. Neuorientierungen in den Kulturwissenschaften. Reinbek bei Hamburg: Rowohlt, 284-328.
Backhaus, Klaus / Erichson, Bernd / Plinke, Wulff / Weiber, Rolf (2006): Multivariate Analysemethoden: Eine Anwendungsorientierte Einführung. Wiesbaden: Springer.
Baier, Lothar (1990): Volk ohne Zeit. Essay über das eilige Vaterland. Berlin: Wagenbach.

Baier, Lothar (2000): Keine Zeit. 18 Versuche über die Beschleunigung. München: Kunstmann.
Barnes, Susan B. (2006): A privacy paradox: Social networking in the United States. In: First Monday, 11(9), abrufbar unter:
http://firstmonday.org/htbin/cgiwrap/bin/ojs/index.php/fm/article/view/1394/1312 (13.4.2011).
Bar-Tal, Daniel (1997): The monopolization of patriotism. In: Bar-Tal, D./ Staub, E. (Hrsg.): Patriotism in the Lives of Individuals and Nations. Chicago: Nelson-Hall, 246-270.
Bar-Tal, Daniel / Staub, Ervin (1997): Introduction: Patriotism: Its Scope and Meaning. In: Bar-Tal, Daniel / Staub, Ervin (Hrsg.): Patriotism in the lives of individuals and nations. Chicago: Nelson-Hall, 1-19.
Bartelson, Jens (2009): Visions of World Community. Cambridge, UK: Cambridge University Press.
Barth, Frederik (1969): 'Introduction', in: Barth, Frederik (Hrsg.): Ethnic Groups and Boundaries: the Social Organisation of Culture Difference. Oslo: Universitetsforlaget.
Bauman, Zygmunt (2009): Gemeinschaften. Auf der Suche nach Sicherheit in einer bedrohlichen Welt. Aus dem Englischen von Frank Jakubzik. Frankfurt am Main: Suhrkamp, (Originalausgabe: Community. Seeking Safety in an Insecure World. Cambridge: Polity.
Beck, Ulrich (1997): Was ist Globalisierung? Irrtümer des Globalismus – Antworten auf Globalisierung. Frankfurt am Main: Suhrkamp.
Beck, Ulrich (2001): The Cosmopolitan Society and its Enemies. In: Tomasi, Luigi (Hrsg.): New Horizons in Social Theory and Research. Aldershot: Ashgate, 181-201.
Beck, Ulrich / Beck-Gernsheim, Elisabeth (1994): Individualisierung in modernen Gesellschaften. Perspektiven und Kontroversen einer subjektorientierten Soziologie. In: dies. (Hg.): Riskante Freiheiten. Individualisierung in modernen Gesellschaften. Frankfurt/M: Suhrkamp, 10-39.
Beck, Ulrich / Beck-Gernsheim, Elisabeth (2007): Generation Global. In: Beck, Ulrich (Hrsg.): Generation Global. Ein Crashkurs. Frankfurt am Main: Suhrkamp, 236-265.
Beck, Ulrich / Grande, Edgar (2004): Das kosmopolitische Europa. Gesellschaft und Politik in der Zweiten Moderne. Frankfurt am Main: Suhrkamp.
Becker, Julia / Wagner, Ulrich / Christ, Oliver (2007): Nationalismus und Patriotismus als Ursache von Fremdenfeindlichkeit. In: Heitmeyer, Wilhelm (Hrsg.): Deutsche Zustände. Folge 5. Frankfurt am Main, 131-168.
Bergler, Rheinhold (1963): Psychologie des Marken- und Firmenbildes. Göttingen: Vandenhoeck & Ruprecht.
Berry, John W. (1984): Cultural relations in plural societies: alternatives to segregation and their sociopsychological implications. In: Miller, N. / Brewer, M. (Hrsg.): Groups in contact. New York: Academic Press.
Bhabha, Homi K. (1990): Introduction: narrating the nation. In: Bhabha, Homi K. (Hrsg.): Nation and Narration. London, New York: Routledge, 1-7.
Billig, Michael (1995): Banal Nationalism. London: Sage.
Blain, Neil / O´Donnell, Hugh (1994): The stars and the flags: Individuality, collective identities and the national dimension in Italia '90 and Wimbledon '91 and '92. In: Giulianotti, Richard / Williams, John: Game Without Frontiers. Football, identity and modernity. Hants: Arena, 245-269.
Blank, Thomas (2003): Determinant of national identity in East and West Germany: an empirical comparison of theories on the significance of authoritarism, anomie, and general self-esteem. In: Political Psychology, 24 (2), 259-288.
Blank, Thomas / Schmidt, Peter (1993): Verletzte order verletzende Nation? Empirische Befunde zum Stolz auf Deutschland (Injured or violating nation? Empirical results to national pride). In: Journal für Sozialforschung, 33, 391-415.
Blank, Thomas / Schmidt, Peter (1997): Konstruktiver Patriotismus im vereinigten Deutschland? Ergebnisse einer repräsentativen Studie. In: Mummendey, Amélie / Simon, Bernd: Identität

und Verschiedenheit. Zur Sozialpsychologie der Identität in komplexen Gesellschaften. Bern u.a.: Huber, 127-148.

Blank, Thomas / Schmidt, Peter (2003): National Identity in a united Germany: nationalism or patriotism? An empirical test with representative data. In: Political Psychology, 24 (2), 289-312.

Blecking, Diethelm (1995): Sport und ethnische Minderheiten in Deutschland. Zur Geschichte einer schwierigen Beziehung. In: Jütting, Dieter H. / Lichtenauer, Peter (Hrsg.): Ausländer im Sport. Bericht über die 2. Sommeruniversität Münster: Lit, 108-119.

Boehnke, Klaus / Fuss, Daniel (2008): What Part Does Europe Play in the Identity Building of Young European Adults? In: Perspectives on European Politics and Society, 9, 466-479.

Böhm, Andrea (1999): Die mediale Täter-Opfer-Falle: Ausländer als Objekte journalistischer Begierde. In: Butterwegge, Christoph / Hentges, Gudrun / Sarigöz, Fatma (Hrsg.): Medien und multikulturelle Gesellschaft. Opladen: Leske + Budrich, 90-94.

Bonfadelli, Heinz (2008): Jugend, Medien und Migration. Empirische Ergebnisse und Perspektiven. Wiesbaden: VS Verlag.

Bornemann, Manfred (1999): Fremdenfeindlichkeit und Rassismus als Schattenseiten der nationalen Identität? In: Bornewasser, Manfred / Wakenhut, Roland (Hrsg.): Ethnisches und nationales Bewusstsein. Zwischen Globalisierung und Regionalisierung. Frankfurt am Main u.a.: Peter Lang, 171-188.

Bornewasser, Klaus / Wakenhut Roland (1999): Nationale und regionale Identität: Zur Konstruktion und Entwicklung von Nationalbewusstsein und sozialer Identität. In: Bornewasser, Manfred / Wakenhut, Roland (Hrsg.): Ethnisches und nationales Bewusstsein. Zwischen Globalisierung und Regionalisierung. Frankfurt am Main u.a.: Peter Lang, 41-66.

Bornewasser, Manfred / Geng, Bernd / Waage, Marco (2000): Einflüsse der Bedrohung von Zugehörigkeitsgefühlen auf fremdenfeindliche Einstellungen. In: Gallenmüller-Roschmann, Jutta / Martini, Massimo / Wakenhut, Roland (Hrsg.): Ethnisches und nationales Bewusstsein. Studien zur sozialen Kategorisierung. Frankfurt am Main u.a.: Lang, 67-91.

Brantner, Cornelia / Langenbucher, Wolfgang (2006): Europäische Öffentlichkeit und medialer Wandel: Herausforderungen für die Kommunikationswissenschaft. In: Langenbucher, Wolfgang R. / Latzer, Michael (Hrsg.): Europäische Öffentlichkeit und medialer Wandel. Eine transdisziplinäre Perspektive. Wiesbaden: VS Verlag, 402-415.

Branscombe, Nyla R. / Ellemers, Naomi / Spears, Russell / Doosje, Bertjan (1999): The context and content of social identity threat. In: Ellemers, Naomi / Spears, Russell / Doosje, Bertjan (Hrsg.): Social Identity, Oxford: Blackwell, 35-58.

Breakwell, Glynis M. (2004): Identity Change in the Context of the Growing Influence of European Union Institutions. In: Herrmann, Richard K. / Risse, Thomas / Brewer, Marilynn B. (Hrsg.): Transnational Identities. Becoming European in the EU. Lanham, MD: Rowman & Littlefield Publishers, 25-39.

Brown, Rupert (2002): Beziehungen zwischen Gruppen. In: Stroebe, W. / Jonas, K. / Hewstone, M. (Hrsg.): Sozialpsychologie. Eine Einführung. 4., überarbeitete und erweiterte Auflage. Berlin: Springer, 537-578.

Bruckmüller, Ernst (1996): Die Entwicklung des Österreichbewusstseins. In: Kriechbaumer, Robert (Hrsg.): Österreichische Nationalgeschichte nach 1945. Die Spiegel der Erinnerung: Die Sicht von innen. Bd. 1, Böhlau, Wien/Köln/Weimar, 369-396.

Buckingham, David (2008): Introducing Identity. In: D. Buckingham (Ed.): Youth, Identity, and Digital Media. Cambridge, MA: The MIT Press, 1-24.

Buhl, Hans Ulrich / Müller, Günter (2010): Der „gläserne Mensch" im Web 2.0 Herausforderungen des „virtuellen Striptease". In: Wirtschaftsinformatik, 52 (4), 193-197.

Burgoyne, Carole B./ Routh, David A. (1999): National Identity, European Identity and the Euro. In: Cameron, Keith (Hrsg.): National Identity, Exeter: Intellect Books, 107-124.

Butterwegge, Christoph (1999): Massenmedien, Migrant (inn)en und Rassismus. In: Butterwegge, Christoph / Hentges, Gudrun / Sarigöz, Fatma (Hrsg.): Medien und multikulturelle Gesellschaft. Opladen: Leske + Budrich, 64-89.

Butterwegge, Christoph (2006): Medienberichterstattung – Abbau oder Verstärkung von Vorurteilen? Das Thema Migration in deutschen Massenmedien. In: Zuwanderung und Integration. 4. Abrufbar unter: http://www.buergerimstaat.de/4_06/integration.htm (7.4.2011).

Butterwegge, Christoph / Hentges, Gudrun / Sarigöz, Fatma (Hrsg.) (1999): Medien und multikulturelle Gesellschaft. Opladen: Leske + Budrich.

Cairncross, Frances (1997): The Death of Distance – How the Communications Revolution Will Change Our Lives. Boston, Harvard Business School Press.

Calhoun, Craig (1991): Indirect Relationships and Imagined Communities: Large-Scale Social Integration and the Transformation of Everyday Life. In: Bourdieu, P. / Coleman, J. (Hrsg.): Social Theory for a Changing Society. New York: Sage, 95-121.

Calhoun, Craig (2007): Culture, History, and the Cosmopolitan Dream. New York. Routledge.

Castano, Emanuele (2004): European Identity: A Social-Psychological Perspective. In: Herrmann, Richard K. / Risse, Thomas / Brewer, Marilynn B. (Hrsg.): Transnational Identities. Becoming European in the EU. Lanham, MD: Rowman & Littlefield Publishers, 40-58.

Castells, Manuel (1996): The Rise of the Network Society. Oxford: Blackwell.

Castells, Manuel (1997): The information age: Economy, society and culture. Vol. 2, The Power of Identity. Oxford: Blackwell.

Castells, Manuel (2005): Die Internet-Galaxie: Internet, Wirtschaft und Gesellschaft. Wiesbaden.

Chua, Vincent / Madej, Julia / Wellman, Barry (2009): Personal Communities: The World according to me. Extended version of book chapter in Carrington, Peter/ Scott, John (Eds.): Handbook of Social Network Analysis. Thousand Oaks, CA: Sage.

Cinnirella, Marco (1997): Towards a European Identity? Interactions between the national and European social identities manifested by university students in Britain and Italy. In: British Journal of Social Psychology 36, 19-31.

Citrin, Jack / Wong, Cara / Duff, Brian (2001): The meaning of American national identity: patterns of ethnic conflict and consensus. In: Ashmore, Richard D. / Jussim, Lee / Wilder, David (Hrsg.): Social Identity, Intergroup Conflict, and Conflict Reduction. New York: Oxford University Press, 71-100.

Coenders, Marcel / Scheepers, Peer (2003): The effect of education on nationalism and ethnic exclusionism: an international comparison. In: Politische Psychologie, 24, 313-344.

Cohen, Anthony (1985): The Symbolic Construction of Community, London: Tavistock.

Cohrs, Christopher J. (2005): Patriotismus – Sozialpsychologische Aspekte. In: Zeitschrift für Sozialpsychologie, 36 (1), 3-11.

Cohrs, Christopher J. / Dimitrova, Daniela / Kalchevska, Tonya / Kleinke, Sandra / Tomova, Iva / Vasileva, Mariya / Moschner, Barbara (2004): Ist Patriotismus wünschenswert? Eine differenzierte Analyse seiner psychologischen Bedeutung. In: Zeitschrift für Sozialpsychologie, 35 (4), 201-215.

Conti, Luisa / Montiel Alafont, Francisco J. (2009): Place Branding and Medientechnologie im Kontext der Globalisierung. In: Janich, Nina (Hrsg.): Marke und Gesellschaft. Markenkommunikation im Spannungsfeld von Werbung und Public Relations. Wiesbaden: VS Verlag, 331-350.

Cunningham, Stuart / Sinclair, John (Hrsg.) (2000): Floating Lives. The Media and Asian Diasporas. St. Lucia: University of Queensland Press.

Daalmann, Angela (1999): Fußball und Nationalismus. Erscheinungsformen in Presse- und Fernsehberichten in der Bundesrepublik Deutschland und den Vereinigten Staaten von Amerika am Beispiel der Fußball-Weltmeisterschaft 1994. Dissertation Universität Göttingen. Berlin: Verlagsgesellschaft Tischler GmbH.

Dahrendorf, Ralf (1959): Homo sociologicus. Ein Versuch zur Geschichte, Bedeutung und Kritik der Kategorie der sozialen Rolle. Köln u.a.: Westdeutscher Verlag.

Dann, Otto (1996): Nation und Nationalismus in Deutschland. 1770 – 1990. 3., überarbeitete und erweiterte Auflage. München: Beck.

Datler, Georg (2012): „Europäische Identität" jenseits der Demos-Fiktion. In: Aus Politik und Zeitgeschichte (APuZ), 63. Jahrgang, 4, 57-61.

Davidov, Eldad (2010): Nationalism and Constructive Patriotism: A Longitudinal Test of Comparability in 22 Countries with the ISSP. In: International Journal of Public Opinion Research, 23 (1), 88-103.

De Cillia, Rudolf / Reisigl, Martin / Wodak, Ruth (1999): The Discoursive Construction of National Identities. In: Discourse Society, Vol. 10, 149-173.

De Figueiredo, R. J. P. Jr. / Elkins, Z. (2003): Are patriots bigots? An inquiry into the vices of ingroup pride. In: American Journal of Political Science, 47, 171-188.

Deutsch, Karl W. (1953): Nationalism and Social Communication. An Inquiry into the Foundations of Nationality. Cambridge, MA: Technology Press & John Wiley & Sons.

Deutsch, Karl W. (1972): Nationalismus und seine Alternativen. München: Piper.

Diem, Peter (1995): Die Symbole Österreichs. Zeit und Geschichte in Zeichen. Wien: Kremayr & Scheriau.

Dinnie, Keith (2008): Nation branding: concepts, issues, practice. Amsterdam (u.a.): Elsevier Butterworth-Heinemann.

Dittgen, Herbert (2009): Globalisierung und die Grenzen des Nationalstaates. In: Kessler, Johannes/ Steiner, Christian (Hrsg.): Facetten der Globalisierung. Zwischen Ökonomie, Politik und Kultur. Wiesbaden: VS Verlag, 160-171.

Docker, John / Fischer, Gerhard (Hrsg.) (2001): Adventures of Identity. European Multicultural Experiences and Perspectives. Tübingen: Stauffenburg Verlag.

Döring, Jörg / Thielmann, Tristan (Hrsg.) (2008): Spatial Turn. Das Raumparadigma in den Kultur- und Sozialwissenschaften. Bielefeld: Transkript.

Dowley, Kathleen M. / Silver, Brian D. (2000): Subnational and National Loyalty: Cross-national comparison. In: International Journal of Public Opinion Research, 12 (4), 357-371.

Eisenstein, Jacob / O'Connor, Brendan / Smith, Noah A. / Xing, Eric P. (2010): A Latent Variable Model for Geographic Lexical Variation. Proceedings of the 2010 Conference on Empirical Methods in Natural Language Processing. Association for Computational Linguistics Stroudsburg, PA, USA.

Elias, Norbert / Dunning, Eric (2003): Sport und Spannung im Prozess der Zivilisation. Bd. 7, Frankfurt am Main: Suhrkamp, 3.

Emmison, Michael (1997): Transformation of Taste. In: Australian and New Zealand Journal of Sociology 33, 3, 322-343.

Evans, M.D.R./ Kelley, Jonathan (2002): National Pride in the Developed World: Survey Data from 24 Nations, in: International Journal of Public Opinion Research, 14 (3), 303-338.

Ferguson, Marjorie (1992): The Mythology about Globalization. In: European Journal of Communication 7, 1, 69-93.

Fernandes, Leela (2000): Nationalising the 'global': media imgages, cultural politics and the middle class in India. In: Media, Culture & Society 22, 5, 611-628.

Fernback, Jan / Thompson, Brad (1995): Virtual Communities: Abort, retry, failure? Computer-Mediated Communication and the American Collectivity: The dimensions of community within cyberspace. Paper presented at the annual convention of the International Communication Association. Albuquerque, New Mexico, Mai 1995. Abrufbar unter: http://www.well.com/~hlr/texts/VCcivil.html (5.4.2011).

Feshbach, Seymour / Sakano, Noburo (1997): The Structure and Correlates of Attitudes Toward One's Nation in Samples of United States and Japanese College Students: A Comparative

Study. In: Bar-Tal, Daniel / Staub, Ervin (Hrsg.): Patriotism in the lives of individuals and nations. Chicago: Nelson-Hall, 91- 107.

Festinger, Leon (1957): A theory of cognitive dissonance. Evanston, IL: Row, Peterson.

Fleiß, Jürgen / Höllinger, Franz / Kuzmics, Helmut (2009): Nationalstolz zwischen Patriotismus und Nationalismus? Empirisch-methodologische Analysen und Reflexionen am Beispiel des International Social Survey Programme 2003 „National Identity". In: Berliner Journal für Soziologie, 3, 409-434.

Fleras, Angie (2006): The Conventional News Paradigma as Systemic Bias: Re-Thinking the (Mis-) Representational Basis of Newsmedia-Minority Relations in Canada. in: Geißler, Rainer / Pöttker, Horst (Hrsg.): Integration durch Massenmedien. Medien und Migration im internationalen Vergleich. Bielefeld: Transcript, 179- 222.

Friedman, Jonathan (1999): The hybridization of roots and the abhorrence of the bush. In: Featherstone, Mike / Lash, Scott (Hg.): Space of Culture. London: Sage.

Friedman, Thomas L. (2000): Globalisierung verstehen. Zwischen Marktplatz und Weltmarkt. München: Econ.

Früh, Werner (2004): Inhaltsanalyse. Theorie und Praxis. 5., unveränderte Auflage. Stuttgart: UVK.

Garnitschnig, Karl (1995): National Identities and the Balance Between. In: Pöggeler, Franz (Hrsg.): National Identity and Adult Education. Challenge and Risk. Frankfurt am Main: Peter Lang, 159-173.

Geißler, Rainer / Pöttker, Horst (2006): Mediale Integration von Migranten. Ein Problemaufriss. In: Geißler, Rainer / Pöttker, Horst (Hrsg.): Integration durch Massenmedien. Medien und Migration im internationalen Vergleich. Bielefeld: Transcript, 13-44.

Geißler, Rainer / Pöttker, Horst (Hrsg.) (2006): Integration durch Massenmedien. Medien und Migration im internationalen Vergleich. Bielefeld: Transcript.

Gellner, E. (1983): Nations and Nationalism. London: Basil Blackwell.

Gellner, Ernest (1991): Nationalismus und Moderne. Aus dem Englischen von Meino Büning. Berlin: Rotbuch.

Gerhards, Jürgen (2000): Europäisierung von Ökonomie und Politik und die Trägheit der Entstehung einer europäischen Öffentlichkeit. in: Bach Maurizio (Hrsg.): Die Europäisierung nationaler Gesellschaften. Sonderheft 40 der Kölner Zeitschrift für Soziologie und Sozialpsychologie, Wiesbaden: Westdeutscher Verlag, 277-305.

Giddens, Anthony (1990): The Consequences of Modernity. Cambridge: Polity Press.

Giddens, Anthony (1991): Modernity and Self-Identity. Cambridge/Oxford: Polity Press.

Giddens, Anthony (1994): Leben in einer posttraditionalen Gesellschaft. In: Beck, Ulrich / Giddens, Antony / Lash, Scott (Hg.): Reflexive Modernisierung. Eine Kontroverse. Frankfurt/M: Suhrkamp, 113-194.

Giddens, Anthony (1995): Konsequenzen der Moderne. Frankfurt am Main: Suhrkamp.

Goffman, Erving (1967): Stigma. Über Techniken der Bewältigung beschädigter Identität. Frankfurt am Main: Suhrkamp.

Goffman, Erving (1968): Stigma: Notes on the Management of Spoiled Identity. Harmondsworth: Pelican.

Goffman, Erving (1969): Wir alle spielen Theater. Die Selbstdarstellung im Alltag. München: Piper.

Goffman, Erving (1977): Rahmen-Analyse. Ein Versuch über die Organisation von Alltagserfahrungen. Frankfurt am Main: Suhrkamp.

Gotthard, Axel (2005): Wohin führt uns der „Spatial turn"? Über mögliche Gründe, Chancen und Grenzen einer neuerdings diskutierten historiographischen Wende. In: Wüst, Wolfgang/ Blessing, Werner K. (Hrsg.): Mikro-Meso-Makro. Regionenforschung im Aufbruch. (Arbeitspapier Nr. 8), Erlangen, 15-50.

Götze, Lutz (2004): Zeitkulturen. Gedanken über die Zeit in den Kulturen. Frankfurt am Main et al.: Lang.

Greenfeld, Liam (1992): Nationalism. Five roads to modernity. Cambridge, Mass. (u.a.): Harvard Univ. Press.

Greenfeld, Liam (1999): Is Nation Unavoidable? Is Nation Unavoidable Today? In: Kriesi, Hanspeter / Armingeon, Klaus / Siegrist, Hannes / Wimmer, Andreas (Eds.): Nation and National Identity. The European Experience in Perspective. Chur, Zürich: Rüegger, 37-54.

Haas, Hannes (1999): Empirischer Journalismus. Verfahren zur Erkundung gesellschaftlicher Wirklichkeit. Wien u.a.: Böhlau.

Haas, Hannes / Wallner, Cornelia (2008): Transnational vergleichende Mediensystemforschung: Das erweiterte SCP-Modell und seine Anwendung. In: Melischek, Gabriele / Seethaler, Josef / Wilke, Jürgen (Hrsg.): Medien & Kommunikationsforschung im Vergleich. Grundlagen, Gegenstandsbereiche, Verfahrensweisen. Wiesbaden: VS Verlag, 83-98.

Habermas, Jürgen (1990): Die nachholende Revolution. Frankfurt: Suhrkamp.

Hafez, Kai (1999): Antisemitismus, Philosemitismus und Islamfeindlichkeit: ein Vergleich ethnisch-religiöser Medienbilder. In: Butterwegge, Christoph / Hentges, Gudrun / Sarigöz, Fatma (Hrsg.): Medien und multikulturelle Gesellschaft. Opladen: Leske + Budrich, 122-135.

Hall, Stuart (1994): Rassismus und kulturelle Identität. Ausgewählte Schriften 2. Hamburg: Argument (Argument Sonderband 226).

Haller, Max (1996): Identität und Nationalstolz der Österreicher. Gesellschaftliche Ursachen und Funktionen. Herausbildung und Transformation seit 1945. Internationaler Vergleich. Wien u.a.: Böhlau.

Haller, Max (1999): Voiceless Submission or Deliberate Choice? European Integration and the Relation between National and European Identity. In: Kriesi, Hanspeter / Armingeon, Klaus / Siegrist, Hannes / Wimmer, Andreas (Eds.): Nation and National Identity. The European Experience in Perspective. Chur, Zürich: Rüegger, 263-296.

Haller, Max (2009): I´m from Austria… und aus Europa – Multiple Identität im Global Village. Presseaussendung des FWF zur Vorstellung der ISSP Ergebnisse im Rahmen des 25. Jubiläum des International Social Survey Programme (ISSP) in Wien.

Haller, Max / Gruber, Stefan (1996): Die Österreicher und ihre Nation – Patrioten oder Chauvinisten? Gesellschaftliche Formen, Bedingungen und Funktionen nationaler Identität. In: Haller, Max (Hrsg.): Identität und Nationalstolz der Österreicher. Gesellschaftliche Ursachen und Funktionen. Herausbildung und Transformation seit 1945. Internationaler Vergleich. Wien u.a.: Böhlau, 61-147.

Hannerz, Ulf (1990): Cosmopolitans and Locals in World Culture. In: Theory, Culture & Society, 7, 237-251.

Heidemann, Julia (2009): Online Social Networks – Ein sozialer und technischer Überblick. In: Informatik-Spektrum, 33 (3), 262-271.

Heitmeyer, Wilhelm (2007) (Hrsg.): Deutsche Zustände. Folge 5. Frankfurt am Main.

Hentges, Gudrun (1999): Irreale Bedrohungsszenarien und reale Politik: „Ein Gespenst geht um in Europa – das Gespenst der multikulturellen Gesellschaft." In: Butterwegge, Christoph / Hentges, Gudrun / Sarigöz, Fatma (Hrsg.): Medien und multikulturelle Gesellschaft. Opladen: Leske + Budrich, 29-44.

Hepp, Andreas (2003a): Deterritorialisierung und die Aneignung von Medienidentitäten: Identität in Zeiten der Globalisierung von Medienkommunikation. In: Winter, Carsten / Thomas, Tanja / Hepp, Andreas (Hrsg.): Medienidentitäten. Identität im Kontext von Globalisierung und Medienkultur. Köln: Harlem, 94-119.

Hepp, Andreas (2003b): Globalisierung von Medienkommunikation als Herausforderung. Mediensoziologie und transkulturelle Perspektiven. In: Löffelholz, Martin / Quandt, Thorsten (Hrsg.): Die neue Kommunikationswissenschaft. Theorien, Themen und Berufsfelder im Internet-Zeitalter. Eine Einführung. Wiesbaden: Westdeutscher Verlag, 191-214.

Hepp, Andreas / Krotz, Friedrich / Moores, Shaun / Winter, Carsten (2006): Konnektivität, Netzwerk und Fluss. In: Hepp, Andreas / Krotz, Friedrich / Moores, Shaun / Winter, Carsten (Hrsg.):

Konnektivität, Netzwerk und Fluss. Konzepte gegenwärtiger Medien-, Kommunikations- und Kulturtheorie. Wiesbaden: VS Verlag: 7-19.
Hepp, Andreas / Krotz, Friedrich / Moores, Shaun / Winter, Carsten (Hrsg.) (2006): Konnektivität, Netzwerk und Fluss. Konzepte gegenwärtiger Medien-, Kommunikations- und Kulturtheorie. Wiesbaden: VS Verlag.
Hepp, Andreas / Krotz, Friedrich / Winter, Carsten (Hrsg.) (2005): Globalisierung der Medienkommunikation. Eine Einführung. Wiesbaden: VS Verlag.
Hepp, Andreas / Thomas, Tanja / Winter, Carsten (2003): Medienidentitäten: Eine Einführung zu den Diskussionen. In: Winter, Carsten / Thomas, Tanja / Hepp, Andreas (Hrsg.): Medienidentitäten. Identität im Kontext von Globalisierung und Medienkultur. Köln: Harlem, 7-26.
Hettlage, Robert (1999): European Identity – Between Inclusion and Exclusion. In: Kriesi, Hanspeter / Armingeon, Klaus / Siegrist, Hannes / Wimmer, Andreas (Eds.): Nation and National Identity. The European Experience in Perspective. Chur, Zürich: Rüegger, 243-262.
Heyder, Aribert / Schmidt, Peter (2002): Deutscher Stolz. Patriotismus wäre besser. In: Heitmeyer, Wilhelm (Hrsg.): Deutsche Zustände. Folge 1. Frankfurt am Main: Suhrkamp, 71-82.
Hipfl, Brigitte (2004): Mediale Identitätsräume. Skizzen zu einem ‚spatial turn' in der Medien- und Kommunikationswissenschaft. In: Hipfl, Brigitte/ Klaus, Elisabeth/ Scheer, Uta (Hrsg.): Identitätsräume. Nation, Körper und Geschlecht. in den Medien. Eine Topografie. Bielefeld: transcript, 16–50.
Hitzler, Ronald (1998): Posttraditionale Vergemeinschaftung. Über neue Formen der Sozialbindung. In: Berliner Debatte INITIAL, 9 (1), 81-89.
Hobsbawm, Eric (1995): Das Zeitalter der Extreme. München: Hanser.
Hobsbawm, Erich (2005): Nationen und Nationalismus: Mythen und Realität seit 1780. Aus dem Englischen von Udo Rennert. 3. Auflage. Frankfurt, New York: Campus Verlag.
Hogan, Jackie (1999): The Construction of Gendered National Identities in the Television Advertisements of Japan and Australia. In: Media, Culture & Society 21, 6, 743-758.
Hopkins, Nick (2001): Commentary. National Identity: pride and prejudice? In: British Journal of Social Psychology, 40, 183-186.
Horak, Roman / Marschik, Matthias (1995): Vom Erlebnis zur Wahrnehmung. Der Wiener Fußball und seine Zuschauer 1945-1990. Wien: Turia+Kant.
Jäger, Margret (1999): Inländische und ausländische Straftäter in deutschen Printmedien: Ergebnisse einer Untersuchung und Vorschläge zur Verbesserung der Berichterstattung. in: Butterwegge, Christoph / Hentges, Gudrun / Sarigöz, Fatma (Hrsg.): Medien und multikulturelle Gesellschaft. Opladen: Leske + Budrich, 109-121.
Jahraus, Oliver (1997): Reduktion der Komplexität des Fremden. Systemtheoretische Überlegungen zur Funktion des Fremdenfeindlichkeit und der Medien. In: Scheffer, Bernd (Hrsg.): Medien und Fremdenfeindlichkeit. Alltägliche Paradoxien, Dilemmata, Absurditäten und Zynismen. Opladen: Leske + Budrich, 99-122.
Jansen, Christian / Borggräfe, Henning (2007): Nation – Nationalität – Nationalismus. Frankfurt am Main: Campus.
Jenkins, Richard (1996): Social Identity. London, New York: Routledge.
Jenkins, Richard (2004): Social Identity. London: Routledge.
Joachimsthaler, Jürgen (2008): Von der einen Nation zur kulturell vielfältigen Region. Der „spatial turn" als Provokation der Nationalphilogien. In: Convivium, 29-59.
Johannsen, Uwe (1971): Das Marken- und Firmenimage. Berlin: Duncker&Humblot.
John, Michael (1992): Kriege im Stadion. Bemerkungen zu Fußball und Nationalismus. In: Schulze-Marling, Dietrich: Der gezähmte Fußball. Zur Geschichte eines subversiven Sports. Göttingen: Die Werkstatt.
Johnson, Gary R. (1997): The Evolutionary Roots of Patriotism. In: Bar-Tal, Daniel / Staub, Ervin (Hrsg.): Patriotism in the lives of individuals and nations. Chicago: Nelson-Hall, 45-90.

Jones, Steven G. (1995): Understanding Community in the Information Age. In: Jones, Steven G. (Hrsg.): Cybersociety. Computer-Mediated Communication and Community. Thousands Oaks et al.: Sage, 10-35.

Jütting, Dieter H. (1995): „Sport verbindet". Anspruch und Wirklichkeit von Aktivitäten und Maßnahmen im Sport zur Integration von AusländerInnen. In: Jütting, Dieter H. / Lichtenauer, Peter (Hrsg.): Ausländer im Sport. Bericht über die 2. Sommeruniversität Münster: Lit, 160-179

Karasawa, Minoru (2002): Patriotism, nationalism, and internationalism among Japanese citizens: an eticemic approach. In: Political Psychology, 23, 645-666.

Karis, Tim (2010): Identität durch neue Medien? Pluralisierung der Identitätsangebote. In: Robert, Rüdiger / Schlicht, Daniela / Saleem, Shazia (Hrsg.): Kollektive Identitäten im Nahen und Mittleren Osten. Studien zum Verhältnis von Staat und Religion. Münster: Waxmann, 233-253.

Kashti, Yitzhak (1997): Patriotism as Identity and Action. In: Bar-Tal, Daniel / Staub, Ervin (Hrsg.): Patriotism in the lives of individuals and nations. Chicago: Nelson-Hall, 151-164.

Kayahara, Jennifer (2006): Community and communication. In: Purcell, Patrick (Ed.): Networked neighbourhoods: The Connected Community in Context. London: Springer, 127-158.

Keane, John (2003): Global Civil Society? Cambridge. Cambridge University Press.

Kecmanovic, Dusan (1996): The Mass Psychology of Ethnonationalism. New York: Plenum Press.

Keller, Reiner (2008): Welcome to the Pleasuredome? Konstanzen und Flüchtigkeiten der gefühlten Vergemeinschaftung. In: Hitzler, Ronald / Honer, Anne / Pfadenhauer, Michaela (Hrsg.): Posttraditionale Gemeinschaften. Theoretische und ethnographische Bestimmungen (Reihe ‚Erlebniswelten', Band 14). Wiesbaden: VS Verlag, 89-111.

Kessler, Johannes (2009): Der Mythos vom globalen Dorf: Zur räumlichen Differenzierung des Globalisierungsniveaus. In: Kessler, Johannes/ Steiner, Christian (Hrsg.): Facetten der Globalisierung. Zwischen Ökonomie, Politik und Kultur. Wiesbaden: VS Verlag, 29-97.

Keupp, Heiner u.a. (1999): Identitätskonstruktionen. Das Patchwork der Identitäten in der Spätmoderne. Reinbek: Rowohlt.

Klaus, Elisabeth / Drüeke, Ricarda (2010): Inklusion und Exklusion in medialen Identitätsräumen. In: Klaus, Elisabeth / Sedmak, Clemens / Drüeke, Ricarda / Schweiger, Gottfried (Hrsg.): Identität und Inklusion im europäischen Sozialraum. Wiesbaden: VS Verlag, 114-131.

Klaus, Elisabeth/ Hipfl, Brigitte/ Scheer, Uta (2004): Einleitung: Mediale Identitätsräume. In: Hipfl, Brigitte/ Klaus, Elisabeth/ Scheer, Uta (Hrsg.): Identitätsräume. Nation, Körper und Geschlecht. in den Medien. Eine Topografie. Bielefeld: transcript, 9–15.

Kneidinger, Bernadette (2010a): Facebookund Co. Eine soziologische Analyse von Interaktionsformen in Online Social Networks. Wiesbaden: VS Verlag.

Kneidinger, Bernadette (2010b): (Re-)Mediating National Identity in the Sports Coverage. A Qualitative Content Analysis of Swiss and Austrian Newspapers about the EURO 2008. Working Paper zur International Conference: "The Arts of Mediation" CECC – Research Centre for Communication and Culture. 17.-19. März 2010, Lissabon.

Kneidinger, Bernadette (2010c): Die Konstruktion nationaler Identität in der österreichischen und Schweizer Sportberichterstattung. Eine qualitative Inhaltsanalyse zur Fußball-Europameisterschaft 2008. In: SWS-Rundschau, 2, 164-186.

Knoblauch, Hubert (2008): Kommunikationsgemeinschaften. In: Hitzler, Ronald / Honer, Anne / Pfadenhauer, Michaela (Hrsg.): Posttraditionale Gemeinschaften. Theoretische und ethnographische Bestimmungen (Reihe ‚Erlebniswelten', Band 14). Wiesbaden: VS Verlag, 73-88.

Komito, Lee (1998): The Net as a Foreaging Society: Flexible Communities. In: Information Society, 14, 2, 97-106.

Kosterman, Rick /Feshbach, Seymour (1989): Toward a measure of patriotic and nationalistic attitudes. In: Political Psychology, 10, 257–273.

Kramer, Nicole C. & Winter, Stephan (2008). Impression Management 2.0. The relationship of self-esteem, extraversion, self-efficacy, and self-presentation within social networking sites. Journal of Media Psychology, 20, 106-116.

Kriesi, Hanspeter / Armingeon, Klaus / Siegrist, Hannes / Wimmer, Andreas (Hrsg.) (1999): Nation and National Identity. The European Experience in Perspective. Chur, Zürich: Rüegger.

Krotz, Friedrich (1998): Öffentlichkeit aus Sicht des Publikums. In: Jarren, O. / Krotz, F. (Hrsg.): Öffentlichkeit unter Viel-Kanal-Bedingungen. Baden-Baden, Hamburg: Nomos, 95-117.

Krotz, Friedrich (2003): Medien als Ressource der Konstitution von IdentitätEine konzeptionelle Klärung auf der Basis des Symbolischen Interaktionismus. In: Winter, Carsten / Thomas, Tanja / Hepp, Andreas (Hrsg.): Medienidentitäten. Identität im Kontext von Globalisierung und Medienkultur. Köln: Harlem, 27-48.

Krueger, Joachim (1996): Probalistic National Stereotypes. In: European Journal of Social Psychology, Vol. 26, S. 961-980.

Kunczik, Michael (1990): Die manipulierte Meinung. Nationale Image-Politik und internationale Public Relations. Wien, Köln: Böhlau.

Kurz, Helmut (2008): Die Selbstbilder der Deutschen und der Österreicher und ihre gegenseitigen Fremdbilder: Grundlage für das Management der beiden Länder als Marken („Nation Branding"). In: Baumgarth, Carsten / Schneider, Gülpinar K. / Ceritoglu, Bahar (Hrsg.): Impulse für die Markenforschung und Markenführung. Wiesbaden: GWV, 228-247.

Kymlicka, Will (1999): Multikultualismus und Demokratie. Über Minderheiten in Staaten und Nationen. Aus dem Amerikanischen übersetzt von Katrin Wördemann. Hamburg: Rotbuch Verlag.

Lamb, Stephen (1997): Fremdenfeindlichkeit und Fußball in Großbritannien. In: Scheffer, Bernd (Hrsg.): Medien und Fremdenfeindlichkeit. Alltägliche Paradoxien, Dilemmata, Absurditäten und Zynismen. Opladen: Leske+Budrich, 277-291.

Langenbucher, Wolfgang R. / Latzer, Michael (Hrsg.) (2006): Europäische Öffentlichkeit und medialer Wandel. Eine transdisziplinäre Perspektive. Wiesbaden: VS Verlag.

Langer, Josef (1996): Nation – Schwindende Basis für soziale Identität. In: Haller, Max (Hrsg.): Identität und Nationalstolz der Österreicher. Wien: Böhlau.

Langer, Josef (1999): Last in, First out? – Austria´s Place in the Transformation of National Identity. In: Kriesi, Hanspeter / Armingeon, Klaus / Siegrist, Hannes / Wimmer, Andreas (Hrsg.): Nation and National Identity. The European Experience in Perspective. Chur, Zürich: Rüegger, 153-173.

Latcheva, Rossalina (2009): Cognitive interviewing and factor-analytic techniques: a mixed method approach to validity of survey items measuring national identity. In: Quality & Quantity.

Lehtonen, Jaakko (2005): Stereotypes and collective identification. In: Petkova, Diana / Lehtonen, Jaakko (Hrsg.): Cultural Identity in an Intercultural Context. Publication of the Department of Communication, University of Jyväskylä, 61-85.

Levinson, Paul (1999): Digital McLuhan. A guide to the information millenium. London: Routledge.

Levita, David J. de (1971): Der Begriff der Identität. Frankfurt am Main: Suhrkamp.

Lewins, Ann / Silver, Christina (2007): Using Software in Qualitative Research. A Step-by-Step Guide. Los Angeles u.a.: Sage.

Leyens, Jacques Ph. / Paladino, Paola M. / Rodriguez, Ramon T. / Vaes, Jeroen / Demoulin, Stéphanie / Rodriguez, Armando P. / Gaunt, Ruth (2000): The emotional side of prejudice: The attribution of secondary emotions to ingroups and outgroups. In: Personality and Social Psychology Review, Vol. 4, 186-197.

Lichtenstein, Dennis (2012): Auf der Suche nach Europa. Identitätskonstruktionen und das integrative Potential von Identitätskrisen. In: In: Aus Politik und Zeitgeschichte (APuZ), 63. Jahrgang, 4, 3-7.

Licklider, J.C.R. / Taylor, Robert W. (1968): The computer as a communication device. In: Science & Technology, 76, 21-31.

Liebes, Tamar / Katz, Elihu (1990): The export of meaning: Cross-cultural readings of "Dallas". New York: Oxford University Press.

Liegl, Barbara/ Spitaler, Georg (2008): Legionäre am Ball. Migration im österreichischen Fußball nach 1945. Wien. Braumüller.

Lilli, Waldemar / Diehl, Michael (1999): Regionale Identität in der Kurpfalz und in Südhessen: Untersuchungen zur Raumwahrnehmung, Raumbindung und Bewahrung nationaler Identität. In: Bornewasser, Manfred / Wakenhut, Roland (Hrsg.): Ethnisches und nationales Bewusstsein. Zwischen Globalisierung und Regionalisierung. Frankfurt am Main u.a.: Peter Lang, 101-121.

Lingenberg, Swantje (2010): Mediatisierung und transkulturelle Öffentlichkeiten: Die Aneignung des Politischen im Kontext multi-lokaler und mobiler Lebenswelten. In: Hartmann, Maren / Hepp, Andreas: Die Mediatisierung der Alltagswelt. Wiesbaden: VS Verlag, 147-162.

Livingstone, Sonja (2008): Taking Risky Opportunities in Youthful Context Creation: Teenagers' Use of Social Networking Sites for Intimacy, Privacy and Self-expression. New Media and Society, 10 (3), 393-411.

Lotman, Juru M. (2001): Über die Semiosphäre. In: Zeitschrift für Semiotik, 12, 1990: 287-305.

Löw, Martina: Raumsoziologie. Frankfurt am Main: Budrich.

Lützler, Paul Michael (2001): Moving in Circles. Identity Formation in the Postmodern Condition. In: Docker, John / Fischer, Gerhard (Hrsg.): Adventures of Identity. European Multicultural Experiences and Perspectives. Tübingen: Stauffenburg Verlag, 1-8.

Maes, Jürgen (2001): Solidarität – eine Frage der Persönlichkeit. In: Fetchenhauer, D. / Bierhoff, H.W. (Hrsg.): Solidarität, Opladen: Leske + Budrich, 293-320.

Maffesoli, Michel (1988): Le Temps des Tribus. Le Déclin de l'Individualisme dans les Sociétés de Masse. Paris: Meridiens Klickcksieck.

Maffesoli, Michel (1995): The Time of the Tribes. The Decline of Individualism in Mass Societies. London: Sage.

Maffesoli, Michel (2007): Tribal aesthetic. In: Cova, Bernard / Kozinets, Robert V. / Shankar, Avi (Hrsg.): Consumer Tribes. Oxford: Butterworth-Heinemann, 275-295.

Maguire, Joseph (1999): Global Sport. Identities, Societies, Civilizations. Cambridge u.a.: Polity Press.

Manago, A., Graham, M., Greenfield, P., & Salimkhan, G. (2008). Self-presentation and gender on MySpace. Journal of Applied Development Psychology, 29, 446-458.

Markhardt, Heidemarie (2005): Das Österreichische Deutsch im Rahmen der EU. Frankfurt u.a.: Peter Lang (Österreichisches Deutsch Sprache der Gegenwart, Band 3).

Markovitz, Andrei S. / Hellermann, Steven L. (2001): Offside: Soccer and American Exceptionalism. Princeton, NJ: Princeton University Press.

Martini, Massimo / Wakenhut, Roland (1999): Regionale Identität in Franken und in der Toskana. In: Bornewasser, Manfred / Wakenhut, Roland (Hrsg.): Ethnisches und nationales Bewusstsein. Zwischen Globalisierung und Regionalisierung. Frankfurt am Main u.a.: Peter Lang, 67-83.

Mascolo, Micheal F. / Fischer, Kurt W. (1995): Developmental transformations in appraisals for pride, shame, and guilt. In: Tangey, J.P. / Fischer, K.W. (Hrsg.): Self-conscious emotions. The psychology of shame, guilt, embarrasment, and pride. New York: Guilford, 64-113.

Mau, Steffen (2007): Transnationale Vergesellschaftung. Die Entgrenzung sozialer Lebenswelten. Die Entgrenzung sozialer Lebenswelten. Frankfurt/New York: Campus.

McLuhan, Marshall (1968): Die Gutenberg-Galaxis. Das Ende des Buchzeitalters. Düsseldorf, Wien: Econ Verlag.

McLuhan, Marshall / Fiore, Quentin (herausgegeben von Agel, Jerome) (1967): The Medium is the Massage. An inventory of effects. New York, NY (u.a.): Bantam Books.

McLuhan, Marshall / Powers, Bruce R. (1989): The global village. Transformations in world life and media in the 21th century. New York, NY (u.a.): Oxford University Press.

Mead, George H. (1968): Geist, Identität und Gesellschaft. Aus der Sicht des Sozialbehaviorismus. Frankfurt am Main: Suhrkamp.

Meckel, Miriam (2001): Die globale Agenda. Kommunikation und Globalisierung. Wiesbaden: Westdeutscher Verlag.

Medrano, Juan D./ Gutiérrez, Paula (2001): Nested identities: National and European identity in Spain, Ethnic and Racial Studies, 24, 753–778.

Merten, Klaus / Ruhrmann, Georg u.a. (1986): Das Bild der Ausländer in der deutschen Presse. Ergebnisse einer systematischen Inhaltsanalyse. Frankfurt am Main.

Meyrowitz, Joshua (1985): No sense of place. Oxford: Oxford University Presss.

Meyrowitz, Joshua (1987): Die Fernseh-Gesellschaft. Wirklichkeit und Identität im Medienzeitalter. Weinheim: Beltz.

Meyrowitz, Joshua (1989): The generalised elsewhere. In: Critical Studies in Mass Communication, 6 (3), 326-334.

Mielke, Rosemarie (2000): Soziale Kategorisierung und Vorurteil. In: Gallenmüller-Roschmann, Jutta / Martini, Massimo / Wakenhut, Roland (Hrsg.): Ethnisches und nationales Bewusstsein. Studien zur sozialen Kategorisierung. Frankfurt am Main u.a.: Lang, 11-42.

Mikkola, Henna /Oinas, Merja-Maaria / Kumpulainen, Kari (2008): Net-based Identity and Body Image Among Young IRC-Gallery Users. In: K. McFerrin, R. Weber, R. Carlsen, & D.A. Willis (Eds.). Proceedings of Society for Information Technology and Teacher Education International Conference, Chesapeake, VA: AACE, 3080-3085.

Miller, Deniel / Slater, Don (2000): The Internet. An Ethnographic Approach. Oxford: Berg.

Moilanen, Teemu/ Rainisto, Seppo (2009): How to brand nations, cities and destinations: A planning book for place branding. Basingstoke (u.a.): Palgrave Macmillan.

Montiel, Francisco J. / Pena, Jorge / Rodriguez, Joan (2008): Country-Branding als Identitätsmetapher. In: Siems, Florian U. / Brandstätter, Manfred / Gölzner, Herbert (Hrsg.): Anspruchsgruppenorientierte Kommunikation. Neue Ansätze zu Kunden-, Mitarbeiter- und Unternehmenskommunikation. Wiesbaden: VS Verlag, 421-438.

Morely, David / Robins, Kevin (1995): Spaces of Identity. Global Media, Electronic Landscapes and Cultural Boundaries. London, New York: Routledge.

Müller, Jochen (2004): Von Kampfmaschinen und Ballkünstlern. Fremdwahrnehmung und Sportberichterstattung im deutsch-französischen Kontext. Eine Presse- und Fernsehanalyse. St. Ingbert: Röhring Universitätsverlag (Saarbrücker Studien zur Interkulturellen Kommunikation mit Schwerpunkt Frankreich/Deutschland Band 9).

Mummendey, Amélie / Klink, Andreas / Brown, Rupert (2001): Nationalism and patriotism: national identification and out-group rejection. In: British Journal of Social Psychology, 40, 159-172.

Mummendey, Amélie / Simon, Bernd (1997): Nationale Identifikation und die Abwertung von Fremdgruppen. In: Mummendey, A. / Simon, B. (Hrsg.): Identität und Verschiedenheit. Bern: Huber, 175-193.

Mummendey, Amélie / Waldzus, Sven (2004): National Differences and European Plurality: Discrimination or Tolerance between European Countries. In: Herrmann, Richard K. / Risse, Thomas / Brewer, Marilynn B. (Hrsg.): Transnational Identities. Becoming European in the EU. Lanham, MD: Rowman & Littlefield Publishers, 59-72.

Nathanson, Stephen (1997): Should Patriotism Have a Future? In: Bar-Tal, Daniel / Staub, Ervin (Hrsg.): Patriotism in the lives of individuals and nations. Chicago: Nelson-Hall, 311-326.

Nigbur, Dennis / Cinnirella, Marco (2007): National identification, type and specificity of comparison and their effects on descriptions of national character. In: European Journal of Social Psychology. Vol. 37, 672-691.

Ohmae, Kenichi (1990): The Borderless World. Power and Strategy in the Interlinked Economy. London u.a.: Collins.

Paier, Günter (1996): Menschen im Übergang. Österreichbilder und nationale Identität von Ex- und NeoösterreicherInnen. In: Haller, Max (Hrsg.): Identität und Nationalstolz der Österreicher. Gesellschaftliche Ursachen und Funktionen. Herausbildung und Transformation seit 1945. Internationaler Vergleich. Wien u.a.: Böhlau, 149-208.

Papcke, Sven (1994): Nationalismus – Ein Alptraum? Aus Politik und Zeitgeschichte. Beilage zur Wochenzeitung Das Parlament, B 42/94, 10-17.

Pehrson, Samuel / Vignoles, Vivian L. / Brown, Rupert (2009): National identification and anti-immigrant prejudice. Individual and contextual effects of national definitions. In: Social Psychology Quarterly, 72, 24-38.

Penz, Otto / Spitaler, Georg (2004): The Austria Sportscape and National Identity. In: Anders, Georg / Mrazek, Joachim / Norden, Gilbert / Weiss, Otmar (Hrsg.): European Integration and Sport. Selected Papers of the 1st Conference of the European Association for Sociology of Sport. Münster: Lit Verlag, 209-218.

Pettigrew, Thomas F. (2005): Ethnocentrism. In: Kempf-Leonard, K. (Ed.): Encyclopedia of Social Measurement, Vol. 1, San Diego, CA: Academic Press, 827-831.

Pfaff, William (1994): Die Furien des Nationalismus. Politik und Kultur am Ende des 20. Jahrhunderts. Frankfurt am Main: Eichborn.

Pieper, Richard (1987): Region und Regionalismus. Zur Wiederentdeckung einer räumlichen Kategorie in der soziologischen Theorie. In: Geographische Rundschau, 39 (10), 534-539.

Pieterse, Jan N. (1994): Globalisation as Hybridisation. In: International Sociology 9, 2, 161-184.

Plamenatz, John (1973): Two Types of Nationalism. In: Kamenka, Eugene (Hrsg.): Nationalism, the Nature and Evolution of an Idea. Canberra: ANU Press, 22-37.

Pöggeler, Franz (1995): Problems of National Identity and Consequences for Adult Education. In: Pöggeler, Franz (Hrsg.): National Identity and Adult Education. Challenge and Risk. Frankfurt am Main: Peter Lang, 13-24.

Pöggeler, Franz (Hrsg.) (1995): National Identity and Adult Education. Challenge and Risk. Frankfurt am Main: Peter Lang.

Poole, Ross (1999): Nation and Identity. London: Routledge.

Pott, Hans-Georg (2002): Nationale und regionale Identitäten im Zeitalter der Globalisierung. In: Joachimsthaler, Jürgen et. al. (Hrsg.): Regionalität als Kategorie der Sprach- und Literaturwissenschaften. Frankfurt et al.: Lang, 113-122.

Quan-Haase, Anabel/ Wellman, Barry with Witte, James and Hampton, Keith (2002): Capitalizing on the net. In: Wellman, Barry / Haythornwaite, Caroline (Eds.): The Internet in Everyday Life. Oxford: Blackwell, 291-324.

Raacke, John & Bonds-Raacke, Jennifer (2008). MySpace and Facebook. Applying the Uses and Gratifications Theory to Exploring Friend-Networking Sites. CyberPsychology & Behavior.11(2), 169-175.

Raijman, Rebeca / Davidov, Eldad / Schmidt, Peter / Hochman, Oshrat (2008): What does a nation owe non-citizens? National attachments, perception of threat and attitudes to granting citizenship rights in a comparative perspective. In: International Journal of Comparative Sociology, 49 (2-3), 195-220.

Redfield, Robert (1971): The Little Community and Peasant Society and Culture. Chicago: University of Chicago Press.

Reimer, Helmut (2009): Soziale Netzwerke und europäischer Datenschutz. In: Datenschutz und Datensicherheit, 33 (10), 624.

Reiterer, Albert F. (1988): Nationen und Nationalbewusstsein in Österreich. Ergebnisse einer empirischen Untersuchung. Wien, VWGÖ.

Reiterer, Albert F. (1998): Soziale Identität. Ethnizität und sozialer Wandel: Zur Entwicklung einer anthropologischen Struktur. Frankfurt am Main: Peter Lang, (Europäische Hochschulschriften: Reihe 22, Soziologie, Bd. 321).

Reiterer, Albert F. (2004): Grenzziehungen. Zwischen nationalen Vorurteilen und sozialen Hierarchien. Frankfurt am Main: Peter Lang, (Minderheiten und Minderheitenpolitik in Europa, Band 6).

Reykowski, Jamusz (1997): Patriotism and the Collective System of Meanings: In: Bar-Tal, Daniel / Staub, Ervin (Hrsg.): Patriotism in the lives of individuals and nations. Chicago: Nelson-Hall, 108-128.

Risse, Thomas (2004): European Institutions and Identity Change: What Have We Learned? In: Herrmann, Richard K. / Risse, Thomas / Brewer, Marilynn B. (Hrsg.): Transnational Identities. Becoming European in the EU. Lanham, MD: Rowman & Littlefield Publishers, 247-271.

Risse, Thomas / Van de Steeg, Marianne (2003): An Emerging European Public Sphere? Empirical Evidence and Theoretical Clarifications. Paper presented at the conference on the "Europeanisation of Public Spheres, Political Mobilisation, Public Communication and the European Union," Science Center Berlin, 20.-22. Juni.

Robertson, Roland (1998): Glokalisierung: Homogenität und Heterogenität in Raum und Zeit. In: Beck, Ulrich (Hrsg.): Perspektiven der Weltgesellschaft. Frankfurt am Main: Suhrkamp, 192-220.

Ruhrmann, Georg (1991): Zum Problem der Darstellung fremder Kulturen in der deutschen Presse. In: Zeitschrift für Kulturaustausch, Heft 1, 42-53.

Ruhrmann, Georg (1999): Medienberichterstattung über Ausländer: Befunde – Perspektiven – Empfehlungen. In: Butterwegge, Christoph / Hentges, Gudrun / Sarigöz, Fatma (Hrsg.): Medien und multikulturelle Gesellschaft. Opladen: Leske + Budrich, 95-121.

Ruhrmann, Georg / Kollmer, Jochen (1987): Ausländerberichterstattung in der Kommune. Inhaltsanalyse Bielefelder Tageszeitungen unter besonderer Berücksichtigung ausländerfeindlicher Alltagstheorien. Opladen.

Ruhrmann, Georg / Sommer, Denise / Uhlemann, Heike (2006): TV-Nachrichtenberichterstattung über Migranten – Von der Politik zum Terror. In: Geißler, Rainer / Pöttker, Horst (Hrsg.): Integration durch Massenmedien. Medien und Migration im internationalen Vergleich. Bielefeld: Transcript, 45-73.

Rummelt, Peter (1995): Sport als Mittel sozialer Integration. Seine exemplarische Untersuchung des Landesprogramms „Sport mit Aussiedlern" (1989-1993). In: Jütting, Dieter H. / Lichtenauer, Peter (Hrsg.): Ausländer im Sport. Bericht über die 2. Sommeruniversität Münster: Lit, 141-159.

Said, Edward W. (2003): Orientalism. London: Penguin Books.

Scannell, Paddy (1988): Radio Times. In: Drummond, P. / Paterson, R. (Hrsg.): Television and its Audience. London: British Film Institute.

Schatz, Robert T./ Staub, Ervin (1997): Manifestations of Blind and Constructive Patriotism: Personality Correlates and Individual-Group Relations: Bar-Tal, Daniel / Staub, Ervin (Hrsg.): Patriotism in the lives of individuals and nations. Chicago: Nelson-Hall, S.229-245

Scheff, Thomas J. (1994): Emotions and Identity: A Theory of Ethnic Nationalism. In: Calhoun, Craig (ed.): Social Theory and the Politics of Identity. Oxford: Blackwell, 277-303.

Scheffer, Bernd (Hrsg.) (1997): Medien und Fremdenfeindlichkeit. Alltägliche Paradoxien, Dilemmata, Absurditäten und Zynismen. Opladen: Leske + Budrich.

Schildberg, Cäcilie (2010): Politische Identität und Soziales Europa. Parteikonzeptionen und Bürgereinstellungen in Deutschland, Großbritannien und Polen. Wiesbaden: VS Verlag.

Schlenker-Fischer, Andrea (2009): Demokratische Gemeinschaft trotz ethnischer Differenz. Theorien, Institutionen und soziale Dynamiken. Wiesbaden: VS Verlag.

Schlesinger, Philip (1991): Media, State and Nation. London: Sage.

Schlögel, Karl (2005): Die Wiederkehr des Raumes – auch in der Osteuropakunde. In: Osteuropa 3, 5-17.

Schmidt, Aurel (1998): Von Raum zu Raum. Versuch über das Reisen. Berlin.

Schmidt, Hans D. (1970): Ein Fragebogen nationaler/nationalistischer Einstellungen. In: Diagnostica, 16, 16-29.
Schweiger, Günter (1988): Österreichs Image im Ausland. Wien: Norka Verlag.
Schweiger, Günter (1992): Österreichs Image in der Welt. Ein weltweiter Vergleich mit Deutschland und der Schweiz. Wien: Service Fachverlag.
Sennett, Richard: Growth and failure. The new political economy and its culture. In: Featherstone, Mike / Lash, Scott (HG.): Spaces of Culture. City-Nation-World. London: Sage, 1999
Siedschlag, Alexander / Rogg, Arne / Welzel, Carolin (2002): Digitale Demokratie. Willensbildung und Partizipation per Internet. Opladen: Leske und Budrich.
Siibak, Andra (2010): Constructing masculinity on a social networking site. Young: Nordic Journal of Youth Research, 18 (4), 403-425.
Simon, Bernd / Mummendey, Amélie (1997): Selbst, Identität und Gruppe: Eine sozialpsychologische Analyse des Verhältnisses von Individuum und Gruppe. In: Mummendey, Amélie / Simon, Bernd: Identität und Verschiedenheit. Zur Sozialpsychologie der Identität in komplexen Gesellschaften. Bern u.a.: Verlag Hans Huber, 11-38.
Simpson, George E. / Yinger, Milton J. (1965): Racial and cultural minorities. New York: Harper and Row.
Six, Bernd (1999): Akkulturation von Aussiedlern. In: Bornewasser, Manfred / Wakenhut, Roland (Hrsg.): Ethnisches und nationales Bewusstsein. Zwischen Globalisierung und Regionalisierung. Frankfurt am Main u.a.: Peter Lang, 125-145.
Smith, Anthony D. (1991): National Identity. London: Penguin.
Smith, Peter B. / Giannini, Marco / Helkama, Klaus / Mayzynski, Jerzy / Stumpf, Siegfried (2005): Positive autostereotyping and self-construal as predictors or national identification. In: Revue Internationale de Psychologie Sociale, Vol. 18., 65-90.
Smith, Philip / Phillips, Timothy (2004): Mass Media Formats and National Identity Formations: Benchmarking technology and genre impacts. Paper presented at the annual meeting of the American Sociological Association, Hilton San Francisco & Renaissance Parc 55 Hotel, San Francisco, CA, Aug 14.
Smith, Tom W. / Kim, Seokho (2006): National Pride in Cross-national and Temporal Perspective. In: International Journal of Public Opinion Research, 18, 127-136.
Smith, Tom W./ Jaakko, Lars (1998): National Pride: A cross-national analysis, GSS Crossnational Report No. 19.
Snyder, Louis L. (1990): Encyclopedia of Nationalism, New York: Paragon House.
Sodhi, Kripal / Bergius, Rudolf (1953): Nationale Vorurteile. Eine sozialpsychologische Untersuchung an 881 Personen. Berlin: Duncker & Humblot.
Soja, Edward (1989): Postmodern geographies: The reassertion of space in critical social theory. London: Verso.
Stallybrass, Oliver (1977): Stereotype. In: Bullock, A. / Stallybrass, O. (Hrsg.): The Fontana Dictionary of Modern Thought. London: Fontana/Collins.
Staub, Ervin (1997): Blind versus Constructive Patriotism: Moving from Embeddedness in the Group to Critical Loyalty and Action. In: Bar-Tal, Daniel / Staub, Ervin (Hrsg.): Patriotism in the lives of individuals and nations. Chicago: Nelson-Hall, 213-228.
Stein, Maurice R. (1965): The Eclipse of Community. An Interpretation of American Studies. New York: Harper and Row.
Steininger, Christian (2010): Identität und mediale Selbstöffentlichung. Vorüberlegungen zu den kollektiven Grundlagen des europäischen Sozialraums. In: Klaus, Elisabeth / Sedmak, Clemens / Drüeke, Ricarda / Schweiger, Gottfried (Hrsg.): Identität und Inklusion im europäischen Sozialraum. Wiesbaden: VS Verlag, 27-45.

Strano, Michele M. (2008): User Descriptions and Interpretations of Self-presentation through Facebook Profile Images. In: Cyberpsychology: Journal of Psychological Research on Cyberspace, 2 (2), article 5.
Tajfel, Henri (1982): Gruppenkonflikt und Vorurteil. Entstehung und Funktion sozialer Stereotypen. Bern, Stuttgart, Wien: Huber.
Tajfel, Henri / Turner, John C. (1986): The social identity theory of intergroup behavior. In: Worchel, Stephen / Austin, William G. (Hrsg.): Psychology of intergroup relations. 2. Auflage, Chicago, IL.: Nelson-Hall, 7-24.
Tibi, Bassam (2001): Between Communitarism and Euro-Islam. Europe, Multicultural Identities and the Challenge of Migration. In: Docker, John / Fischer, Gerhard (Hrsg.): Adventures of Identity. European Multicultural Experiences and Perspectives. Tübingen: Stauffenburg Verlag, 45-60.
Tomlinson, John (1999): Globalization and Culture. Cambridge: Polity Press.
Tönnies, Ferdinand (1991, zuerst 1935): Gemeinschaft und Gesellschaft. Darmstadt: Wissenschaftliche Buchgesellschaft.
Tönnis, Ferdinand (1887): Gemeinschaft und Gesellschaft. Abhandlung des Communismus und des Socialismus als empirischer Culturforme. Leipzig: Fues.
Topic, Mojca Doupona (2004): Slovenian Integration into Europe through Football. In: Anders, Georg / Mrazek, Joachim / Norden, Gilbert / Weiss, Otmar (Hrsg.): European Integration and Sport. Selected Papers of the 1st Conference of the European Association for Sociology of Sport. Münster: Lit Verlag, 61-68.
Trenz, Hans-Jörg (2003): Media Coverage on European Governance. Testing the Performance of National Newspapers, EUSA Biennial International Conference, Nashville TN: March 27-29.
Turner, Graeme (1994): Making it National: Nationalism and Australian Popular Culture. St. Leonards, NSW: Allen & Unwin.
Turner, John C. et al. (1987): Rediscovery the Social Group. Oxford: Blackwell.
Urry, John (2003): Global Complexity Oxford: Blackwell.
Utz, Sonja (2000): Virtuelle Gemeinschaften und traditionelle Bindungen. In: Gallenmüller-Roschmann, Jutta / Martini, Massimo / Wakenhut, Roland (Hrsg.): Ethnisches und nationales Bewusstsein. Studien zur sozialen Kategorisierung. Frankfurt am Main u.a.: Lang, 187-210.
Veenhof, Ben / Wellman, Barry / Quell, Carsten / Hogan, Bernie (2008): How Canadians' use of the Internet affects social life and civic participation. In: Connectedness report series: F0004M-16, December 4.29.
Viki, Tendayi G. / Calitri, Raff (2008): Infrahuman outgroup or suprahuman ingroup: The role of nationalism and patriotism in the infrahumanization of outgroups. In: European Journal of Social Psychology, Vol. 38, 1054-1061.
Virilio, Paul (1996): Fluchtgeschwindigkeit. Essay. Aus dem Französischen von Bernd Wilczek. München/Wien: Fischer.
Wagner, Ulrich / Becker, Julia C. / Christ, Oliver / Pettigrew, Thomas F. / Schmidt, Peter (2010): A Longitudinal Test of the Relation between German Nationalism, Patriotism, and Outgroup Derogation. In: European Sociological Review, 0 (0), 1-14.
Waisbord, Silvio (1998): When the Cart of Media is Before the Horse of Identity: A Critique of Technology-Centered Views on Globalization. In: Communication Research, Vol. 25, 377-398.
Weeks, Jeffrey (2000): Making Sexual History. Cambridge: Polity.
Weiss, Hilde (2003): A cross-national comparison of nationalism in Austria, the Czech and Slovac Republics, Hungary, and Poland. In: Political Psychology, 24, 377-401.
Weiss, Hilde / Strodl, Robert (2003): Das Thema „EU-Osterweiterung" in Österreich und seinen nord- und südöstlichen Grenzregionen. Zur Wirksamkeit kollektiver Identitäten. In: SWS Rundschau, 43 (2), 233-255.

Wellman, Barry (1979): The community question. In: American Journal of Sociology, 84, 1979: 1201-1231
Wellman, Barry (1990): Where have all the friends gone: Re-assessing liberated communities. Working Paper. Centre for Urban and Community Studies. University of Toronto, August.
Wellman, Barry (1992): Men in Networks. Private Communities, Domestic Friendships. In: Nardi, Peter (Hrsg.): Men´s Friendships. Newbury Park, CA. Sage, 74-114.
Wellman, Barry (1996): Are personal communities local? A Dumptarian reconsideration. In: Social Networks, 18, 347-354.
Wellman, Barry (1999): The network community: An introduction. In: Wellman, Barry (Hrsg.): Networks in the Global Village. Life in contemporary communities. Boulder, Colorado, Oxford: Westview Press, 1-48.
Wellman, Barry (2001a): Physical place and cyber place: The rise of personalized networking. In: International Journal of Urban and regional Research, 25(2), 227-252.
Wellman, Barry (2001b): The persistence and transformation of community: From neighbourhood groups to social networks. Report to the Law Commision of Canada, Ottawa.
Wellman, Barry (2002): Little boxes, glocalisation, and networked individualism. In: Tanabe, Makoto/ Van den Besselaar, Peter / Ishida, Toru (Eds.): Digital Cities II. Berlin: Springer, 10-25.
Wellman, Barry (Hrsg.) (1999): Networks in the Global Village. Life in contemporary communities. Boulder, Colorado, Oxford: Westview Press.
Wellman, Barry / Gulia, Milena (1999): Net-Surfers Don't Ride Alone: Virtual Communities as Communities. In: Wellman, Barry (Hrsg.): Networks in the Global Village. Life in contemporary communities. Boulder, Colorado, Oxford: Westview Press, 331- 366.
Wellman, Barry / Leighton, Barry (1979): Networks, Neighborhoods and Communities. Approaches to the Study of the Community Question. In: Urban Affairs Quarterly, 14 (3), 363-390.
Wellman, Barry / Tindall, David (1993): Reach out and touch some bodies. In: Progress in Communication Science, 12, 63-94.
Werlen, Benno (1997): Sozialgeographie alltäglicher Regionalisierungen. Globalisierung, Region und Regionalisierung. Stuttgart: Steiner.
Westle, Bettina (1999): Kollektive Identität im vereinten Deutschland. Nation und Demokratie in der Wahrnehmung der Deutschen. Opladen: Leske + Budrich.
Whannel, Garry (2008): Culture, Politics and Sport. Blowing the Whistle, Revisited. New York: Routledge.
Willems, Herbert / Pranz, Sebastian (2008): Formationen und Transformationen der Selbstthematisierung. Von der unmittelbaren Interaktion zum Internet. In: Willems, Herbert (Hrsg.): Weltweite Welten. Wiesbaden: VS Verlag, 189-222.
Williams, John (1994): "Ranger is a black club": "Race", identity and local football in England. In: Giulianotti, Richard / Williams, John: Game Without Frontiers. Football, identity and modernity. Hants: Arena, 153-183.
Winter, Carsten (2003): Die konfliktäre kommunikative Artikulation von Identität im Kontext der Globalisierung von Medienkulturen. In: Winter, Carsten / Thomas, Tanja / Hepp, Andreas (Hrsg.): Medienidentitäten. Identität im Kontext von Globalisierung und Medienkultur. Köln: Harlem, 49-70.
Winter, Carsten (2006): TIMES-Konvergenz und der Wandel kultureller Solidarität. In: Hepp, Andreas / Krotz, Friedrich / Moores, Shaun / Winter, Carsten (Hrsg.): Konnektivität, Netzwerk und Fluss. Konzepte gegenwärtiger Medien-, Kommunikations- und Kulturtheorie. Wiesbaden: VS Verlag: 79-100.
Winter, Carsten / Thomas, Tanja / Hepp, Andreas (Hrsg.) (2003): Medienidentitäten. Identität im Kontext von Globalisierung und Medienkultur. Köln: Harlem.
Winter, Rainer (2010): Widerstand im Netz. Zur Herausbildung einer transnationalen Öffentlichkeit durch netzbasierte Kommunikation. Bielefeld: transcript Verlag.

Young, Jock (1999): The Exclusive Society. London: Sage.
Zellmann, Peter / Mayrhofer, Sonja (2010): Der Inlandsurlaub als realistisches Glück. In: Forschungstelegramm, 5.
Zheleva, Elena / Getoor, Lise (2009): To join or not to join: the illusion of privacy in social networks with mixed public and private user profiles. Proceedings of the 18th international conference on World wide web, in New York.
Zick, Andreas / Küpper, Beate (2007): Nachlassende Integrationsbereitschaft in der Mehrheitsbevölkerung. In: Heitmeyer, Wilhelm (Hrsg.): Deutsche Zustände. Folge 5. Frankfurt am Main, 150-168.

Anhang
A. Regressionstabelle
Einflussfaktoren auf Patriotismus, Nationalismus, Xenophobie

	Patriotismus		Nationalismus		Xenophobie	
	Beta	Sig.	Beta	Sig.	Beta	Sig.
Alter	0,184	**	0,200	***	0,068	
Bildung	-,006		-0,236	***	-0,166	**
politische Orientierung	0,279	***	0,527	***	0,650	***
Migrationshintergrund	-0,153	*	-0,028		0,076	
ORF1	-,0076		-0,045		0,003	
ORF2	-0,099		-0,092		-0,046	
öst. Privatsender	0,161	**	0,100	,059	0,051	
deutsche öffent.-rechtl. Sender	-0,091		-0,170	**	-0,039	
deutsche Privatsender	-0,035		0,026		0,086	
andere nicht-deutsch spr. Sender	-0,060		0,035		0,085	
Qualitätszeitungen	-0,017		-0,040		-0,179	**
Boulevardzeitungen	-0,063		0,103	*	0,040	
Regionalzeitungen	0,182	**	0,024		0,117	*
ausl. Zeitungen	-0,120	*	-0,040		-0,082	
Radio-Nutzung	0,083		0,114	*	0,068	
Internet-Nutzung	0,042		-0,089		-0,080	
Facebook-Nutzung	-0,049		-0,037		-0,074	
Mitglied in öst. Spez. Facebook Gruppierung	0,178	**	-0,026		0,081	
Auslandsreisen	0,067		0,027		-0,044	
Inlandsreisen	0,054		-0,023		-0,006	

B. Facebook Gruppen und Fanseiten mit Österreich-Bezug
(Stichtag 17.11.2010)

Österreich-bezogene Facebook GRUPPEN (Auszug)

Name	Mitglieder-zahl
8.000.000 Österreicher auf Facebook!!!!! fast unmöglich????? =)	203.543
Die ÖSTERREICHER auf Facebook	57.833
Ganz Österreich in einer Gruppe – Stolz Österreicher/in zu sein	51.448
I am from AUSTRIA !!!! (alle Österreicher bitte beitreten!!)	49.430
Willkommen in Österreich – Hier bin ich Mensch, hier red ich Deutsch	34.986
Auch ich habe dazu beigetragen das Österreich Nr.1 im Alkohol konsum ist	30.622
1.000.000 Österreicher auf Facebook. WO SIND SIE???	17.105
Österreichischer Satzbau: Subjekt – Prädikat – Beschimpfung – OIDA!	16.224
do kau i mochn wos i wü, do bin i hea – do ghea i hin <3 Österreich	13.597
Ich wette, ich finde 10.000 Österreicher, die zu ihrem Land stehen!	13.049
Ich bin Österreicher und sage: Paradeiser, Erdäpfel, Sessel und Pfiati!!!	12.774
Stolz Ein Ö S T E R R E I C H E R zu SEIN ! ! ! !	11.862
Ich bin nicht Perfekt, ABER ÖSTERREICHER!!!!!!!!!!!!!!!!!!!!!	11.852
Austria	10.427
Die 30. besten Gründe Österreicher zu sein	10.094
Wir sind sexy, wir sind geil – wir sind ÖSTERREICHER, das hat Style	8.903
Gott hat die Welt nur einmal geküsst, und genau dort ist jetzt Österreich!	8.274
Österreicher/-in – sogar meine Blutkörperchen sind rot und weiß	6.825
Als Österreicher ist es eine Pflicht Skifahren oder Snowboarden zu können.	6.728
Ich bin Stolz ein Österreicher zu sein.	6.586
einst nannten sie uns Götter ;jetzt Österreicher :D	5.301
Gott hat die Welt nur einmal geküsst – Dort wo heute Österreich ist ♥	4.226
ÖSTERREICH!!	3.996
I am from Austria	3.925
I LOVE AUSTRIA	3.849
Stolzer Österreicher	3.743
woher weißt du dass ich österreicher bin?ach ja ich seh gut aus!	3.635
Die ÖSTERREICHER auf Facebook	2.910
Wahre Schönheit kommt nicht von innen... sie kommt aus ÖSTERREICH!	2.900
Ich Bin stolz ÖSTERREICHER zu sein!	2.884
Echte Österreicher treffen sich im Bierzelt!	2.785
Geboren in ÖSTERREICH, das ist mein Land	2.713
Oh du mein geliebtes Österreich	2.208
Austria – Greatest Country on Earth?	2.050

Xenophob-orientierte Österreich Gruppen	
Ich hasse Menschen die über Österreich schimpfen, aber trotzdem hier wohnen	14.139
Österreich ist nicht die zweite Türkei!!!!!	3.815
Aus Österreich macht Ihr keinen islamischen GOTTESSTAAT !	2.638
Pro-multikulturell orientierte Österreich Gruppen	
Aus Österreich macht ihr kein rassistisches und rechtsextremes Land	19.671
gibt es 100.000 Österreicher/Ausländer die sich nicht gegenseitig hassen?	13.178
Wir sind Patrioten und keine Rassisten!!	2.074
Nationen-vergleichende Gruppen mit Österreich-Perspektive	
Österreich braucht ein Meer... Überfluten wir Deutschland :D	34.938
Das beste an Deutschland ist der Wegweiser nach ÖSTERREICH!	9.104
Wetten dass WIR Österreicher mehr Fans als Türken haben	6.297
Österreich hat bestimmt mehr Fans als Deutschland!!	5.533
I bet AUSTRIA can reach 1 million fans before GERMANY	4.850
Wäre Deutschland schön würde es Österreich heißen!	2.507
SEITEN zu Österreich	
I am from Austria	246.340
Österreich / Austria/ Autriche	187.583
schafft Österreich mehr Fans als Deutschland	134.875
ÖSTERREICH	109.493
Viele versuchen Perfekt zu sein, Ich bin schon als Österreicher geboren	67.410
Muttersprache: Österreichisch!!!!	18.229
Österreich hat schon genug Ausländer!! STOPPT DIE REGELRECHTE ÜBERFLUTUNG!!	13.336
Österreich neu entdecken	10.026
Wir leben in Österreich, du kannst jede Sprache der Welt sprechen !!!!!!	8.457
Wie ich jung war, war Österreich noch Österreich !!	6.127
Deutschland + Österreich schaffen 1 Million Fans – Zusammen sind wir	3.270
Deutschland: Das kleine Land nördlich von Österreich	2.543
Ich bin stolz in Österreich zu wohnen!!	2.002

Name	Mitglieder
STEIERMARK	
KEINER ist perfekt, aber als STEIRER bist sehr nah dran :D	11.043
^^wie nennt man viele perfekte Menschen???... STEIRER^^	7.595
Mehr Steirer als Tiroler auf Facebook. 16000	7.593
Wir sind sexy , wir sind geiL , wir sind Steirer – das hat Style ;)	4.463

wahre Schönheit kommt nicht von innen – Sie kommt aus der Steiermark :)	3.982
Info Graz	3.437
Steiermark	2.510

VORARLBERG

Schönheit kommt nicht von Innen....sondern aus VORARLBERG ;-)	6.971
I'm from Vorarlberg... that's near Austria	3.773
GSIBERGER / VORARLBERG	3.390
Ich bin kein Alkoholiker! ... Ich komme aus Vorarlberg	2.866
Als Gott Vorarlberg schuf, wollte er angeben :D	2.831
kann vorarlberg mehr fans haben als tirol?	2.797
Österreicher? ähm na ... Vorarlberger!	2.377
VORARLBERG BOOK – Alle VorarlbergerInnen auf Facebook!	2.078

OBERÖSTERREICH

Es gibt Kellner u. Oberkellner und es gibt Österreicher u Oberösterreicher	12.021
Schönheit kommt nicht von Innen..........sondern aus OÖ	6.763
Keiner ist PERFEKT, aber als Oberösterreicher bist sehr nah dran :D	5.037
Bitte beachten Sie den Niveauunterschied zwischen Ober- u. Niederösterreich	3.686
We LOVE Attersee!	2.466
Linz	2.123
Ich bin KEIN Alkoholiker – Ich komme aus dem Mühlviertel	2.002

WIEN

Ich wohne auf der richtigen Seite der Donau (21,22 Bezirk)	4.969
I Love Wien! <3 ALLE WIENER BEITRETEN!	4.551
KEINER ist perfekt, aber als Wiener bist sehr nah dran!	3.540
Kann Wien mehr Fans haben als das Burgenland?	2.481
WIR ♥ WIEN	2.465
Vienna	2.158

TIROL

Mindestens 15.000 Tiroler auf Facebook!	15.003
TIROL BOOK – Alle TirolerInnen bei Facebook!	13.713
TIROL hat mehr Fans als wie WIEN	7.926
Aus Österreich? Na, Na .....aus Tirol!!!	6.821
Ganz TIROL in einer Gruppe	5.941
Die Besten Mädels gibt es nur in Tirol :)	5.547
Wahre Schönheit kommt nicht von innen --- Wahre Schönheit kommt aus	4.638
Tirol ist ein Kaiserreich, rund herum liegt Österreich ;-)	4.365
Ich wohne da wo andere Urlaub machen -> TiroL	4.025

Tirol	3.209
Den Besten Sex Den gibts in TiRol	2.683
Wahre schönheit kommt nicht nur von innen, sie kommt vorallem aus TIROL	2.682
Dem Land Tirol die Treue	2.636
STOLZ EIN TIROLER ZU SEIN	2.444
Kann Tirol mehr Fans haben als Vorarlberg?	2.274
Woher weißt Du, daß ich Tiroler bin? Ach ja!! Ich sehe gut aus!	2.104
Mindestens 10.000 Innsbrucker auf Facebook	2.081
Dem Land Tirol die Treue	2.045

BURGENLAND	
Wahre Schönheit kommt nicht von innen....sie kommt aus dem Burgenland	9.484
Hat das Burgenland mehr Fans als Wien???	4.936
Burgenländer – und STOLZ darauf Teil 1	4.808
Niemand ist perfekt, aber als Burgenländer sind wir sehr nah dran	4.449
Was wir Burgenländer verschütten muss der Rest von Österreich mal saufen!!	2.532

NIEDERÖSTERREICH	
Niederösterreich book – ganz Niederösterreich in 1 Gruppe	9.570
Wahre Schönheit kommt nicht von innen ... sie kommt aus Niederösterreich	7.059
Waldviertel, wo wir sind ist oben	4.342
KEINER ist perfekt, aber als Niederösterreicher bist nah dran!	4.209
Schönheit kommt nicht von innen.......Sondern aus dem Waldviertel !!!!!!	4.171
Mostviertel – hier wächst der Alk auf den Bäumen...	2.722
WALDVIERTEL > HIER SIND NUR DIE BESTEN ZUHAUSE!!!	2.702
Schönheit kommt nicht von innen, sondern aus dem Mostviertel! ;)	2.105

KÄRNTEN	
Schönheit kommt nicht von innen.......Sondern aus KÄRNTEN	9.163
Ich bin KEIN Alkoholiker – Ich komme aus KÄRNTEN	7.191
KEINER ist perfekt, aber als Kärntner bist sehr nah daran!	6.028
Wir semma aus Kärnten! Do kumm ma her, do gehör ma hin!	5.692
Als Gott die Hübschen Menschen verteilte , riss ihm in Kärnten der Sack !!	5.461
Wir sind Kärnten!	4.944
Kärnten- Wir wohnen da wo ihr Urlaub macht <3	4.052
Was wir Kärntner verschütten, dass muss der Rest von Österreich mal saufen!	3.031
Wir lieben Kärnten, denn es ist die Perle des Südens!	2.842
Party People Kärnten	2.709
VILLACHER AUF FACEBOOK	2.568
Es heißt Kärnten – NICHT Koroška!	2.455

KÄRNTEN – Ich komm' da her, wo ihr Urlaub macht!!	2.292
In Kärnten soll Facebook Gfrissbuach heißen!!!	2.199
SALZBURG	
Salzburger auf Facebook	6.293
Schönheit kommt nicht von innen............ Sondern aus Salzburg	4.997
Salzburg – das schönste Bundesland Österreichs!	3.602
saLzburg .. :)	2.156

Bundesländer Seiten	
STEIERMARK	
Steiermark – Do bin i her!	25.561
Steiermark – Das Grüne Herz Österreichs	24.243
Steiermark	12.347
Steiermark – Steirer aus Leidenschaft	2.106
VORARLBERG	
Vorarlberg	6.561
Die Besten sind im Westen (Vorarlberg)	6.098
Willkommen in Vorarlberg, das Ländle, dass mehr über dich weiss als du selbst!	2.492
Vorarlberg – WIR SIND DIE ELITE	2.271
Urlaubsland Vorarlberg	2.154
OBERÖSTERREICH	
Oberösterreich	51.878
WIEN	
Wien	155.135
Vienna	74.780
Wir machen WIEN zur größten Stadt auf Facebook!	21.661
F'uck you I am from Vienna	9.735
WIEN IST EIN DORF, JEDER KENNT JEDEN!	5.585
I ♥ VIENNA	5.389
I ♥ Vienna	4.965
I love Vienna	3.908
Kniet nieder Ihr Bauern, Wien ist zu Gast!	2.285
TIROL	
hat tiroL mehr fans aLs saLzburg ??	18.076
Innsbruck – Tyrol (Austria)	17.555

Dem Land Tirol die Treue	12.228
Kitzbühel – Tirol	7.931
Kann TiroL mehr Fans haben als Bayern ??	7.395
Aus Österreich? Na, Na .....aus Tirol!!!	6.821
Pitztal – Tirol	4.839
i ♥ TiroL	3.465
Kitzbüheler Alpen St. Johann in Tirol	3.384
Tirol Blog	2.452
Tirol Innsbruck	2.407
BURGENLAND	
Zuhause im Burgenland!	7.864
Burgenland	6.313
NIEDERÖSTERREICH	
Niederösterreich	48.403
Zuhause in Niederösterreich	13.172
KÄRNTEN	
Kärnten	13.172
„..aus Österreich? ..nana... aus Kärnten!"	11.451
Den besten Sex den gibts in Kärnten	1.893
SALZBURG	
Salzburg	22.879
Hat Salzburg mehr Fans als Tirol??? (es is sowieso besser!)	5.265
Salzburg, Austria	4.826
SALZBURG ALTSTADT	3.857

C. Kategoriensystem Tageszeitungen

Auswahl der Artikel:
Es werden ausschließlich Artikel in den Ressorts **Innenpolitik, Chronik, Wirtschaft, Kultur und Sport** sowie (falls vorhanden) Leserbriefe codiert.
Dazu werden jeweils **ALLE Artikel** auf der Titelseite und der jeweils ersten Seite eines Ressorts codiert, auf den nachfolgenden Seiten nur mehr jeweils jeder 3. Artikel.
Anreißer werden jeweils zusammen mit dem eigentlichen Hauptartikel codiert und nur einmal gezählt.
Fototext gehen nur dann in die Analyse ein, wenn sie länger als 2 Sätze sind und als eigenständiger „Beitrag" fungieren.
Gedichte oder Sprüche werden nicht codiert.

CODDAT	Codiererdatum (Jahr/Monat/Tag)
ZEITUNG	Zeitungsreihe
ERSCHDAT	Erscheinungsdatum (Jahr/Monat/Tag)
NRART	Nummer des Artikels in der Zeitung (nach der Reihenfolge)
SEITE	Seiten-Nr.
BERICHFO	Berichtsform
AUTOR	Autor
WIPLATZ	Auffälligkeiten der Platzierung (0-2)
WIOPT	Auffälligkeiten der Optik (0-2)
WIUMFANG	Auffälligkeiten des Umfangs – Länge der Spalten (0-2)
Bilder, Graphiken, Farbe	
F1BILD	Formale Gestaltung1: Bild/Foto
F2GRAF	Formale Gestaltung2: Grafik
F3BALK	Formale Gestaltung3: Balkenueberschrift
F4ZUS	Formale Gestaltung4: vorangest. Zusammenfassung
F5FARB	Formale Gestaltung5: Farbe
Bilder:	
BILDINH1	Bildinhalt 1:Sachbild (nüchtern, auf Sachzusammenhaenge ausg
BILDINH2	Bildinhalt 2: Sensationsbild (emotional spekulativ)
BILDINH3	Bildinhalt 3: Standardbild (Politikerfoto, an-/abfahrende Po
BILDINH4	Bildinhalt 4: nationale Symbole im Bild
BILDNAT	Bildinhalt 4: welche nationalen Symbole im Bild (String)
TB_ZUS	**Textbild-Zusammenhang**
UEBER	**Überschrift**
UNOBUEB	**Unter- bzw. Ober-Überschrift**
ORT	Ortsbezug des Beitrags
Ressort	Ressort
Framing-Analyse (nach Dahinden 2006)	
THEMFELD	Themenfeld des Nachrichtenbeitrags
NEBTHEM	Nebenthemenfeld des Nachrichtenbeitrags
Kontrov	Kontroverse
erfolg	Erfolg vs Niederlage
Verant	Verantwortlichkeiten für genannte Probleme/Ereignisse
Loesung	Lösungsmöglichkeiten für genanntes Problem/Ereignis
Herakt	Herkunft Akteure
Akteure	

Akt1pol	Politiker
Akt2jou	Journalist
Akt3exp	Experte/Wissenschaftler
Akt4wir	Wirtschafter/Unternehmer
Akt5pro	Prominente (Künstler/Schauspieler/Sportler/Musiker etc.)
Akt6bet	Betroffene Personen des nichtöffentlichen Lebens
Akt7off	Öffentlichkeit insgesamt
Akt8ngo	NGOs
Akt9son	Sonstiges

Bewertung allgemein

Bewoes	allgemeine Bewertung Selbstdarstellung (Österreich)

Charakteranalyse Selbstdarstellung (Österreich)

Merk1kle	Merkmal 1: klein – groß
Merk2pa	Merkmal 2: passiv – aktiv
Merk3emo	Merkmal 3: emotional/temperamentvoll – rational/ruhig
Merk4tol	Merkmal 4: intolerant – tolerant
Merk5kun	Merkmal 5: nicht künstlerisch – künstlerisch
Merk6rel	Merkmal 6: religiös/gottorientiert – atheistisch/weltorientiert
Merk7arm	Merkmal 7: arm – reich
Merk8for	Merkmal 8: rückständig/traditionell – fortschrittlich/liberal
Merk9wel	Merkmal 9: orientiert im kleinen Rahmen – weltoffen/global denkend
Merk10fa	Merkmal 10: faul – fleißig
Merk11le	Merkmal 11: leistungsschwach – leistungsstark
Merk12ag	Merkmal 12: streitsuchend, aggressive – friedfertig, sanftmütig
Merk13in	Merkmal 13: unintelligent, dumm – intelligent, schlau
Merk14st	Merkmal 14: sturköpfig – kompromißbereit
Merk15sp	Merkmal 15: unsportlich – sportlich
Merk16mu	Merkmal 16: ängstlich, feige – mutig
Merk17ge	Merkmal 17: gierig/geizig – genügsam/großzügig
Merk18sc	Merkmal 18: hässlich – schön
Merk19ri	Merkmal 19: risiko vermeidend – risikobereit
Merk20ge	Merkmal 20: schlampig – genau
Merk21kr	Merkmal 21: kriminell/korrupt – gesetzestreu
Merk22ga	Merkmal 22: ausländerfeindlich/abwesend gegenüber Fremden – gastfreundlich
Merk23la	Merkmal 23: langsam/kompliziert – schnell/unkompliziert
Merk24te	Merkmal 24: teuer – billig
Merk25um	Merkmal 25: umweltverschmutzend – umweltbewusst
Merksons	Sonstiges Merkmal

Fremddarstellung:

Fremd	Erwähnung einer anderen Nation
Herfrem	Herkunft Fremddarstellung
Bewfrem	allgemeine Bewertung Fremddarstellung

Verwurzelung der Berichterstattung

Bzg1reg	Bezugsebene 1: regionale Verwurzelung
Bzg2nat	Bezugsebene 2: nationale Verwurzelung
Bzg3eu	Bezugsebene 3: europäische Verwurzelung
Bzg4glo	Bezugsebene 4: globale Verwurzelung

Journalistische Frames (nach Dahinden 2006; Semetko/Valkenburg 2000)

Fradau	Journalistischer Frame: Dauer

Fra1wir	Frame 1: Wirtschaftlichkeit
Fra2for	Frame 2: Fortschrittlichkeit
Fra3kon	Frame 3: Konflikt
Fra4mor	Frame 4: Moral
Fra5per	Frame 5: Personalisierung/Human Interest
Fra6ge	Frame 6: Geschichtlicher Frame

Regionale Symbole in Bezug auf Selbstdarstellung (Österreich):

Reg1Hmy	Landeshymne, regionalbezogene Musikstücke
Reg2Far	Landesfarben,
Reg3Fah	Landesfahne, Landeswappen
Reg4kar	geographische Karte der Region, Bundesland, Stadt etc.
Reg5geo	regionale geographische Hinweise (Berge, Seen, Flüsse,Orte)
Reg6seh	regionale Sehenswürdigkeiten (Schlösser, Denkmäler, Gebäude etc.)
Reg7ess	regionaltypisches Essen und Trinken
Reg8kle	regionale Kleidung, Tracht
Reg9tra	regionale Traditionen und Bräuche
Reg10per	regionale Identifikationspersonen (Stars, Politiker etc.)
Nat11pa	regionale Parteien/Landesvertretungen der Parteien
Reg12ku	regional-typische Kürzel (OÖN, NÖN)
Reg13so	sonstige regionale Symbole

Nationale Symbole in Bezug auf Selbstdarstellung (Österreich):

Nat1Hmy	Nationalhymne
Nat2Far	Landesfarben
Nat3Fah	Landesfahne
Nat4kar	geographische Karte der Nation
Nat5geo	nationale geographische Merkmale (Schlösser, Denkmäler, Gebäude etc.)
Nat6seh	nationale Sehenswürdigkeiten (Schlösser, Denkmäler, Gebäude etc.)
Nat7ess	nationaltypisches Essen und Trinken
Nat8kle	nationale Kleidung, Tracht
Nat9tra	nationale Traditionen und Bräuche (z.B. Tanzen, Schisport)
Nat10per	nationale Identifikationspersonen (Stars, Politiker, etc.)
Nat11pa	nationale Parteien
Nat12ku	national-typische Kürzel (z.B. ÖGB)
Nat13wo	typisch österreichische Wörter, Ausdrücke (Austriazismen)
Nat14so	sonstige nationale Symbole

Anzahl der Erwähnung von Hinweis Wörtern auf Nation

Anz1reg	Anzahl der Nennung von „Bundesländernamen"
Anz2oes	Anzahl der Nennung von „Österreich"
Anz3nat	Anzahl der Nennung von „Nation/national"
Anz4eu	Anzahl der Nennung von „Europa"/"EU"

Übernationale Symbole in Bezug auf Selbstdarstellung (Österreich):

Glo1Hmy	Europahymne
Glo2Far	europäische Farben
Glo3Fah	europäische Fahne, Fahnen, Logos von übernationalen Organisationen etc.
Glo4kar	geographische Karte fremder Nationen, Kontinente, Länderverbünde (z.B. EU)
Glo5geo	übernationale geographische Merkmale (Schlösser, Denkmäler, Gebäude etc.)

Glo6seh	übernationale Sehenswürdigkeiten (Schlösser, Denkmäler, Gebäude etc.)
Glo7ess	übernationaltypisches/ausländisches Essen und Trinken
Glo8kle	übernationale/ausländische Kleidung, Tracht
Glo9tra	übernationale/ausländische Traditionen und Bräuche
Glo10per	übernationale/ausländische Identifikationspersonen (Stars, Politiker, etc.)
Glo11pa	übernationale/ausländische Parteien
Glo12ku	übernationale/ausländische Kürzel (z.B. EU)
Glo13ang	Anglizismen
Glo14so	sonstige übernationale/ausländische Symbole

Nationale Identität
Patriotismus:

Pat01nah	Nahverhältnis zu Angehörigen der eigenen Nation (Österreichern)
Pat02lan	Liebe zu österreichischen Landschaften
Pat03hym	Erhebendes Gefühl beim Sehen/Erleben nationaler Symbole (österreichische Hymne, Fahne, etc.)
Pat04dem	Lebensqualität durch Demokratie in Österreich
Pat05his	Bezugnahme auf österreichische Geschichte
Pat06kul	Bezugnahme auf österreichische Kultur

Nationalismus:

Nat01abw	Österreich ist besser als andere
Nat02men	Österreicher sind besser als andere Menschen
Nat03int	Nationale Interessen auch durch Gewalt verteidigen
Nat04zwa	Zwangsmittel gegen Menschen, die sich nicht an Recht und Ordnung halten
Nat05all	Die eigene Nation (Österreich) kommt am besten allein zurecht
Nat06ueb	Überfremdung gefährdet die eigene Nation (Österreich)

Nationalstolz (vgl. ISSP 2003):

Sto01dem	Stolz auf die Demokratie Österreichs
Sto02pol	Stolz auf politischen Einfluss Österreichs
Sto03wir	Stolz auf wirtschaftlichen Leistungen/Einfluss Österreichs
Sto04soz	Stolz auf sozialstaatliche Leistungen Österreichs
Sto05spo	Stolz auf sportliche Leistungen Österreichs
Sto06kun	Stolz auf österreichische Leistungen in Kunst und Kultur
Sto07bh	Stolz auf das österreichische Bundesheer
Sto08his	Stolz auf die österreichische Geschichte

Integrationsthematik (vgl. ISSP 2003):

Bewirt01	Zuwanderer bedrohen die österreichische Wirtschaft
Bewert02	Zuwanderer bedrohen die österreichische Lebensweise und Werte
Beviel03	Es gibt zu viele Zuwanderer in Österreich
Bebere04 (-)	Zuwanderer bereichern unsere Kultur
Bearb05	Zuwanderer sollten weniger Recht auf knappe Arbeitsplätze haben als Österreicher
Bebel06	Zuwanderer belasten unsere Gesellschaft
Betei07(-)	Zuwanderer sind ein Teil der österreichischen Gesellschaft
Beschr08(-)	Die Zuwanderer verhindern ein Schrumpfen der Österreichischen Gesellschaft.
Bewirt09(-)	Zuwanderer tragen zum wirtschaftlichen Erfolg Österreichs bei.
Bekrim10	Zuwanderer sind kriminell

Österreich und Europäische Union
Euteil1	Österreich ist ein wichtiger Teil der europäischen Union.
Euneg2(-)	Der EU-Beitritt Österreichs war negativ.
Eupos3	Der EU-Beitritt Österreichs war ein wichtiger Schritt für die Zukunft des Landes.
Eudur4(-)	Österreich kann sich in der EU nicht durchsetzen.
Eumis5(-)	Die EU mischt sich zu viel in österreichische Angelegenheiten ein.
Euwirt6	Österreich hat durch den EU-Beitritt wirtschaftlich profitiert.

Österreich und Globalisierung
Glowi1	Die Globalisierung ist wichtig für die österreichische Gesellschaft/Wirtschaft.
Glotei2	Österreich nimmt international eine wichtige Stellung ein
Gloneg3(-)	Österreich verliert für die Bürger durch die Globalisierung immer mehr an Bedeutung.
Gloneg4(-)	Die Globalisierung verwässert nationale Charakteristiken

D. Kategoriensystem Facebook

Teil 1: Quantitative Analyse – Formale Kriterien der Facebook Grupen und Fanseiten

CODDAT	Codiererdatum (Jahr/Monat/Tag)
Name	Name der Gruppe/seite
Art	Art des Facebook-Angebots
Ort	Verortung der Gruppe/Seite
Members	Anzahl der Mitglieder bzw. „Gefällt mir"-Fans
Bestand	Bestandsdauer der Gruppe/Seite
Selbst	Selbstbeschreibung der Gruppe
Intpinn	Interaktionsfrequenz auf Pinnwand
Intdisk	Interaktionsfrequenz in Diskussionsforum
Diskthges	Anzahl der Themen in Diskussionsforen gesamt
Diskthoes	Anzahl der Themen im Diskussionsforen, die klaren Österreichbezug bzw. regionalen Bezug aufweisen
Diskges	Anzahl der Beiträge in Diskussionsforen gesamt
Diskbei	Anzahl der Beiträge in Diskussionsforen, die klaren Österreichbezug bzw. regionalen Bezug aufweisen
Linksges	Anzahl der Links gesamt
Links	Anzahl der Links mit Österreich oder Regional-Bezug gesamt

Quelle des Links

Linkmed	Quelle des Links 1: Medien
Linkface	Quelle des Links 2: andere Facebook-Einträge
Linkyou	Quelle des Links 3: Youtube
Linkosn	Quelle des Links 4: andere Social Network Sites
Linkpol	politisch
Linkras	rassistisch/xenophob orientiert
Linkpat	patriotisch orientiert
Linknat	nationalistisch orientiert
Linkand	Vergleich mit anderen Ländern
Linkpro	provokativ orientiert
Linkmul	positiv Multikulturalismus
Linkspa	reiner Spaßlink
Linkinf	neutrale Information

Dialektverwendung:

Dialektnam	Dialektbezeichnung im Namen der Gruppe
Dialektpinn	Häufigkeit der Verwendung von Dialektausdrücken auf der Pinnwand

Fotos und Videos:

Fotoges	Anzahl der Fotos gesamt
Fotozahl	Anzahl der Fotos mit Österreich/Regionalbezug
Videoges	Anzahl der Videos gesamt
Videoza	Anzahl der Videos mit klarem Österreich-/Regionalbezug

Inhalte der Fotos mit regionalem Bezug:
Reg2Far	Landesfarben,
Reg3Fah	Landesfahne, Landeswappen
Reg4kar	geographische Karte der Region, Bundesland, Stadt etc.
Reg5geo	regionale geographische Hinweise (Berge, Seen, usw.)
Reg6seh	regionale Sehenswürdigkeiten (Schlösser,Denkmäler, usw.)
Reg7ess	regionaltypisches Essen und Trinken
Reg8kle	regionale Kleidung, Tracht
Reg9tra	regionale Traditionen und Bräuche
Reg10per	regionale Identifikationspersonen (Stars, Politiker etc.)
Reg13so	sonstige regionale Symbole

Inhalte der Fotos mit nationalem Bezug
Nat2Far	Nationalfarben
Nat3Fah	Österreich-Fahne
Nat4kar	geographische Karte der Nation
Nat5	geonationale geographische Merkmale (Schlösser, Denkmäler, usw.)
Nat6seh	nationale Sehenswürdigkeiten (Schlösser, Denkmäler, usw.)
Nat7ess	nationaltypisches Essen und Trinken
Nat8kle	nationale Kleidung, Tracht
Nat9tra	nationale Traditionen und Bräuche (z.B. Tanzen, Schisport)
Nat10per	nationale Identifikationspersonen (Stars, Politiker, usw.)
Nat14so	sonstige nationale Symbole

Teil 2: Analyse der Diskussionsforen

Patriotismus
Pat01nah	Nahverhältnis zu Angehörigen der eigenen Nation (Österreichern)
Pat02lan	Liebe zu österreichischen Landschaften
Pat03hym	Erhebendes Gefühl beim Sehen/Erleben nationaler Symbole (österreichische Hymne, Fahne, etc.)
Pat04dem	Lebensqualität durch Demokratie in Österreich
Pat05his	Bezugnahme auf österreichische Geschichte
Pat06kul	Bezugnahme auf österreichische Kultur

Nationalismus:
Nat01abw	Österreich ist besser als andere
Nat02men	Österreicher sind besser als andere Menschen
Nat03int	Nationale Interessen auch durch Gewalt verteidigen
Nat04zwa	Zwangsmittel gegen Menschen, die sich nicht an Recht und Ordnung halten
Nat05all	Die eigene Nation (Österreich) kommt am besten allein zurecht
Nat06ueb	Überfremdung gefährdet die eigene Nation (Österreich)

Nationalstolz (vgl. ISSP 2003):
Sto01dem	Stolz auf die Demokratie Österreichs
Sto02pol	Stolz auf politischen Einfluss Österreichs
Sto03wir	Stolz auf wirtschaftlichen Leistungen/Einfluss Österreichs
Sto04soz	Stolz auf sozialstaatliche Leistungen Österreichs
Sto05spo	Stolz auf sportliche Leistungen Österreichs

Sto06kun	Stolz auf österreichische Leistungen in Kunst und Kultur
Sto07bh	Stolz auf das österreichische Bundesheer
Sto08his	Stolz auf die österreichische Geschichte

Geopolitische Symbole
Vergleich mit anderen Nationen
Regionaler Bezug
regionale Identifikationspersonen – Politiker
Nationaler Bezug
Nationale Identifikationspersonen – Politiker
Transnationaler Bezug

Integrationsthematik
Kopftuch-Debatte
Rolle der Medien in der Integrationsthematik
Migration allgemein Multikulturalismus
Religion

Österreich und Europäische Union
Euteil1	Österreich ist ein wichtiger Teil der europäischen Union.
Euneg2(-)	Der EU-Beitritt Österreichs war negativ.
Eupos3	Der EU-Beitritt Österreichs war ein wichtiger Schritt für die Zukunft des Landes.
Eudur4(-)	Österreich kann sich in der EU nicht durchsetzen.
Eumis5(-)	Die EU mischt sich zu viel in österreichische Angelegenheiten ein.
Euwirt6	Österreich hat durch den EU-Beitritt wirtschaftlich profitiert.

Österreich und Globalisierung
Glowi1	Die Globalisierung ist wichtig für die österreichische Gesellschaft/Wirtschaft.
Glotei2	Österreich nimmt international eine wichtige Stellung ein
Gloneg3(-)	Österreich verliert für die Bürger durch die Globalisierung immer mehr an Bedeutung.
Gloneg4(-)	Die Globalisierung verwässert nationale Charakteristiken

Formale Kriterien
Dialektverwendung
Zitierte „Quellen"
Sprechakte

E. Fragebogen

Folgende Fragenkomplexe wurden mittels Online-Fragebogen abgefragt. Die detaillierten Fragenformulierungen liegen bei der Autorin auf.

Österreich-Bezug:
Spontan-Assoziation mit Österreich (offene Frage)
Stärke der Identifikation mit regionalen, nationalen und transnationalen Ebenen
Charakterisierung von Österreich (semantisches Differential)

Nationale Identität:
Patriotismus-Skala (vgl. GMF-Konzept von Heitmeyer 2007)
Nationalstolz-Skala (vgl. ISSP 2003)
Nationalismus-Skala (vgl. GMF-Konzept von Heitmeyer 2007)

Multikulturalismus:
Multikulturalismus-Skala (vgl. GMF-Konzept von Heitmeyer et al.)

Transnationale Identität:
Skala zur EU-Einstellung (vgl. ISSP 2003)

Mediennutzung:
Mediennutzung allgemein
Nutzung von Social Network Sites
TV-Sender-Nutzung
TV-Genres
Tages- und Wochenzeitungsnutzung

Facebook Nutzung:
Facebook-Nutzungshäufigkeit
Social Network Nutzung allgemein
Nutzungsort Facebook
Standortbezogene Dienste in Facebook
Motive der Facebook-Nutzung
Nutzungshäufigkeit unterschiedlicher Facebook-Anwendungen
Veröffentlichung persönlicher Daten in Facebook
Facebook Gruppen und Fanseiten
Motive der Mitgliedschaft in Österreich-spezifischen Gruppen/Fanseiten
Darstellung Österreichs innerhalb der Facebook Gruppen und Fanseiten
Herkunft der Facebook-„Freunde"
Dialektnutzung in Facebook

Reisen/Auslandserfahrungen:
Reisehäufigkeit (In- und Ausland, längere Auslandsaufenthalte)

Daten für persönliche Vorstellung im Offline-Kontext

Soziodemographie

Index

A

Abgrenzung.26, 38, 40, 70, 79, 80, 102, 103, 104, 106, 107
Abwertung 52, 60, 77, 80, 103, 104, 109, 110, 122, 169, 171, 172, 226, 306
Akteure............. 150, 179, 180, 182, 183, 223
Alltags-Toleranz 107
Amerika, siehe auch USA .. 49, 55, 207, 260, 261
Analyseeinheit 139
Anglizismen....................................... 165, 167
antisemitisch 77
Antisemitismus, siehe auch antisemitisch 108
atlas.ti 138, 190, 191
Ausländer, siehe auch Migrant, Einwanderer, Zuwanderer. 111, 112, 212, 214
ausländerfeindlich, siehe auch xenophob, fremdenfeindlich 213, 227
Ausländerfeindlichkeit, siehe auch Xenophobie, Fremdenfeindlichkeit .. 111, 112, 275
Auslandsaufenthalt, siehe auch Reise 258, 260
Auslandsberichterstattung 111
Außenkommunikation 27
Australien... 260, 261
Austriazismen 62, 165, 167, 222
Autarkie, siehe auch autark 26
Autokodierungen 138, 190, 191
Autostereotyp, siehe auch Selbstbild . 52, 54, 105, 124

B

Befragung 14, 62, 119, 168, 186
Boulevardzeitung.... 136, 142, 151, 158, 159, 181, 182, 241
Brauch.. 48

Bundeshymne 123
Bundesländer 124, 126, 202
Bundesländerzeitung 141, 150, 158, 167, 173, 180, 181, 183, 184, 242, 243, 244
Bürgerschaft, siehe auch Staatsbürgerschaft, citizenship 57, 83

C

Canada 260, 261
Charakterisierung 80, 143, 145, 146, 147, 150, 178, 183, 273, 275, 305, 306, 309–11
Chauvinismus 77
citizenship, siehe auch Bürgerschaft, Staatsbürgerschaft 57
City Branding, siehe auch Location Branding, Place Branding, Region Branding 56
Clusteranalyse 287, 291
computervermittelte Kommunikation 20
computervermittelte Kontakte.................... 19
cosmopolitanization 72
Country Branding, siehe auch Nation Branding 56

D

Datenschutz 248
deduktive Methode 190
Demokratie 85, 108, 109, 117, 168, 169, 227
demokratisch, siehe auch Demokratie 77, 82, 108, 226
Depersonalisierung 104
Deterritorialisierung 21, 97
Deutschland 50, 60, 62, 65, 84, 93, 109, 110, 115, 117, 126, 127, 151, 193, 195, 197, 207, 211, 260, 261
Diskriminierung 107, 215
Diskussionsbeiträge.............................. 5, 190
Diskussionsforen 189, 216

Diskussionsthread 204
Diversität 29, 73, 82

E

Eigengruppe, siehe auch in-group 39, 52
Einwanderung, siehe auch Migration,
    Zuwanderung 121
electronic tribes, siehe auch neo tribes,
    Neostamm 31
Emotion 37, 38, 50, 84, 89, 103
Enttraditionalisierung 42
Erhebungsinstrument 86, 90
Erstbezugsgruppe 88
Ethnisierung 111
Ethnizität 62, 110
ethnozentrisch 77
Ethnozentrismus 77, 109
EU-Berichterstattung 176
EU-Mitgliedschaft .. 172, 173, 176, 181, 183,
    227, 306, 307
Euregions 50
Europa 24, 92, 93, 94, 118, 119, 120, 206,
    216, 228
europäische Öffentlichkeit 95
Europäische Union ... 73, 92, 93, 94, 97, 173,
    175, 180, 206, 216, 228, 282
Ex-Jugoslawien 239
Exklusion 41, 64, 80, 92, 106

F

Facebook. 13, 14, 19, 75, 132, 186, 199, 247,
    255, 309, 312
Facebook Fanseiten 187, 189, 194
Facebook Gruppen.. 185, 186, 188, 189, 190,
    191, 246, 284, 307
Facebook Gruppierungen 192, 193, 307
face-to-face 22, 68
Familie 64, 96
Fernsehen 68, 69, 70, 72, 91, 237
Foto 201
Fragebogen 86, 232, 233

Frame-Theorie 110
Frankreich. 50, 115, 151, 193, 194, 195, 197,
    260, 261
Fremdbild, siehe auch Heterostereotyp .. 105,
    106, 126, 127, 128
Fremdenfeindlichkeit, siehe auch
    Xenophobie 108, 119, 265
Fremdgruppe, siehe auch out-group ... 39, 60,
    77, 104, 110

G

Gemeinschaft.. 13, 22, 26, 27, 28, 29, 30, 31,
    51, 59, 64, 67, 72, 98
    Anlaß-Gemeinschaft 28
    ästhetische Gemeinschaften 28
    Kommunikationsgemeinschaft 59
    Online-Spiel-Gemeinschaften 32
    posttraditionelle Gemeinschaft 59
    Sprachgemeinschaft 60
    virtuelle Gemeinschaft 13, 30, 32, 192
Generation Global 95
Genre-Effekt 71, 75
geopolitische Identifikation 262, 282
geopolitische Identitätstypen 291–94, 294–98
geopolitische Verortung 19, 118, 140, 153,
    155, 157, 198, 296, 311–12
Geschichte .. 36, 50, 55, 58, 78, 84, 113, 116,
    117, 126, 168, 170
Gesellschaft 26, 98
    plurikulturelle Gesellschaft 121
Global Brain 101
global village 13, 14, 19, 20, 22, 97, 231
Globalisierung 13, 20, 21, 23, 25, 27, 28, 29,
    33, 42, 48, 51, 53, 71, 72, 73, 82, 95, 96,
    97, 98, 100, 101, 172, 173, 180
Globalismus 96
Globalität 32, 96
Glokalisierung 20, 91, 96, 181, 291
Grenzen 20, 21, 27, 35, 42, 49, 60, 71, 73,
    74, 89, 97, 102, 216
Grenzregionen 119, 265
Großbritannien 62, 115, 260, 261

group identification, siehe auch
   Gruppenidentifikation 42
Gruppe
   Online-Gruppe, siehe auch virtuelle
      Gruppe 31
   virtuelle Gruppe, siehe auch Online-
      Gruppe 31, 201
   gruppenbezogene Menschenfeindlichkeit
      .... 167, 209, 211, 267
   Gruppenidentifikation 39, 104, 254
   Gruppenzugehörigkeit 40, 286

H

Heimat 5, 28, 99, 273
Heterostereotyp, siehe auch Fremdbild 54, 106
homo austriacus 113
homo sociologicus 26

I

Identifikation ... 39, 41, 43, 47, 49, 50, *52*, 53, 58, 59, 67, 70, 81, 84, 85, 90, 107
   Identifikationsebene 24, 57, 118, 154, 178, 180, 182, 229
   Identifikationsfigur 67, 113, 162, 179, 180, 184, 207, 209, 216, 218, 223, 314
   Identifikationsmerkmal 42, 64
Identität ... 28, 37, 38, 41, 42, 43, 44, 45, 110, 113
   binationale Identität 49, 262, 264, 267
   europäische Identität ... 24, 57, 60, 92, 93, 94, 100, 120
   geopolitische Identität 22
   globale Identität 19, 53, 74, 95, 97
   globalisierte Identität 73, 231
   Identitätsanalyse 43
   Identitätsbildung, siehe auch
      Identitätskonstruktion. 54, 89, 97, 214
   Identitätskonstruktion, siehe auch
      Identitätsbildung 25, 31, 37, 45, 53, 58, 66, 67, 68, 76, 90, 102, 118, 167, 183, 201, 216, 246
   Identitätskonzept 24
   Identitätsmanagement 92, 93
   individuelle Identität 41
   kollektive Identität .. 40, 41, 42, 44, 47, 97
   kosmopolitische Identität 32, 98, 100
   multinationale Identität 262, 264, 267
   multiple Identität 39, 93, 98, 119
   nationale Identität .. 13, 33, 36, 38, 47, 48, 49, 50, 51, 52, 53, 58, 60, 61, 62, 64, 69, 70, 85, 103, 107, 183, 267, 273, 282, 307, 312
   persönliche Identität 38, 47
   postmoderne Identität 42
   post-nationale Identität 72
   regionale Identität 90, 93
   soziale Identität 37, 38, 49, 51, 84, 88, 102, 103
   supranationale Identität 25
   transnationale Identität 25, 49, 53, 57, 74, 75, 92, 100, 118
Identitätsgeschichte 28
Identitätsquelle 84
Identitätsräume 44
Idol 28, 67
Image
   Nationenimage, siehe auch Nationenbild
      .... 53, 55, 127
Image
   Public Image 41
Image 53
Imagekonstruktion 192, 219
Imagemessung 126
imagined community 34, 35, 59, 68, 93
Individualisierung, siehe auch
   Individualismus 32
Individualismus, siehe auch
   Individualisierung 30, 78, 82, 226
induktive Methode 190
Information 240, 241, 245
Informationsgesellschaft 19, 240
Informationstransfer 31
Infrahumanization 103

in-group, siehe auch Eigengruppe 39, 103, 111
Inhaltsanalyse .. 112, 136, 137, 139, 189, 190
   qualitative Inhaltsanalyse 189, 191
   quantitative Inhaltsanalyse 138, 189
Inklusion 41, 64, 80, 92
Integration 102, 172, 182, 213
Interaktion 20, 21, 22, 27, 32, 39, 88, 110
Interaktionsfrequenz 189
Intergruppenvergleich 52
Internationalisierung 33, 48, 66, 73
Internationalismus 77
Internet 13, 19, 20, 21, 22, 24, 29, 30, 31, 32, 45, 56, 71, 74, 75, 91, 101, 237, 279
interpersonale Kommunikation 13, 255
islamophob 77
ISSP 50, 60, 113, 115, 116, 117, 119, 121, 169
Italien 207, 260, 261, 266

J

Jugoslawien 151

K

Kategoriebildung 191
Kategoriensystem 138, 191
Kleinstaatlichkeit 147
kognitive Dissonanz 76
Kollektiv 33, 44, 110
kollektives Gedächtnis 62
Kollektivismus 32
Kommerzialisierung 71
Kommunikation 6, 13, 20, 24, 27, 30, 45, 58, 59, 60, 72, 75, 100, 230, 256, 257
   interpersonale Kommunikation 22, 74, 75
   mobile Kommunikation 22, 74
   Online-Kommunikation 132
   transnationale Kommunikation 20
Kommunikationsgesellschaft . 13, 15, 22, 60, 73
Kommunikationskanal 246

Kommunikationsmittel 22, 88
Kommunikationsnetz 27, 32, 88
Kommunikationsstile 54
Kommunikationssystem 58
Kommunikationstechnologien . 19, 22, 23, 29
Kompensationsreaktionen 90
Konstruktivismus 24, 28, 34, 35, 44
Kontaktpflege 29
Korrespondenzanalyse 296
Kosmopolitismus 32, 74, 98, 99
   politischer Kosmopolitismus 93
   verwurzelten Kosmopolitismus 21
Kultur 6, 21, 27, 34, 48, 50, 54, 62, 68, 76, 99, 102, 113, 126, 168, 169, 305
Kulturimperialismus 72

L

labeling 41
little boxes 20
Location Branding, siehe auch Place Branding 56
Lokalisierung 228, 247
Lokalitäten 100
Longitudinalanalyse 111

M

Magazin 237
medialer Wandel 94
Mediatisierung 13, 25, 100, 101, 226
Medien .. 6, 22, 30, 44, 45, 55, 59, 65, 68, 69, 70, 71, 72, 73, 74, 75, 89, 91, 94, 97, 100, 101, 105, 111, 112, 237, 278, 323, 333
Medienberichterstattung 55, 94, 127, 166, 222, 226, 230, 311
Medieneffekt 76
Medienforschung 69
Medienidentität 43, 44, 45
Mediennutzung 22, 55, 69, 71, 112, 237, 279, 277–80, 284, 287, 296, 298
Mediennutzungstypen 287–91, 294–98
Mehrheitsgesellschaft ... 57, 84, 102, 110, 233

Messmethoden 86
Migrant, siehe auch Ausländer, Zuwanderer,
    Einwanderer .. 49, 80, 109, 111, 112, 212,
    213, 216, 217
Migration, siehe auch Einwanderung,
    Zuwanderung 111, 112, 140, 170, 207,
    227
Migrationshintergrund67, 235, 244, 263, 265
Minderheit 80, 105, 107, 111, 121, 171
Minorität 105
Mobilisierung 21, 82
Mobilität 27, 29, 30, 89, 90, 99, 100, 101
Mobilkommunikation 29, 30
Modernisierung 48, 80
MUDs 32
multiethnisch 49
Multikulturalismus, siehe auch
    Multikulturalität 67, 99, 142, 170, 171,
    172, 177, 179, 180, 181, 183, 212, 213,
    217, 219, 227, 282, 312–14
Multikulturalität, multikulturell 57, 212
multikulturell .. 49, 52, 72, 73, 111, 174, 188,
    199, 200, 214, 217, 230
Multi-Lokalität 99, 101
multipolitisch 49
Musik 36, 126, 161
MySpace 247

N

Nachrichten 36, 240, 241, 245
Nation
    Nationalbewusstsein 86, 102, 120
Nation.. 25, 33, 34, 35, 36, 32–36, 42, 47, 49,
    50, 51, 52, 53, 59, 70, 78, 80, 84
    mononational 49
    multinational 82
    Nationalbewusstsein 35, 50, 51, 63
    Nationalbewusstsein 53
    Nationalcharakter 54
    Nationalfeiertag 65
    Nationalgefühl, siehe auch
        Nationalbewusstsein 51, 67

Nation
    postnational 118
Nation Branding 56
Nationalcharakter 51
nationaler Scham 84
Nationalfahne 215, 217
Nationalfarben 208, 274, 315
Nationalismus. 50, 52, 62, 63, 64, 68, 77, 78,
    79, 80, 83, 84, 103, 106, 108, 109, 117,
    121, 167, 168, 169, 170, 171, 173, 174,
    177, 180, 181, 182, 183, 209, 210, 211,
    214, 216, 218, 224, 225, 226, 227, 230,
    282, 300, 306, 307, 312–14
Nationalismusforschung 50
Nationalität 33, 57, 59, 60, 102, 103, 110,
    249
Nationalsozialismus 117, 122
Nationalstaat ... 24, 27, 48, 68, 73, 89, 92, 94,
    96, 97, 98
Nationalstolz ... 53, 70, 74, 76, 78, 79, 83, 84,
    89, 94, 108, 109, 115, 116, 117, 121, 122,
    144, 167, 168, 171, 173, 174, 175, 177,
    179, 180, 183, 209, 210, 211, 217, 218,
    224, 226, 283, 307, 313
Nationenbild
    Österreich-Bild 254
Nationenbild, siehe auch Nationenimage . 14,
    217, 246, 258, 273
Neostamm, siehe auch neo tribes 31
neo-tribes, siehe auch Neostamm 29
networked individualism 13, 29
networked individuals, siehe auch networked
    individualism 20
Netzwerke 29, 32, 88
Netzwerkgemeinschaft, siehe auch
    Netzwerkgesellschaft 29
Netzwerkgesellschaft, siehe auch
    Netzwerkgemeinschaft 6, 13, 14, 29, 286,
    307
Neutralität 61, 65, 113, 127
Niederlande 50, 115, 260

358

O

Öffentlichkeit 69, 74, 94
   transnationale Öffentlichkeit 21
   virtuelle Öffentlichkeit 21
Offline-Interaktion 20
Online-Befragung 14, 43, 191, 232, 246
Online-Fragebogen 188, 273
Online-Gemeinschaft 91
Operationalisierung 78, 83, 85, 86, 90, 96, 109, 121, 168
Ort 23, 24, 28, 101
Österreich 93, 113–28
out-group, siehe auch Fremdgruppe 103, 104

P

Paneluntersuchung 111
parasoziale Beziehungen 45
PASW, siehe auch SPSS 139, 191, 233
Patriotismus 53, 64, 77, 78, 79, 81, 82, 83, 84, 103, 108, 117, 121, 144, 167, 168, 171, 173, 175, 177, 180, 181, 183, 209, 210, 211, 214, 216, 218, 224, 225, 226, 283, 300, 306, 312–14
   blinder Patriotismus 81
   Hurrapatriotismus 81
   konstruktiver Patriotismus 78
   kritischer Patriotismus 122
   Österreichpatriotismus 81, 121, 122
   Party-Patriotismus 109
   Pseudopatriotismus 81
personal communities 22, 30
person-to-person communities 22
person-to-person-Interaktion 20
Pinnwand 189, 216
Place Branding, siehe auch Place Branding 56
place-to-place-Interaktion 20, 22
Printmedien 71, 73
Probing-Studien 86
Profilfoto 200
Propaganda 68

Q

Qualitätszeitung 112, 136, 140, 142, 144, 151, 158, 159, 166, 181, 182, 222, 242
Quotenplan 233
Quotenverfahren 232

R

Radio 68, 70, 75, 91, 237
Rasse 42, 110
rassistisch 111
Raum, siehe auch space 20, 23, 24, 25, 68
Rechtsextremismus 84, 111
Region Branding, siehe auch Place Branding, City Branding, Location Branding 56
Regionalisierung 23, 73, 92, 96, 141, 158, 229, 250
Regionalzeitung, siehe auch Bundesländerzeitung 91, 180
Regression 239, 299
Reisen, siehe auch Auslandsaufenthalt 51, 54, 99, 106
relative Deprivation 110
Religion, siehe auch Kirche .. 42, 62, 63, 113, 114, 214, 216, 309
Renationalisierung 97
Ritual 64

S

Säkularisierung 62, 115
Schule 36, 235
Schweiz 50, 61, 93, 115, 117, 126, 127, 193, 194, 195, 197, 260, 261
Selbstbeschreibung 200
Selbstbild, siehe auch Autostereotyp .. 27, 39, 47, 55, 105, 124, 126, 127, 152, 211, 258, 274, 275
Selbstpräsentation 45, 97, 188
Selbstrekrutierung 232, 233, 234
self-categorization theory 110

semantisches Differential 143, 273, 275, 309
Semiosphäre 24
social categorisation 42
Social Identity Theory 110
Social Network Sites, siehe auch Soziale
    Netzwerke . 13, 14, 20, 21, 32, 38, 43, 45,
    74, 75, 185, 220, 221, 222, 227, 237, 245,
    246, 279, 298
Social Theory 37
Social Web, siehe auch Web 2.0 75
soziale Beziehung 90
soziale Erwünschtheit 90, 241, 269
soziale Kategorisierung 78, 104
Sozialer Abstand 55
Sozialisation 47, 89, 113, 264
Spanien 62, 193, 194, 195, 197, 260, 261
spatial turn 22, 24
Spezialisierung 32
Sport 65, 66, 67, 83, 116, 122, 294
    Nationalsportarten 65
Sprache 36, 48, 54, 58, 59, 60, 61, 64, 114,
    165–67, 203, 221, 255
    Dialekt ... 59, 62, 203, 216, 218, 219, 256,
        257
    Einheitssprache 60
    Mehrsprachigkeit 60
    Muttersprache 60
    Nationalsprache 59, 60
    Sprachbewusstsein 167
    Sprachgesellschaft, siehe auch
        Kommunikationsgesellschaft 60
    Verkehrssprache 59
SPSS, siehe auch PASW 233
Staatsbürgerschaft, siehe auch citizenship 49,
    233
Stamm 29
Stereotyp
    nationales Stereotyp 54
Stereotyp
    ideosynkratisches Stereotyp 104
Stereotyp
    soziales Stereotyp 104
Stereotyp
    kollektives Stereotyp 104

Stereotyp
    kulturelles Stereotyp 105
Stereotyp 110
Stereotypmangel 106
Stichprobe 136, 137, 188, 246
Strukturgleichungsmodell 108
StudiVz 247
Symbol 62, 64, 68, 75, 79, 86, 122, 161, 179,
    180, 182, 184, 200, 216, 217, 220, 221,
    229

T

Tageszeitung... 68, 69, 70, 91, 139, 237, 242,
    245, 280
Technologie-Effekt 71, 75
Theorie sozialer Identität, siehe auch social
    identity theory 39, 40, 51, 88, 107
Tourismus 56, 126, 214
Tradition 126
transnational ... 91, 93, 94, 95, 178, 182, 228,
    231
transnationale Berichterstattung 150
Transnationalisierung, siehe auch
    transnational 60, 73
Türkei 207, 216, 239
Twitter 247

U

Unipark 232
Unterhaltung 238, 241, 245
USA 151, 193, 194, 197

V

Vergemeinschaftung 26, 28, 29, 32, 59, 61
Vergleiche 52, 78, 80, 97, 102, 110, 116,
    117, 128, 152, 188, 197, 200, 211, 258,
    261
Vernetzung 19, 21, 74, 89, 99, 100, 101, 250
veröffentlichte Meinung 55

Verortung 19, 20, 24, 32, 43, 53, 91, 100, 155, 228, 306, 311
Vielvölkerstaaten 66
virtuelle Lokalitäten 20
Visualisierung 54, 200
Vorurteil, siehe auch Stereotyp 108, 111

W

Web 2.0, siehe auch Social Web 56, 74
Weblog 75
Weltbürger, siehe auch Weltgesellschaft . 27, 32
Weltgemeinschaft, siehe auch Weltgesellschaft 95, 98, 101
Weltgesellschaft 23, 95, 96, 98, 101
Weltidentität, siehe auch Weltgesellschaft 49
Werbung 61

X

xenophob 77, 80, 174, 178, 181, 188, 199, 200, 211, 212, 213, 214, 227, 306

Xenophobie, siehe auch Ausländerfeindlichkeit, Fremdenfeindlichkeit.107, 108, 111, 170, 171, 172, 176, 182, 219, 230, 301, 307, 313
Xing 247

Z

Zeitschrift 237
Zugehörigkeit . 28, 29, 36, 37, 38, 50, 51, 53, 54, 57, 59, 60, 63, 65, 67, 69, 81, 85, 114, 115, 250
Zuwanderer, siehe auch Migrant, Einwanderer 106
Zuwanderung, siehe auch Migration, Einwanderung 216, 217
Zuwanderungsstaat 212
Zweite Republik 122

The manufacturer's authorised representative in the EU is Springer Nature Customer Service Centre GmbH, Europaplatz 3, 69115 Heidelberg, Germany. If you have any concerns regarding our products, please contact ProductSafety@springernature.com

Printed and bound by CPI Group (UK) Ltd, Croydon, CR0 4YY

25/03/2026

02078189-0007